21世纪经济与管理应用型规划教材
金融学系列

金融学

Finance

卜亚 主编

李艳华 吴敏 滕瑜 姜洪 副主编

北京大学出版社

图书在版编目(CIP)数据

金融学 / 卜亚主编. —北京:北京大学出版社,2015.3
(21世纪经济与管理应用型规划教材·金融学系列)
ISBN 978-7-301-25312-0

Ⅰ.①金… Ⅱ.①卜… Ⅲ.①金融学—高等学校—教材 Ⅳ.①F830

中国版本图书馆CIP数据核字(2015)第001290号

书　　　　名	金融学
著作责任者	卜　亚　主编　李艳华　吴　敏　滕　瑜　姜　洪　副主编
策划编辑	张　燕
责任编辑	兰　慧
标准书号	ISBN 978-7-301-25312-0
出版发行	北京大学出版社
地　　　　址	北京市海淀区成府路205号　100871
网　　　　址	http://www.pup.cn
电子信箱	em@pup.cn　　QQ:552063295
新浪微博	@北京大学出版社　@北京大学出版社经管图书
电　　　　话	邮购部 62752015　发行部 62750672　编辑部 62752926
印刷者	北京溢漾印刷有限公司
经销者	新华书店
	787毫米×1092毫米　16开本　21.75印张　516千字
	2015年3月第1版　2019年12月第3次印刷
印　　　　数	3001—6000册
定　　　　价	45.00元

未经许可,不得以任何方式复制或抄袭本书之部分或全部内容。
版权所有,侵权必究
举报电话:010-62752024　电子信箱:fd@pup.pku.edu.cn
图书如有印装质量问题,请与出版部联系,电话:010-62756370

丛书出版前言

《国家中长期教育改革和发展规划纲要（2010—2020年）》指出，目前我国高等教育还不能完全适应国家经济社会发展的要求，学生适应社会和就业创业能力不强，创新型、实用型、复合型人才紧缺。所以，在此背景下，北京大学出版社响应教育部号召，在整合和优化课程、推进课程精品化与网络化的基础上，积极构建与实践接轨、与研究生教育接轨、与国际接轨的教材体系，特策划出版"21世纪经济与管理应用型规划教材"。

"21世纪经济与管理应用型规划教材"注重系统性与综合性，注重加强学生分析能力、人文素养及应用性技能的培养。本系列包含三类课程教材：通识课程教材，如《大学生创业指导》等，着重于提高学生的全面素质；基础课程教材，如《经济学原理》《管理学基础》等，着重于培养学生建立宽厚的学科知识基础；专业课程教材，如《组织行为学》《市场营销学》等，着重于培养学生扎实的学科专业知识以及动手能力和创新意识。

本系列教材在编写中注重增加相关内容以支持教师在课堂中使用先进的教学手段和多元化的教学方法，如用课堂讨论资料帮助教师进行启发式教学，增加案例及相关资料引发学生的学习兴趣等；并坚持用精品课程建设的标准来要求各门课程教材的编写，力求配套多元的教辅资料，如电子课件、习题答案和案例分析要点等。

为使本系列教材具有持续的生命力，我们每隔三年左右会对教材进行一次修订。我们欢迎所有使用本系列教材的师生给我们提出宝贵的意见和建议（我们的电子邮箱是 em@pup.cn），您的关注就是我们不断进取的动力。

在此，感谢所有参与编写和为我们出谋划策、提供帮助的专家学者，以及广大使用本系列教材的师生，希望本系列教材能够为我国高等院校经管专业的教育贡献绵薄之力。

北京大学出版社

经济与管理图书事业部

前　　言

"金融学"是高等院校经济管理类专业的学科基础课程，也是金融学专业的专业基础课程。本课程的主要目的是让学生了解和掌握金融学的基本理论与基本知识，并且能够运用相关理论和知识分析国内外金融发展过程中的现实问题，提高学生分析问题和解决问题的能力，并为今后学习其他专业课程打下良好基础。目前，国内尚缺少适用于应用型本科生的金融学教材，本书致力于在这方面的有益探索。

全书分为五篇，共十六章。第一篇为金融基础，系统阐述了货币、信用、利息和外汇的基本原理；第二篇为金融机构，全面介绍了金融机构的主要业务活动；第三篇为金融市场，重点研究了货币市场、资本市场和衍生金融工具市场的运行规律及特点；第四篇为金融调控，深入分析了货币供求、货币失衡、货币政策与宏观调控的相互关系；第五篇为金融发展，主要分析了金融体制、金融创新及金融监管的发展趋势。

本书的编写主要突出以下几个特点：

（1）内容完整，深浅适度。本书努力体现内容和结构上的完整性，基本涵盖了金融学的全部内容，构建了"宽口径、厚基础"的金融学知识体系，并力求各篇、章、节之间紧密的逻辑联系以及内容深浅上的适度，以真正达到适合经管类各专业本科教学需要的目的。

（2）理论联系实际。教材立足于培养应用型经济管理人才，在详细介绍金融学基本理论和基本知识的同时，尽量结合当前国内外金融改革的热点问题加以阐述，如次贷危机、我国目前的金融改革实践等，同时配以大量相关专栏及最新的数据和资料，努力体现出教材学以致用的特色。

（3）教材体例丰富。每章内容以哲理名言和导入案例开始，既揭示了本章的学习重点，又激发了学生的求知欲望；主要内容穿插了大量图表及专栏，使得教学内容显得更清晰、简洁、直观；章末附有本章小结、重要概念及复习思考题（包括选择题、简答题、计算题、论述题、案例分析题等题型），便于学生真正掌握学习要点。

本书由江苏科技大学经济管理学院卜亚老师担任主编，江苏科技大学经济管理学院李艳华老师、吴敏老师、滕瑜老师以及苏州理工学院的姜洪老师担任副主编。在本书的编写过程中，编者参考了国内外大量文献资料，在此谨向文献作者表示衷心感谢。由于编者水平有限，书中不足之处在所难免，恳请广大读者批评指正。

本书的出版得到了江苏科技大学精品教材立项项目的支持，还得到了北京大学出版社经济与管理图书事业部张燕编辑和兰慧编辑的热情帮助，在此一并向他们表示衷心的感谢！

编者

2015 年 1 月

目录 Contents

第一篇　金融基础

◆ **第一章　货币与货币制度** / 3
　　第一节　货币的起源与发展 / 4
　　第二节　货币的本质与职能 / 8
　　第三节　货币制度及其构成要素 / 12
　　第四节　货币制度的演变 / 15

◆ **第二章　信用、利息与利率** / 23
　　第一节　信用 / 24
　　第二节　利息与利率 / 30
　　第三节　利率决定理论 / 36
　　第四节　我国的利率体制改革 / 43

◆ **第三章　外汇和汇率** / 48
　　第一节　外汇 / 49
　　第二节　汇率 / 51
　　第三节　汇率的变动与影响 / 55
　　第四节　汇率制度 / 58

第二篇　金融机构

◆ **第四章　金融机构概述** / 67
　　第一节　金融机构的产生与发展 / 68
　　第二节　存款类金融机构 / 71

第三节 契约类金融机构 / 72
第四节 投资类金融机构 / 73
第五节 我国的金融机构 / 76

◆ 第五章 商业银行 / 87
第一节 商业银行的产生与发展 / 88
第二节 商业银行的性质和职能 / 90
第三节 商业银行的业务 / 91
第四节 商业银行的经营管理 / 100

◆ 第六章 中央银行 / 110
第一节 中央银行的产生与发展 / 111
第二节 中央银行的性质与职能 / 115
第三节 中央银行的业务 / 119
第四节 中央银行的独立性 / 124

第三篇 金融市场

◆ 第七章 金融市场概述 / 133
第一节 金融市场及其特性 / 134
第二节 金融市场的分类及其功能 / 140
第三节 金融市场的发展趋势 / 145

◆ 第八章 货币市场 / 151
第一节 货币市场概述 / 152
第二节 同业拆借市场 / 154
第三节 票据市场 / 157
第四节 国库券市场 / 161
第五节 回购协议市场 / 163
第六节 大额可转让定期存单市场 / 167

◆ 第九章 资本市场 / 172
第一节 债券市场 / 173
第二节 股票市场 / 178

第三节 证券投资基金市场 / 184

◆ **第十章 金融衍生工具市场** / 192

第一节 金融衍生工具概述 / 193
第二节 金融远期市场 / 194
第三节 金融期货市场 / 196
第四节 金融期权市场 / 200
第五节 金融互换市场 / 204

第四篇 金融调控

◆ **第十一章 货币需求** / 213

第一节 货币需求概述 / 214
第二节 货币需求的影响因素 / 215
第三节 西方货币需求理论 / 219

◆ **第十二章 货币供给** / 231

第一节 货币的计量 / 232
第二节 存款货币的多倍扩张与多倍紧缩 / 235
第三节 货币供给的模型分析 / 240
第四节 货币供给的决定因素 / 243

◆ **第十三章 通货膨胀与通货紧缩** / 252

第一节 通货膨胀概述 / 253
第二节 通货膨胀的成因 / 258
第三节 通货膨胀的社会经济效应及其治理 / 262
第四节 通货紧缩 / 265

◆ **第十四章 货币政策** / 271

第一节 货币政策及其目标 / 272
第二节 货币政策工具 / 278
第三节 货币政策传导机制 / 284
第四节 我国货币政策的实践 / 288

第五篇　金融发展

◆ 第十五章　金融发展与金融创新 / 295

  第一节　金融发展 / 296
  第二节　金融压抑 / 299
  第三节　金融自由化 / 301
  第四节　金融创新 / 305

◆ 第十六章　金融监管 / 314

  第一节　金融监管概述 / 315
  第二节　金融监管体制 / 317
  第三节　金融监管的内容 / 324
  第四节　银行监管的国际合作：巴塞尔协议 / 329

◆ 参考文献 / 335

第一篇 金融基础

第一章

货币与货币制度

真正拥有权力的人是能够控制全球资金流动的人,而不是启动原子弹爆炸的人。

——戴维·琼斯

学习目标

通过本章的学习,你将能够:
- 了解货币的起源和发展;
- 理解货币的本质与职能;
- 掌握货币制度的含义及其构成要素;
- 了解货币制度的演变历史。

引导案例

比特币是不是未来货币?

比特币(bit coin)是一种P2P形式的数字货币。它可以用来兑现,可以兑换成大多数国家的货币。使用者可以用比特币购买一些虚拟物品,比如网络游戏当中的衣服、帽子、装备等,只要有人接受,也可以使用比特币购买现实生活当中的物品。卡斯特罗诺瓦是美国印第安纳大学电信学教授,他因对虚拟世界经济的研究而知名,他认为比特币在当下并不会改变传统货币。不过,比特币会给传统货币施加完全虚拟化的压力。比特币不是未来货币,他坚持货币的未来是"数字价值转移系统"(DVTs),所谓的DVTs不是一种货币,而是各种货币之间的兑换系统。

卡斯特罗诺瓦直言:"科技使得虚拟货币容易创造和管理,它们会不断发展。任何人都将能够创造和管理一种货币,用于各种交易。DVTs的存在是让这些货币之间能够兑换价值。这些变化会削弱国家的权力,比特币会给传统货币施加完全虚拟化的压力,虽然当下比特币因为规模太小而不会改变传统货币。尽管生产比特币的程序使得它的供应量看似稳定,但是,流通中的供应量却根本不会稳定。人们可以囤积居奇,比特币很有可能会被囤积。因为比特币的总数量是固定的,这种货币将总是升值。总是升值的货币,会让囤积者获利。同时,对比特币的需求会有升有降。所以说,虽然比特币有变得可信赖的可能性,但我并不认为这可能实现。"

货币是什么?虚拟货币是否会成为一种货币?虚拟货币与我们流通中的纸币是否一样?不一样的话,它们之间有何区别?

资料来源:《东方早报》,2013年6月4日。

第一节 货币的起源与发展

一、货币的含义

经济学中的货币同人们在日常生活中所说的货币存在概念上的差异。经济学家将货币(money)定义为在商品和劳务支付以及债务偿还中被普遍接受的东西。日常生活中人们谈到货币时,往往指的是通货(currency)。为了深入理解货币的含义,下面来分析经济学上的货币概念与日常生活中的货币概念之间的区别。

(一) 货币与通货

通货即流通中的货币,是指流通于银行体系外的货币,包括纸币和硬币。人们用通货购买日常需要的商品,用通货偿还所欠的债务,通货显然符合货币这一定义。对于经济学家而言,将货币仅仅定义为通货过于狭窄,由于人们在购物时常常还使用支票或银行卡支付货款,因而支票账户存款和银行卡也属于货币。我们常常需要一个意义更广的货币定义,诸如储蓄存款和定期存款,如果能迅速低成本地转化为通货或支票账户存款,就可以发挥货币的功能。

(二) 货币与财富

日常生活中,人们常常把货币与财富(wealth)混为一谈。比如,当人们说某人很有钱时,他们的意思可能是此人不但有许多通货和大笔支票存款,还拥有股票、债券、高级轿车、游艇、豪华别墅等。这里,货币被当做财富的同义词。财富是指用于各种价值贮藏的财产总和,经济学家将通货、活期存款和其他用做支付物的货币形式与财富加以区别,财富不仅包括货币,还包括债券、股票、保险、黄金、外汇、收藏、艺术品、汽车、房屋等。

(三) 货币与收入

人们在日常生活中常常用货币一词指代经济学家所说的收入,如某人有一份好工作,能赚很多钱。收入(income)是指在单位时间段内收益的流量,如某人的年收入是10万元;而货币是存量概念,是指某一特定时点上的一个确定的金额,比如你现在口袋里有1 000元。

二、货币的出现及起源探讨

(一) 货币的出现

货币自问世以来,已经有几千年的历史。根据文献记载和大量的出土文物考证,最早出现的是实物货币,在古波斯、印度、意大利等地,都有用牛和羊作为货币的记载;古埃塞俄比亚曾用盐作为货币;在美洲,曾经充当古老货币的有烟草、可可豆等。中国古代许多地方曾用贝作为货币,因此,中国的汉字中凡与价值有关的字,大都有"贝",如货、财、贫、贱、贷、贸等。世界上最早的铸币是在中国产生的,大约公元前800年中国就开始仿照农具铸造布币、刀币等。而西方最早的铸币,则是在公元前7世纪初期由小亚细亚的吕底亚人铸造的金银铸币。到北宋时期,我国出现了纸币——"交子",它被认为是世界上最早使用的纸币,比美国(1692年)、法国(1716年)等西方国家发行的纸币要早六七百年。

(二) 对货币起源的探讨

古今中外众多学者们从不同的角度对货币的起源进行了研究,形成了不同的货币起源学说。

中国古代代表性的货币起源学说有两种:一是圣人先贤制币说,认为货币是圣人先贤为解决民间交换困难而创造出来的,先王制币说在先秦时代十分盛行,以后的许多思想家大都继承了这一观点;二是司马迁的交换需要说,司马迁认为货币是用来沟通产品交换的手段,因此货币就是为适应商品交换的需要而自然产生的,随着农业、工业、商业间的交换和流通,货币和货币流通应运而生。

西方早期代表性的货币起源学说有三种:一是创造发明说,认为货币是由国家或先哲创造出来的,主要代表人物如古罗马法学家J.保罗斯;二是便于交换说,认为货币是为解决直接物物交换的困难而产生的,主要代表人物如英国经济学家亚当·斯密,他认为货币是随着商品交换发展逐渐从诸多货币中分离出来的,是为解决相对价值太多而不易记忆、直接物物交换不便而产生的;三是保存财富说,认为货币是为保存财富而产生的,主要代表人物如法国经济学家J.西斯蒙第,他认为,货币本身不是财富,但随着财富的增加,人们要保存财富、交换财富、计算财富的数量,这样就产生了对货币的需要。

马克思对于货币理论的系统研究开始于19世纪40年代,马克思的货币理论认为货币并非人们主观臆想或协商的产物,更不是国家创造或圣人先哲发明的,货币起源于商品本身,它是商品使用价值与价值的矛盾发展的必然产物,是商品交换的必然结晶。货币是随着商品交换发展所决定的价值形式的发展而产生的,商品价值形式的发展经历了四个阶段,即简单的价值形式、扩大的价值形式、一般的价值形式以及货币价值形式。货币价值形式与一般价值形式相比,并没有发生本质的变化,不同的只是作为一般等价物的商品固定地由贵金属来充当。在货币价值形式中,一切商品都处在相对价值形式上,只有金或银处在等价形式上。金银排除了其他一切商品而取得了单独表现价值和抽象劳动以及直接代表社会劳动的独占权。商品价值的货币表现,就是商品的价格,因而,商品的相对价值形式便转化为价格形式。处于等价形式的货币,便成为社会公认的唯一的一般等价物。

三、货币形式的演进

几千年来,货币的形式随着商品交换和商品经济的发展也在不断地发展变化。迄今为止,货币形式大致经历了实物货币、金属货币、纸质货币、存款货币和电子货币几个发展阶段。如按币材对货币形式的种类进行划分,可用图1-1表示。

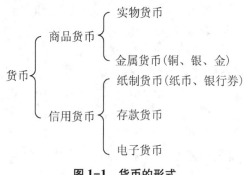

图1-1 货币的形式

（一）实物货币

实物货币(physical money)是指以自然界存在的某种物品或人们生产的某种物品充当货币。能否作为实物货币,主要取决于两个要素:一是罕见或相对珍贵,具有普遍接受性;二是容易转让,以便能够在交易中作为媒介而转手。在世界范围内,古代的实物货币很多,如贝、刀、铲、弓、羊、牛、猪、烟草、可可豆、盐等,据青铜器的铭文、考古挖掘和古籍记载,中国最早的货币是贝;在日本、东印度群岛以及美洲和非洲的一些地方,也有用贝作为货币的历史。作为一般等价物,这类实物充当货币,同时又具有商品的价值,能够供人们消费。然而实物货币本身存在难以消除的缺陷:或体积笨重,不便携带;或质地不匀,难以分割;或容易腐烂,不易储存;或体积不一,难于比较。它们不是理想的交易媒介,随着商品经济的发展,实物货币逐渐退出了货币的历史舞台。

（二）金属货币

金属冶炼技术的出现与发展,为实物货币向金属货币转化提供了物质条件。凡以金属如铜、铁、金、银等作为币材的货币都可以称为金属货币(metallic money)。各国采用何种金属作为法定货币,往往取决于该国的矿产资源状况、商品交换的规模、人们的习俗等因素。金属货币具备耐久性、轻便性、可分性或可加工性、价值统一或均质性,以及供给的稳定性优势和特征,能更有效地发挥货币的职能。金属充当货币材料采用过两种形式:一是称量货币,二是铸币。

称量货币是指以金属条块的形式按重量流通的金属货币。称量货币没有按照一定的形式铸造,也没有一定的成分及重量,流通时,必须通过成色鉴定和称衡重量,以定价额。如我国古时的金银锭、金银锞,商周时期的铜块、铜饼,典型的形态是银两制度。我国从汉代开始实行银两制度,一直到1933年,国民政府实行"废两改元",才从法律上废止了这种落后的货币形式。

铸币是铸成一定形状并由国家印记证明其重量和成色的金属货币。所谓国家的印记,包括形状、花纹、文字等。最初各国的铸币有各式各样的形状,但后来都逐步过渡到圆形,这是因为圆形最便于携带且不易磨损。铸币的出现,克服了称量货币使用时的种种不便,便利了商品交易。

但是金属货币也有难以克服的缺点,如供给受到限制,不能适应需求的快速增长;大额交易时,携带大量铸币风险较大;金属铸币日常流通中极易磨损,流通费用较高等。

（三）纸质货币

纸质货币简称纸币(paper money),可分为兑现纸币和不兑现纸币两种。兑现纸币是指持币人可以随时向发行银行或政府兑换铸币或金、银条块的纸币,其效力与金属货币完全相同,且具有携带方便、不易磨损、节省金银等优点。不兑现纸币是指不能兑换铸币或金、银条块的纸币,它仅有货币价值而无币材价值。

我国是世界上最早使用纸币的国家。早在宋朝初年(公元960年),一种被称为"交子"（意为交换凭证）的纸币就在市场上流通了,它是用楮树皮制成的楮券,可以兑现。我国的纸币后来传到波斯、印度和日本。意大利威尼斯的旅行家马可·波罗于13世纪来到中国,看到中国人用纸币买东西,大为惊奇,当时纸币在中国的使用已有至少300年的历史。19世纪下半期,各国可兑换金币的银行券广泛流通,银行券的出现是货币币材的一大转折,它为后来信用货币的产生奠定了基础。

目前世界各国流通的货币现钞大都是中央银行发行的不兑现纸币,不兑现纸币的自身价值远远低于货币价值,以信用作保证,由政府强制发行,并且是法偿货币,任何人都必须接受。

（四）存款货币

存款货币(deposit money)是指能够发挥货币作用的银行存款,包括能够直接进行转账支付的活期存款、企业定期存款和居民储蓄存款等。

现代银行的一项重要业务是为客户办理结算业务,充当支付中介。人们先把一部分款项存入银行,设立活期存款账户,客户根据存款余额可签发支票,凭支票进行转账结算,通过银行存款账户间存款的转移来完成支付行为。在这个过程中,可签发支票的存款同现钞一样发挥着货币的作用,故被称为"存款货币"。用存款货币取代现钞进行支付,具有快速、安全、方便的优点,特别是大额异地交易中,很难用现钞进行即时交易。因此,在发达的商品经济中,转账结算是一种非常重要的支付方式,绝大部分交易都是通过存款货币的转移实现支付的。

（五）电子货币

电子货币(electronic money)是以计算机及其网络为基础、以信息技术为手段、采用电子数据形式实现流通手段和支付手段功能的货币形式。由于科技飞速发展和电子计算机技术的运用,货币的结算和支付方式进入了一个崭新的阶段。人们大量地利用计算机网络来进行金融交易和货币支付活动,产生了各种各样的储值卡、信用卡、电子支票、电子现金、电子钱包等。与此同时,可借助于上网的计算机、自动柜员机或用电话操作来对货币存储额进行补充。货币由记在纸质凭证上的金额变成了存储在计算机系统中的一组加密数据。

电子货币是信用货币的延伸,是信用货币发展到信息时代高级阶段的产物。电子货币通过电子计算机运用电磁信号对信用货币实施贮存、转账、购买和支付,明显比纸币和支票更快速、方便、安全、节约。美国经济学家把电子货币称为继金属铸币和纸币之后的"第三代货币"。电子货币的使用不仅增加了银行的服务功能,还提高了金融业的服务效率和经济效益。而且,电子货币将对人们的货币观念和金融业的管理方式、经营理念产生巨大影响,使金融体系和金融产业的格局发生一场深刻的革命。

总之,货币形式的演变依据商品经济交易和信用关系的不断拓展,其外在形式也不断地脱离具体形态的束缚,逐步地抽象化和虚拟化。

专栏 1-1

我国银行卡的发展

1979 年 10 月,中国银行广东省分行与香港东亚银行签订了为其代办"东美 VISA 信用卡"协议,代办东美卡取现业务,从此,信用卡在我国出现。1985 年 6 月,中国银行珠海分行发行了我国第一张信用卡——中银卡,标志着信用卡在我国诞生。1987 年 2 月,中国银行珠海分行在国内首家推出自动取款机(ATM)服务,打破了国内存取款必须到银行的传统做法。1987 年 3 月,中国银行加入万事达卡国际组织,成为国内该组织的第一家会员。2004 年 1 月 18 日和 9 月 8 日,银联卡分别在我国香港和澳门地区实现受理。2005 年 1 月 10 日,中国银联正式开通银联卡在泰国、韩国及新加坡的 ATM 和商户 POS 受理业务,此举意味着银联卡继在我国香港和澳门地区实现受理后,首次走出国门。截至 2013 年年末,全国累计发行银行卡 42.14 亿张,借记卡发卡量与信用卡发卡量之比为 9.78∶1。全国人均银行卡拥有量为 3.11 张。2013 年,全国共发生银行卡业务 475.96 亿笔,业务金额 423.36 万亿元。

资料来源:中国人民银行网站,2014 年 2 月 17 日。

第二节 货币的本质与职能

一、货币的本质

虽然"货币"一词经常被人们使用,但作为一个复杂的理论问题,经济学者在"什么是货币"或"货币的本质是什么"这一问题上存在严重分歧。

(一)马克思的货币本质论

马克思的货币起源学说揭示了货币的本质属性,认为货币是从商品世界中分离出来的固定充当一般等价物的特殊商品,并能反映一定的生产关系。

1. 货币是商品

货币是商品,具有商品的共性,即同所有其他商品一样,具有商品的两个基本属性——价值和使用价值。正因为货币和其他一切商品具有共同的特性,它才能在交换和发展的长期过程中逐渐被分离出来,成为不同于一般商品的特殊商品。比如黄金,它一方面是和其他商品一样,是用来交换的劳动产品,都是价值的凝结体;另一方面也能满足人们某些方面的需要,如做装饰品等,具有使用价值。

2. 货币不是普通商品，而是特殊商品

货币是商品，但不是普通的、一般的商品，它是从商品世界中分离出来的、与其他一切商品相对独立的特殊商品。货币不同于其他商品的特殊性就在于它具有一般等价物的特性，发挥着一般等价物的作用。具体表现在以下两个方面：第一，货币能够表现一切商品的价值。第二，货币对于一切商品具有直接交换的能力。

3. 货币在充当一般等价物的过程中，体现着一定的社会生产关系

商品生产者之间互相交换商品，实际上是在互相交换各自的劳动，只不过由于他们之间的劳动不能直接表现出来，所以才采取了商品的形式来进行交换。因此，货币作为商品的一般等价物，也就是使商品的不同所有者通过等价交换，实现了他们之间的社会关系，这种联系就是人和人之间的一定的社会生产关系。

（二）其他有关货币本质的观点

1. 货币金属论

货币金属论把货币等同于贵金属，认为货币是商品，它必须有实质价值，货币的价值是由金属的价值决定的，金、银天然就是货币，只有金、银才是一国的真正财富等。货币金属论兴起于16、17世纪的重商主义时代，其早期的主要代表人物有重商主义者威廉·斯塔福德、亚当·斯密等人。20世纪70年代，西方经济受到通货膨胀的冲击，于是就有人重新提出货币金属论。货币金属论虽然强调了货币是一种商品，但它忽视了货币与一般商品的本质区别；同时，它只看到了货币的价值尺度、贮藏手段和世界货币的功能，却忽略了货币的流通手段和支付手段职能。

2. 货币名目论

货币名目论与货币金属论相反，它否认货币的商品性和实质价值，认为货币只是一种便于交换的工具，是换取财富的价值符号，是一种观念的计算单位。因此，货币可以完全不需要有内在价值，或者说不必要以金、银等贵金属作为货币，只要有了君王的印鉴，任何金属都可以有价值，都可以充当货币。货币名目论的先驱是古希腊伟大的思想家亚里士多德，17、18世纪英国的尼古拉斯·巴尔本、乔治·贝克莱、詹姆斯·斯图亚特，以及19世纪末20世纪初的德国学者弗里德里希·纳普和弗里德里希·彭迪生，他们都是著名的货币名目论者。货币名目论在17、18世纪适应了反对重商主义的需要，其历史意义不可忽视，但它否认了货币的商品性和货币的实际价值，则显然缺乏科学依据。而且，货币名目论只依据流通手段和支付手段给货币下定义，明显存在片面性。

除货币金属论和货币名目论以外，其他有关货币本质的著名观点还有：用货币数量来解释货币属性的货币数量论；认为货币是由国家创造的货币法定论；等等。

总之，西方经济学中关于货币本质的学说很多，但大多或有失偏颇，或缺乏科学根据。只有马克思以历史和逻辑相结合的严密论证第一次科学地揭示了货币起源和本质，认为货币是商品生产和商品交换发展的必然产物，是商品经济内在矛盾发展的必然结果，是价值形态发展的结晶，是固定充当一般等价物的商品。

二、货币的职能

货币的职能是货币本身所固有的功能，它是在商品经济的发展中逐渐形成的。马克思

按照货币职能产生和形成的历史顺序,先后阐述了货币的五大职能。

(一) 价值尺度

价值尺度(measure of value)是货币作为衡量或表现一切商品价值量大小的职能。货币之所以能够充当价值尺度,是因为它本身也是商品,具有价值,劳动时间是商品的内在价值尺度,货币是其外在价值尺度,是商品内在价值尺度的外部表现。货币在执行价值尺度的职能时,并不需要现实的货币,而只是观念上的或想象的货币。因为货币作为价值尺度的职能,只是把商品的价值大小表现出来,并不是实现商品的价值。货币执行价值尺度的表现就是价格,比如,商店里商品的价值,用标签来表现,并不需要把现金放在那儿。

商品价值的货币表现,就是价格。在价格与价值一致的条件下,商品价格主要取决于商品价值和货币价值两个因素。不同商品价格的变化与商品价值的变化成正比,而与货币价值的变化成反比。由于货币本身也有一个价值和价格的问题,随着生产率的不断提高,其价值与价格也要发生变动。

为了具体表现和衡量各种商品的价值量,货币本身需要有一个计量单位,如为了使金银能够计量和比较各种商品的价值,就把金银划分为两、钱、分等计量单位。这种包含一定金属重量货币单位的货币及其等份,叫做价格标准。价格标准是出于货币价值尺度职能的需要,从货币价值尺度职能中派生出来的,价格标准是为货币准确地执行价值尺度而做的一种技术性规定,货币执行价值尺度职能是通过价格标准来实现的。

(二) 流通手段

流通手段(means of circulation)或称为交易媒介(medium of exchange),是指货币在商品流通中充当商品交换媒介的职能。货币作为流通手段,必须是实在的货币,而不能是观念上的货币。

以货币为媒介的商品交换就是商品流通,其公式是:商品—货币—商品,而在货币出现以前,商品交换是直接的物物交换,其公式为:商品—商品,这两种交换显然是有区别的。物物交换时买与卖在时间上和空间上是一起完成的,而以货币为媒介的商品流通则把商品的买与卖分解为两个独立的过程:一个是卖的过程,即从商品形式变为货币形式,这个变化关系到商品生产者的命运;另一个是买的过程,即从货币形式变为商品形式,这个转变比较容易实现。物物交换转化为商品流通是一种进步,促进了商品的发展,但货币作为流通手段,会带来买和卖的脱节,从而隐藏了危机的可能性。因为一些人卖而不买,就必然会使另外一些人的商品卖不出去,出现危机,当然,这种可能性要变为现实性,需要商品经济有一定程度的发展。

(三) 价值贮藏

价值贮藏(store of value)是指商品所有者卖出商品后,不再进行购买,而是把货币当做财富存放起来。当具备价值尺度和流通手段职能的货币一经产生,便立即具备用来积累价值、保存价值、积累财富和保存财富的职能。贮藏手段是货币退出流通领域,当做独立的价值形式和社会财富的一般代表而保存起来。只要商品的流通一中断,商品所有者在卖出商品以后不立即购买他们所需要的商品,货币就退出流通领域而成为贮藏货币。货币能够成为贮藏手段,是因为货币是社会财富的一般代表,只要有了货币就随时可以换取任何一种商品,从而引起了人们贮存的欲望。执行贮藏手段职能的货币,必须是足值的金属货币或金属条块。

马克思以金属货币流通为背景,论证了货币作为贮藏手段,具有自发的调节货币流通量的作用。当商品流通中所需要的货币量减少时,多余的一部分就会从流通中退出,成为贮藏货币;当商品流通中所需要的货币量增多时,一部分贮藏货币又会自发地加入流通过程。这样,贮藏货币就像蓄水池一样,自发调节流通的货币量,使它与商品流通的需要量相适应。

(四) 支付手段

商品买卖最初是用现金支付的,随着商品流通的发展,商品的让渡同价格的支付有时分离开来,即出现了赊销的现象。商品生产有各种不同的生产条件和销售条件,有些商品的生产是常年性的,而销售则带有季节性,如烟火、炮仗等各种节日用品。有些商品的生产有季节性,而生产者的消费则是常年性的,如农民,这就引起了赊销的必要性。农民没有犁就不能耕地,但他在秋季收获粮食前又无钱买犁。铁匠和农民之间的交易只有用这种方式来进行:铁匠先把犁卖给农民,农民则将付款延期到秋季粮食收获以后。在这里,货币不是直接作为商品交换的媒介,因为商品的买卖在没有货币媒介的情况下完成了,货币的支付只是为了偿还农民对铁匠的赊账。在延期支付货款时,货币就执行支付手段(means of payment)的职能。货币作为支付手段,开始是在商品流通的范围内,以后扩展到商品流通领域之外,用于支付地租、租金、利息、工资等。

货币作为支付手段,可以使商品在缺乏现金的情况下得以流通,从而有利于商品经济的发展,但它也进一步扩大了商品经济的矛盾。商品生产者互相赊销形成了一系列债权债务链条,其中任何一个环节如不能到期支付,就会引起连锁反应,使许多商品生产者在经营上发生困难,以致破产。因此,货币作为流通手段时所蕴藏的危机的可能性,在它作为支付手段时得到进一步发展。

(五) 世界货币

世界货币(world currency)是指在国际商品流通中发挥一般等价物作用的货币。世界货币是随着商品生产和交换的发展而产生与发展的。当商品交换超出国界而发展为国际贸易时,商品在世界范围内普遍展开自己的价值,作为它的价值表现形态的货币,也就成为世界范围的商品的一般等价物,即世界货币。世界货币在前资本主义社会虽已产生,但没有获得很大发展。当时,世界市场尚未形成,货币只在规模和范围都有限的国际贸易中发挥作用,主要作为购买手段而不是作为支付手段。只有到了资本主义时代,随着世界市场的形成与发展,国际贸易涉及世界各个国家,世界货币的各种职能才获得充分的发展,真正成为全世界的货币。世界货币除作为价值尺度之外,还是国际支付手段、国际购买手段和财富的国际转移手段。世界货币最主要的职能是作为支付手段,平衡贸易差额。

货币的五大职能中,价值尺度和流通手段是货币的两大基本职能,它们直接由一般等价物的两个特点演化而来并且互不可分。其他三种职能都是这两大职能的发展和演化:支付手段以价值尺度为前提条件,以流通手段为归宿;价值贮藏以价值尺度为前提条件,并以价值尺度和流通手段为归宿;世界货币职能是其他四种职能在地域上的扩展。所以说,货币的五大职能是一个有机的整体,是对货币本质的全面体现。

> 专栏 1-2

人民币国际化

2010年被称为"人民币国际化元年",人民币国际化进入"提速期"。2013年2月27日,环球银行金融电信协会(SWIFT)公布的数据显示,人民币正逐步攀升为国际性的支付货币,人民币在2013年1月已超过俄罗斯卢布成为全球第十三大支付货币。该机构称,2012年1月至2013年1月间,人民币支付额增加了171%,2013年1月人民币支付额增长了24%,占全球市场的份额升至0.63%,创历史新高。中国人民银行2014年1月15日公布的数据显示,2013年全年跨境贸易人民币结算业务累计为4.63万亿元,较上年的2.94万亿元同比增长57%,而2013年以人民币结算的对外直接投资(FDI)累计为856亿元,较2012年的292亿元同比增长193%。此前,英国《金融时报》也发表了题为"世界即将迎来人民币时代"的文章;更早一些时候,环球银行金融电信协会发布的报告也指出,人民币已取代欧元成为全球第二大常用的国际贸易融资货币。这些都充分地说明了人民币结算在全世界的快速扩张势头,人民币国际化进程已进入第一个加速时期,预计将来人民币国际化将有望成为引领世界增长的新动力。

人民币国际化是指人民币能够跨越国界,在境外流通,成为国际上普遍认可的计价、结算及储备货币的过程。尽管目前人民币境外流通并不等于人民币已经国际化了,但人民币境外流通扩大最终必然导致人民币国际化,使其成为世界货币。

人民币国际化具体有三大利处。第一,实现中国经济存量保值;第二,促进中国经济增量平衡;第三,使中国获得更大的政治、经济话语权。此外,人民币国际化也将给中国带来巨大的国际铸币税收入,并促进尚不完善的中国金融市场向标准化的国际市场靠拢,从而更加有利于中国经济健康发展。同时,人民币国际化也会对中国经济产生一些负面影响,中国在获得上述利益的同时,也需付出一定的代价。一是可能增加国内货币政策的执行难度;二是可能使中国背上沉重的债务负担;三是可能面临更大的货币需求和汇率波动。

资料来源:根据相关资料整理。

第三节　货币制度及其构成要素

一、货币制度的概念及其形成

(一) 货币制度的概念

货币制度(monetary system),也称为货币本位制度,简称"币制",是指一个国家或地区以法律形式确定的货币流通结构和组织形式。

一个国家或地区为了保持其货币流通的正常和稳定,通常要制定与颁布一系列的法律和规定。这些法律和规定强制性地把有关货币流通的各个方面、各个要素联系起来,并在实践进程中不断地修正和补充,从而形成一个有机整体,这就是一个国家或地区的货币制度。

(二) 货币制度的形成

货币制度是随着资本主义经济制度的建立而逐步形成和发展起来的，同时又随着商品经济的发展和社会制度的进步而不断发展与完善。

在前资本主义社会，世界各国先后出现了铸币流通，所谓铸币是指国家铸造的具有一定形状、重量和成色并标明面值的金属货币。但是，由于当时生产力水平低下，铸币币材主要是铜、银等价值较低的金属；由于封建统治和经济的割据，铸币的铸造和流通具有分散性、地方性的特点；由于当时的铸造技术较差，导致铸币的轻重不一、成色有差异，每次交换时都要对铸币进行成色鉴定；尤其是在没落王朝的非常时期，封建统治者为了解决财政困难、豢养军队和维持奢侈生活，通过操纵货币制度，大规模铸造劣质铸币，导致铸币不断贬值，使前资本主义社会的铸币流通长期处于分散和紊乱的状态。

随着资本主义生产的发展和商品流通的扩大，分散、紊乱的货币流通越来越成为资本主义经济和信用发展的障碍。新兴的资产阶级要求有统一的货币来刺激商品交换的扩大；要求有稳定的货币来正确计算成本、价格和利润，促进资本主义生产的增长；要求有既统一又稳定的货币来促进资本主义信用事业的发展；等等。因此，当资产阶级在各国取得政权，并建立起统一的民主国家后，就着手清理货币流通中的分散与混乱状况，先后颁布了许多有关货币制度改革的法令，通过这些法规的实施，最终形成了统一的资本主义货币制度。

二、货币制度的构成要素

从资本主义国家建立起统一货币制度以来的几百年间，尽管货币制度几经变迁，各国的货币制度也不尽相同，但其构成的要素是基本一致的。一般而言，货币制度主要由以下几个要素构成。

(一) 规定货币材料

货币材料(material of money)简称"币材"，规定何种材料作为币材是货币制度最基本的内容，不同的货币材料就构成了不同的货币制度。如果用黄金作为本位货币材料，就形成了金本位制；如果用白银作为本位货币材料，就形成了银本位制；如果同时用黄金和白银作为本位货币材料，那就是金银复本位制；如果不用金属而用纸作为主要货币材料，那就是纸币制度了。

用哪一种材料作为本位货币材料不是任意选定的，而是由当时的客观经济条件所决定的。在资本主义发展的初期，由于商品经济不发达，商品交易的规模很小，用白银作为本位货币的材料已能满足商品流通的需要。随着商品经济的发展，商品交易的规模不断扩大，商品价值总量不断增长，价值相对较低且不够稳定的白银已不能适应商品流通的需要。于是，黄金开始进入流通，成为本位货币材料。到了20世纪初，由于商品经济的进一步发展，商品交易的规模已远远超过了黄金的存量规模，如果再坚持用黄金作为货币材料，必然会阻碍商品经济的发展，所以黄金也不再流通了，取而代之的是纸币制度。进入21世纪后，由于计算机和通信技术的飞速发展，电子货币已悄然进入我们的日常生活，也许在不远的将来，货币制度将进入无形货币时代。

(二) 规定货币单位

货币单位(money unit)表现为国家规定的货币名称。按照国际习惯，一国货币单位的名称往往就是该国货币的名称。如 lira，音译为"里拉"，既是意大利的货币单位名称，也是意大利的货币名称。若几个国家采用同一个货币单位名称，则一般要在货币单位名称前加上国家名称，构成该国的货币名称，如法国法郎、瑞士法郎等。

在金属货币流通条件下，货币单位是指规定货币单位的名称以及规定货币单位所含的货币金属重量和成色。如唐代铸造的"开元通宝"，单位是"文"，代表一定重量的铜，1 000 文重6斤4两；20世纪30年代我国流通的银币以"元"为单位，代表"七钱二"的白银；英国的货币单位名称"Pound Sterling"（英镑），1870年的英镑铸币重123.27447格令。在信用货币制度下，货币不再规定含金量，货币单位和货币的价格标准融为一体，货币的价格标准即法定的货币的单位及其划分的等分，例如元、角、分。

（三）规定货币种类

规定货币种类主要指规定主币和辅币。

主币（standard currency）也叫本位币，是一个国家流通的基本通货，一般作为该国法定的价格标准。主币的最小规格通常是1个货币单位。在金属货币制度下，主币是指用金属材料按照国家规定的货币单位铸造的货币；在信用货币制度下，主币的发行权集中于中央银行或政府指定的发行银行。

辅币（fractional currency）则是指本位货币单位以下的小额货币，其面值大多为本位币的1/10或1/100，主要供日常的零星交易和找零使用。在金属货币制度下，为节约流通费用，辅币多由贱金属铸造，是一种不足值的货币，故铸造权由国家垄断并强制流通。金属货币退出流通后，辅币制度仍然保存下来，在当代不兑现的信用货币制度下，辅币的发行权一般都集中于中央银行或政府机构。

（四）规定货币的偿付能力

货币的偿付能力有无限法偿和有限法偿两种。

无限法偿（unlimited legal tender）是指无限的法定支付能力，即法律规定，不管是何种性质的支付，也不管每次支付的数额大小，债权人或收款人都不得拒绝接受，否则视为违法。在金属货币制度下，本位币通常具有无限法偿的能力；在不兑现的信用货币流通条件下，中央银行发行的纸币具有无限法偿能力，而流通中的存款货币，在经济生活中是被普遍接受的，但大多数国家并未明确做出其是否具有无限法偿能力的规定。

有限法偿（limited legal tender）是指每次支付的货币的数量不能超过规定的额度，否则债权人或收款人有权拒收。在金属货币制度下，不足值辅币通常为有限法偿，但是信用货币制度下则没有明确的规定。例如，我国目前仍然实行现金管理，国家对现金和非现金流通规定了适用范围和数量，但对本位币人民币"元"和辅币"角""分"未做明确的无限法偿或有限法偿的区分，只是规定它们都是法定货币，都具有法偿能力。

（五）规定货币的铸造、发行与流通

自由铸造和限制铸造，这种规定是金属货币制度的内容之一。自由铸造即公民有权把法令规定的金属币材送到国家造币厂铸成金属货币；公民也有权把铸币熔化，还原为金属，铸币厂仅收取少量的铸造或熔化费用。自由铸造的重要意义，在于可以使得铸币的名义价值与其实际价值保持一致。铸币的实际价值是指铸币本身的金属价值。由于公民可以随时

将金属币材送到国家造币厂请求铸成铸币,所以铸币的名义价值就不能高于其实际价值;又由于铸币的持有人可以随时将铸币熔化为金属条块,铸币的名义价值就不能低于铸币的实际价值,否则人们就会将铸币熔毁,退出流通。限制铸造是指只能由国家来铸造金属货币,不准公民铸造。由于金属辅币是不足值货币,铸造辅币可获得额外收益,因此金属辅币的铸造权由国家垄断并强制流通。

分散发行与垄断发行,这种规定是信用货币制度的内容之一。分散发行是指允许私人部门按照规定的条件发行信用货币,垄断发行是指信用货币只能由中央银行或指定机构发行。早期的货币允许各商业银行分散发行,但后来为了解决货币分散发行带来的混乱问题,各国逐渐通过法律把货币的发行权收归中央银行。

(六) 规定货币的发行保证制度

货币的发行保证制度也称为发行准备制度,是指发行者必须以某种金属或某几种形式的资产作为其发行货币的准备来保证其币值稳定的制度。

在金属货币制度下,法律规定以金或银作为货币发行准备,早期各国一般都采用100%的金属准备,后期各国采用部分金属准备制度以适应货币发行日益增加的需要,货币发行保证金的比例主要通过货币的含金量加以确定,在货币制度演化过程中,这个比例逐步递减,直至金属货币制度的崩溃。在当前的信用货币制度下,发行信用货币的中央银行虽然集中了一定的黄金外汇储备,但既不规定信用货币的含金量,一般也不建立黄金外汇与信用货币发行之间的比例关系,因此,并不属于信用货币的发行保证制度。少数国家或地区由于特殊的背景和历史原因,也有用发达国家的货币(外汇)作为本国或本地区的货币发行保证的。例如,我国的人民币只规定了经济发行的原则,而无发行保证制度;我国的香港特别行政区则以外汇美元作为港币的发行保证。

第四节 货币制度的演变

货币制度以币材为代表,从币材变化的过程可以看出,货币制度主要经历了金属货币本位制和信用货币本位制两个阶段,而金属货币本位制又可以划分为银本位制、金银复本位制和金本位制三类(如图1-2所示)。

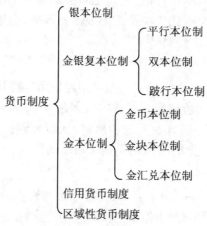

图1-2 货币制度的演变

一、银本位制

银本位制(silver standard system)是指以白银为本位币的货币制度。通货的基本单位由定量的银规定的货币本位制,有银两本位和银币本位两种类型。银两本位是以白银重量"两"为价格标准实行银块流通;银币本位则是国家规定白银为货币金属,并要求铸成一定形状、重量和成色的银币。在银本位制下,银本位币可以自由铸造、自由熔化、自由输出入,本位币无限法偿,银行券可以自由兑换银币或等量白银。

在货币史上,白银比黄金更早地充当本位币,银本位制主要适用于商品经济不够发达和黄金供应较少的时期。从世界范围来看,白银是封建社会的主要币材,我国是最早使用白银,也是最晚放弃使用白银的国家,自汉朝就开始使用白银作为货币,直到1935年国民政府宣布"法币改革",才废止银本位制。

白银作为币材有以下几方面的缺陷:一是白银价值不稳定。从19世纪末开始,金银比价大幅波动,总的趋势是金贵银贱。加之采掘技术的改进,白银产量迅速增加,白银价值急剧下跌,使之不再适宜作为币材。二是大宗交易或价值较大的交易使用不便。相同重量的白银与黄金比,白银体积大、价值小,给大宗交易的运送、携带及保管带来极大的不便,所以当社会经济发展到一定阶段时,就在客观上要求具有更大价值的黄金作为货币。

二、金银复本位制

金银复本位制(gold and silver bimetallic standard)是指金、银两种金属同时被法律承认作为本位币的货币制度。金银复本位制是资本主义发展初期的货币制度,在16—18世纪西欧各国流行。这一时期,随着资本主义经济的兴起,城乡交换日益频繁。一方面,小额交易不断增加,需要以白银作为本位币;另一方面,大工业与批发业也迅速发展,大宗交易剧增,需要以黄金作为本位币。为适应经济发展的这种需要,产生了金银复本位制。

在金银复本位制下,各国政府以法律形式规定黄金和白银同时为本位货币币材;规定金、银两种货币均为本位货币,即主币,享有无限法偿能力;规定金、银铸币的重量、成色、形状及货币单位;金、银铸币可以自由铸造与熔化、自由输出入;金、银铸币可以自由兑换;银行券可以与金、银铸币自由兑换。

由于金币和银币同时作为本位货币,它们之间必须有一个比价才能方便商品交换的计价和商品的流通。因此按照金银比价关系的形成方式不同,金银复本位制又可进一步分为平行本位制、双本位制和跛行本位制。

(一)平行本位制

平行本位制(parallel standard system)是指金币与银币各按其实际价值流通,两币的交换比率由市场上生金与生银的比价确定。平行本位制是复本位制的早期形式。在此制度下,由于金币与银币的比价是由市场自发形成和确定,从而金银比价关系极不稳定,且变动频繁,进而给交易和找零带来了极大的不便,造成了市场的混乱,于是产生了双本位制。

(二)双本位制

双本位制(double metal standard system)是指金币与银币按国家规定的比价流通,在此制度下,两币的交换比率不受生金、生银市场价格波动的影响。美国和欧洲大陆国家曾普遍采取此制度,它是复本位制的主要形式。双本位制克服了平行本位制金银比价不稳定的缺陷,但其结果是在社会上产生了官方比价和市场比价两种比价关系。官方比价是国家以法令形式确定的,比较稳定;而市场比价是市场自发决定的,两者常常出现偏离,于是出现了"劣币驱逐良币"的现象。最早发现这一现象的是英国政治家汤姆斯·格雷欣,因此这一法则又称为"格雷欣法则"(Gresham's Law)。

例如,如果金币与银币的法定比价为1∶15,而市场上生金与生银的比价为1∶16,黄金的市场比价较其法定比价高,为良币,白银则为劣币。由于市场比价与法定比价不一致,就会出现套利的情况。此时,1单位金币熔化成生金,在市场上按1∶16的比率交换16单位白银,再铸成银币,再拿出15单位的银币按1∶15比例换为金币,赚1单位银币。结果,金币大量退出流通领域,而银币则充斥在流通领域中。

(三) 跛行本位制

跛行本位制(limping standard)即名义上金币和银币都被规定为本位货币,但金币可以自由铸造、自由熔化,而银币却不能。在此制度下,银币其实已经演化为金币的符号,起着辅币的作用。因而,跛行本位制是一种不完全的复本位制,是一种由金银复本位制向金本位制演变的过渡性货币制度。

金银复本位制是一种不稳定的货币制度,这是因为一般等价物要求垄断价值表现,即只能以一种商品作为其他一切商品价值的表现材料,而金银复本位制与货币的这一特性是矛盾的,这一矛盾的具体表现就是格雷欣法则。当实际价值不同的金属铸币被赋予同等法偿能力时,实际价值较高的良币就会被收藏起来、熔化或输出而逐渐退出流通领域,而实际价值较低的劣币则会充斥市场,成为主要的货币流通手段。

三、金本位制

金本位制(gold standard system)简称金本位,是以黄金作为本位货币的一种货币制度。在此制度之下,流通中的金属货币除了金币以外,也有银币,但银币不再是本位货币,已经成了辅币。金本位制又可分为金币本位制、金块本位制和金汇兑本位制。

(一) 金币本位制

金币本位制(gold currency system)亦称为古典的或纯粹的金本位制,是金本位制的典型,是真正意义上的金本位制度。从世界范围来看,金币本位制是资本主义社会在自由竞争阶段的货币制度,盛行于1880—1914年。在金币本位制下,各国政府以法律形式规定以黄金作为货币金属,享有无限法偿能力;规定金铸币的重量、成色、形状及货币单位;规定金币可以自由铸造与自由熔化、自由输出与自由输入,其他金属铸币则限制铸造。金币的自由铸造和自由熔化能够自发调节流通中的货币量,保证金币的币值与其所含黄金的价值保持一致,使金币面值与实际价值保持相符;辅币与银行券可以自由兑换金币;黄金可以自由输出与输入,它可以保持外汇行市的相对稳定,使世界市场统一;货币储备全部都是黄金,并以黄金进行国际结算。

第一次世界大战时期以及战后,由于资本主义政治经济发展的不平衡,黄金的自由流通、银行券的自由兑换和黄金的自由输出输入遭到破坏,各国为阻止黄金外流,先后放弃了金币本位制。

(二) 金块本位制

金块本位制(gold bullion standard)又称为生金本位制,是指国内不铸造、不流通金币,而流通代表一定重量黄金的银行券,黄金集中存储于政府,银行券只能在一定条件下向发行银行兑换金块的一种货币制度。

在金块本位制下,虽然没有金币流通,但在名义上仍然是金本位制,并对货币规定了含金量。如法国1928年的《货币法》规定,法郎的含金量为0.065克纯金。金块本位制虽然不允许自由铸造金币,但允许黄金自由输出入,或外汇自由交易。银行券是流通中的主要通货,但不能直接兑换金币,只能有限度地兑换金块。例如,英国1925年规定,兑换黄金的最低限额是1 700英镑;法国在1928年规定至少需21.5万法郎才能兑换黄金,显然这不是一般公众有能力兑换的,实际上只有极少数富有的人才拥有大量的银行券,也才可以兑换黄金,所以又有人把它称为"富人本位制"。

实行金块本位制可节省黄金的使用,减少对黄金储备的要求,暂时缓解了黄金短缺与经济发展之间的矛盾,但是并未从根本上解决问题。实行金块本位制的条件是保持国际收支平衡和拥有大量用来平衡国际收支的黄金储备。一旦国际收支失衡,大量黄金外流或黄金储备不敷支付时,这种虚弱的黄金本位制就难以维持。1930年以后,英国、法国、比利时、荷兰、瑞士等国在世界性经济危机的冲击下,先后放弃了这一制度。

(三) 金汇兑本位制

金汇兑本位制(gold exchange standard)又称为虚金本位制,其特点是在国内既不铸造金币也无金币流通,银行券不能兑换黄金,只能兑换外汇,然后再用外汇在外币发行国兑换黄金。实行这种制度的国家,其中央银行必须将金准备存放于国外,并以存入国的货币作为发行准备,同时规定本国货币与存入国货币的法定比价,居民可按这一比价自由地兑换外汇,并在存入国兑换黄金。实行金汇兑本位制的国家,实际上是使本国货币依附于一些经济实力雄厚的外国货币,如美元、英镑等,并成为其附庸。

在第一次世界大战之前,殖民地国家如印度于1893年、菲律宾于1903年先后实行过金汇兑本位制;第一次世界大战结束后,德国、意大利等战败国家为整顿币制,将从别国借来的贷款作为外汇基金,把本国货币与英镑、美元等挂钩,保持固定比价,即实行金汇兑本位制。另外,第二次世界大战结束前夕在美国的新罕布什尔州布雷顿森林召开的国际货币会议上确立的"布雷顿森林体系",实际上是一种全球范围的国际金汇兑本位制。这一体系规定的"各国货币与美元挂钩,美元与黄金挂钩"的双挂钩制度,实质上是以美元为中心的国际货币制度,把各国货币都变成了美元的依附货币。直到1973年,由于美国宣布美元与黄金脱钩,金汇兑本位制才正式停止。

金块本位制和金汇兑本位制都是残缺不全的金本位制,是不稳定的货币制度。首先,两种制度都没有金币流通,金币本位制所具备的自发调节货币流通量、保持币值相对稳定的机制不复存在。其次,银行券不能自由兑换黄金,削弱了货币制度的基础。最后,发行准备和外汇基金存放他国,加剧了国际金融市场的动荡。一旦他国币制不稳定,必然连带本国金融市场随之动荡。

四、不兑现的信用货币制度

不兑现的信用货币制度（credit currency system），即纸币制度，是指以纸币为本位币，且纸币不能兑换黄金的货币制度。

20世纪70年代布雷顿森林体系彻底崩溃后，各国货币与黄金既无直接联系，也无间接挂钩关系，意味着金属货币制度已经完全退出历史舞台，取而代之的是不兑现的信用货币制度，它亦是当今世界各国普遍采用的货币制度。

在信用货币制下，没有金属本位币的铸造与流通；社会上流通的是不兑现的纸币；不兑现的纸币体现着银行对持有者的负债，反映的是银行信用。不兑现的纸币体现着中央银行作为发行人对持有者的负债，反映的是政府信用。因此，流通中的货币都是信用货币，主要由现金和银行存款构成，它们都体现着某种信用关系。信用货币都是通过金融机构的业务投入流通中去的，与金属货币通过自由铸造进入流通有本质区别。

信用货币制度主要有以下特点：一是信用货币一般是中央银行发行的本位货币，币材为纸，具有无限法偿能力；二是货币不能兑换黄金，也不规定含金量，完全是信用发行；三是信用货币是通过银行信贷渠道投放的，无论是现金还是银行存款，都要经过银行向社会投放；四是信用货币供应量不受贵金属量的制约，具有一定的弹性，政府可以根据经济运行状况进行一定的调节。

五、区域性货币制度

区域性货币制度（regional monetary system）是指在一定区域国家经济联盟和货币联盟的基础上，由某个区域内的有关国家协商形成一个货币区，并由联合组建的一家中央银行来发行与管理区域内的统一货币的制度。

目前区域性货币制度主要有欧洲货币制度（欧元）、西非货币联盟制度（西非法郎）、中非货币联盟制度（中非法郎）、东加勒比海货币联盟制度（东加勒比元）、太平洋货币联盟制度（太平洋结算法郎）等。

欧洲货币制度是区域性货币制度的一个典范。1957年，德国、法国、比利时、荷兰、卢森堡、意大利6国签署《罗马条约》，欧洲经济共同体宪章出台。1969年12月，欧共体正式提出建立欧洲经济和货币联盟，并设计了时间表，但最初的10年进展并不顺利。1979年3月，欧共体当时的12个成员国决定调整计划，正式开始实施欧洲货币体系（EMS）建设规划，1988年后，这一进程明显加快。1991年12月，欧共体12个成员国在荷兰马斯特里赫特签署了《政治联盟条约》和《经济与货币联盟条约》。

《政治联盟条约》的目标在于实行共同的外交政策、防务政策和社会政策，《经济与货币联盟条约》规定最迟在1999年1月1日之前建立经济货币联盟（Economic and Monetary Union，简称EMU），届时在该联盟内实现统一的货币、统一的中央银行以及统一的货币政策。《马斯特里赫特条约》经各成员国议会分别批准后，1993年11月1日正式生效，与此同时，欧共体更名为欧盟。1994年成立了欧洲货币局，1995年12月正式决定欧洲统一货币的名称为欧元（Euro）。1998年7月1日欧洲中央银行正式成立，1999年1月1日欧元正式启动，法国、德国、卢森堡、比利时、荷兰、意大利、西班牙、葡萄牙、荷兰、奥地利、爱尔兰共11个国家为首批欧元国,希腊于 2000 年加入欧元区。2002 年 1 月 1 日起,欧元的钞票和硬币开始流通。欧元的钞票由欧洲中央银行统一设计,由各国中央银行负责印刷发行;而欧元硬币的设计和发行由各国完成。2002 年 7 月 1 日,各国原有的货币停止流通,与此同时,欧元正式成为欧元区各成员国统一的法定货币。2007 年 1 月 1 日,斯洛文尼亚加入欧元区。2008 年 1 月 1 日,马耳他和塞浦路斯(不包括北塞浦路斯)正式加入欧元区。2009 年 1 月 1 日,斯洛伐克正式加入欧元区。2011 年 1 月 1 日,爱沙尼亚正式加入欧元区。2014 年 1 月 1 日,拉脱维亚正式成为欧元区成员国。英国、瑞典和丹麦决定暂不加入欧元区。截至 2014 年,使用欧元的国家为德国、法国、意大利、荷兰、比利时、卢森堡、爱尔兰、希腊、西班牙、葡萄牙、奥地利、芬兰、斯洛文尼亚、塞浦路斯、马耳他、斯洛伐克、爱沙尼亚、拉脱维亚,欧元区共有 18 个成员国和超过 3.2 亿的人口。

欧洲货币制度的建立和欧元的实施,标志着现代货币制度又有了新的内容,并进入了一个新的发展阶段,也为世界其他地区货币制度的发展提供了一个示范。当然,欧洲货币制度能否发挥其预期的功能还有待更长时间的检验。

本章小结

1. 经济学中的货币同人们在日常生活中所说的货币存在概念上的差异,为了深入理解货币的含义,需要了解货币与通货、财富以及收入等概念之间的区别。迄今为止,货币形式大致经历了实物货币、金属货币、纸质货币、存款货币和电子货币等几个发展阶段。

2. 货币是从商品世界中分离出来的固定充当一般等价物的特殊商品,并能反映一定的生产关系。货币具有价值尺度、流通手段、价值贮藏、支付手段和世界货币这五大职能。

3. 货币制度是指一个国家或地区以法律形式确定的货币流通结构和组织形式。它的主要内容包括规定货币材料,规定货币单位,规定流通中货币的种类,规定货币的偿付能力,规定货币的铸造,发行和流通,规定货币的发行保证制度等。

4. 货币制度以币材为代表,主要经历了金属货币本位制和信用货币本位制两个阶段,而金属货币本位制又可以划分为银本位制、金银复本位制和金本位制三类。

本章重要概念

货币　实物货币　金属货币　纸质货币　存款货币　电子货币　货币制度　无限法偿　有限法偿　银本位制　平行本位制　格雷欣法则　双本位制　跛行本位制　金本位制　金币本位制　金块本位制　金汇兑本位制

复习思考题

一、选择题

1. 纸币的发行是建立在货币的(　　)职能基础上的。
A. 价值尺度　　　　B. 流通手段　　　　C. 支付手段　　　　D. 储藏手段

2. 下列( )不属于货币的支付手段职能。
   A. 支付职工工资   B. 支付写字楼租金
   C. 向税务局纳税   D. 购买电脑设备
3. 如果金银的法定比价为1∶13，而市场比价为1∶15，这时充斥市场的将是( )。
   A. 银币   B. 金币   C. 金币银币同时   D. 都不是
4. 在金属货币制度下，本位币的名义价值与实际价值( )。
   A. 呈正比   B. 呈反比   C. 相一致   D. 无关
5. 辅币的名义价值( )其实际价值。
   A. 高于   B. 低于   C. 等于   D. 不确定
6. 在不兑现的信用货币制度下，本位币一定是( )。
   A. 实物货币   B. 金属货币   C. 无限法偿   D. 有限法偿
7. 在纸币制度下，容易发生通货膨胀危机，这是因为( )。
   A. 纸币本身没有价值   B. 政府货币政策失误
   C. 纸币违背了纸币流通的规律 D. 失去了金币的自动调节作用
8. 在商场柜台上，一台电脑的标价是5 900元，这5 900元是( )。
   ①货币在执行价值尺度职能；②货币在执行流通手段职能；③现实的货币；④观念中的货币；⑤商品的价值；⑥商品的价格
   A. ①④⑤   B. ②④⑥   C. ①④⑥   D. ②③⑤
9. 下列未加入欧元区的国家是( )。
   A. 法国   B. 英国   C. 马耳他   D. 爱沙尼亚
10. 典型的金本位是( )，它是一种相对稳定的货币制度，对资本主义的发展曾起过积极的作用。
    A. 金币本位制   B. 金汇兑本位制
    C. 金银复本位制   D. 金块本位制

二、简答题

1. 什么是货币？它与日常所说的通货、财富和收入有什么区别？
2. 怎样把握货币起源的各种学说？
3. 货币形式的演进经历了哪些阶段？
4. 阐述货币的职能以及它们之间的关系。
5. 货币制度的构成要素有哪些？
6. 货币制度是如何演变发展的？

三、案例分析题

"劣币驱逐良币"的规律曾在美国货币史上有所表现。美国于1791年建立金银复本位制，它以美元作为货币单位，规定金币和银币的比价为1∶15，但当时法国等几个实行复本位制的国家规定金银的比价为1∶15.5。也就是说，在美国金对银的法定比价低于国际市场的比价。于是，黄金很快就在美国的流通界消失了，金银复本位制实际上变成了银本位制。

1834年,美国重建复本位制,金银的法定比价重新定为1∶16,而当时法国和其他实行复本位制的国家规定的金银比价仍然是1∶15.5,这时就出现了相反的情况。由于美国银对金的法定比价定得比国际市场的低,因此金币充斥美国市场,银币却被驱逐出流通领域,金银复本位制实际上又变成了金本位制。

案例问题:
(1) 什么是"劣币驱逐良币"?
(2) 为什么在金银复本位制下,会发生"劣币驱逐良币"现象呢?

第二章

信用、利息与利率

> 切记，金钱具有孳生繁衍性。金钱可以生金钱，孳生的金钱又可再生，如此生生不已。
>
> ——富兰克林

学习目标

通过本章的学习，你将能够：
- 理解信用的主要形式及其作用；
- 掌握利率的类型及其决定因素；
- 理解主要的利率决定理论；
- 了解我国的利率体制改革。

引导案例

安然事件与诚信危机

2001年11月下旬，美国最大的能源交易商安然承认自1997年以来，其通过非法手段虚报利润5.86亿美元；在与关联公司的内部交易中，不断隐藏债务和损失，管理层从中非法获益。消息传出，立刻引起美国金融与商品交易市场的巨大动荡。安然股价2000年曾一度高涨到90美元，2001年11月8日跌至不足1美元，许多中小投资人损失惨重。

事件中，负责对安然财务报表进行审计的安达信成为焦点。人们指责其没有尽到审查职责。在美国证券交易委员会（SEC）对安然破产事件的调查中，安达信的职业操守受到质疑。安达信 2000 年从安然公司获得的咨询收入高达 2 700 万美元,审计收入达 2 500 万美元。英国《金融时报》指出,由于会计师事务所的咨询与审计业务没有完全分开,这种关系过于亲密、缺乏独立性的结构,难免引起会计事务所与客户"相互勾结",中介机构的诚信值得怀疑。

在当今的大众投资时代,金融市场向公众兜售的实际只有诚信。投资者在将辛苦挣来的血汗钱交给证券公司用以投资股票、债券、公共基金等投资工具时,他们必须确信自己会受到公正对待。在目前全球证券市场震荡不安时,这种信赖尤为珍贵。对于其中道理,SEC 前任主席列维特有着精到的阐述:"诚信是市场的基石,只有它才是推动市场前进的真正力量。"

资料来源:根据相关资料整理。

第一节 信 用

一、信用的产生与发展

(一) 信用的含义

在西方,"信用"一词源于拉丁文"credo",意为"信任""声誉"等;在英语中信用为"credit",其意除"信任"外,还可解释为"赊账""信贷"等。在汉语中,"信用"主要有两种解释:一是道德范畴的信用,主要是指诚信,即通过诚实履行自己的承诺而取得他人的信任。古人云:"言必行,行必果。"这个"信"指的就是诚信。在日常生活中评论某人是否守信,也是指这个人是否说到做到,能否言出必行。古往今来,人们将诚实守信视为最基本的道德规范和行为准则之一。良好的信用不仅是个人之间正常交往的基础,而且是个人与机构、机构与机构及至国与国之间相互交往的基础。如果一个社会失信和欺诈行为盛行,正常的人际交往和经济交易都会因此而受到极大的干扰。二是经济范畴的信用,是指以还本付息为条件的借贷活动。如赊销商品、贷出货币,买方和借方要按约定日期偿还货款并支付利息。马克思说:"这个运动——以偿还为条件的付出——一般地说是贷和借的运动,即货币或商品只是有条件的让渡这种独特形式的运动。"

(二) 信用的产生与发展

商品经济的产生和发展是信用产生的基础。原始形态的信用产生于原始社会末期和奴隶社会初期,生产力的发展以及商品生产和商品交换的发展使原始公社解体,产生了私有制家庭和阶级,出现了贫富的差别。贫困的家庭为了维持生产和生活,向富裕家庭借债,便产生了信用。原始形态的信用大多是实物的借贷,随着商品货币关系的发展,出现了货币借贷。高利贷是古老的生息资本,它盘剥的对象主要是广大的小生产者。高利贷对社会生产力起破坏作用,它使生产者陷于贫困,无力进行扩大再生产,甚至难以维持简单再生产。

封建制度被资本主义制度代替之后,货币借贷关系有了新的发展变化。资本主义的借贷资本取代了高利贷资本。随着借贷资本关系的发展,直接货币借贷又逐渐被以银行为中介的借贷关系所代替。随着资本主义社会化大生产的发展,企业生产规模不断扩大,经营的必要资本限额增大,需要集中大量资本才能经营生产。货币借贷关系适应这种要求进一步发展,出现了通过发行股票等方式进行资金筹集的活动。

二、信用的形式

信用形式是信用关系的具体表现,高利贷信用是最初、最古老的信用形式。按照借贷主体的不同,现代经济生活中的基本信用形式包括商业信用、银行信用、国家信用、消费信用和国际信用。其中,商业信用和银行信用是两种最基本的信用形式。

(一)高利贷信用

高利贷(usury)是指贷放货币或实物以榨取高额利息的贷款,是以高额利息为特征的借贷行为。通常年息在50%左右,有时高达100%—200%甚至更高。高利贷债权人通常称作"大耳窿"或地下钱庄。高利贷早期的贷放多是实物,现在贷放的多是货币。在我国,借贷的习惯按月计息,月息五分,即本金的5%,不计复利,年息达60%。

高利贷产生于原始社会末期,在奴隶社会和封建社会得到广泛的发展,是前资本主义社会主要的信用形式。高利贷信用之所以有这样高的利息,是由当时的经济条件决定的。由于前资本主义社会是自给自足的自然经济,劳动生产力水平低,生产规模小,小生产者一般都经受不住意外事故(如天灾人祸)的冲击,一旦遇到意外事故,就无法维持原来的简单再生产,无法维持生活。在这样的情况下,小生产者(农民和其他小手工业者)就不得不向放高利贷者借钱或实物,以维持生产和生活。放高利贷者正是看到了借者为了维持生存这一点,就无情地抬高利率。如果借钱的人不是为了生活和生存,而是向资本主义生产方式那样,借钱是为了投资,获取利润,那么贷款的利率高了,使得投资的利润大部分或全部被高利贷的利息侵吞,借钱的人就不借了,贷款的利率自然也高不上去。旧中国的高利贷十分活跃,华北盛行"驴打滚",江浙一带有"印子钱",广东则有"九扣十三归"。

高利贷信用在前资本主义社会主要有两方面的作用:一是高利贷信用促进了自给自足的自然经济的解体和商品货币关系的发展。二是高利贷信用的高利盘剥破坏和阻碍了生产力的发展。

民间借贷,泛指在国家依法批准设立的金融机构以外的自然人、法人及其他组织等经济主体之间的资金借贷活动。民间借贷是否为高利贷?自2003年以来,国家逐步放开了民间小额信贷的限制,并制定了一系列扶持政策,民间信贷产业得以快速发展。2011年民间借贷规模已占银行等金融机构总规模的10%—20%。2011年11月开始,中国人民银行和最高人民法院发布了一系列通知公告,有条件地承认民间借贷的合法性,承认民间借贷是金融市场的一部分,其健康发展可以促进社会实体经济的发展。截至2012年3月,中华人民共和国《刑法》并没有高利贷罪的规定,即高利贷并不入罪,同时高利贷利息的高低也并不是判断罪与非罪的要件,也不是定罪量刑的依据。但是根据《合同法》及《最高人民法院关于人民法院审理借贷案件的若干意见》,民间借贷不得超过银行同类贷款利率的4倍,超过部分的利息不受法律保护。

(二)商业信用

商业信用(commercial credit)是指企业之间以赊销商品、预付货款等形式提供的信用。

这种信用的具体表现形式很多,如赊销商品、委托代销、分期付款、预付定金、按工程进度预付工程款、延期付款,等等。商业信用产生的根本原因是在商品经济条件下,在产业资本循环过程中,各个企业相互依赖,但它们在生产时间和流通时间上往往存在不一致,从而使商品运动和货币运动在时间上与空间上脱节。而通过企业之间相互提供商业信用,则可满足企业对资本的需要,从而保证整个社会的再生产得以顺利进行。商业信用表现在商品销售过程中一个企业授予另一个企业的信用。如原材料供应厂商授予产品生产企业、产品生产企业授予产品批发商、产品批发商授予零售企业的信用。

1. 商业信用的特点

商业信用的主要特点有以下几方面:

一是在以营利为目的的经营者之间进行的,是经营者互相以商品形式提供的直接信用,债权人和债务人都是厂商。

二是商业信用的规模受商品买卖量的限制,企业不可能超出自己所拥有的商品量向对方提供商业信用,所以大额的信用需要不可能通过商业信用来满足。

三是商业信用有较严格的方向性。往往是生产生产资料的部门向需要这种生产资料的部门提供。例如,面粉商→面包商→批发商→零售商,严格遵循社会生产销售程序,遵循社会总生产的循环。因此,商业信用能力有局限性,一般只在贸易伙伴之间建立。

四是商业信用容易形成社会债务链。在经营者有方向地互相提供信用的过程中,形成了连环套的债务关系,其中一环出现问题,很容易影响整个链条,出现类似三角债的问题,严重者可引起社会经济危机。

五是商业信用具有一定的分散性,且期限较短。经营者根据自己的经营情况随时可以发生信用关系,信用行为零散。

商业信用直接与商品生产和流通相联系,有其广泛的运用范围,因而它构成了整个信用制度的基础。在现代市场经济条件下,商业信用得到广泛发展,成为普遍的、大量的社会经济现象,几乎所有的工商企业都卷入了商业信用的链条。商业信用在调节企业之间的资金余缺、提高资金使用效益、减少交易费用、加速商品流通等方面发挥着巨大作用。但由于受其本身特点的影响,商业信用又具有一定的局限性。

2. 商业信用在我国的发展

新中国成立之初,商业信用在我国企业融资活动中占有相当大的比重,据统计,1953—1954年我国商业信用的规模占企业流动资金的10%—20%。此后,由于采用高度集权的中央计划管理体制,取消了商业信用。改革开放后,我国的商业信用逐步得到恢复。1982年,上海市首先恢复票据贴现业务。1984年,中国人民银行发行了《商业票据承兑贴现暂行办法》,允许银行之间办理转贴现,中国人民银行办理再贴现。1995年,《中华人民共和国票据法》颁布,为商业信用发展提供了法律依据。我国经济体制改革的不断深入以及市场经济的迅速发展,强化了商业信用存在的基础。

(三)银行信用

银行信用(bank credit)是银行和各类金融机构以货币形式向社会各界提供的信用。银行信用是在商业信用发展到一定程度以后产生的。与作为直接融资的商业信用不同,银行信用属于间接融资。它的产生对商品经济的发展起着巨大的推动作用,标志着信用制度更加完善。

1. 银行信用的特点

银行信用具有以下特点:

第一,是以货币形态提供的间接信用。银行信用调动了社会各界闲置资金,并为社会各界提供信用,不受方向制约和数量限制,范围广、规模大、期限长。

第二,信用性强,具有广泛的接受性。一般来说,银行是信誉最好的信用机构,它的很多债务凭证具有最广泛的接受性,被视为货币,充当流通手段和支付手段。

第三,信用的发生集中统一,可控性强。社会资金以银行为中心集散,易于统计、控制和管理。以银行为中介,中断债务链,在促进经济活动的同时,稳定经济发展。

因此,银行信用受到世界各国的重视及商业活动的推崇,成为当今世界最主要的信用形式之一。

2. 银行信用和商业信用

商业信用的典型形式是由商品销售企业对商品购买企业以赊销方式提供的信用。银行信用是伴随着现代资本主义银行的产生,在商业信用的基础上发展起来的一种间接信用。银行信用在规模、范围、期限上都大大超过了商业信用,成为现代经济中最基本的占主导地位的信用形式。两者的关系包括:

第一,商业信用始终是信用制度的基础。历史上商业信用产生在先,它直接与商品的生产和流通相关联,直接为生产和交换服务。企业在购销过程中,彼此之间如果能够通过商业信用直接融通所需资金,就不一定依赖于银行。

第二,只有商业信用发展到一定程度后才出现银行信用。资本主义的银行信用体系,正是在商业信用广泛发展的基础上产生与发展的。

第三,银行信用的出现又使商业信用进一步完善。因为商业信用工具和商业票据都有一定期限,当商业票据未到期而持票人又急需现金时,持票人可到银行办理票据贴现,及时取得急需的现金,商业信用就转化为银行信用。由于银行办理的以商业票据为对象的贷款业务(如商业票据贴现、票据抵押贷款等),使商业票据及时兑现,因此商业信用得到进一步发展。

第四,商业信用与银行信用各具特点,各有独特的作用。二者之间是互相促进的关系,不存在互相取代的问题,我们应该充分利用这两种信用形式促进经济发展。

(四) 国家信用

国家信用(state credit)是指政府以债务人身份,借助于债券等信用工具向社会各界筹集资金的一种信用方式。国家信用的主要表现形式是通过金融机构发行国债,在借贷资金市场借入资金,国债持有者有权按照规定的期限和利率取得国债利息。在现代社会中,按照发行范围划分,国债分为国内国债和国外国债。国内国债是国家向国内的居民、企业、社会团体等发行债券筹集资金的信用形式;国外国债是国家以债务人身份向国外的居民、企业、社会团体、国际金融机构、外国政府等发行债券或取得借款的信用形式。国家从国内筹款是内债,从国外筹款是外债,不论是内债还是外债,在经济中都是不可忽视的重要因素。表2-1说明了主要资本主义国家债务占GDP的比例的状况。

表 2-1　主要资本主义国家政府债务占 GDP 的比例及预测(%)

年份 \ 国家	英国	法国	德国	意大利	美国	日本
1980	40.84	20.41	31.25	56.89	43.57	51.78
1985	43.07	30.59	40.69	80.48	53.10	68.05
1990	27.14	35.18	42.25	94.65	61.15	68.85
1995	41.10	55.44	55.14	121.08	69.13	92.83
2000	41.38	57.28	58.74	109.15	54.16	142.06
2005	42.40	66.74	66.34	105.82	60.77	191.64
2010	40.90	57.40	60.10	108.50	54.80	140.10
2011	81.80	86.00	80.60	120.10	102.90	229.60
2012	88.40	89.00	78.90	123.40	106.60	235.80
2017	86.80	84.60	71.00	118.90	113.00	256.60

资料来源：国际货币基金组织网站，《全球金融稳定报告》，2013 年 4 月。

1. 国家信用的特点

国家信用具有如下特点：

第一，目的单一，旨在借款。国家信用是调剂政府收支平衡的手段和弥补财政赤字的重要渠道。一般来说，政府支出大于财政收入可通过三条途径解决，即增税、举债和货币发行。增税立法程序复杂，易引起社会不满；增发货币易导致通货膨胀；以债券形式举债是较好的方法。

第二，用途单一，旨在公益事业建设。如修筑道路、水利、发展科教事业等，为发展经济创造良好的社会环境与条件，取之于民，用之于民。

第三，信用风险小，安全性高。国家债券以政府的财政收入作为偿还担保，对投资者而言，国家债券的高信誉度增强了国家债券的流动性，从而增加了投资者的安全感。

第四，日益成为调节经济的重要手段。很多国家和地区，通过在金融市场上买进和卖出政府发行的各种证券工具，调节货币供应，影响金融市场资金供求关系，从而调节社会经济活动。目前，世界各国国家信用有增无减，日益庞大。

国家信用与商业信用及银行信用不同，它与生产和流通过程没有直接关系。筹集的资金由国家统一掌握和使用，在经济生活中是不可忽视的重要因素，发挥着特殊的作用，如调节财政收支的不平衡，调节货币流通等。

2. 我国国家信用的发展

1950 年，我国发行了"人民胜利折实公债"，1954—1958 年发行了"国家经济建设公债"，之后既无外债，又无内债，1981 年开始发行国库券。近几年，配合积极的财政政策，国债发行的数额基本是在逐步上升的。2012 年，中央财政共发行国债 14 527.33 亿元，其中内债发行额 14 264.67 亿元，外债发行额 262.66 亿元（如图 2-1 所示）。

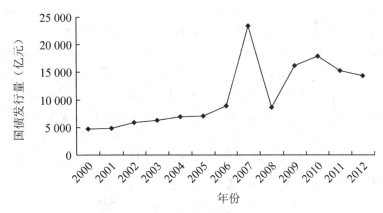

图 2-1 2000—2012 年我国国债发行量

资料来源：中华人民共和国财政部网站，《2000—2012 年中央财政国债余额情况表》。

(五) 消费信用

消费信用(consumer credit)是指企业、银行或其他金融机构向社会消费者个人提供的直接用于生活消费的信用。主要是为消费者购买耐用消费品如房屋、汽车等。

1. 消费信用的特点

一是有利于扩大需求，提高消费，刺激经济发展，缓解消费者有限的购买力与不断提高的生活需求之间的矛盾。二是作为有利的促销手段，可以开拓销售市场，促进商品生产和流通。三是给经济增加了不稳定的因素，容易造成需求膨胀。经济繁荣时，消费信用扩大，商品销量增加；经济萧条时，消费信用萎缩，商品销售更加困难，经济更加恶化。

2. 消费信用的形式

(1) 赊销。赊销是信用销售的俗称，是以信用为基础的销售，即以延期付款的方式进行销售，到期后一次付清货款。在西方发达国家，对通常的消费信用一般通过发放信用卡，消费者可凭信用卡在信用额度内购买商品或做其他支付，也可以在一定额度内取现。

(2) 分期付款。分期付款是指买方只支付一部分货款后就可以获得所需的商品或劳务，然后按照合同条款分期支付其余货款的本金和利息。分期付款的方式一方面可以使卖方完成促销活动，另一方面也给买方提供便利。一般来说，分期付款方式多用在购买房屋、汽车或高档消费品上，属于中长期消费信用。

(3) 消费贷款。消费贷款是银行及其他金融机构对消费者发放的贷款。一般贷款期限较长，最长可达 30 年，属于长期消费信用。按照贷款对象的不同，分为买方信贷和卖方信贷。

一个国家和地区消费信用是否存在、是否广泛以及规模大小主要取决于社会公众的消费习惯、消费心理、消费行为和消费能力。

(六) 国际信用

国际信用(international credit)是指国际间的一切借贷关系和借贷活动。国际信用和国内信用不同，表现的是国际间的借贷关系，债权人和债务人是不同国家的法人，直接表现为国际间的资本流动。现代国际金融领域内的各种活动几乎都同国际信用有着紧密联系,没有国际借贷资金不息的周转运动,国际经济和国际贸易就无法顺利进行。

国际信用的形式有国际商业贷款和国际直接投资两大类。国际商业贷款是指一国与一国之外的经济主体之间进行的借贷活动,其基本特征是在国内经济主体与国外经济主体之间形成的债权债务关系。国际商业贷款包括出口信贷、国际商业银行和银团贷款、发行国际债券、政府贷款、项目融资、补偿贸易、国际租赁等多种具体形式。改革开放以来,我国借用了较大规模的国际商业贷款,促进了国内经济建设,成为我国利用外资的重要途径。国际直接投资又称为对外直接投资,是指投资者以控制企业部分产权、参与经营管理为特征,资本对外输出以获得利润为主要目的。

第二节 利息与利率

一、利息的本质

利息(interest)是借贷过程中,债务人支付给债权人的超过本金的部分,它是本金之外的增加额。

关于利息的本质,历来众说纷纭。西尼尔的"节欲论"认为利息是资本所有者抑制当前消费欲望而推迟消费的报酬;庞巴维克的"时差利息论"认为,同额货币的未来价值不如现值大,由于物价等因素,使未来货币价值降低,因此,为了弥补这个损失,贷出的货币也要收回未来损失的部分;凯恩斯的"流动性偏好理论"认为人们都偏好流动性高的货币,若要人们暂时放弃这种流动性高的货币而等待将来使用,就必须向放弃流动性偏好者支付报酬。马克思经过考察货币借贷过程及其结果后指出,利息是使用借贷资金的报酬,是货币资金所有者凭借对货币资金的所有权向这部分资金的使用者索取的报酬。利息来源于剩余产品或利润的一部分,它是剩余价值的特殊转化形式。

二、利率的种类

利率(interest rate)是一定时期内利息额与本金的比例。利率的计算公式为:利率=利息额/本金。本金为存款,则为存款利率;本金为贷款,则为贷款利率。利率种类复杂,一方面是由于金融资产的多样化;另一方面是由于考察的角度不同,从而得到不同的利率类别。以下介绍几组重要的利率类别。

(一)年利率、月利率和日利率

按照计息时间的不同,利率可分为年利率、月利率和日利率。

年利率是以年为单位计算利息,用百分比(%)来表示;月利率是以月为单位来计算利息,用千分比(‰)来表示;日利率是以日为单位来计算利息,用万分比(‱)来表示。这三者之间的换算公式为:

$$年利率 \div 12 = 月利率$$
$$月利率 \div 30 = 日利率$$
$$年利率 \div 360 = 日利率$$

例如,对于同样一笔商业贷款,年利率为8%,也可以用月利率6.67‰或日利率2.22‱来表示。我国习惯上利率的基本单位为"厘",年息、月息和日息都用厘表示。以一厘为单位,年息厘用1%表示;月息厘用0.1%表示;日息厘则用0.01%表示;民间则比较常用"分"来表示利率,分是厘的十倍。我国金融部门一般习惯用月利率来计息,特别是贷款方面更是如此。西方国家则一般以年利率为主。

(二) 长期利率和短期利率

按照借贷期限长短的不同,利率可分为长期利率和短期利率。

一般来说,一年期以内的信用行为称为短期信用,相应的利率为短期利率;一年期以上的信用行为通常称为长期信用,相应的利率则是长期利率。短期利率与长期利率之中又有各档不同期限的利率。总的来说,较长期的利率一般高于较短期的利率。

(三) 固定利率和浮动利率

按照贷款期限内是否浮动,利率可分为固定利率和浮动利率。

固定利率是指在整个借贷期内,利率不随借贷资金供求状况而改变的利率。但是通货膨胀以及金融市场的高度不确定性使固定利率的风险增大,如果借贷期限较长,当未来利率上升时,债权人要承担利息损失的风险;当未来利率下降时,债务人则要承担利息成本较高的风险。因此,固定利率一成不变的格局被打破,经济社会采取得越来越多的是浮动利率形式。

浮动利率是指在借贷期内,随市场利率的变化而定期调整的利率。一般来说,根据借贷双方的协定,有一方在规定的时间依据某种市场利率进行调整,在国际金融市场上,一般以伦敦银行同业拆借利率(Libor)为基准。它比较适应借贷时间较长,而市场利率多变的市场环境。

(四) 市场利率、官定利率和公定利率

按照决定方式的不同,利率可分为市场利率、官定利率和公定利率。

市场利率是根据借贷资金供求状况,由借贷双方协商自行确定的利率。一般来说,当资金供大于求时,市场利率会下降;当资金供小于求时,市场利率会上升。

官定利率是指由政府金融管理部门或者中央银行确定的利率。官定利率也可认为是法定利率,任何部门和个人都不能违背。它反映了非市场力量对利率的干预。

公定利率是指由非政府的民间金融组织,如银行公会、行业协会等所确定的利率,这种利率对会员有一定的约束力。

(五) 基准利率、一般利率和优惠利率

按照所处地位的不同,利率可分为基准利率、一般利率和优惠利率。

基准利率一般由各国中央银行统一规定,有的国家则由政府直接规定。基准利率是各国银行共同遵守的基本存、贷款利率,是在整个利率体系中起着主导作用的基础利率,它的变化决定了其他各种利率的变化,是中央银行宏观调控金融的重要手段。美国的基准利率是联邦基金利率,伦敦银行同业拆借利率代表国际金融市场上的基准利率。

一般利率是指金融机构在金融市场上形成的各种利率。一般利率通常参照基准利率制定,主要是指商业银行对企业和个人的存、贷款利率及金融市场交易利率。

优惠利率是指在时间长短相同、风险性相同的条件下,实行较低的利率。优惠利率略低于一般贷款利率。实行优惠利率主要是为了鼓励和扶持某些地区、某些行业尽快发展起来。

(六) 实际利率和名义利率

按照是否剔除通货膨胀或紧缩因素的影响,利率可分为实际利率和名义利率。

实际利率是指物价不变从而实际购买力不变条件下的利率。名义利率则是包含通货膨胀因素的利率。一般情况下,我们所讲的名义利率,就是在实际利率的基础上,把通货膨胀考虑进去。计算公式如下:

$$i = r + \pi \tag{2-1}$$

其中,i 为名义利率,r 为实际利率,π 为借贷期内的通货膨胀率。但公式(2-1)只考虑了借贷活动中的本金不损失,而忽视了利息的损失。因此,更为严格的公式应包括对本金和利息通货膨胀的补偿问题,其公式是:

$$(1+i) = (1+r)(1+\pi) \tag{2-2}$$

划分名义利率与实际利率的意义在于,它为分析通货膨胀下的利率变动及其影响提供了依据与工具,便利了利率杠杆的操作。根据名义利率与实际利率的比较,实际利率呈现三种情况:当名义利率高于通货膨胀率时,实际利率为正利率;当名义利率等于通货膨胀率时,实际利率为零;当名义利率低于通货膨胀率时,实际利率为负利率。在不同的实际利率状况下,借贷双方会有不同的经济行为。一般而言,长期的负利率对经济活动有不利的影响。

三、利率的计算方法

(一) 单利和复利

利率计算一般分为单利、复利和连续复利三种。

1. 单利

单利是指不论期限长短,存贷款计息仅按本金计算,已形成的利息不再加入本金重复计利。设 P 为本金,I 为利息,r 为利率,n 为借贷期限,S 为本金和利息之和,则单利的计算公式为:

$$I = P \times r \times n \tag{2-3}$$

$$S = P + P \times r \times n = P(1 + r \times n) \tag{2-4}$$

例如,一笔为期 5 年、年利率为 5.225% 的 100 000 元储蓄,利息额为:

$$100\,000 \times 5.225\% \times 5 = 26\,125(元)$$

本利和为:

$$100\,000 \times (1 + 5.225\% \times 5) = 126\,125(元)$$

2. 复利

复利是指经过一定时期,将所生利息加入本金再行计算利息,逐期滚算,俗称"利滚利"。复利反映了利息的本质,复利的计算公式为:

$$S = P(1+r)^n \tag{2-5}$$

$$I = P(1+r)^n - P = P[(1+r)^n - 1] \tag{2-6}$$

$(1+r)^n$ 称为复利系数,复利系数可从特制的复利系数表中查得。例如,一笔为期 5 年、年利率为 7.20% 的 100 000 元贷款,本利和为:

$$100\,000\times(1+7.20\%)^5=141\,570.878(元)$$

利息额为：
$$100\,000\times(1+7.20\%)^5-100\,000=41\,570.878(元)$$

彼得·林奇在他的《成功投资》这本书中做了一个假设，1626年曼哈顿的印第安人把他们的土地折价24美元卖了，如果把24美元拿去做了投资，每年的复合收益率达到8%，那么362年后，这24美元将变成：$24\times(1+8\%)^{362}=30$万亿美元。而1988年，曼哈顿所有房产按当年纳税记录计算，也仅值281亿美元。如果印第安人有这样的投资，1 000个曼哈顿都可以买回来。

在确定的借贷期内，按复利计息的次数越多，投资人的利息收入越高，筹资人的利息成本就越大。

在复利计算中，一般满足所谓"七二法则"，即有一笔资金投资于一项投资工具上，投资不拿回利息，"利滚利"，本金翻一番所需的时间为72除以该投资年均回报率。

专栏 2-1

两个有广泛用途的算式

银行储蓄存款业务中，有零存整取和整存零取两种。

零存整取是每月（或每周、每年）按同样的金额存入，到约定的期限本利和一次取出。其算式为：

$$A=P\times\frac{(1+r)^{1+n}-1}{r}-P \tag{2-7}$$

其中，P代表每月（或每周、每年）存入的金额。即如10年以后需要支出20 000元，估计月利率为0.8%，那么每月存入100元即可达到这个数量（确切数为20 181.92元）。

整存零取则指一次存入若干金额的货币，在之后的预定期限内，每月（或每周、每年）提取同等金额的货币，当达到最后期限的一次提取时，本利全部取清。其算式为：

$$A=P\times\frac{(1+r)^n-1}{r\times(1+r)^n} \tag{2-8}$$

其中，P代表每月（每周或每年）提取的金额。假如希望在10年内每月提取100元作为生活费，估计月利率也为0.8%，那么现在只需要存入7 700元（确切数为7 695.52元）即可。

这两个算式都有广泛的用途。如在设计折旧提存方案、退休养老基金方案等很多方面时，或许要利用其中某一算式，或需两个算式结合使用。

资料来源：黄达，《金融学》，北京：中国人民大学出版社，2012年。

3. 连续复利

一般的，假设本金为P，年利率为r，每年计息的次数为m，则n年年末的终值公式为：

$$S=P(1+r/m)^{mn} \tag{2-9}$$

如果m趋于∞，即计息的时间间隔短到无穷小，每一个微小的时间间隔都计息，则称这种计息方式为连续复利。

$$S = \lim_{m \to \infty} P(1+r/m)^{mn} = Pe^{rn} \qquad (2-10)$$

连续复利的终值大于一般复利计息,但大得有限;连续复利的计算一般在实际中很少采用,而主要用于投资分析,特别是在期货的定价中;在普通的实际投资中更常用的是普通复利的计算方法。

(二)现值、终值及其运用

现值与终值的计算是现实经济生活中经常使用的方法,特别是在投资项目的评估中要经常使用。由于利息成为收益的一般形态,所以任何一笔货币金额,都可根据利率计算出在未来的某一时点上的本利和,称为"终值"。对于一般投资而言,终值按照复利计算。如果把这个过程倒转过来,确定未来某一时点的本利和,可按现行利率计算出要能取得这些金额的本利和现在所必须具有的本金,这个逆算出来的本金称为"现值"。现值计算公式是由终值计算公式倒推出来的:

$$P = \frac{S}{(1+r)^n} \qquad (2-11)$$

其中,P 为现值(本金),S 为终值,r 为利率,n 为借贷期限。

$\frac{1}{(1+r)^n}$ 是现值系数,现值系数是复利系数的倒数。一笔未来到期日一次支付的货币余额乘以该系数,就可以得出现值。

利用与现值相关的净现值计算方法,可以对经济生活中的很多问题,特别是投资项目进行评估和分析,以确定经济可行性。比如,在现实生活中,一个大型投资项目需要很长的工期才可以完成,这就意味着项目资金的投入是分期进行的。同样的一个项目,由于方案不同,会导致投资总额不同和资金年度分配不同。在这种情况下,可以利用净现值计算方法,不同方案的投资换算成统一时点的净现值,从而进行可行性比较。一般来讲,同样的投资额,在相同的期限内,净现值越大,则可行性越大。

四、决定利率水平的因素

决定利率水平的因素是多种多样的,主要有以下几种:

(一)平均利润率

由于利息是利润的一部分,因此,利率应低于平均利润率,平均利润率是利率的上限。在商品经济中,商品的价格形成不能以一个企业的生产状况来决定,而必须以该社会的平均成本与利润来决定,同样,决定利率的也不是个别企业的利润率。商品经济发展到一定程度,一个社会就会形成社会平均利润率。如果利率高于平均利润率,则借者因无利可图而不愿借款。相反,利率也不能低于零,利率太低则贷者感到无利可图,也不愿贷出资金。因此,利率浮动于平均利润率与零之间。

(二)借贷资本供求关系

在平均利润率的框架之内,市场上借贷资本的供求状况,决定着某一时点上的利率高低。在市场经济条件下,决定利率的主要依据是借贷资本的供求关系。当借贷资本供不应求时,利率就会上升;反之,当借贷资本供大于求时,利率就会下降。竞争在其中起决定作用。

（三）通货膨胀预期

在信用货币流通的条件下，特别是在纸币制度下，通货膨胀是一种经常的现象。通货膨胀使借贷资本贬值，会给借贷资本所有者带来损失。为了弥补这种损失，债权人往往会在一定的预期通货膨胀率基础上确定利率，以保证其本金和实际利息额不受损失。当预期通货膨胀率提高时，债权人会要求提高贷款利率；当预期通货膨胀率下降时，利率一般也会相应下调。

（四）中央银行的货币政策

自从 20 世纪 30 年代凯恩斯主义问世以来，资本主义国家干预经济已经成为经济生活的重要内容。各国政府通过中央银行推行货币政策，以利率作为执行货币政策的重要手段和调节中介之一，因此，各国通过多种经济政策来影响利率达到预定水平，从而引导经济稳定发展。有些国家甚至直接决定利率，在计划经济国家如此，在市场经济国家，这种例子也不少，如美国的《Q 条例》。中央银行采取紧缩性货币政策时，往往提高再贴现率或其他由中央银行所控制的基准利率；而当中央银行实行扩张性货币政策时，又会降低再贴现率或其他基准利率，从而引起借贷资金市场利率跟着做相应的调整，进而影响整个市场的利率水平。

（五）国际收支

一国的国际收支状况对该国的利率水平也有很大的影响。当一国国际收支平衡时，一般不会变动利率。当一国国际收支出现持续大量逆差时，为了弥补国际收支逆差，金融管理当局往往会提高利率，大量引进外资。反之，当一国国际收支出现持续大量顺差时，为了控制顺差的进一步增加，减少通货膨胀的压力，金融管理当局往往会降低利率，以减少外资流入或增加资本流出。

（六）存、贷款风险与期限

一般情况下，期限长短、风险大小与利率高低有直接关系。在金融市场上，借贷资本期限长，流动性低，不确定因素增加，风险相应增加，对资金供应者而言，风险大的补偿便是相应提高利率，因此，期限长的存款比短期存款利率高。相反，期限短，流动性高，不确定因素较小，风险小，安全系数大，则利率必然稍低一些。

五、利率的作用

在现代市场经济中，利率作为一个重要的经济杠杆，对经济有着极其重要的调节作用。利率不仅在宏观方面影响经济运行，还在微观层面直接对企业和个人的经济活动产生重要影响。

（一）利率对储蓄和投资的影响

利率在经济生活中的作用，主要体现在对储蓄和投资的影响上。影响程度的大小，可用储蓄利率弹性和投资利率弹性表示。储蓄利率弹性是利率每增加或降低 1% 时，储蓄相应增加或减少的系数，储蓄利率弹性越大，表明利率变动对储蓄变化影响越大。投资利率弹性是利率每增加或降低 1% 时，投资相应减少或增加的系数，投资利率弹性越大，表明利率变动对投资变化影响越大。

储蓄随利率提高而增加称为储蓄对利率的替代效应;储蓄随利率提高而降低称为储蓄对利率的收入效应。替代效应下,人们在利率提高的时候,愿意增加未来消费——储蓄;收入效应下,人们在利率提高的时候,希望增加现期消费,从而减少储蓄。一般来说,一个社会中总体上的储蓄利率弹性究竟是大是小,最终取决于替代效应和收入效应相互抵消的结果。

利率变化对投资的规模和结构都具有直接的影响,企业在进行投资时,往往需要融资,利率是企业借款的成本,是影响企业借款规模的重要因素。当厂商的资本边际收益率大于市场利率时,可以促使厂商增加投资,反之则促使厂商减少投资。但是因为不同行业的厂商投资利率弹性不同,同样幅度的利率变化对于不同厂商投资的影响程度不同。对于劳动密集型的投资,利率弹性小些,对于资本密集型的投资,利率弹性就大些。低利率对实质性投资有刺激作用,高利率则不利于投资规模的扩大。

(二) 利率与资源配置效率

在市场经济国家,利率的高低直接影响企业的盈利能力,从而影响企业的投资决策。当利率水平比较高时,会抑制企业的投资积极性,并将经营效率低、盈利能力差的企业淘汰出局。企业和居民将资金投入优质高效的企业,这样会导致资源耗费速度下降和资源配置效率的提高。当利率水平比较低时,经营效率比较低、盈利能力差的企业也能够维持生存,延缓了资本流入优质高效企业,尽管可能有更高的经济增长率和就业水平,但会导致资源耗费的上升和资源配置效率的下降。

(三) 利率对社会总供求的调节

利率可以调节社会总量趋于平衡,主要体现在短期内易于调节的总需求上。当社会总需求与总供给出现总量比例失调时,可以运用利率加以调节。当社会总需求小于总供给时,可以降低利率,一方面会增强居民的消费动机,另一方面会导致企业投资需求的增加,从而拉动社会总需求的增长。反之,提高利率会抑制居民消费需求和企业投资需求,从而起到减缓供给压力的作用。

但从长期来看,低利率导致企业投资规模扩张,扩大生产,增加社会总供给,这会在一定程度上缓解由此导致的供求压力。反之,利率上升会导致短期需求的下降,但同样也会导致总供给的下降。

(四) 利率平衡国际收支

当一国出现国际收支失衡时,可以通过利率杠杆来调节。当一个国家国际收支逆差时,可以把本国的利率调高于其他国家的利率,吸引外国的短期资金流入本国。但当一国国际收支逆差发生在国内经济衰退时期,提高利率会使国内经济恶化,似乎陷入两难境地。在这种情况下,应该提高短期利率,降低长期利率,因为投资主要受长期利率的影响,降低长期利率可以鼓励投资,刺激经济复苏;而国际间的资本移动主要受短期利率的影响,这样可以防止国内资金外流并吸引外资投入,从而达到既刺激经济又平衡国际收支的目的。

第三节 利率决定理论

利率作为货币资金的价格,其水平如何决定,哪些重要因素会导致利率的变化,一直是经济思想史中重要的研究对象,形成了丰富的利率理论。

一、古典学派的利率决定理论

古典学派的利率决定理论又称为储蓄投资理论,它建立在萨伊法则和货币数量论的基础上。19世纪八九十年代,奥地利经济学家庞巴维克、英国经济学家马歇尔、瑞典经济学家维克塞尔和美国经济学家费雪等人对支配和影响资本供给与需求的因素进行了深入的探讨,最终提出资本的供给来自储蓄,资本的需求来自投资,从而建立了储蓄与投资决定利率的理论。由于这些理论严格遵循着古典经济学重视实物因素的传统,主要从实际经济生活中的生产消费方面去探求影响资本供求的因素,因而被西方经济学者称为"古典"利率理论。

古典利率理论的基本特点是从储蓄、投资等实物因素来讨论利率的决定,并且认为通过利率的变动,能够使储蓄和投资自动地达到一致,从而使经济始终维持在充分就业水平。储蓄为资金供应,是利率的增函数,即:

$$S = S(r), \frac{dS}{dr} > 0 \tag{2-12}$$

其中,S 代表储蓄意愿,r 代表利率。

对于资金的需求主要来自投资,而投资量的大小则取决于投资预期报酬率和利率的比较,只有预期报酬率大于利率的投资才是有利可图的。显然,当利率降低时,预期报酬率大于利率的投资机会将增多,从而投资需求将增大,所以投资是利率的减函数,即:

$$I = I(r), \frac{dI}{dr} < 0 \tag{2-13}$$

其中,I 代表投资需求。

古典学派的利率决定理论认为,利率由投资需求与储蓄意愿的均衡所决定。正如商品的供求决定均衡价格一样,资本的供求决定了均衡利率。图 2-2 便是这一思想的形象描述。其中储蓄曲线 S 和投资曲线 I 的交点所对应的利率(r_0)即为均衡的利率。

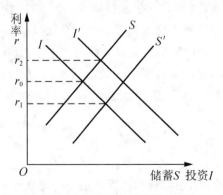

图 2-2　古典学派的利率决定理论

按照这一理论,只要利率是灵活变动的,它就和商品的价格一样,具有自动调节功能,使储蓄和投资趋于一致。当利率水平高于均衡利率 r_0 时(如图中的 r_2),储蓄增加,投资减少,储蓄大于投资,利率就会下降,从而使投资增加,储蓄下降,两者最终趋于一致;反之亦然。因此经济不会出现长期的供求失衡,它将自动趋于充分就业水平。

二、凯恩斯的流动性偏好利率理论

20世纪30年代爆发了世界性经济危机,古典利率决定理论解释不了现实中所发生的现象,利率的自动调节并不能实现经济运行的自然均衡,这使古典的利率决定理论受到了前所未有的挑战。大危机背景下产生的凯恩斯经济理论主张国家干预宏观经济,对古典经济理论包括古典利率决定理论提出了尖锐的批评。凯恩斯认为根据古典利率决定理论中的储蓄曲线和投资曲线并不能得出均衡的利率水平,因为它们都是和实际收入水平相关的,因而不能独立地变动。

凯恩斯的流动性偏好利率理论更加重视货币因素对利率决定的影响。凯恩斯认为,利息不是等待或延期消费的报酬,而是牺牲流动性的报酬,利率是对流动性偏好的衡量指标。他认为,虽然人们持有的财富(股票、债券等)可以带来一定的收益,但也有蒙受损失的风险。货币作为一种特殊形式的资产,具有完全的流动性和最小的风险性。当人们考虑持有财富的形式时,大多倾向于选择货币,即对货币具有流动性偏好。但是,在一定时期内,货币供给量有限,人们为取得货币就必须支付一定报酬使他人放弃一部分货币。利息就是为取得货币而支付的报酬,因此,利息完全是一种货币现象,其数量的多少,即利率的高低由货币的供求关系决定。

那么,利率是一种价格,但它并不是使投资和储蓄趋于均衡的价格,而是使公众愿意以货币的形式持有的财富量(即货币需求)恰好等于现有货币存量(即货币供给)的价格。当利率过低时,人们愿意持有的货币量将超过现有的货币供给量;反之,利率若高于均衡水平,则有一部分货币会成为多余,没有人会愿意持有它。所以,利率纯粹是一种货币现象,它取决于货币的供给和需求。

凯恩斯认为,在一定时期内一个国家的货币供给是外生变量,基本上是由货币当局所掌握和控制的,如图2-3所示,货币供给曲线 M_s 为一条垂直于横轴的曲线。而货币需求则主要起因于三种动机,即交易动机、预防动机和投机动机。其中,交易动机和预防动机的货币需求为收入的递增数,与利率没有直接的关系;投机动机的货币需求为利率递减函数。如果以 L_1 表示为满足交易动机和预防动机而保有货币的货币需求,则 $L_1(Y)$ 为收入 Y 的递增函数。以 L_2 表示为满足投机动机而保有货币的货币需求,则 $L_2(r)$ 为利率的递减函数。货币总需求 L 即为 $L=L_1(Y)+L_2(r)$,货币需求曲线 M_d 是一条向右下方倾斜的曲线。M_e 表示由货币当局决定的常数,则:

$$M_s = M_e \tag{2-14}$$

$$M_d = L = L_1(Y) + L_2(r) \tag{2-15}$$

当 $M_s=M_d$ 时,则是由货币供给与货币需求决定了均衡利率 r^*,如图2-3所示。由公式(2-14)和(2-15)说明利率决定于货币数量(货币供给)和流动性偏好两个因素,当人们的流动性偏好较强,愿意持有的货币数量大于货币的供应量,利率就上升;反之,当人们的流动性偏好较弱,愿意持有的货币数量小于货币的供应量,利率就下降。

凯恩斯还认为,随着利率不断下降至非常低的位置,以至于不可能再下降时,人们就会产生利率将会上升、债券价格将会下降的预期,对流动性的偏好就会趋于无穷,此时,无论增加多少货币供给,都会被人们储存起来,这就是著名的"流动性陷阱"假说。

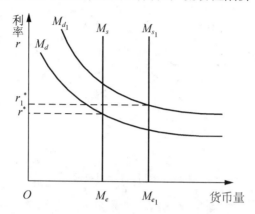

图 2-3 凯恩斯的流动性偏好利率理论

三、可贷资金利率理论

可贷资金利率理论是在批判并综合古典的利率决定理论和凯恩斯的流动性偏好利率理论的基础上提出的。该理论认同古典的利率决定理论提出的储蓄和投资决定利率的观点,但认为完全忽视货币因素是不当的;同时也认为凯恩斯提出货币因素对利率决定的影响是可取的,但完全否定实际因素却是错误的。可贷资金利率理论试图在利率决定问题上同时考虑货币因素和实际因素两方面的影响。

可贷资金利率理论由瑞典学派的俄林和罗宾逊提出,由于兼顾了储蓄与投资,同时运用了流量与存量分析方法,又称为新古典利率理论。可贷资金利率理论认为,既然利息产生于资金的贷放过程,那么就应该由可用于贷放资金的供给 S_{LF} 及需求 D_{LF} 来考察利率的决定。可贷资金的需求包括:投资 I,表示当前投资与固定资产重置和补偿的总和,与利率负相关,并且构成可贷资金需求的主要部分;人们希望保有的货币余额的变化 ΔM_d,表示货币窖藏与反窖藏相减的净窖藏增量。可贷资金的供给包括:储蓄 S,随利率的上升而上升,并且是可贷资金的主要来源;货币供给增量 ΔM_s。货币供给的变动显然主要是由中央银行决定的。

综上所述,我们可以将可贷资金的供求函数分别写成:

$$S_{LF} = D_{LF} \quad (2-16)$$

$$S_{LF} = S + \Delta M_s \quad (2-17)$$

$$D_{LF} = I + \Delta M_d \quad (2-18)$$

如图 2-4 所示,图中 Q 点为可贷资金供求均衡点,可贷资金数量为 Q_E,对应均衡利率 r^*,即可贷资金的价格。总而言之,新古典的可贷资金利率理论认为,利率决定于可贷资金供给与需求的相互作用。在其他条件不变时,储蓄或货币供给增加,利率便会下跌;投资需求及货币贮藏增加时,利率便会上升。

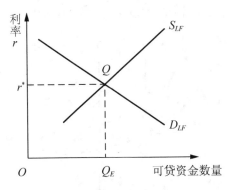

图 2-4 可贷资金利率理论

四、利率期限结构理论

(一) 即期利率和远期利率

即期利率是指当前即刻投资或贷款所获得的年利率,是对不同期限的金融工具以复利形式表示的利率。2014 年 11 月 22 日以来,我国 1 年期、2 年期和 3 年期的存款利率分别为 2.75%、3.35% 和 4%,那么 2.75%、3.30% 和 3.85% 为 1 年期、2 年期和 3 年期的定期存款按复利计息的即期利率;远期利率是指从未来的某一时点到另一时点的利率,即它是将来的利率,因此往往也是一个基于即期利率进行估计的利率。

假定我们利用资金 P 进行两种投资:一是将资金 P 存为两年期存款,则两年后我们拥有 $P \times (1+S_2)^2$;二是将资金 P 先存一年,到期后取出再存入一年,则两年后我们拥有 $P \times (1+S_1)(1+F_2)$。显然,两种存款方式的结果是等价的。

$$P \times (1+S_2)^2 = P \times (1+S_1)(1+F_2)$$

即

$$F_2 = \frac{(1+S_2)^2}{(1+S_1)} - 1$$

同理可得:

$$F_n = \frac{(1+S_n)^n}{(1+S_{n-1})^{n-1}} - 1 \tag{2-19}$$

如存款金额为 10 000 元的 2 年期存款,2 年期的即期利率为 3.30%,2 年到期的本利和为:$10\,000 \times (1+3.30\%)^2 = 10\,671$(元)。10 000 元先存一年,1 年年末本利和为 $10\,000 \times (1+2.75\%) = 10\,275$(元),到期后取出再存入一年,则 2 年期定期存款第 2 年的利率应该为:$(10\,671/10\,275-1) \times 100\% = 3.85\%$,3.85% 即为第 2 年的远期利率。

利率的期限结构是指不同期限的利率之间的关系,反映利率期限结构的曲线被称为收益率曲线。收益率曲线是对利率曲线结构的图形描述,图 2-5 是我国国债收益率曲线。把期限不同,但风险、流动性和其他条件相同的债券回报率连成一条曲线,收益率曲线的形状一般分为向上倾斜、水平和向下倾斜三种情况(如图 2-6 所示)。当然收益率曲线也可以有更复杂的先升后降或先降后升的形状。

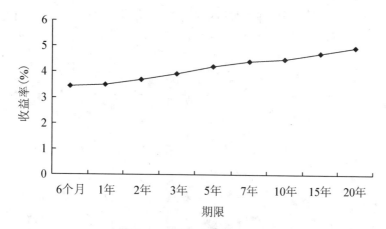

图 2-5 我国国债收益率曲线

资料来源：中国债券信息网，2014 年 1 月 7 日。

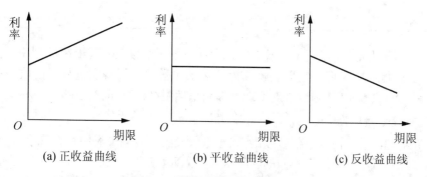

(a) 正收益曲线　　　　(b) 平收益曲线　　　　(c) 反收益曲线

图 2-6 收益率曲线的不同形状

为什么会有长短期利率不同的结构情形呢？经济学家在解释这种差异的时候，形成了不同的理论。利率期限理论主要分成三种：纯市场预期理论、市场分割理论和流动性报酬理论。

（二）纯市场预期理论

费雪是第一个提出市场预期影响期限结构形状的人，后来由希克斯和卢茨（1940）提炼出纯市场预期理论。该理论认为长期债券利率取决于长期债券到期前人们对于短期利率预期的几何平均值。即公式：

$$(1+{}_tR_L)^n = (1+{}_tR_1)(1+{}_{t+1}r_1)(1+{}_{t+2}r_1)\cdots(1+{}_{t+(n-1)}r_1) \tag{2-20}$$

进一步有：

$$_tR_L = \sqrt[n]{(1+{}_tR_1)(1+{}_{t+1}r_1)(1+{}_{t+2}r_1)\cdots(1+{}_{t+(n-1)}r_1)} - 1 \tag{2-21}$$

其中：$_tR_L$ 为长期债券利率，$_tR_1$ 表示短期债券（1 年期）收益率，$_{t+(n-1)}r_1$ 表示远期的 1 年期利率。公式（2-21）表示，当前长期债券收益率 $_tR_L$ 是当前 1 年期债券收益率 $_tR_1$ 与当前预期的在长期债券到期前未来（$n-1$）个 1 年期债券的收益率的几何平均值。

在此基础上，如果预期未来每年的短期利率一样，那么，长期利率就等于短期利率，收益率曲线表现为一条水平线；如果预期未来的短期利率上升，那么，长期利率将大于短期利率,收益率曲线表现为一条向上倾斜的曲线;如果预期未来的短期利率下降,那么,长期利率将小于短期利率,收益率曲线表现为一条向下倾斜的曲线。表 2-2 举例说明纯市场预期理论。

表 2-2 纯市场预期理论

债券期限	1 年	2 年	3 年	4 年	5 年	6 年
现在	3%	3%	3%	3%	3%	3%
从现在起 1 年	7%	7%	7%	7%	7%	7%
从 1 年起 2 年	10%	10%	10%	10%	10%	10%
从 2 年起 3 年	12%	12%	12%	12%	12%	12%
从 3 年起 4 年	10%	10%	10%	10%	10%	10%
从 4 年起 5 年	8%	8%	8%	8%	8%	8%
算术平均	3%	5%	6.67%	8%	8.4%	8.33%
几何平均	3%	4.98%	6.63%	7.95%	8.35%	8.29%

虽然纯市场预期理论说明了收益率曲线存在不同形状以及不同期限的利率会随着时间推移同方向变动的事实,但是它无法解释为什么大多数情况下现实世界里的收益率曲线总是向上倾斜的经验事实。因此,该理论在解释利率期限结构方面存在一定的缺陷。

(三)市场分割理论

市场分割理论最早由卡尔伯森提出,该理论假设由于金融市场中存在许多分割市场,不同的货币市场和资本市场决定不同的利率水平。因此,各种期限的债券之间毫无替代性,它们的利率完全取决于各自的供求水平。市场分割理论把市场分成长期和短期市场,从资金需求方来看,需要短期资金的投资者发行短期证券,如商业银行注重流动性,大多以购买短期债券为主。需要长期资金的投资者,发行长期证券,如保险公司、养老基金等注重未来收入的稳定性,大多以发行长期债券为主。并且这些长短期证券之间是不能互相替代的,因此短期证券市场与长期证券市场是彼此分割的。从资金供给方来看,不同性质的资金来源使不同的金融机构限制在特定的期限内进行借贷,以至于短期资金利率由短期资金市场决定,长期利率由长期资金市场决定。如果短期资金缺乏而长期资金较为充裕,则短期利率将高于长期利率;如果长期资金缺乏而短期资金充裕,则长期利率将高于短期利率。

一般来说,投资者多偏好期限较短、利率风险较小的债券,对长期债券的需求相对较少,因此,长期债券的价格较低,利率较高,所以收益率曲线为正收益率曲线。市场分割理论的含义是,中央银行可以通过改变长期和短期债券的相对供应来改变利率的期限结构,但不能单方面改变短期债券的供应来改变长期债券的利率。

(四)流动性报酬理论

在债券是不完全替代品、投资者愿意持有利率风险较低的短期债券两个假设前提下,流动性报酬理论认为长期债券利率等于长期债券到期前人们对于短期利率预期的几何平均值加上基于债券供求关系的流动性报酬,该理论的基本思想可以表示为如下公式:

$$_tR_L = \sqrt[n]{(1+_tR_1)(1+_{t+1}r_1)(1+_{t+2}r_1)\cdots(1+_{t+(n-1)}r_1)} - 1 + TP \tag{2-22}$$

该理论中,长期债券利率大于长期债券到期前所有短期利率预期值的几何平均值,二者之差为流动性报酬 TP。流动性报酬理论认为:长期债券的价格波动风险相对于短期债券大,人们自然会对这部分风险要求补偿,即流动性风险补偿。因此,只有在长期投资的收益率高于短期的平均预期收益条件下,人们才会选择长期投资工具。于是期限越长的债券,到期收益率越高。按照流动性报酬理论的观点,收益率曲线一般应该是向上的,只有在预期未来短期利率下降到一定程度,流动性风险补偿无法抵消预期利率下降的幅度时,才会出现反收益率曲线。

流动性报酬理论很好地解释了收益率曲线存在不同形状,不同期限的利率会随着时间的推移同方向变动,大多数情况下现实世界里的收益率曲线总是向上倾斜这三个经验事实,因此该理论是利率期限结构理论中最广为接受的理论。

第四节 我国的利率体制改革

利率管理体制是一国经济管理体制的重要组成部分,它规定了金融管理当局或中央银行的利率管理权限、范围和程度。各国采取的利率管理体制大致可以分为三种类型:一是国家集中管理型;二是市场自由决定型;三是国家管理与市场决定相结合型。大多数国家在相当长的时间内采取了国家管理与市场决定相结合的利率管理体制,但国家管理的程度和方式各有不同。从 20 世纪 70 年代开始,西方大多数国家逐步放松利率管制,金融市场的利率更多地由市场决定,呈现出一种利率市场化的趋势。

一、利率市场化的内涵

所谓利率市场化(interest rate liberation),是指货币当局将利率的决定权交给市场,由市场主体自主决定利率水平,货币当局则通过运用政策工具间接调控和影响市场利率水平,以达到货币政策目标。

利率市场化的本质内涵就是理顺市场与政府之间的关系,实现金融资源的市场化配置。在我国,真正意义上的利率市场化不仅指的是要取消利率管制,更是要利用利率杠杆,建立起金融资源的市场化配置机制,提高资金的使用效率;建立起依靠间接手段有效调控金融市场的政府监督管理机制;明确政府与市场各自的职责,清晰界定政府在市场管理中的权力边界。

二、我国的利率市场化改革

我国的利率市场化改革大致可以分为以下三个阶段:

(一) 1949—1982 年:高度集中的利率管理制度

新中国成立以后,我国实行的是高度集中的利率管理制度,这与我国当时实行的高度集中的计划经济体制是相适应的,资金由国家严格按计划调度,全国实际上只有一家银行——中国人民银行;所有的利率均由国家计划制定,由国务院直接决定利率水平,由中国人民银行统一管理利率的操作与运用;所有的存贷款业务都严格按照颁布的利率进行操作,任何部门、单位或个人都不得擅自变更利率水平。

(二) 1983—1996 年:利率管制下的有限浮动利率体制

1983 年,为了进一步加快我国金融体制改革,中国人民银行原来承担的商业银行业务被划归新组建的中国工商银行,中国人民银行被确定为中央银行,专司货币发行和金融管理职能,统一对外宣布利率水平及实行利率管理,并且确定不同银行的利率浮动幅度,即实行所谓的利率管制下的有限浮动利率体制。

(三) 1996 年至今:逐步推进利率市场化

1996 年 6 月 1 日,中国人民银行《关于取消同业拆借利率上限管理的通知》明确指出,银行间同业拆借市场利率由拆借双方根据市场资金供求自行确定。银行间同业拆借利率正式放开,标志着利率市场化迈出了具有开创意义的一步,为此后的利率市场化改革奠定了基础。

1996 年以来,中国人民银行始终坚持按照"放得开、形得成、调得了"的原则,不断稳步推进利率市场化,并取得了重要进展。目前,全面实现了货币市场和债券市场利率的市场化,放开了贷款利率管制和存款利率下限,存款利率上限实行浮动区间管理。构建了以上海银行间市场拆放利率(Shibor)与国债收益率曲线为核心的基准利率体系。通过改革再贷款利率形成机制、存款准备金利率制度以及完善公开市场操作体系等,利率调控由过去单一依靠存贷款利率转变为调整存贷款基准利率与引导市场利率并重,货币政策调控逐步由数量型调控向价格型调控转变。

专栏 2-2

我国利率市场化改革的主要进程

1993 年,党的十四大《关于金融体制改革的决定》提出,中国利率改革的长远目标是,建立以市场资金供求为基础,以中央银行基准利率为调控核心,由市场资金供求决定各种利率水平的市场利率体系的市场利率管理体系。

1996 年 6 月 1 日,中国人民银行放开了银行间同业拆借利率,此举被视为利率市场化的突破口。

1997 年 6 月银行间债券回购利率放开。1998 年 8 月,国家开发银行在银行间债券市场首次进行了市场化发债,1999 年 10 月,国债发行也开始采用市场招标形式,从而实现了银行间市场利率、国债和政策性金融债发行利率的市场化。

1998 年,中国人民银行改革了贴现利率生成机制,贴现利率和转贴现利率在再贴现利率的基础上加点生成,在不超过同期贷款利率(含浮动)的前提下由商业银行自定。再贴现利率成为中央银行一项独立的货币政策工具,服务于货币政策需要。

1998 年、1999 年中国人民银行连续三次扩大金融机构贷款利率浮动幅度。同时,进行大额长期存款利率市场化尝试。

积极推进境内外币利率市场化。2000 年 9 月,放开外币贷款利率和 300 万美元(含 300 万)以上的大额外币存款利率。2003 年 7 月,放开了英镑、瑞士法郎和加拿大元的外币小额存款利率管理。2003 年 11 月,对美元、日元、港币、欧元小额存款利率实行上限管理。

2004年1月1日，中国人民银行再次扩大金融机构贷款利率浮动区间。商业银行、城市信用社贷款利率浮动区间扩大到[0.9,1.7]，农村信用社贷款利率浮动区间扩大到[0.9,2]。

2004年10月，贷款上浮取消封顶；下浮的幅度为基准利率的0.9倍，还没有完全放开。与此同时，允许银行的存款利率都可以下浮，下不设底。

扩大商业性个人住房贷款的利率浮动范围。2006年8月，浮动范围扩大至基准利率的0.85倍；2008年5月汶川特大地震发生后，为支持灾后重建，中国人民银行于当年10月进一步提升了金融机构住房抵押贷款的自主定价权，将商业性个人住房贷款利率下限扩大到基准利率的0.7倍。

2012年6月，中国人民银行进一步扩大利率浮动区间。存款利率浮动区间的上限调整为基准利率的1.1倍；贷款利率浮动区间的下限调整为基准利率的0.8倍。7月，再次将贷款利率浮动区间的下限调整为基准利率的0.7倍。

2013年7月，进一步推进利率市场化改革，自2013年7月20日起全面放开金融机构贷款利率管制。

2014年11月21日，中国人民银行决定，自2014年11月22日起下调金融机构人民币贷款和存款基准利率，金融机构一年期贷款基准利率下调0.4个百分点至5.6%；一年期存款基准利率下调0.25个百分点至2.75%，同时结合推进利率市场化改革，将金融机构存款利率浮动区间的上限由存款基准利率的1.1倍调整为1.2倍；其他档次贷款和存款基准利率相应调整，并对基准利率期限档次做适当简并。

资料来源：中国人民银行网站，2014年11月21日。

本章小结

1. 道德范畴的信用主要是指诚信，即通过诚实履行自己的承诺而取得他人的信任；经济范畴的信用，是指以还本付息为条件的借贷活动，是定期的单方面转让有价值物，到期再偿还。

2. 现代经济生活中的基本信用形式包括商业信用、银行信用、国家信用、消费信用和国际信用。其中，商业信用和银行信用是两种最基本的信用形式。

3. 利息是借贷过程中，债务人支付给债权人的超过本金的部分，它是本金之外的增加额。利率是一定时期内利息额与本金的比例，是衡量利息数量的尺度。利息的计算有单利法和复利法两种。

4. 决定和影响利率水平的主要因素有平均利润率、借贷资金的供求状况、预期通货膨胀率、中央银行的货币政策、国际收支以及存贷风险与期限等。利率不仅在宏观方面影响经济运行，还在微观层面直接对企业和个人的经济活动产生重要影响。

5. 利率水平如何决定一直是经济思想史中重要的研究对象，形成了丰富的利率理论，主要有古典利率理论、凯恩斯的流动性偏好利率理论、可贷资金利率理论、利率的期限结构理论等。

6. 利率市场化是指货币当局将利率的决定权交给市场，由市场主体自主决定利率水平，货币当局则通过运用政策工具间接调控和影响市场利率水平，以达到货币政策目标。

本章重要概念

信用　商业信用　银行信用　国家信用　消费信用　国际信用　利息　利率　单利　复利　现值　终值　即期利率　远期利率　流动性偏好　利率市场化

复习思考题

一、选择题

1. 现代信用制度的基础是(　　)。
   A. 银行信用　　　B. 国家信用　　　C. 商业信用　　　D. 消费信用
2. 在通货膨胀时期,要保持实际利率水平不变,名义利率应(　　)。
   A. 保持不变　　　B. 调高　　　C. 调低　　　D. 不一定
3. 如果某债券的实际预期收益率为6%,通货膨胀率为4%,则其名义收益率为(　　)。
   A. 2%　　　B. 10%　　　C. 7%　　　D. 24%
4. 在多种利率并存的条件下起决定作用的利率是(　　)。
   A. 基准利率　　　B. 差别利率　　　C. 实际利率　　　D. 公定利率
5. 下列因素中(　　)不影响可贷资金的供给。
   A. 政府财政赤字　　　　　　　　B. 家庭储蓄
   C. 中央银行的货币供给量　　　　D. 利用外资
6. 最能表达或说明利率和期限关系的收益率曲线形状的理论是(　　)。
   A. 可贷资金理论　　B. 纯市场预期理论　　C. 市场分割理论　　D. 流动性报酬理论
7. 下列关于利率决定理论的说法正确的是(　　)。
   A. 凯恩斯的利率理论强调投资与储蓄对利率的决定作用
   B. 窖藏与反窖藏是古典利率理论中决定利率的两大因素
   C. 可贷资金利率理论偏重于实物领域对利率的决定作用
   D. 流动性偏好利率理论强调了货币供求对利率的决定作用
8. 下面的观点不属于凯恩斯流动性偏好理论的是(　　)。
   A. 货币需求取决于人们的流动性偏好
   B. 在充分就业的条件下,储蓄和投资均是利率的函数
   C. 货币供给由央行决定,属于外生变量
   D. 货币的供给与需求是决定利率的因素
9. 下列利率决定理论中,(　　)强调投资和储蓄对利率的决定作用。
   A. 马克思利率理论　　　　　　B. 古典利率理论
   C. 可贷资金利率理论　　　　　D. 流动性偏好利率理论
10. 下面说法中,错误的是(　　)。
    A. 凯恩斯的流动性偏好理论是从货币因素角度研究利率是如何决定的
    B. 古典利率理论是从实物因素角度研究利率是如何决定的
    C. IS-LM 模型是从货币因素角度研究利率是如何决定的
    D. 可贷资金理论是综合实物因素和货币因素两个角度研究利率是如何决定的

二、简答题
1. 信用的主要形式有哪几种？
2. 商业信用与银行信用二者之间有怎样的联系？
3. 决定利率水平的因素有哪些？
4. 利率的作用有哪些？
5. 简述古典学派的利率决定理论的主要内容。
6. 简述凯恩斯的流动性偏好利率理论的主要内容。
7. 简述可贷资金利率理论的主要内容。
8. 简述利率期限结构理论的主要内容。

三、计算题
1. 假设 2001 年的名义利率为 2.5%，通货膨胀率为 1%，在考虑物价上涨既导致本金贬值，也导致利息贬值的条件下，试计算该年度的实际利率水平。
2. 1 年期存款年利率为 3%，如果 3 年期存款利息按单利计算，利率是稳定不变的，那么，要使 3 年期存款有吸引力，利率应高于什么水平？
3. 华电股份有限公司发行三年期公司债券，面值为 1 000 元，按当时市场利率定为年利率 6%，规定每年付息 60 元，1 年后市场利率降为 5%，问该债券现在值多少？

四、论述题
什么是利率市场化？结合我国的利率市场化改革进程论述其必要性。

第三章

外汇和汇率

中国应该持续在国际货币体系改革领域扮演一个领导者的角色,最重要的事情就是要减少主要汇率的不稳定性,第二个问题就是减少对于美元的依赖。

——罗伯特·蒙代尔

学习目标

通过本章的学习,你将能够:
- 理解外汇的概念及种类;
- 理解汇率的概念及种类;
- 掌握汇率的变动与影响;
- 了解汇率制度的演进。

引导案例

国外迫人民币升值

从2001年开始,随着中国国际地位的提高和经济实力的增强,国外要求人民币升值的呼声渐起。

2001年9月6日,日本经济新闻网站发表了文章《对人民币升值的期望——中国威胁论的升级》,标志着人民币升值问题首度被提上了国际议程。

2003年2月22日,日本财务大臣盐川正十郎在西方七国财长会议上向其他六国提交议案,要求通过一项针对中国的"广场协议",强烈要求人民币升值。

2003年9月,美国财长斯诺来华访问,要求中国政府放宽人民币汇率的波动范围,他认为:"最佳的汇率政策就是让货币自由浮动,让市场自行制定汇率,政府应该尽量减少干预。"

2006年12月,美国财长保尔森率领代表团访华,提出:"美国认为中国在消减贸易顺差方面可以做得更多,我们鼓励中国采取更具弹性的人民币汇率机制。"

2009年1月16日,侯任美国总统奥巴马表示将"通过所有途径",包括向世界贸易组织投诉的方法,向中国施压,逼使中国调高人民币汇率。

2010年3月15日,美国130名国会议员联名致信美国财长盖特纳和商务部部长骆家辉,要求将中国认定为"汇率操纵国",并要求美国商务部对中国商品实施反补贴制裁。

2010年9月16日,美国财长盖特纳指出:"中国有必要允许人民币随着时间的推移大幅且持续升值,纠正其被低估的状态,中国应该允许汇率完全受市场力量支配。"

美国一再强迫人民币升值,彰显了汇率对一国经济的重要影响。

资料来源:根据相关资料整理。

第一节 外 汇

一、外汇的概念

外汇(foreign exchange)是国际汇兑的简称。准确把握外汇的内涵,需要从动态和静态两方面来理解。

(一) 动态的外汇

动态的外汇是指把一国货币兑换成另一国货币的行为,即"汇"与"兑"行为。"汇"是指国际间资金的流动;"兑"是指一种货币兑换成另一种货币的行为。"汇"与"兑"就是把一国的货币兑换成另一国的货币,借以清偿国际间债权债务关系的一种行为。

国际经济贸易交往的发展,必然会发生各国彼此之间的债权与债务关系。而由于各国货币制度的不同,国际间债权和债务的清偿需要通过本国货币与外国货币之间的兑换,这种兑换往往由银行来办理。例如,我国某进出口公司从美国进口一批机器设备,双方约定用美元支付,而我方公司只有人民币存款,为了解决支付问题,该公司利用人民币向中国银行购买相应金额的美元汇票,寄给美国出口商,美国出口商收到汇票后,即可向当地银行兑取美元。这一过程就是国际汇兑,是外汇的动态含义。

(二) 静态的外汇

静态意义上的外汇又有广义和狭义之分。

广义的静态外汇泛指以外币表示的各种金融资产,包括外国现钞,如美元、欧元、英镑等;外国有价证券,如以外币为面值的外国政府债券、公司债券、股票等;以外币表示的支付凭证,如票据、银行存款凭证等。

狭义的静态外汇是指以外币表示的、可用于国际结算的支付凭证。根据静态狭义外汇的定义,以外币表示的有价证券及暂时存放在持有国境内的外币现钞,由于不能直接用于国际支付,而不属于外汇;在国际间自由兑换受到限制的外币资产,也不属于外汇。只有存在国外银行的存款,以及可凭之索取在国外银行存款的外币凭证(如汇票、支票、电汇凭证等)才是外汇。狭义静态外汇具有以下几个特点:第一,必须以外国货币来表示;第二,可自由兑换,必须能够自由兑换成其他货币;第三,普遍接受性,一种货币要成为外汇,除了能自由兑换外,还必须被各国所普遍接受和运用。

(三)中国的外汇规定

我国2008年8月1日修订的《中华人民共和国外汇管理条例》第三条规定,外汇是指下列以外币表示的可以用作国际清偿的支付手段和资产:(1)外币现钞,包括纸币和铸币;(2)外币支付凭证或者支付工具,包括票据、银行存款凭证、银行卡等;(3)外币有价证券,包括债券、股票等;(4)特别提款权;(5)其他外汇资产。可以看出,《中华人民共和国外汇管理条例》是从广义静态的角度给外汇下定义的。

目前在外汇市场上交易量比较大的外汇品种有美元、欧元、日元、英镑等(各货币名称及符号如表3-1所示)。

表3-1 主要货币名称及符号

货币名称	货币符号	货币名称	货币符号
人民币	CNY	日元	JPY
美元	USD	英镑	GBP
欧元	EUR	瑞士法郎	CHF
澳大利亚元	AUD	加拿大元	CAD
丹麦克朗	DKK	挪威克朗	NOK
港币	HKD	澳门元	MOP
韩元	KRW	新西兰元	NZD
卢布	SUR	新台币	TWD
泰国铢	THB	印尼卢比	IDR
瑞典克朗	SEK	林吉特	MYR

二、外汇的分类

(一)贸易外汇和非贸易外汇

按来源或用途划分,外汇可分为贸易外汇和非贸易外汇。

贸易外汇(trade foreign exchange)是指来源或用于进出口贸易的外汇。出口商品赚取外汇,进口商品则要支付外汇。这种由进出口贸易所引发的外汇收支,就是贸易外汇。一般来说,贸易外汇的收入是一国外汇的主要来源;贸易外汇的支出是一国外汇的主要用途。

非贸易外汇(non-trade foreign exchange)是指贸易外汇以外的一切外汇,即一切非来源于或用于进出口贸易的外汇,如劳务外汇、旅游外汇、侨汇等。随着世界服务贸易的发展,非贸易外汇对一国外汇的来源和用途有着越来越重要的影响。

(二) 即期外汇和远期外汇

按交割期限划分,外汇可分为即期外汇和远期外汇。

即期外汇(spot foreign exchange)又称为现汇,是指外汇买卖成交后于两个营业日内办理交割的外汇。根据支付凭证的不同,可分为电汇、信汇和票汇。

远期外汇(forward exchange)又称为期汇,是指外汇买卖合约签订后,双方约定在未来某一天办理交割的外汇。远期外汇,通常是由国际贸易结算中的远期付款条件引起的。

(三) 外币现钞和现汇

按外汇的形态划分,外汇可分为外币现钞和现汇。

外币现钞(foreign currency cash)是指外国钞票和铸币,主要由境外携入。

现汇(spot exchange)是指在货币发行国的银行存款账户中的自由外汇。现汇是外汇的主体,主要由境外汇入,或由境外携入、寄入的外币票据,经银行托收,收妥后存入。各种外汇的标的物,只有转化为货币发行国本土银行的存款账户中的存款货币,才能进行实际上的对外国际结算,才能称之为外汇。

专栏 3-1

欧元之父蒙代尔

罗伯特·A. 蒙代尔(Robert A. Mundell),1932 年 10 月 24 日出生于加拿大。蒙代尔曾就读于英属哥伦比亚大学和伦敦经济学院,于麻省理工学院(MIT)获得哲学博士学位。在 1961 年任职于国际货币基金组织(IMF)前曾在斯坦福大学和约翰霍普金斯大学高级国际研究院 Bologna(意大利)中心任教。1974 年起执教于哥伦比亚大学,在北美洲、南美洲、非洲、澳大利亚和亚洲等地广泛讲学。他是联合国、国际货币基金组织、世界银行、加拿大政府、拉丁美洲和欧洲的一些国家、联邦储备委员会、美国财政部等许多国际机构和组织的顾问。1970 年,蒙代尔担任欧洲经济委员会货币委员会的顾问;他还是 1972—1973 年在布鲁塞尔起草关于统一欧洲货币的报告的九名顾问之一。1964 年至 1978 年,他担任 Bellagio-Princeton 国际货币改革研究小组成员;1971 年至 1987 年,他担任 Santa Colomba 国际货币改革会议主席。蒙代尔撰写了大量关于国际货币制度史的文章,对于欧元的创立起了重要的作用,被誉为"欧元之父"。他因"对不同汇率制度下的货币和财政政策的分析以及对最佳货币区域的分析"而于 1999 年获得诺贝尔经济学奖。

资料来源:根据相关资料整理。

第二节 汇 率

一、汇率的概念

国家不同,使用的货币也不同,当一种商品或劳务参与国际交换时,就有一个把该商品或劳务以本国货币表示的价格折算成以外币表示的国际价格问题,这种折算是按汇率来进行的。所谓汇率(exchange rate),又称为汇价,是指两种不同货币之间的兑换率,或者用一种货币表示的另一种货币的价格。

二、汇率的标价方式

在国际汇兑中,不同的货币均可相互表示对方的价格。因此,汇率就具有双向表示的特点。在本国货币与外国货币之间,既可以用本币表示外币的价格,也可以用外币表示本币的价格,于是形成了两种汇率的基本标价方法:直接标价法与间接标价法。

(一)直接标价法

直接标价法(direct quotation)是指用本国货币表示的外国货币的价格,或一定单位的外国货币折算成若干单位本国货币的汇率标价方法。

目前,除美国、英国等国外,世界上绝大多数国家都采用直接标价法,我国人民币汇率标价也采用直接标价法。在这一标价法下,如果一定数额的外币折合成本币数额增加,则外汇汇率上升,外币升值,本币贬值。例如,2012 年 5 月 18 日,中国银行间外汇市场人民币对美元的汇率中间价为 USD 1 = RMB 6.3209,2012 年 9 月 10 日,人民币对美元的汇率中间价为 USD 1 = RMB 6.3375,这表明,美元汇率上升,美元升值,人民币贬值。

反之,如果一定数额的外币折合成本币数额减少,则外汇汇率下跌,外币贬值,本币升值。例如,2013 年 9 月 10 日,中国银行间外汇市场人民币对美元的汇率中间价为 USD 1 = RMB 6.1612,2013 年 11 月 13 日,人民币对美元的汇率中间价为 USD 1 = RMB 6.1342,这表明,美元汇率下跌,美元贬值,人民币升值。

(二)间接标价法

间接标价法(indirect quotation)是指用外国货币表示的本国货币的价格,或一定单位的本国货币折算成若干单位的外国货币的汇率标价方法。

目前,仅有英国、美国等国采用间接标价法。在这一标价法下,如果一定数额的本币折合成外币的数额增加,则外汇汇率下跌,外币贬值,本币升值。反之,如果一定数额的本币折合成外币的数额减少,则外汇汇率上升,外币升值,本币贬值。例如,2010 年 7 月 28 日,纽约外汇市场美元对日元的汇率为 USD 1 = JPY 87.46,2011 年 3 月 24 日美元对日元的汇率为 USD 1 = JPY 80.96,这表明,日元汇率上升,日元升值,美元贬值。

三、汇率的分类

(一)基本汇率与套算汇率

按制定汇率的不同方法,汇率可划分为基本汇率和套算汇率。

基本汇率(basic rate)是指本国货币与关键货币之间的汇率。关键货币是指在本国国际经济交易中使用最广泛、外汇储备中占比最大,以及在国际结算中作为主要支付手段的外国货币。第二次世界大战以后,美元取代英镑成为关键货币,因而各国大多选择本国货币与美元之间的汇率为基本汇率,并据此计算套算汇率。

套算汇率(cross rate)又称为交叉汇率,是根据基本汇率及其他货币与关键货币之间的汇率计算出的本国货币与其他货币的汇率,亦即通过两种货币的基本汇率计算出的汇率。

我国在计算人民币汇率时,曾长期以美元为媒介来套算人民币与其他外币(比如英镑、日元等)之间的汇率。因此,人民币与美元的汇率为基本汇率,而人民币与英镑、日元等之间的汇率为套算汇率。例如,我国某日制定的人民币与美元的基本汇率为 USD 1 = RMB 8.2270,而当时伦敦外汇市场英镑对美元的汇率为 GBP 1 = USD 1.7816,这样,就可以套算出人民币与英镑间的汇率为 GBP 1 = RMB(1.7816×8.2270) = RMB 14.6572。

(二) 买入汇率与卖出汇率

从银行买卖外汇的角度,汇率可分为买入汇率与卖出汇率。

买入汇率(buying rate)也称为买入价,是指银行向同业或客户买入外汇时所使用的汇率。

卖出汇率(selling rate)又称为卖出价,是指银行向同业或客户卖出外汇时所使用的汇率。

买入汇率与卖出汇率一般相差1‰—5‰,两者的差额即为银行买卖外汇的利润。

中间汇率是买入汇率与卖出汇率的算术平均数,又称为中间价。中间汇率被广泛用于新闻媒体的外汇行情报道及外汇投资者对汇率走势的分析和预测。

此外,还有现钞汇率,它是银行买卖外币现钞时使用的汇率。现钞买卖价在理论上与外汇买卖价相同,但外币现钞一般只能在其发行国流通,或存入其发行国银行。因此,外币现钞需积累到一定数额才值得运送或存入其发行国银行,买进外币现钞的银行既要蒙受一定的利息损失,又要支付现钞的运费和保险费。为将这些损失和费用转嫁给卖出外币现钞的客户,银行的现钞买入价低于现汇买入价,而现钞卖出价则与现汇卖出价相同。

买卖价是从银行的角度来划分的。在直接标价法下,买入汇率是银行买入一单位外汇所付出的本币数,卖出汇率是银行卖出一单位外汇所收取的本币数。较低的价格为外汇买入价,而较高的价格为外汇卖出价。如2013年11月13日,中国银行人民币对美元的汇率为 USD 100 = RMB 607.88/610.32,表明中国银行买进100美元,付出607.88元人民币,卖出100美元,收进610.32元人民币。在间接标价法下,价格较低的是外汇卖出价,价格较高的是外汇买入价。例如,2010年某日,伦敦某银行英镑对美元的汇率为 GBP 1 = USD 1.5569/71,则表明,银行买进1.5571美元付出1英镑,卖出1.5569美元收进1英镑。

2013年11月13日中国银行人民币的外汇牌价如表3-2所示。

表3-2 中国银行人民币的外汇牌价

货币名称	单位	现汇买入价	现钞买入价	现汇卖出价	现钞卖出价
澳大利亚元	100	563.93	546.53	567.89	567.89
加拿大元	100	578.77	560.9	583.41	583.41
瑞士法郎	100	661.5	641.08	666.82	666.82
丹麦克朗	100	109.25	105.88	110.13	110.13
欧元	100	814.99	789.83	821.53	821.53
英镑	100	964.54	934.76	972.28	972.28
港币	100	78.4	77.77	78.7	78.7
印尼卢比	100		0.0523		0.0561

（续表）

货币名称	单位	现汇买入价	现钞买入价	现汇卖出价	现钞卖出价
日元	100	6.1027	5.9143	6.1455	6.1455
韩国元	100		0.548		0.5943
澳门元	100	76.17	73.61	76.46	78.91
林吉特	100	189		190.32	
挪威克朗	100	97.8	94.78	98.58	98.58
新西兰元	100	498.62	483.22	502.62	505.63
菲律宾比索	100	13.87	13.45	13.99	14.41
卢布	100	18.44	17.92	18.58	19.19
瑞典克朗	100	90.98	88.18	91.72	91.72
新加坡元	100	485.72	470.72	489.62	489.62
泰国铢	100	19.23	18.64	19.39	19.98
新台币	100		20.02		21.46
美元	100	607.88	603.01	610.32	610.32

资料来源：中国银行网站(http://www.boc.cn/sourcedb/whpj/)，2013年11月13日。

（三）即期汇率与远期汇率

按外汇交易的交割时间划分，汇率可分为即期汇率和远期汇率。

即期汇率(spot rate)又称为现汇汇率，是指交易双方成交后，在两个营业日内办理外汇交割时所使用的汇率。即期汇率反映了买卖双方成交时的市场汇率。

远期汇率(forward rate)也称为期汇汇率，是指外汇买卖双方成交时，约定在未来某一日期进行交割时所使用的汇率。远期汇率是以即期汇率为基础约定的，而又与即期汇率存在一定的差价。

远期汇率的报价有两种方法：一是直接报价法，即直接将各种不同交割期限的远期外汇的买入价和卖出价表示出来。二是点数报价法，即报出远期汇率偏离即期汇率的值或点数。如果一种货币的远期汇率比即期汇率高，则称该货币升水(premium)，其汇率差称为该货币的远期升水；如果一种货币的远期汇率比即期汇率低，则称该货币贴水(discount)，其汇率差称为该货币的远期贴水；如果一种货币的远期汇率与即期汇率相等，则称为平价(par)。

（四）名义汇率与实际汇率

按是否经由价格水平调整划分，汇率可分为名义汇率和实际汇率。

名义汇率(nominal exchange rate)是指由官方公布或各种媒体发布的、没有剔除物价变动因素影响的汇率。我们在银行、机场、宾馆以及外汇交易场所电子屏上看到的各种货币间的汇率就是名义汇率。名义汇率是随着外汇市场上供求关系变化而变动的外汇买卖价格，它并不能完全真实地反映两国货币的实际购买力。

实际汇率(real exchange rate)是指用两国价格水平对名义汇率进行调整之后的汇率。二者的关系可表示为：

$$e_r = e \times \frac{p^*}{p}$$

其中，e_r 为实际汇率；e 为名义汇率；p^* 为外国物价指数；p 为国内物价指数。

实际汇率反映了用同种货币表示的两国商品的相对价格水平，从而可用来衡量两国商品在国际市场上的相对竞争力。

第三节 汇率的变动与影响

一、影响汇率变动的因素

在信用货币制度下，任何能够引起外汇供求关系变化的因素都会影响汇率的变动。具体来说，影响汇率变动的因素主要有以下几个方面：

（一）国际收支差额

国际收支是一国对外经济活动的综合反映，其收支差额直接影响外汇市场上的供求关系，并在很大程度上决定了汇率的基本走势和实际水平。一国的国际收支出现顺差，就会增加该国的外汇供给，进而引起外汇汇率下降，本币升值。反之，一国的国际收支出现逆差，就会增加该国的外汇需求，进而引起外汇汇率上升，本币贬值。

（二）利率水平

通常情况下，一国的利率水平较高，在该国表现为债权的金融资产，如存款、贷款、债券等的收益率也相对较高，这就会吸引大量国外资金的流入，以投资于这些金融资产。结果，在外汇市场上，外汇的供给就会增加，从而导致外汇汇率下跌，本币升值。反之，一国若降低利率，就会使短期资本流往国外，外汇的供给减少，从而导致外汇汇率升值，本币贬值。

（三）价格水平

一国价格水平的上升势必削弱该国商品在国际市场上的竞争力，对出口不利，同时却会鼓励进口，这样将造成进口增加，出口减少，使国际收支出现逆差，以至于外汇市场出现外汇供不应求的现象，进而导致外汇汇率上升，本币贬值。反之，一国价格水平的下降则会增强该国商品在国际市场上的竞争力，有利于出口，但会抑制进口，这样将造成出口增加，进口减少，使国际收支出现顺差，以至于外汇市场出现外汇供过于求的现象，进而导致外汇汇率下降，本币升值。

（四）中央银行的直接干预

由于汇率是以一种货币表示的另一种货币的价格，汇率的变化将影响在国际市场进行交易的商品和劳务的价格，进而对一国的资源配置和经济运行发挥重要的作用。

各国中央银行为了避免汇率波动，尤其是短期内的剧烈起伏波动对国内经济造成的不利影响，往往对汇率进行干预，即由中央银行在外汇市场上主动买卖外汇，以稳定汇率。当外汇汇率过高、外汇供不应求时，中央银行卖出外汇，回笼本币；而在外汇汇率过低、外汇供大于求时，中央银行买进外汇，抛售本币，从而使汇率变动有利于本国经济。

（五）一国的经济实力

经济实力的强弱是一国货币汇率高低的基础，稳定的经济增长率、低通货膨胀率、平稳的国际收支状况、充足的外汇储备、合理的经济贸易结构等标志着一国较强的经济实力,这些不仅会形成本币币值稳定和坚挺的物质基础,也会使外汇市场上人们对该货币的信心增强。反之,则会使本币失去稳定的物质基础,人们对其信心下降,本币对外不断贬值。

与其他因素相比,一国经济实力强弱对汇率变化的影响是长期的,它影响汇率变化的长期趋势。

二、汇率变动对经济的影响

汇率不但受到众多因素的影响和决定,而且汇率本身的变动也会对国内外经济有着广泛而深远的影响。具体表现在以下几个方面:

(一) 汇率变动对贸易收支的影响

汇率变动并不改变进出口商品本身的价值,但它会影响进出口商品在国际贸易中的相对价格,从而影响贸易收支。在其他条件不变的条件下,一国货币汇率下跌(该国货币贬值),则该国出口商品在国际市场上的外币价格下跌,国际竞争力增强,出口数量增加;同时,进口商品的本币价格随之上升,进口商品在本国市场的竞争力下降,从而减少进口。出口增加、进口减少,则该国外汇收入增加,贸易收支得以改善(贸易顺差扩大或贸易逆差减少);反之,则会使一国贸易收支恶化。

(二) 汇率变动对物价水平的影响

汇率变动将对一国的物价水平产生重要影响。从进口商品和原材料来看,一国货币贬值将会引起进口商品在国内的价格上涨。至于它对物价总水平影响的程度则取决于进口商品和原材料在国民生产总值中所占的比重。反之,一国货币升值,其他条件不变,进口商品的价格可能降低,从而可以起到抑制物价总水平的作用。

从出口商品来看,一国货币贬值有利于扩大出口,但在出口商品供给弹性小的情况下,出口扩大会引起国内市场对此类商品的抢购,从而抬高其国内收购价格,甚至有可能进而波及国内的物价总水平。如果出口商品由于汇率下降引起国内收购价格提高,那么,对于此类出口商品而言,降低汇率刺激出口增加的作用将会部分乃至全部被抵消。这就意味着物价的变动抵消了汇率变动的作用。

汇率的变动导致物价总水平的波动,其后果不仅限于进出口,还将影响整体经济。例如,消费品主要依靠进口的国家,如果进口消费品因本币贬值而上涨,那么不仅会引起物价总水平的上涨,可能还会引发社会矛盾。由此可见,单纯地从进出口角度考虑汇率政策是不够全面的。

(三) 汇率变动对就业水平的影响

汇率变动会对就业水平带来重要影响。一国货币贬值有利于出口商品的生产规模扩大和出口创汇企业的利润水平提高,而这又会"牵引"国内其他行业生产的发展,因此,国内就业总水平也将提高。同时,贬值后的进口商品成本增加,其销售价格上升,一方面使对进口商品的需求转向国内生产的产品,另一方面也提高了国内产品与进口产品的竞争能力,从而促进了产品内销行业的繁荣,创造出更多的就业机会。反之,一国货币升值则会对就业带来不利影响。

但是，通过货币贬值来提高就业水平是有前提的。这就是，工资基本不变或变动幅度小于汇率变动的幅度。如果工资随着本币汇率的下降而同比例上升，那么就会抵消贬值所产生的改善贸易收支、增加就业机会的效应。

（四）汇率变动对外汇储备的影响

在以美元为主要储备货币的时期，外汇储备的稳定性和价值高低完全取决于美元汇率的变化。20世纪70年代初期，美元是国际上最主要的储备货币，美元在国际市场上的贬值曾给许多国家尤其是发展中国家的外汇储备造成了不同程度的损失。在多元化外汇储备时期，由于储备货币的多样化，汇率变化对外汇储备的影响也是多样化的。如在美元、欧元、英镑等共同充当外汇储备时，外汇储备的稳定性和价值高低则取决于各国外汇储备币种的结构、权重、升贬值幅度等的变动。

外汇储备货币多元化加之汇率变化的复杂性，使一国外汇储备管理的难度加大。各国货币当局因而都随时注意外汇市场行情的变化，相应地进行储备货币的调整，以避免汇率波动给外汇储备造成损失。

（五）汇率变动对国际经济关系的影响

一国货币贬值，会通过商品竞争力、出口规模、就业水平、社会总产量等方面的相对变化，直接影响该国与贸易伙伴国之间的关系。大量事实表明，一国货币贬值带来的国际收支状况改善和经济增长加快，很可能使其贸易伙伴国的国际收支状况恶化和经济增长减缓。如果一国为摆脱国内经济衰退而实行贬值，它就很可能把衰退注入其他国家，因为除汇率外，生产、成本、效率等其他条件并没有改变。出于一国狭隘私利而进行的贬值，往往会激起国际社会的强烈不满，或引起各国货币的竞相贬值，或招致其他国家贸易保护主义政策的报复，其结果是恶化国际经济关系。从长期看，这对贬值国，乃至世界的经济发展都是有害的。按照国际货币基金组织章程的规定，会员国只有在经过充分的多边协商后，才能采取较大幅度的贬值行动。

专栏 3-2

美国迫人民币升值一箭三雕

美国国会130名议员15日联署，要求奥巴马政府将中国列为操控货币的国家，实施制裁。中国商务部发言人姚坚已随即做出反驳，强调中美贸易顺差并非人民币汇率造成。

美迫人民币升值图谋一箭三雕：一是配合美国以出口带动经济增长的结构调整，通过迫使人民币升值削弱中国产品竞争力；二是中国坐拥庞大美债，人民币升值将稀释债务；三是通过干预人民币汇率影响中国崛起。面对这种情况，中国须坚持自身的汇率政策，保持人民币稳定，这对中国和全球经济都有正面意义。

美国将中美贸易顺差问题归咎于人民币汇率并不合理。实际上，造成中美顺差的原因多样，其中之一是美国多年来限制对中国高技术出口，此消彼长自然令中美顺差不断扩大，这与汇率问题并没有关系。况且，在2008年7月到2009年2月这段经济极为困难的时期，人民币汇率仍然不跌反升，共升值14.5%，相反美元汇率却一直下跌，说明人民币汇率被低估的说法并不成立。

人民币升值不能解决中美贸易失衡问题,美国要改善顺差,关键是开放更多高技术产品出口到中国,而不是在人民币汇率问题上大做文章。在全球经济复苏仍未稳固之时,人民币汇率突然抽升,对各国正常贸易并无好处,反而更可能演变成贸易战,令全球经济出现二次探底。

汇率作为一国的核心政策,须服务于本国的经济发展,以国家利益为最大考虑,决不容外国随意施压。中国须捍卫汇率自主权。当然,中国亦要加快经济结构转型,通过扩大内需市场减少对出口的依赖,切实提高居民收入水平,逐步化解人民币升值压力。

资料来源:中国新闻网,2010年3月17日。

第四节 汇率制度

一、汇率制度的演进

所谓汇率制度(exchange rate regime),是指一国货币当局对本国汇率水平的确定、汇率变动方式等问题所做的一系列安排或规定。汇率制度的演进大致经历了以下三个阶段:

(一)金币本位制下的汇率制度

19世纪中后期至第一次世界大战以前,世界上大多数国家相继实行典型的金本位制度,也就是金币本位制。在这种货币制度下,作为本位币的金币是足值的货币,可以自由铸造、自由兑换,黄金可以自由输出入。

在金币本位制下,各国都规定了单位货币的含金量。这样,两种不同货币之间的比价,可由它们各自的含金量对比来决定。例如,在1925—1931年间,1英镑的含金量为7.3224克,1美元的含金量为1.504656克,两者相比等于4.8665(7.3224÷1.504656),即1英镑等于4.8665美元。这种以两种金属铸币含金量之比得到的汇价被称为铸币平价(mint parity),这一铸币平价就构成了英镑与美元汇率的决定基础。

铸币平价虽然是汇率决定的基础,但它只是一个理论概念,并不是外汇市场上实际买卖外汇时的汇率。在外汇市场上,由于受到外汇供求因素的影响,汇率有时会高于而有时又会低于铸币平价。然而,汇率波动并不是漫无边际的,它是有一定界限的,这个界限就是黄金输送点(gold points)。黄金输送点之所以能够成为汇率上下波动的界限,是因为在金币本位制下,各国间办理国际结算可以采用两种方法。第一种方法是利用汇票等支付手段进行非现金结算。但如果由于汇率变动导致使用汇票结算对付款方不利时,则可改用第二种方法,即直接运送黄金,因此,便使汇率的波动幅度受黄金输送点的限制。

在国际间运送黄金是需要各种费用的,如包装费、运费、保险费等。假定在英国和美国之间运送1英镑黄金的费用为0.02美元。在这种情况下,假定美国对英国有国际收支逆差,对英镑的需求增加,英镑汇率必然上涨。当1英镑汇率上涨到4.8865美元(铸币平价4.8665美元加上黄金运送费0.02美元)以上时,则美国负有英镑债务的企业就不会购买英镑,而宁愿在美国购买黄金,并将其运送到英国以偿还债务。因为,采用直接运送黄金的方法偿还1英镑的债务只需4.8865美元。因此,这一引起美国黄金流出的汇率就是黄金输出点,英镑汇率的上升不可能超出黄金输出点。反之,假定美国对英国的国际收支为顺差,英镑的供应增加,英镑的汇率必然下跌。当1英镑跌到4.8465美元(铸币平价4.8665美元减去黄金运送费0.02美元)以下时,则美国持有英镑债权的企业就不会出售英镑,而宁愿在英国用英镑购买黄金运送回美国。因为运送黄金的方法收回1英镑债权可以得到4.8465美元。这一引起黄金输入的汇率就是黄金输入点。显然,英镑汇率的下跌不可能低于黄金输入点。

由此可见,在金币本位制度下,汇率波动的界限是黄金输送点,最高不超过黄金输出点,即铸币平价加运送费;最低不低于黄金输入点,即铸币平价减去运送费。由于单位货币黄金运送费用在所运送黄金价值中占的比例很小,汇率的波动幅度也就很少。因此,金币本位制下的汇率制度实质是一种以铸币平价为中心的较为稳定的汇率制度(如图3-1所示)。

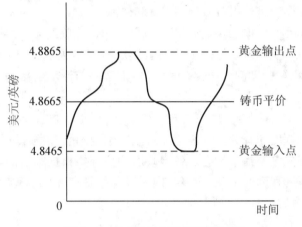

图3-1 金本位制度下的汇率决定

第一次世界大战结束以后,由于战争改变了各国经济力量的对比,世界范围内的黄金分配极不均衡,各国开始放弃金币本位制,转而实行金块本位制和金汇兑本位制。

(二)布雷顿森林体系下的汇率制度

第二次世界大战结束以后,美国取代英国成为世界头号经济强国,当时的美国黄金储备量接近世界黄金储备总量的2/3,工业制成品占世界市场总量的1/2,对外贸易占世界总量的1/3,并成为世界上最大的债权国。居于霸主地位的美国无疑将在新的国际货币体系创建中发挥主导地位。

1944年7月,44个国家的三百多位代表出席了在美国新罕布什尔州的一个旅游胜地布雷顿森林召开的国际金融会议,通过了布雷顿森林协议,确立了新的国际货币体系——布雷顿森林体系。布雷顿森林体系的基本内容是双挂钩制度:(1)美元与黄金挂钩,美国承诺固定黄金与美元的兑换价格:即1盎司黄金兑换35美元,各成员国可以按这个官方价格在美国中央银行用美元兑换黄金;(2)其他国家的货币与美元挂钩。布雷顿森林体系下的汇率制度实质上是一种以美元为中心的固定汇率制度,它对于维护和促进第二次世界大战后各国经济的稳定与发展发挥过积极的作用,但自身存在的不合理因素和不稳定性最终导致了该汇率制度的解体。

从 20 世纪 50 年代后期开始,随着美国经济竞争力的逐渐削弱,其国际收支状况趋于恶化,出现了全球性的美元过剩,各国纷纷抛出美元兑换黄金,美国黄金开始大量外流。到 20 世纪 60—70 年代,爆发多次美元危机,其后以 1971 年的《史密森协定》为标志,美元对黄金贬值,同时美联储拒绝向国外央行出售黄金,至此美元与黄金挂钩的体制名存实亡。1973 年 2 月,美元进一步贬值,世界各主要货币由于受投机冲击被迫实行浮动汇率制,至此布雷顿森林体系完全崩溃。

(三) 牙买加体系下的汇率制度

布雷顿森林体系的崩溃给国际金融市场和世界经济带来了剧烈的震荡与极大的损害。美国等工业化国家相继放弃固定汇率,转而实行浮动汇率制度,但仍然有相当多的国家实行调控程度不同的钉住汇率制度,国际货币体系一度混乱无序,这促使国际社会为谋求建立健康稳定的新的游戏规则而进行艰苦激烈的交锋和磋商。

1976 年 1 月,国际货币基金组织理事会"国际货币制度临时委员会"在牙买加首都金斯顿举行会议,讨论《国际货币基金组织协定》的条款,签订达成了《牙买加协议》,《牙买加协议》正式确认了浮动汇率制度的合法化,承认固定汇率制与浮动汇率制并存的局面,成员国可自行选择汇率制度。

在这种汇率制度下,各国货币间不再规定固定比价,也不再规定汇率的波动幅度,政府也没有维持汇率波动幅度的义务。但是,实际上完全任凭外汇市场供求自发地形成汇率,而不采取任何干预措施的国家几乎没有。各国政府往往都要根据本国的具体情况,或明或暗地对外汇市场进行不同程度的干预,大多数国家采用的是存在一定程度干预的所谓管理浮动汇率制度。

二、人民币汇率制度改革

改革开放以前,我国实行高度集中的计划经济体制,由于外汇短缺,我国一直实行严格的外汇管制,采取的是固定汇率制度。1978 年改革开放以来,人民币汇率制度改革采取了渐进的市场化方向,人民币汇率制度多次发生变革。根据其变化特征,大致可以分为如下四个阶段:

(一) 1981—1984 年:官方汇率与贸易外汇内部结算汇率并存

改革开放前,国内市场分割,人民币长期高估,不适应进出口贸易发展的要求,对扩大出口不利。为鼓励对外贸易发展,奖出限入,促进企业经济核算,使人民币汇率符合进出口贸易的实际需要,1979 年 8 月,国务院决定改革汇率制度,从 1981 年起实行人民币两种汇率,除贸易结算仍使用官方汇率外,另订一个贸易外汇内部结算汇率。内部结算汇率根据当时的出口换汇成本加 10% 的利润来确定,定为 1 美元兑换 2.80 元人民币。尽管这期间出口换汇成本逐年上升,但内部结算汇率没有变动,官方汇率还是沿用原来的一篮子货币加权平均计算调整。

这种对贸易和非贸易实行不同的汇率制度,虽然对鼓励出口发展起到了一定作用,但实施的结果表明,这种双重汇率不仅没有达到奖出限入的作用,而且带来了外汇黑市等一系列的负面影响。

（二）1985—1993 年：官方汇率与外汇调剂市场汇率并存

1985 年 1 月 1 日起，国家取消贸易外汇内部结算价，重新实行单一的固定汇率。同时，为了消除汇率高估，使人民币汇率同物价的变化相适应，起到调节国际收支的作用，1985 年至 1990 年，根据国内物价的变化，我国多次大幅度调整官方汇率，使人民币出现了多次贬值。这期间，人民币汇率的下调主要是依据全国出口平均换汇成本上升的变化，但是，汇率的下调滞后于国内物价的上涨，难以反映市场供求的变动，在这种情况下，单靠官方汇率难以解决外贸核算问题。所以，从 1988 年 3 月起，各地普遍设立外汇调剂中心，增加留成外汇比例，扩大外汇调剂量，放开调剂外汇市场，利用市场汇率，解决出口亏损，鼓励出口，限制非必需品进口，实行官方汇率和调剂市场外汇并存的汇率制度。官方汇率从 1990 年 11 月的 1 美元兑换 5.22 元人民币调整至 1993 年年底的 1 美元兑换 5.70 元人民币，下调 9%；调剂市场汇率按照市场供求状况浮动，则波动较大。

实行官方汇率和调剂市场汇率并存的汇率制度，有一定的积极作用。既避免了官方汇率的过多波动，保证了生产建设必需品的进口；又利用市场汇率鼓励了出口，限制了非必需品的进口，使汇率起到了调节外汇收支的作用。但是，两种汇率形成了两种人民币对外价值和两种核算标准，不利于外汇资源和有效配置，也不利于企业之间的公平竞争和经营机制的转变，两种汇率制度实质上是一种变相的补贴制度。

（三）1994—2004 年：有管理的浮动汇率制度

1994 年 1 月 1 日起，我国对外汇管理体制进行了改革开放以来最重大的一次改革，实行银行结售汇，建立统一的银行间外汇市场，取消官方汇率，实行"以市场供求为基础的、单一的、有管理的浮动汇率制度"。主要内容有：

1. 实行银行结售汇制度

在结汇方面，对经常项目外汇收入实行强制结汇和超限额结汇制度，对资本项目外汇收入结汇实行审批和一定限制；在售汇方面，根据"经常项目完全可兑换、资本项目外汇实行管制"的管理框架，要求银行按照经常项目凭有效商业单据和凭证，资本项目凭有效凭证和外汇管理局核准件的原则办理售付汇。

2. 汇率并轨

开始实行以市场供求为基础的、单一的、有管理的浮动汇率制度，并轨时的人民币汇率为 1 美元兑 8.70 元人民币。人民币汇率由市场供求形成，中国人民银行公布每日汇率，外汇买卖允许在一定幅度内浮动。通过汇率并轨，以银行间统一的外汇市场取代了外汇调剂市场，消除了汇率地区差异，使外汇资源从两个市场的分配统一到一个市场，在外汇分配领域取消了审批制度，充分发挥了市场机制的作用，符合国际货币基金组织第八条款的有关规定，有利于我国与国际经济规则接轨。但是，此次改革也造成了一定的负面效应，汇率并轨后，人民币对西方主要国家货币贬值，加重了我国的外债负担。

3. 建立统一的银行间外汇市场

从 1994 年 1 月 1 日起，中资企业退出外汇调剂中心，外汇指定银行成为外汇交易的主体。1994 年 4 月 1 日，银行间外汇市场——中国外汇交易中心在上海成立，连通全国所有分中心。中国人民银行根据宏观经济政策目标，对外汇市场进行必要的干预，以调节市场供求，保持人民币汇率的稳定。

（四）2005 年至今：汇率形成机制不断完善时期

2005 年 7 月 21 日，中国人民银行发布《关于完善人民币汇率形成机制改革的公告》，人民币汇率制度再一次进行重大改革，开始实行以市场供求为基础、参考一篮子货币进行调节、有管理的浮动汇率制度。中国人民银行将根据市场发育状况和经济金融形势，适时调整汇率浮动区间。同时，中国人民银行负责根据国内外经济金融形势，以市场供求为基础，参考篮子货币汇率变动，对人民币汇率进行管理和调节，维护人民币汇率的正常浮动，保持人民币汇率在合理、均衡水平上的基本稳定，促进国际收支基本平衡，维护宏观经济和金融市场的稳定。

1978 年改革开放以来，人民币对美元汇率的走势如图 3-2 所示。从图中可以看出，从 1978 年改革开放到 1994 年汇率制度改革之前，人民币对美元呈贬值趋势；而 1994 年以后到目前，人民币对美元则呈逐步升值趋势。

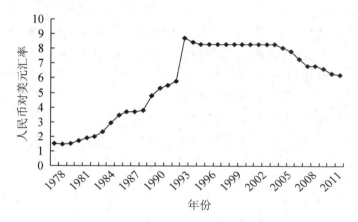

图 3-2　改革开放以来的人民币对美元汇率走势

资料来源：根据相关数据整理。

本章小结

1. 外汇是国际汇兑的简称。动态的外汇是指把一国货币兑换成另一国货币的行为。静态外汇又有广义和狭义之分，广义的静态外汇是指以外币表示的各种金融资产，狭义的静态外汇是指以外币表示的用于国际结算的支付凭证。

2. 汇率又称为汇价，是指两种不同货币之间的兑换率。汇率标价分为直接标价法和间接标价法，直接标价法是指用本国货币表示的外国货币的价格，间接标价法是指用外国货币表示的本国货币的价格。世界上大部分国家采用直接标价法。

3. 影响汇率变动的因素主要有：国际收支差额、利率水平、价格水平、一国的经济实力等。汇率变动将会对一国的贸易收支、物价水平、就业水平、外汇储备等带来重要影响。

4. 汇率制度是指一国货币当局对本国汇率水平的确定、汇率变动方式等问题所做的一系列安排或规定。目前大多数国家采用的是存在一定程度干预的所谓管理浮动汇率制度。

5. 改革开放三十多年来，人民币汇率制度改革采取了渐进的市场化方向，初步建立起以市场供求为基础、参考一篮子货币进行调节、有管理的浮动汇率制度。

第三章 外汇和汇率

本章重要概念

外汇　即期外汇　远期外汇　汇率　直接标价法　间接标价法　基本汇率　套算汇率　买入汇率　卖出汇率　即期汇率　远期汇率　铸币平价

复习思考题

一、选择题

1. 通常情况下,一国国际收支发生顺差时,外汇汇率就会(　　)。
   A. 上升　　　　B. 下降　　　　C. 不变　　　　D. 不确定

2. 如果本国通货膨胀率高于国外通货膨胀率,则外汇汇率(　　)。
   A. 上升　　　　B. 下降　　　　C. 不变　　　　D. 无法判断

3. 与金币本位制度相比,金块本位和金汇兑本位对汇率的稳定程度已(　　)。
   A. 升高　　　　B. 降低　　　　C. 不变　　　　D. 不能确定

4. 当一国货币贬值时,会引起该国的外汇储备(　　)。
   A. 数量减少　　B. 数量增加　　C. 实际价值增加　　D. 实际价值减少

5. 有以下报价行的 USD/CHF 报价:报价行 A:1.1539/44,报价行 B:1.1540/45,报价行 C:1.1538/46,报价行 D:1.1541/46。则从(　　)买入 USD 的成本最低?
   A. 报价行 A　　B. 报价行 B　　C. 报价行 C　　D. 报价行 D

6. 各国中央银行往往在外汇市场通过买卖外汇对汇率时行干预,当外汇汇率(　　)时,卖出外币,回笼本币。
   A. 过高　　　　B. 过低　　　　C. 不确定　　　　D. 以上都不是

7. 在直接标价法下,一定单位的外币折算的本国货币增多,说明本币汇率(　　)。
   A. 上升　　　　B. 下降　　　　C. 不变　　　　D. 不确定

8. 广义外汇和狭义外汇的根本区别在于(　　)。
   A. 是否可以用来清偿债务　　　　B. 是否包括一切有价证券
   C. 是否可以用本币表示　　　　　D. 是否可以在国际自由流通

9. 美元对英镑按(　　)计价。
   A. 直接标价法　　　　　　　　　B. 间接标价法
   C. 美元标价法　　　　　　　　　D. 应收标价法

10. 在间接标价法下,外汇汇率的升降与本国货币对外价值的高低(　　)。
    A. 成反比例　　B. 成正比例　　C. 无确定关系　　D. 同比例变动

二、简答题

1. 狭义静态的外汇具有哪些特征?
2. 为什么银行的现钞买入价低于现汇买入价?
3. 影响汇率变动的主要因素有哪些?
4. 汇率变动对经济有哪些影响?
5. 简述汇率制度演进的几个阶段。

6. 简述人民币汇率制度改革的历程。

三、计算题

1. 假定1英镑的含金量为113.0016格令,1美元的含金量为23.22格令,黄金的运输费用为每英镑0.025美元。计算:(1)金铸币平价;(2)黄金输出点;(3)黄金输入点。

2. 2005年7月21日,中国人民银行宣布人民币对美元的汇率从1∶8.2765一次性调整到1∶8.11,这意味着人民币汇率如何变化?

四、案例分析题

人民币外升内贬:国内居民感受是越来越不值钱

2013年12月末,人民币对美元汇率中间价为6.0969,在2005年7月21日汇率形成机制改革前,人民币对美元汇率中间价为8.2765。截至2013年年底,人民币对美元累计升值35.7%。对于出国留学和旅游购物的人来说,人民币更值钱了。但对于更多没有踏出国门的中国人,则没有这种"赚"了的感受,体会到的却是人民币越来越"不值钱"——8年来,国内很多商品的售价都已翻了几倍。据统计,在人民币升值的这段时间里,国内CPI年均上涨3.1%,人民币呈现对外升值、对内贬值的现象。

资料来源:《京华时报》,2014年1月13日。

案例问题:
(1) 说明人民币对外升值的原因。
(2) 说明人民币对内贬值的原因。
(3) 解释人民币对外升值和对内贬值并存的原因及其消极影响。

第二篇 金融机构

第四章

金融机构概述

> 货币的买卖成了一些大财东专门从事的贸易。
>
> ——托马斯·孟

学习目标

通过本章的学习,你将能够:
- 了解金融机构的产生与发展;
- 掌握金融机构的分类和功能;
- 理解西方各类金融机构的构成及主要业务;
- 了解我国现行金融机构的构成及主要业务。

引导案例

中国金融机构的发展态势

随着金融改革的进一步深入,中国的金融机构已经呈现出群雄并起的态势。从金融格局看,传统的工商银行、农业银行、中国银行、建设银行等国有商业银行通过近年来的股份制改革及上市运作,治理更加规范,实力更加雄厚;招商银行、浦发银行、民生银行、华夏银行等众多的股份制商业银行凭借灵活的管理体制、先进的金融产品和一流的金融服务后来居上,网点逐步向县域渗透,咄咄逼人;农村信用社虎踞城郊、农村阵地,进军城区市场,发展非常迅速,先进地区的农村商业银行甚至已将迈入上市公司的行列;邮政储蓄银行正式开办公司业务和贷款业务,竞争力发生质变,前景广阔;就连前期一直处于相对弱势地位的地方性商业银行也通过跨区域发展和一级法人改革等措施,迅速焕发活力,在区域金融格局中的份额显著增加;民间借贷组织、投资公司因国家对商业银行的"银根紧缩"政策而获得了重大的发展机遇,呈现出星火燎原的态势,甚至成为对中小企业贷款市场的黑马;同时,中国经济近年来的高速发展也吸引了众多的外资金融机构的进入,以图在这块大蛋糕上分一杯羹。总之,中国金融市场的竞争已经完全进入"战国"时代,在优质客户上的争夺将是"刺刀见红",空前激烈。

资料来源:吴少新,《货币金融学》,北京:中国金融出版社,2011年。

第一节 金融机构的产生与发展

金融机构(financial institution)是指从事金融服务业有关的金融中介机构,主要包括商业银行、证券公司、保险公司等。金融市场上的各种金融活动都要借助于一定的金融机构来完成,金融机构是金融市场不可缺少的中介主体。

一、金融机构的产生与发展

金融机构是在商品生产与市场交易逐步发展的过程中形成的,因而是经济发展的内生产物。金融机构产生的原因在于满足经济社会发展的客观需要,主要有商品生产和交换发展中的支付需求,社会经济活动中的融资需求和投资需求,经济社会活动中的风险转移与管理需求,经济和金融活动扩大过程中对信息的需求等。随着商品经济的发展,内生的金融需求逐渐增加,金融活动的专业化发展使专门从事金融活动的机构逐渐从兼业经营转向专业经营,金融机构由此产生,如商业银行、投资银行、保险公司等。

三千多年前的美索不达米亚平原,各国的货币主要是贵金属。一方面,金匠能够利用职务之便向商人们提供货币兑换,并进行一些存贷款业务,具备商业银行的一些职能;另一方面,金匠又为商人们提供票据的兑换、各种证券的抵押放款、财务顾问和咨询服务,又具备投资银行主要业务的基本形态。可以说,这些金匠是商业银行的鼻祖,又是投资银行的原始形态。早期的银行多由希腊人和罗马人经营,英格兰银行是现代银行的雏形。现代意义上的投资银行起源于欧洲,于19世纪传入美国,并在美国得到迅速发展。近代保险制度是资本主义发展的产物,海上保险和火灾险的产生及不断发展,成为现代保险制度得以建立和发展的基础。1688年,著名的伦敦劳埃德保险公司成立,它为个人和财产的风险提供一系列的保险,美国第一家人寿保险公司于1759年在费城注册成立。

19世纪,以1810年苏格兰储蓄银行的建立为标志,新的金融机构如雨后春笋般出现,这些机构向个人提供小额存款服务。1822年,比利时出现了共同基金。20世纪70年代早期,美国出现了货币市场基金,出现了对冲基金、私募股权和风险投资公司,并向投资者提供了比共同基金收益更高、风险更大的投资选择。1893年,英国政府颁布的《受托人法》以成文法的形式确认了信托制度。

二、金融机构的种类

商品经济发展内生的多样化金融服务需求促进了金融机构的发展与创新,经济生活中出现了众多功能各异的金融机构。按照不同的标准,这些金融机构可以分为不同的种类。

(一) 金融监管机构和接受监管的金融机构

按照金融机构管理地位的不同,金融机构可以分为金融监管机构与接受监管的金融机构。金融监管机构包括中央银行、银行业监督管理委员会、证券业监督管理委员会等,是代表国家行使金融监管权力的机构;接受监管的金融机构包括商业银行、证券公司、保险公司等。

(二) 存款型金融机构、契约型储蓄机构和投资型中介机构

按照资金来源和资金运用方式的不同,金融机构可划分为存款型金融机构、契约型储蓄机构和投资型中介机构(具体如表4-1所示)。存款性金融机构主要通过吸收存款形式向公众举债而获得资金来源,如商业银行、储蓄贷款协会、互助储蓄协会等;契约型储蓄机构包括各种保险公司和养老基金;投资型中介机构主要包括投资银行、投资基金管理公司、信托公司等。

表4-1 金融中介机构的主要资产和负债

金融机构的类型	主要负债(资金来源)	主要资产(资金运用)
存款型金融机构		
商业银行	存款	工商信贷和消费者信贷、抵押贷款、联邦政府贷款和市政贷款
储蓄贷款协会	存款	抵押贷款
互助储蓄银行	存款	抵押贷款
信用合作社	存款	消费者信贷
契约型储蓄机构		
人寿保险公司	保费	公司债券和抵押贷款
财产和意外灾害保险公司	保费	市政贷款、公司债券和股票、联邦政府债券
养老基金、政府退休基金	雇员和雇主缴费及政府财政补贴	公司债券和股票
投资型中介机构		
投资银行	股份	证券承销、经纪和自营业务
金融公司	商业票据、股票、债券	消费者信贷和工商信贷
共同基金	股份	股票和债券
货币市场共同基金	股份	货币市场工具
对冲基金	集资	世界各国的证券和货币
信托公司	受托资产	证券投资

资料来源:米什金,《货币、银行和金融市场学》,北京:北京大学出版社,2002年。

(三) 政策性金融机构和非政策性金融机构

按照是否担负国家政策性融资任务,金融机构可以分为政策性金融机构和非政策性金融机构。政策性金融机构由政府投资创办,按照政府意图与计划从事金融活动,不以盈利为目的;非政策性金融机构则不承担国家的政策性融资任务,而按照市场原则从事金融活动,以利润最大化为经营目标。

(四) 银行金融机构和非银行金融机构

按照业务方式的不同,金融机构可以分为银行金融机构和非银行金融机构。银行金融机构主要以存款方式获得资金来源,以贷款为主要的资金运用方式;非银行金融机构则以特定方式获得资金来源,以特定方式运用和分配资金。

此外,金融机构还有其他很多分类。例如,按照资本和业务规模等,可以分为大、中、小型金融机构;按照出资的国别属性,可以分为内资金融机构、外资金融机构和合资金融机构;等等。

三、金融机构的功能

金融机构是适应商品经济发展内生的多样化金融需求而产生的,因此,金融机构在其产生时就具有服务于经济社会的多种功能。

(一) 便利支付结算

金融机构提供有效的支付结算服务是适应经济发展需求而最早产生的功能,银行业的前身——货币兑换商,最初提供的主要业务之一就是汇兑,该功能的主要作用在于促进商品交易的顺利实现。目前市场支付结算服务一般都由可吸收存款的金融机构提供,其中商业银行仍是最基本的提供支付结算的金融机构。

(二) 促进资金融通

促进资金融通是指金融机构充当媒介,促进社会闲置资金向生产性资金转化,这是所有金融机构所具有的最基本的功能。金融机构通常采用发行金融工具的方式融通资金,存款类金融机构一方面作为债务人发行存款类金融工具、债券等集中社会闲置的货币资金,另一方面作为债权人向企业、居民等经济主体发放贷款;保险类金融机构通过提供保险服务获得保费收入,吸收到的大部分保险资金直接投资于金融资产;信托类金融机构在接受客户委托管理和运用财产的过程中,将受托人的闲置资金融通给资金需求者。

(三) 降低交易成本

交易成本是指金融交易中所花费的时间和金钱,是影响金融体系功能效率的主要因素。由于交易成本的存在,使很多小额资金盈余者和借款人的直接融资活动无法进行,阻碍了金融市场作用的正常发挥。金融机构的存在,能够有效地降低交易成本。这是因为:第一,金融机构具有规模经济优势。金融机构把许多闲散的小额资本聚集在一起,产生规模经济,降低了交易成本。第二,金融机构具有降低交易成本的专门技术。金融机构都设有专门的部门进行技术开发,使得它们能够以极低的交易成本提供多种便利的服务。

(四) 改善信息不对称

信息不对称是指金融市场上交易的一方对另一方不能充分了解,造成双方信息的不对等现象。在金融市场上，由于信息不对称引起的逆向选择和道德风险会阻碍金融交易。金融机构通过自身的优势，能够及时搜集和获取比较真实完整的信息，据此选择合适的借款人和投资项目，对所投资的项目进行专业化的监控，从而有利于投融资活动的正常进行，并节约信息处理成本。

（五）转移与管理风险

金融机构可以提供管理和配置风险的方法，有效的风险管理和配置会增加企业和家庭的福利。金融机构通过各种金融业务、技术和管理，分散、转移、控制或减轻金融、经济和社会活动中的各种风险。如商业银行的理财业务及信贷资产证券化活动、信托投资公司的信托投资、基金管理公司的组合投资等都具有该功能。此外，通过保险和社会保障机制对经济与社会生活中的各种风险进行的补偿、防范或管理，也体现了这一功能。

第二节　存款类金融机构

存款类金融机构(depository financial institutions)是指通过吸收各类存款获得可利用的资金，并贷款给需要资金的各经济主体及投资于证券等获取收益的金融机构，是金融市场的重要中介，在国民经济中发挥着多层次的调节作用。存款类金融机构主要有商业银行、储蓄银行和信用合作社。

一、商业银行

商业银行(commercial bank)主要通过发行支票存款、储蓄存款和定期存款来筹措资金，用于发放工商业贷款、消费者贷款和抵押贷款，购买政府债券，并提供各种金融服务的金融机构。商业银行在政策上接受中央银行的指导，业务上与中央银行有往来，并且商业银行为工商企业提供金融服务，与工商企业发生直接的广泛密切关系，所以商业银行一方面联系着宏观调控主体——中央银行，另一方面联系着微观主体——工商企业，是各国金融机构的关键力量。商业银行是唯一能够接受活期存款的银行，它以活期存款为基础，广泛开展转账结算业务，由此形成派生存款，进行存款创造，进而影响货币供应量，在一国金融体系中占有重要的地位，因而受到严格的监管。第五章将专门讨论商业银行。

二、储蓄银行

储蓄银行(savings bank)是专门经办居民储蓄并为居民个人提供金融服务的金融机构。与我国几乎所有的金融机构经营储蓄业务情况不同，在西方不少国家，储蓄银行大都是专门的、独立的金融机构，大多是由互助性质的合作金融组织演变而来。这类银行以居民储蓄存款为主要资金来源，汇集起来的储蓄存款余额较为稳定，所以资金主要用于长期投资与贷款。如发放不动产抵押贷款；投资于政府公债、公司股票、债券等。近年来，储蓄银行的业务也在不断拓展，可以经营过去只有商业银行才能经营的许多业务。西方国家的储蓄银行既有私营的，也有公营的，有的国家绝大多数储蓄银行都是公营的。

储蓄银行的具体名称，各国各有差异，有的甚至不以银行相称。如互助储蓄银行、储蓄贷款协会、国民储蓄银行、信托储蓄银行、信贷协会等。在美国，储蓄银行主要有储蓄贷款协会和互助储蓄银行两种形式。

储蓄贷款协会是一种在政府支持和监管下专门从事储蓄业务与住房抵押贷款的金融机构。美国共有4 700家储蓄贷款协会,其中55%在联邦政府注册,45%在州政府注册,在美国是十分重要的存款类金融机构。20世纪80年代末90年代初,美国房地产价格大幅度下跌,房地产业客户大量违约,因而形成大量银行不良资产。主要从事房地产业的储蓄贷款协会则普遍陷入严重困境,其中相当一部分丧失了支付能力,形成了20世纪70年代以来发达国家规模最大的金融危机之一。

美国的互助储蓄银行是一种"互助型"的金融组织,也是靠接受存款来筹措资金的。1980年之前,它们的业务仅限于发放抵押贷款;1980年放松管制之后,互助储蓄银行也获得了接受支票存款以及发放其他贷款的权利。但是,它们在组织结构方面与储蓄贷款协会有着重要的区别,它们是合作性质的存款机构,存款人就是股东,拥有银行净资产的一定份额。

三、信用合作社

信用合作社(credit cooperative)是指由某些具有共同利益的人们自愿组织起来,具有互助性质的会员组织。它的资金主要来源于合作社成员缴纳的股金和吸收的存款,资金用途主要有:对会员提供短期贷款、提供消费信贷、提供票据贴现,还有部分用于证券投资。近年来,一些资金充裕的信用社已开始经营生产设备更新、改进技术等领域的中长期贷款,并逐步采取了以不动产或有价证券为担保的抵押贷款方式。由于金融竞争的影响和金融创新的发展,信用合作社的业务有拓宽的趋势,其资金来源及运用都从原来的以会员为主逐渐转向客户群体的多元化,因而其在金融市场上的作用也越来越大。

信用合作社按照地域的不同,可分为城市信用合作社和农村信用合作社。

城市信用合作社是由城市手工业者和小工商业者为主的居民组合而成,是城市居民集资的合作金融组织。它经营的业务一般有:吸收单位和个人的存款;对经营企业发放短期贷款;办理抵押贷款;办理同城及部分异地的结算业务;信息和咨询服务;代办企业保险业务等。

农村信用合作社是由农民或农村的其他个人集资联合而成的、以互助为主要宗旨的合作金融组织。其资金主要用于解决成员的资金需要,向成员发放短期生产性贷款或消费贷款;在资金充裕时,信用社也从事以不动产或以证券为抵押的中长期贷款。农村信用合作社在发达国家相当普遍,如日本的农村信用社,入社者占全国农户的90%左右。

第三节 契约类金融机构

契约类金融机构(contractual financial institutions)是以契约方式吸收持约人的资金,按照契约规定承担向持约人履行赔付或资金返还义务的金融机构,主要包括各类保险公司、养老基金等。

一、保险公司

西方国家的保险业十分发达,各类保险公司是各国最重要的非银行类金融机构。在西方国家,几乎是无人不保险、无物不保险、无事不保险。保险公司(insurance company)是主要依靠投保人缴纳保险费的形式建立起保险基金,对那些因发生自然灾害或意外事故造成经济损失的投保人予以经济补偿的金融机构。保险公司所筹集的资金除保留一部分应付赔偿所需外,其余部分则作为长期性资金,主要投资于政府债券和公司股票、债券,以及发放不动产抵押贷款等。

保险公司按其从事的业务险种或业务层级,可以划分为人寿保险公司、财产保险公司、存款保险公司、再保险公司等类型。人寿保险公司的保险产品是基于对受保人寿命或健康状况预期而提供的健康保险和伤残保险,此外还提供养老基金、退休金等;财产保险公司主要针对一定范围的财产损失提供保障;存款保险公司通过为存款提供保险、检查和监督金融机构以及接管倒闭机构,维持一国金融体系的稳定性和公众信心;再保险也称为分保,指保险公司将自己所承担的保险责任,全部或部分地转嫁给其他保险公司承保的业务。再保险业务中接受再保险的一方为再保险公司。

保险公司的负债业务包括资本金、各项准备金和其他投资资金。资本金是保险公司在开业时必须具备的注册资金,各类保险公司的注册资本由管理机构根据本国经济情况和保险业务情况的需要进行制定和调整;责任准备金是保险公司按照法律规定为在保险合同有效期内履行经济赔偿或保险金给付义务而予以提存的各种金额,准备金的来源是保险基金,是以收取保险费的形式积累的资金,准备金一般包括未到期责任准备金、未决赔款准备金和总准备金(在我国,则包括未到期责任准备金、未决赔款准备金和保险保障基金);其他投资资金包括结算中形成的短期负债、应付税款、企业债券等。

保险公司的资产业务包括存款、证券投资、贷款和不动产投资。存款分为银行存款和信托存款;证券投资是为取得预期收入而买卖有价证券的活动;贷款是保险人将保险资金贷放给单位或个人,并按期收回本金、获取利息的投资活动;不动产投资是将保险资金用于购买土地、房产或其他建筑物的投资。

二、养老基金

养老基金(pension fund)是以契约形式组织预交资金,再以年金形式向参加养老金计划者提供退休收入的基金,是社会保障基金的一部分。这类基金的资金主要来自劳资双方的积聚,即雇主的缴款和雇员工资中的扣除或雇员的自愿缴纳,以及运用积聚资金的收益,如投资于公司债券、股票以及政府债券的收益等。养老基金一般委托专业基金管理机构用于产业投资、证券投资或其他项目的投资。

美国的养老基金坚持先保值后增值的策略,现有的养老金保障体系是典型的"三大支柱"模式。第一支柱是政府强制执行的社会保障计划,面向全社会提供基本的退休生活保障,覆盖了全国96%的就业人口,是多层次体系中的基石;第二支柱包括公共部门养老金计划和雇主养老金计划;第三支柱是个人自行管理的个人退休账户。

第四节 投资类金融机构

投资类金融机构(investment financial institutions)是指为企业和个人在证券市场上提供

投融资服务的金融机构。它们主要包括投资银行、基金管理公司、信托投资公司等,这些机构服务或经营的核心为证券投资活动。

一、投资银行

(一) 投资银行的含义

投资银行是最典型的投资类金融机构。一般认为,投资银行(investment bank)是在资本市场上为企业发行债券和股票,筹集长期资金提供中介服务的金融机构,其基本特征是综合经营资本市场业务。

(二) 投资银行与商业银行的主要区别

投资银行和商业银行是现代金融市场中两类重要的中介机构,两者的共性是担当资金盈余者与资金短缺者之间的中介,两者的差异在于投资银行是直接融资的金融中介,而商业银行是间接融资的金融中介。两者在业务主体、融资方式、业务场所、利润构成及经营方针、监管机构等诸多方面存在显著差异。

(三) 投资银行的主要业务

投资银行的业务几乎涉及所有资本市场的业务,经营的业务主要包括证券承销、证券经纪与自营、收购与兼并、项目融资、资产证券化等。

1. 证券承销

证券承销是投资银行最本源、最基础的业务,是为企业、政府机构等融资主体提供融资安排和服务的主要手段之一。投资银行承销的证券范围很广,不仅包括本国中央政府及地方政府、政府机构发行的债券,还包括各类企业发行的股票和债券、外国政府和公司发行的证券,甚至还包括国际金融机构(如世界银行、亚洲发展银行等)发行的证券。

2. 证券经纪与自营

投资银行在二级市场中扮演着经纪商、自营商和做市商三重角色。经纪商的主要业务是接受投资者委托,代理买卖有价证券并以此收取佣金;自营商的主要业务是以盈利为目的,运用自有资本进行证券买卖;做市商的主要业务是运用自己账户从事证券买卖,通过不断的买卖报价,维持证券价格的稳定性和市场的流动性,并从买卖的价差中赚取利润。

3. 收购与兼并

收购与兼并已经成为投资银行除证券承销与证券交易之外最核心的业务。企业并购包括企业的所有权、资产业务、负债业务、人员等要素的重新组合与配置,一般包括企业扩张、企业收缩与控制权转移三种活动。在企业并购过程中,投资银行以多种方式参与企业的并购活动,包括寻找并购机会、并购策略、定价及融资三个方面,其收取的酬金根据兼并与收购交易的金额大小、交易的复杂程度、投资银行提供的服务水平等确定。

4. 项目融资

项目融资是为某一特定项目融资,是一种利用项目未来的现金流量作为担保条件的无追索权或有限追索权的融资方式。投资银行在项目融资中的主要工作是:项目评估、融资方案设计、有关法律文件的起草、有关的信用评级、证券价格确定、承销等。

5. 资产证券化

资产证券化(asset securitization)是指将缺乏流动性的资产转换为在金融市场上可以出

售的证券的行为。资产证券化是在西方社会融资证券化趋势所造就的大环境下应运而生并迅速发展起来的。在实际业务中,分期付款贷款、租赁、应收账款、住宅资产净值贷款和周转信贷额度贷款都可作为证券化资产的担保,以这些贷款作为担保的证券被称为资产担保证券。其中,最常见的三种类型是由零售汽车贷款、信用卡应收账款和住宅资产净值贷款提供担保的资产担保证券。

二、金融公司

金融公司(financial company)又称为财务公司,在西方国家是一类极其重要的金融机构。其资金的筹集主要靠在货币市场上发行商业票据,在资本市场上发行股票和债券,也从银行借款。资金主要用于贷放给购买耐用消费品、修缮房屋的消费者及小企业。金融公司分为销售金融公司、消费者金融公司和商业金融公司三类。销售金融公司是由一些大型零售商或制造商建立的,通过提供消费信贷的方式来促进企业产品销售的公司。比如,福特汽车公司组建的福特汽车信贷公司是向购买福特汽车的消费者提供消费信贷的。消费者金融公司专门发放小额消费者贷款,由于贷款规模小、平均管理成本高,这些贷款的利率一般也比较高。商业金融公司主要向企业发放以应收账款、存货和设备为担保的抵押贷款,但称为保付代理行的商业金融公司专门以买断企业应收账款的形式为企业提供资金。

三、共同基金

共同基金(mutual fund)又称为投资基金,是一种以追求投资收益回报为目标,以利益共享、风险共担为原则,通过发行基金单位,集中投资者的资金,从事股票、债券、外汇、货币等投资,以获得投资收益和资本增值。投资基金的主要特点及优势是投资组合、分散风险、专家理财和规模经济。

投资基金起源于英国,盛行于美国。1924年,在波士顿设立的"马萨诸塞州投资信托基金",是世界上第一只公司型开放型基金,也是美国第一个现代意义上的共同基金。近年来,投资基金得到了包括银行信托部、保险公司、养老基金等诸多机构投资者的青睐,美国已成为世界上基金业最发达的国家,基金资产在规模上已超过银行资产。

四、货币市场共同基金

货币市场共同基金主要投资于货币市场金融工具,是一种特殊类型的共同基金,是美国20世纪70年代以来出现的一种新型投资理财工具。购买者按固定价格(通常为1美元)购入若干个基金股份,基金管理者就利用这些资金投资于可获利的短期货币市场工具(例如国库券、商业票据等)。此外,购买者还能对其在基金中以股份形式持有的资金签发支票。

五、对冲基金

对冲基金(hedge fund),也称为避险基金或套利基金,其宗旨在于通过承担风险来追求绝对收益,同时运用对冲工具避免可能产生的重大亏损。对冲基金的投资范围非常广泛,包括世界各地的证券市场交易和对各国货币的投资。由于对冲基金规模巨大,通常都在几千亿美元,因此,对冲基金在外汇市场上的投资行为常常会给当地的经济带来巨大影响,其中比较有名的是索罗斯的量子基金,1997—1998年的亚洲金融危机在很大程度上与该基金的投机行为有关。

六、信托公司

信托公司(trust company)是指以受托人的身份代理委托人管理委托资产的金融企业,一般以代人理财为主要内容。信托公司的资金主要来源于受托人的委托资产,其主要业务包括货币信托和非货币信托两大类。信托公司在金融市场上活动的主要内容是代理客户进行证券投资和买卖有价证券。

金融机构中除了存款类金融机构、契约类金融机构和投资类金融机构外,还包括其他金融机构,它们的种类多样,业务差异较大,主要包括金融资产管理公司、金融担保机构等。

第五节 我国的金融机构

经过二十多年的发展,我国已基本形成以中国人民银行、中国银行业监督管理委员会(以下简称"中国银监会")、中国保险监督管理委员会(以下简称"中国保监会")、中国证券监督管理委员会(以下简称"中国证监会")为领导,以国家控股商业银行为主体,证券公司、保险公司、信托公司等非银行金融机构、外资金融机构并存和分工协作的金融机构体系(如图4-1所示)。

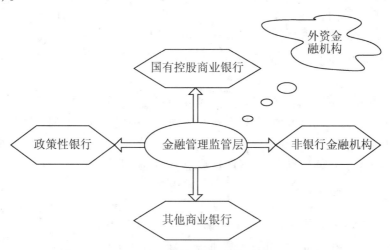

图4-1 我国的金融机构体系

一、金融管理监管层

(一)中国人民银行

中国人民银行是我国的中央银行,处于我国金融机构的核心地位。从1984年1月1日起,中国人民银行开始专门行使中央银行的职能,集中力量研究和实施全国金融的宏观决策,加强信贷总量的控制和金融机构的资金调节,以保持货币稳定。1995年3月18日,第八届全国人民代表大会通过了《中华人民共和国中国人民银行法》,首次以国家立法形式确立了中国人民银行作为中央银行的地位。2003年12月27日,第十届全国人民代表大会常务委员会第六次会议审议通过了《中华人民共和国中国人民银行法(修正案)》,明确界定:"中国人民银行为国务院组成部门,是中华人民共和国的中央银行,是在国务院领导下制定和执行货币政策、维护金融稳定、提供金融服务的宏观调控部门。"

(二) 中国银监会

2003年,按照党的十六届二中全会审议通过的《关于深化行政管理体制和机构改革的意见》和第十届全国人民代表大会一次会议批准的国务院机构改革方案,将中国人民银行对银行、金融资产管理公司、信托投资公司及其他存款类金融机构的监管职能分离出来,并和中央金融工委的相关职能进行整合,成立中国银监会。

(三) 中国保监会

中国保监会成立于1998年11月18日,是国务院直属事业单位,根据国务院授权履行行政管理职能,依照法律和法规统一监督管理全国保险市场,维护保险业的合法、稳健运行。

(四) 中国证监会

中国证监会是国务院直属机构,是全国证券期货市场的主管部门。1992年10月,国务院证券委员会(以下简称"国务院证券委")和中国证监会宣告成立。国务院证券委是国家对证券市场进行统一宏观管理的主管机构,中国证监会是国务院证券委的监管执行机构,依照法律和法规对证券市场进行监管。1998年4月,根据国务院机构改革方案,决定将国务院证券委与中国证监会合并组成国务院直属正部级事业单位。1998年9月,国务院批准了《中国证券监督管理委员会职能配置、内设机构和人员编制规定》,进一步明确中国证监会为国务院直属事业单位,是全国证券期货市场的主管部门,进一步强化和明确了中国证监会的职能。

二、国有银行

根据中国银行业监督管理委员会的统计,截至2013年年底,我国银行业金融机构资产总额已达151.4万亿元,包括2家政策性银行及国家开发银行、5家大型商业银行、42家外资法人金融机构,邮政储蓄网点繁密。

(一) 国家控股商业银行

在我国金融机构体系中处于主体地位的是五家国有和国家控股商业银行(大型商业银行):中国工商银行、中国农业银行、中国银行、中国建设银行和交通银行。长期以来,这五家银行无论在人员和机构网点数量上,还是在资产规模及市场占有额上,均在我国整个金融体系中占有绝对举足轻重的地位。截至2013年年底,大型商业银行占银行业金融机构资产和负债的份额分别为42.33%和42.25%(如图4-2所示)。中国工商银行、中国建设银行、中国银行分别位于全球商业银行利润榜的前三名。国际权威金融媒体——英国《银行家》杂志"2013年全球银行1 000强排名"榜单中,中国共有96家银行跻身全球1 000强,其中,中国工商银行、中国建设银行、中国银行、中国农业银行、交通银行分别位于第1名、第5名、第9名、第10名、第23名,比2012年排名有进一步的提升(如表4-2所示)。

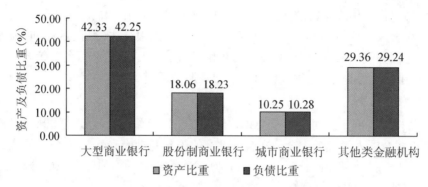

图 4-2　2013 年我国各类银行业金融机构的资产负债比重

资料来源：中国银行业监督管理委员会网站，2014 年。

表 4-2　2013 年和 2012 年中国银行业全球排名（一级资本）

银行名称	2013 年	2012 年
工商银行	1	3
建设银行	5	6
中国银行	9	9
农业银行	10	10
交通银行	23	30
中信银行	47	48
招商银行	50	56
浦发银行	53	57
民生银行	54	62
兴业银行	55	69

资料来源：英国《银行家》杂志，2013 年、2014 年。

根据《中华人民共和国商业银行法》的规定，大型商业银行的经营范围包括：吸收公众存款；发放短期、中期和长期贷款；办理国内外结算；办理票据承兑与贴现；发行金融债券；代理发行、代理兑付、承销政府债券；买卖政府债券和金融债券；从事同业拆借；买卖、代理买卖外汇；从事银行卡业务；提供信用证服务及担保；代理收付款及代理保险业务；提供保险箱业务；经中国人民银行批准的其他业务。

（二）政策性银行

政策性银行是由政府设立的，不以营利为目的，而以贯彻国家产业政策和区域发展政策为目的的金融机构。确定投资项目的依据是国家一定时期内产业政策确定的重点项目，以及列入产业发展计划的重点产品，只有产业政策鼓励发展的主导产业和主要项目才能享受政策性银行的支持。

1994 年，为了适应经济发展的需要，根据政策性金融与商业性金融相分离的原则，我国相继建立了国家开发银行、中国进出口银行和中国农业发展银行三家政策性银行。

1. 国家开发银行

国家开发银行的资金来源主要是向国内外金融机构发行金融债券,主要职责是通过开展中长期信贷与投资等金融业务,为国民经济重大中长期发展战略服务。

国家开发银行的战略重点在于:贯彻国家宏观经济政策,筹集和引导社会资金,缓解经济社会发展的瓶颈制约和薄弱环节,致力于以融资推动市场建设和规划先行;支持国家基础设施、基础产业、支柱产业、战略性新兴产业等领域发展和国家重点项目建设,促进区域协调发展和城镇化建设;支持中小企业、"三农"、教育、中低收入家庭住房、医疗卫生、环境保护等领域的发展;支持国家"走出去"战略,拓展国际合作业务,以此,增强国力,改善民生,促进科学发展。

根据国家开发银行的 2013 年度报告,截至 2013 年年底,国家开发银行的总资产为 81 880 亿元,贷款余额为 71 483 亿元,贷款主要行业分布在公共基础设施、电力、石油石化等领域。

2. 中国进出口银行

中国进出口银行的主要职责是为扩大我国机电产品、成套设备和高新技术产品进出口,推动有比较优势的企业开展对外承包工程和境外投资,促进对外关系发展和国际经贸合作,提供金融服务。

中国进出口银行的主要业务范围:办理出口信贷和进口信贷;办理对外承包工程和境外投资贷款;办理中国政府对外优惠贷款;提供对外担保;转贷外国政府和金融机构提供的贷款;办理本行贷款项下国际国内结算业务和企业存款业务;在境内外资本市场和货币市场筹集资金;办理国际银行间贷款,组织或参加国际和国内银团贷款;从事人民币同业拆借和债券回购;从事自营外汇资金交易和经批准的代客外汇资金交易;办理与本行业务相关的资信调查、咨询、评估和见证业务;经批准或受委托的其他业务。

根据中国进出口银行的 2013 年度报告,截至 2013 年年底,中国进出口银行的总资产为 18 848.67 亿元,贷款总额为 14 509.43 亿元,新签出口买方信贷项目金额 316.1 亿元,放款 542.98 亿元,年末贷款余额为 1 897.68 亿元,新签进口信贷 1 721.74 亿元,放款 1 769.85 亿元,年末贷款余额为 3 307.06 亿元。

3. 中国农业发展银行

中国农业发展银行的主要职责是按照国家的法律法规和方针政策,以国家信用为基础,筹集资金,承担国家规定的农业政策性金融业务,代理财政支农资金的拨付,为农业和农村经济发展服务。全系统共有 31 个省级分行、300 多个二级分行和 1 800 多个营业机构。目前,形成了以支持国家粮棉购销储业务为主体、以支持农业产业化经营和农业农村基础设施建设为两翼的业务发展格局,初步建立现代银行框架,有效发挥了在农村金融中的骨干和支柱作用。

三、其他商业银行

其他商业银行包括股份制银行、城市商业银行以及农村和城市信用合作社。这一层面在我国金融领域最具覆盖性。根据银监会网站的统计数据,截至 2013 年年底,我国已有股份制商业银行 12 家、城市商业银行 145 家、农村商业银行 468 家、农村合作银行 122 家、农村信用社 1 803 家、邮政储蓄银行 1 家、金融资产管理公司 4 家、外资法人金融机构 42 家、信托公司 68 家、企业集团财务公司 176 家、金融租赁公司 23 家、货币经纪公司 5 家、汽车金融公司 17 家、消费金融公司 4 家、村镇银行 987 家、贷款公司 14 家以及农村资金互助社 49 家。我国银行业金融机构共有法人机构 3 949 家,从业人员 355 万人。

(一)股份制商业银行

随着金融体制改革的不断深入,我国陆续组建了一批股份制商业银行。目前我国的股份制商业银行共有 12 家,包括中信银行、光大银行、华夏银行、民生银行、招商银行、兴业银行、广发银行、平安银行、浦发银行、恒丰银行、浙商银行、渤海银行。股份制商业银行正逐步成为我国银行体系的重要组成部分,截至 2013 年年底,股份制商业银行占银行业金融机构资产和负债的份额分别为 18.06% 和 18.23%。

(二)城市商业银行

城市商业银行是中国银行业的重要组成部分,其前身是 20 世纪 80 年代设立的城市信用社,然而,随着中国金融事业的发展,城市信用社在发展过程中逐渐暴露出许多风险管理方面的问题。20 世纪 90 年代中期,中央以城市信用社为基础,组建城市商业银行,1995 年,全国第一家城市商业银行——深圳城市商业银行成立。截至 2013 年年底,全国共有城市商业银行 145 家,城市商业银行占银行业金融机构资产和负债的份额分别为 10.25% 和 10.28%。

(三)农村信用合作社

农村信用合作社作为农村集体金融组织,其主要业务活动是经营农村个人储蓄以及农户、个体经济户的存款、贷款和结算等。近年来,随着我国农村经济的不断迅速发展,农村信用合作社在立足、服务"三农"的基础上,积极拓展服务领域,创新服务品种,增加服务手段,服务功能进一步增强。部分地区的农村信用合作社先后开办了代理、担保、信用卡等中间业务,尝试开办了票据贴现、外汇交易、电话银行、网上银行等新业务。

四、外资金融机构

外资金融机构是指外国金融机构在中国境内投资设立的从事金融业务的分支机构和具有中国法人地位的外商独资金融机构、中外合资金融机构。自 1992 年起,我国在对外资金融机构开放了厦门、珠海、汕头、海南、上海等省市的基础上,又相继开放了南京、宁波、福州等城市,外资金融机构在我国开始进入迅速发时期。近年来,由于跨国公司对外直接投资向第三产业转移的总体趋势的影响,以及加入 WTO 后我国金融业对外开放速度的进一步加快,外商对我国金融业的投资明显加快。

(一)银行业

1979 年,我国批准第一家外资银行——日本输出入银行在北京设立办事处,外资银行迈开了在我国发展的第一步。随着 2006 年 12 月 11 日《中华人民共和国外资银行管理条例》的正式实施,取消外资银行经营人民币业务的地域和客户限制,在审慎监管的框架下对外资银行施行国民待遇,中国银行业开始全面开放。2007 年 4 月,汇丰银行、花旗银行、渣打银行和东亚银行北京分行正式向本地居民开办人民币业务,成为第一批经营人民币业务的外资银行。

截至2013年年底,共有51个国家和地区的银行在华设立42家外资法人机构、92家外国银行分行和187家代表处。36家外资法人银行、57家外国银行分行获准经营人民币业务,30家外资法人银行、27家外国银行分行获准从事金融衍生产品交易业务,6家外资法人银行获准发行人民币金融债,3家外资法人银行获准发行信用卡。

(二)证券业

QFII是合格境外机构投资者(Qualified Foreign Institutional Investors)的首字母缩写,韩国、印度、巴西和中国台湾等国家和地区在20世纪90年代初就设立和实施了这种制度。QFII是一国在货币没有实现完全可自由兑换、资本项目尚未开放的情况下,有限度地引进外资、开放资本市场的一项过渡性的制度。

2003年5月,瑞士银行和野村证券株式会社获得中国证监会批准,成为首批取得证券投资业务许可证的合格境外机构投资者,到2014年3月,获QFII资格的境外投资机构达258家。为规范合格境外机构投资者和人民币合格境外机构投资者(即RQFII)的证券交易行为,维护证券市场秩序,上海证券交易所于2014年3月19日发布施行《上海证券交易所合格境外机构投资者和人民币合格境外机构投资者证券交易实施细则》(简称《实施细则》)。新修订的《实施细则》主要有三方面的改变:一是在放宽投资范围方面,二是在放宽持股比例限制方面,三是在完善监管制度方面。

(三)保险业

1980年10月,美国国际集团(AIG)在上海设立代表处。1992年9月,美国国际集团属下友邦保险公司获准在上海设立分公司。1996年11月,第一家中外合资人寿保险公司——中宏人寿在上海成立。此后,太平洋安泰、安联大众等中外合资人寿保险公司相继成立。1999年4月,美国丘博保险集团公司在华设立分公司,美国恒康相互人寿保险公司、英国保诚集团公司、加拿大永明人寿保险公司在华设立合资寿险公司。2000年7月,意大利忠利保险公司和荷兰保险公司获得在华营业执照。同年,中保联康、信诚人寿、恒康天安等人寿保险公司正式营业。截至2013年年底,共有来自21个国家和地区的123家保险机构在我国设立了142个代表处,外资份额为3.95%。

五、非银行金融机构

非银行金融机构主要包括在央行监管下的信托投资公司、金融租赁公司、财务公司、邮政储蓄机构、资产管理公司等。

(一)信托投资公司

信托公司是一种以受托人的身份代人理财的金融机构。我国的信托公司是在经济体制改革后开始创办起来的。1979年,中国信托投资公司在北京成立,其任务是引导、吸收和运用外国的资金,引进先进技术和先进设备。2001年,《中华人民共和国信托法》颁布,中国的信托业开始依法运行和发展。2007年,银监会发布了《信托公司管理办法》,中国信托机构开始了新的发展。

根据《信托公司管理办法》,信托公司可以申请经营下列部分或者全部本外币业务:资金信托;动产信托;不动产信托;有价证券信托;其他财产或财产权信托;作为投资基金或者基金管理公司的发起人从事投资基金业务;经营企业资产的重组、购并及项目融资、公司理财、财务顾问等业务;受托经营国务院有关部门批准的证券承销业务;办理居间、咨询、资信调查等业务;代保管及保管箱业务;法律法规规定或中国银行业监督管理委员会批准的其他业务。

2013年,信托公司信托资产总规模为10.91万亿元,从信托财产来源看,单一资金信托占比69.62%,集合资金信托占比24.90%,管理财产信托占比5.49%。从信托功能看,融资类信托占比47.76%,投资类信托占比32.54%,事务管理类信托占比19.70%。从信托资金的投向看,工商企业占比28.14%,基础产业占比25.25%,金融机构占比12.00%,证券市场占比10.35%,房地产占比10.03%,其他占比14.23%。

(二) 金融租赁公司

金融租赁公司是指经银监会批准,以经营融资租赁业务为主的非银行金融机构。

为促进我国融资租赁业的健康发展,加强对金融租赁公司的监督管理,2007年1月23日,银监会发布《金融租赁公司管理办法》,规定了金融租赁公司的机构设立、变更与终止、业务范围、经营规则、监管管理等。2013年12月16日,银监会修订《金融租赁公司管理办法》并向社会公开征求意见。2014年3月13日,银监会正式发布修订后的《金融租赁公司管理办法》。其中,第二十六条规定,经银监会批准,金融租赁公司可以经营下列部分或全部本外币业务:融资租赁业务;转让和受让融资租赁资产;固定收益类证券投资业务;接受承租人的租赁保证金;吸收非银行股东3个月(含)以上定期存款;同业拆借;向金融机构借款;境外借款;租赁物变卖及处理业务;经济咨询。第二十七条规定,经银监会批准,经营状况良好、符合条件的金融租赁公司可以开办下列部分或全部本外币业务:发行债券;在境内保税地区设立项目公司开展融资租赁业务;资产证券化;为控股子公司、项目公司对外融资提供担保;银监会批准的其他业务。

截至2013年年底,我国金融租赁公司共23家,资产总计1.01万亿元。

(三) 财务公司

我国的财务公司是指以加强企业集团资金集中管理和提高企业集团资金使用效率为目的,为企业集团成员单位(以下简称"成员单位")提供财务管理服务的非银行金融机构。如中国南航集团财务有限公司、中国华电集团财务公司、中油财务有限公司、华能集团财务公司等。

根据2004年7月27日中国银监会颁布的《企业集团财务公司管理办法》的规定,财务公司可以经营下列部分或者全部业务:对成员单位办理财务和融资顾问、信用鉴证及相关的咨询和代理业务;协助成员单位实现交易款项的收付;经批准的保险代理业务;对成员单位提供担保;办理成员单位之间的委托贷款及委托投资;对成员单位办理票据承兑与贴现;办理成员单位之间的内部转账结算及相应的结算、清算方案设计;吸收成员单位的存款;对成员单位办理贷款及融资租赁;从事同业拆借;中国银行业监督管理委员会批准的其他业务。

截至2013年年底,企业集团财务公司共176家,表内外资产总计4.45万亿元,服务企业集团成员单位超过3.5万家,遍布能源电力、航天航空、石油化工、钢铁冶金、机械制造、信息通信等重要领域。

(四) 邮政储蓄机构

邮政储蓄是指与人们的生活有着紧密联系的邮政机构,在办理各类邮件投递和汇兑业务的同时,办理以个人为主要对象的储蓄存款业务。

改革开放以来,随着国民经济的不断发展,城乡居民收入不断增加,储蓄事业日益受到重视。为了更有效地利用遍及全国城乡的邮政机构的现有设施,发挥其点多面广、相关业务联系密切的优势,我国于1986年2月起在全国开办邮政储蓄业务,并在邮政总局设立邮政储汇局。目前,邮政储蓄存款是中国人民银行的信贷资金来源,吸收后全部缴存中国人民银行统一使用。

在银监会召开的2005年工作会议上,银监会主席刘明康指出,将根据国务院关于邮政体制改革的统一部署,同步推出邮政储蓄改革,组建邮政储蓄银行,并将其依法纳入银行监管体系。

根据国务院金融体制改革的总体安排,在改革原有邮政储蓄管理体制的基础上,2007年3月中国邮政储蓄银行有限责任公司正式成立。2012年1月21日,经国务院同意并经中国银行业监督管理委员会批准,中国邮政储蓄银行有限责任公司依法整体变更为中国邮政储蓄银行股份有限公司。

截至2013年年末,中国邮储银行拥有营业网点3.9万多个,ATM5.6万多台,提供电话银行、网上银行、手机银行、电视银行等电子服务渠道;客户总数超过4.3亿人,本外币存款余额超过5.2万亿元,居全国银行业第五位;资产总规模突破5.58万亿元,居全国银行业第七位。

(五) 金融资产管理公司

金融资产管理公司是经国务院决定设立的收购、管理和处置因收购国有独资商业银行不良贷款形成的资产的国有独资非银行金融机构。

1999年,经国务院决定,我国相继成立了信达资产管理公司、华融资产管理公司、东方资产管理公司和长城资产管理公司四家资产管理公司。四大资产管理公司是具有独立法人资格的国有独资金融企业,注册资本金均为100亿元人民币,由财政部全额拨入,其主要任务及经营目标是收购、管理和处置四大国有银行剥离的不良资产以及最大限度保全资产、减少损失,化解金融风险。

四大金融资产管理公司成立以来,盘活了不良资产,支持了国有企业和国有银行改制,化解了金融风险,探索了不良资产的有效处置方式,取得了良好的经济和社会效益。2007年年初,已全面完成政策性不良债权资产处置任务,开始面临业务转型的新课题。转型过程中,四家公司将业务拓展至证券、保险、信托、租赁、基金、信托等诸多领域。

2013年,金融资产管理公司逐步转型为以不良资产处置为主业,提供多种金融服务的商业性金融企业。中国信达资产管理股份有限公司于2013年12月成功在香港联交所上市,完成商业化改革试点任务。中国华融资产管理公司在2013年9月顺利改制为股份有限公司后,积极在境内外选择战略投资者,进一步优化股权结构。中国长城资产管理公司和中国东方资产管理公司积极开展股份制改造准备工作。其中,中国东方资产管理公司2013年投资控股中华联合保险控股股份有限公司,并已持有证券、保险、信托、金融租赁等金融牌照。

六、保险机构和证券机构

（一）保险机构

保险公司的业务范围分为两大类：一是财产保险业务，具体包括财产损失保险、责任保险、信用保险业务；二是人身保险业务，具体包括人寿保险、健康保险、意外伤害保险等。

改革开放以来，我国保险业得到迅速发展。1988年成立了平安保险公司，1991年交通银行保险部独立出来组建了太平洋保险公司，1993年以后，我国相继成立了华泰财产保险股份公司、新华人寿保险股份公司等。1996年，中国人民保险公司改建为中国人民保险集团公司，下设中保财产、中保人寿和中保再保险，实行产、寿险分业经营。1998年10月，为进一步促进我国保险事业健康发展，我国撤销了中国人民保险集团公司，将三家子公司分别更名为中国人民保险公司、中国人寿保险公司和中国再保险公司。

截至2013年年末，保险业总资产达到8.3万亿元。其中，财产险公司总资产1.1万亿元，寿险公司总资产6.8万亿元，再保险公司总资产2 103.9亿元，资产管理公司总资产190.8亿元。

（二）证券机构

证券机构包括证券公司、基金公司、期货公司等。

1. 证券公司

我国的证券公司是指依照《公司法》和《证券法》的规定并经国务院证券监督管理机构审查批准而成立的专门经营证券业务、具有独立法人地位的有限责任公司或者股份有限公司。

1987年9月27日，我国第一家证券公司——深圳经济特区证券公司成立，后发展为综合类券商，更名为巨田证券。1998年12月29日，第九届全国人大常委会第六次会议审议通过《中华人民共和国证券法》（以下简称《证券法》）。至此，我国证券市场有了对其发行和交易等进行全面规范的基本大法。1999年7月1日，《证券法》正式实施。2004年8月28日，第十届全国人大常委会第十一次会议对《证券法》进行第一次修正。2013年6月29日第十二届全国人大常委会对《证券法》进行第二次修正。根据《证券法》（2013年修正）第一百二十五条的规定，经国务院证券监督管理机构批准，证券公司可以经营下列部分或者全部业务：证券经纪；证券投资咨询；与证券交易、证券投资活动有关的财务顾问；证券承销与保荐；证券自营；证券资产管理；其他证券业务。

截至2013年年末，全国共有证券公司115家，其中上市证券公司20家。2013年，115家证券公司全年实现营业收入1 592.41亿元，同比增加22.99%；实现净利润440.21亿元，同比增加33.68%。

2. 基金公司

基金公司是一种以追求投资收益回报为目标，以利益共享、风险共担为原则，由发起人发行基金单位将众多投资者的资金汇集起来，由基金托管人托管，由基金管理人以组合投资方式将资金投资于各种金融资产的组织形式。

我国的投资基金最早产生于20世纪80年代后期，较为规范的投资基金产生于1997年11月《证券投资基金管理暂行办法》出台之后。1998年，国泰基金公司、南方基金公司和华夏基金公司获批成立，成为国内首批获得批准的基金公司。国泰基金公司和南方基金公司分别发起设立了两只规模20亿元的封闭型基金——基金开元和基金金泰，由此拉开了我国证券投资基金试点的序幕。2000年,中国证监会发布了《开放式证券投资基金试点办法》,2001年,我国第一只开放型基金——华安创新诞生,此后,开放型基金得到迅速发展,逐步取代封闭型基金成为我国基金市场发展的方向。2004年6月1日,开始实施《证券投资基金法》,为我国基金业发展奠定了重要的法律基础。

截至2014年5月底,我国境内共有基金管理公司91家,其中合资公司48家,内资公司43家;取得公募基金管理资格的证券公司3家;管理资产合计54 274.03亿元,其中管理的公募基金规模39 241亿元,非公开募集资产规模15 033.03亿元。

3. 期货公司

期货公司是指依法设立的、接受客户委托、按照客户的指令、以自己的名义为客户进行期货交易并收取交易手续费的中介组织,其交易结果由客户承担。期货公司是交易者与期货交易所之间的桥梁。期货交易者是期货市场的主体,正是因为期货交易者具有套期保值或投机盈利的需求,才促进了期货市场的产生和发展。

截至2013年年末,已有93家期货公司获许经营期货投资咨询业务,29家期货公司取得资产管理业务资格,28家公司已正式开展期货资产管理业务,全国期货公司资产管理账户受托资金余额达12.6亿元。《期货公司设立子公司开展以风险管理服务为主的业务试点工作指引》正式实施,标志着期货公司风险管理服务子公司业务试点启动。

与其他金融机构相比,期货公司综合实力仍然较弱。截至2013年年末,期货公司平均净资本2.82亿元。期货公司业务创新有所发展,但收入来源单一的问题未得到显著改善,仍主要依靠客户佣金收入和客户保证金利息收入,2013年手续费收入125.51亿元,利息收入53.99亿元,在总营业收入中占比高达68.57%和29.50%。

本章小结

1. 金融机构是指从事金融服务业有关的金融中介机构。金融机构的功能主要有便利支付结算、促进资金融通、降低交易成本、改善信息不对称、转移与管理风险等。

2. 存款类金融机构是指通过吸收各类存款获得可利用的资金,并贷款给需要资金的各经济主体及投资于证券等获取收益的金融机构,是金融市场的重要中介,主要有商业银行、储蓄银行和信用合作社。

3. 契约类金融机构是以契约方式吸收持约人的资金,按照契约规定承担向持约人履行赔付或资金返还义务的金融机构。主要包括各类保险公司、养老基金等。

4. 投资类金融机构是指为企业和个人在证券市场上提供投融资服务的金融机构。主要包括投资银行或证券公司、投资基金管理公司、信托投资公司等。

5. 经过二十多年的发展,我国已基本形成以中国人民银行、银监会、保监会、证监会为领导,以国有商业银行为主体,证券公司、保险公司、信托公司等非银行金融机构、外资金融机构并存和分工协作的金融机构体系。

本章重要概念

金融机构　存款类金融机构　契约类金融机构　投资类金融机构　投资银行　资产证券化　共同基金　对冲基金　信托公司　保险公司　养老基金

复习思考题

一、选择题

1. 下列（　　）不属于存款类金融机构。
   A. 信用合作社　　B. 投资基金　　C. 商业银行　　D. 储蓄银行
2. 下列（　　）属于契约类金融机构。
   A. 保险公司　　B. 开放型基金　　C. 金融公司　　D. 封闭型基金
3. 下列（　　）不属于投资类金融机构。
   A. 金融公司　　B. 共同基金　　C. 养老基金　　D. 对冲基金
4. 金融资产管理公司属于（　　）。
   A. 银行机构　　B. 非银行金融机构　　C. 信托机构　　D. 证券机构
5. 中国邮政储蓄银行成立的主要目的是（　　）。
   A. 发放贷款　　B. 回笼货币　　C. 发行纸币　　D. 经办储蓄
6. 下列不属于政策性银行的是（　　）。
   A. 中国人民银行　　　　　　　　B. 中国进出口银行
   C. 中国农业发展银行　　　　　　D. 国家开发银行
7. 西方国家唯一能够提供银行货币，即能吸引活期存款、转账结算的金融组织是（　　）。
   A. 储蓄银行　　B. 商业银行　　C. 邮政储蓄　　D. 信用合作社
8. 新中国第一家全国性的股份制商业银行是（　　）。
   A. 招商银行　　B. 交通银行　　C. 中信银行　　D. 兴业银行
9. 中国人民银行成立于（　　）。
   A. 1947 年　　B. 1948 年　　C. 1949 年　　D. 1950 年
10. 我国金融机构体系的经营主体是（　　）。
    A. 中央银行　　B. 商业银行　　C. 政策性银行　　D. 信托公司

二、简答题

1. 什么是金融机构？它是如何产生的？
2. 简述金融机构的基本功能。
3. 金融机构一般可以分为哪几类？各包括哪些机构？
4. 试分门别类说明我国当前金融机构的构成。

三、案例分析题

雷曼兄弟破产，美林公司被美国银行接管，加上此前贝尔斯登公司被摩根大通银行收购，华尔街投行的处境之险已经暴露无遗。为了及时解救华尔街最大的两家投行——高盛和摩根士丹利，避免进一步加剧金融动荡，美国联邦储备委员会于 2008 年 9 月 21 日晚宣布，批准高盛和摩根士丹利提出的转为银行控股公司的请求。至此，华尔街前五大投行尽数沉没，美国金融机构正面临 20 世纪 30 年代经济大萧条以来最大的格局大调整。

案例问题：

(1) 商业银行与投资银行有什么不同？
(2) 你认为美国五大投资银行被迫转型或倒闭的根本原因是什么？

第五章

商业银行

银行的未来难以把握,但想把握它的却大有人在。

——马可·迈耶

学习目标

通过本章的学习,你将能够:
- 了解商业银行的产生与发展;
- 理解商业银行的性质和职能;
- 掌握商业银行的业务类型;
- 掌握商业银行经营管理的原则;
- 理解商业银行经营管理理论的发展。

引导案例

英国北岩银行挤提事件

英国北岩银行成立于 1965 年,是英国五大抵押借贷机构之一,在 2007 年《福布斯》"全球上市公司 2 000 强"中排名第 438 位。因为受到美国次级房贷的拖累,在市场资金流通不佳的情况下,造成挤兑,成为英国金融界中第一个美国次贷危机的受害者。

该银行主要通过吸引存款、同业拆借、抵押资产证券化等方式来融资,约有 150 万储户,储户在北岩银行存有约 240 亿英镑存款。2007 年上半年,该银行向大约 80 万购房者提供房贷,还投资于欧洲之外的债券市场,美国次级债也是其重要的投资方式之一。2007 年受美国次级住房抵押贷款危机的影响,该银行遭遇流动性短缺,短短几个交易日中,银行股价下跌了将近70%,而严重的客户挤提则导致了30多亿英镑的资金流出。受此压力,银行打算出售其持有的价值1 000亿英镑(约合2 000亿美元)抵押贷款债权,以应付眼下的危机,但难以寻找买家。

英格兰银行通过借贷等方式,向北岩银行注入了550亿英镑的资金,但仍然没能阻止它的颓势。2009年2月,北岩银行被国有化,随后政府帮助该行重新开展储蓄和贷款业务,以维持财务稳健。

该事件是英国自1866年以来首次发生的银行挤提事件,不仅严重影响了伦敦的国际金融中心地位,而且在一定程度上影响了英国的自由经济国家形象。

资料来源:骆志芳、许世琴,《金融学》,北京:科学出版社,2013年。

第一节 商业银行的产生与发展

一、商业银行的产生

西方银行业的原始状态,可追溯到公元前的古巴比伦,自《汉谟拉比法典》颁布以来,没有任何一个高级社会能离得开银行和银行家。早在公元前两千多年,古巴比伦的寺庙已在对外放款。公元前四世纪,希腊的寺院、公共团体和私人商号也从事各种金融活动,但仅限于货币兑换性质。公元前200年,罗马的银行业不仅经营货币兑换,还经营贷放、信托等业务。近代银行业起源于文艺复兴时期的意大利,银行英文为"bank",原为储物柜的意思,该词起源于古法语单词"banque"和意大利语单词"Banca",意为商业交易所的桌子或长凳。最初的银行家均为祖居在意大利北部伦巴第的犹太人,在兑换货币和保管贵重物品时,人各一凳,倘若有人无力支付债务时,就会招致债主碎其长凳,所以英文"破产"为"bankruptcy"也源于此。近代银行产生于西欧,1580年,在当时世界商业中心意大利建立的威尼斯银行成为最早出现的近代银行,也是历史上首先以"银行"为名的信用机构。

英国的银行从金匠发展而来,金匠经常按照客户的要求,代为保管金银,并签发收据,后来这些收据变成支付工具,成为银行票据的雏形。他们按照客户的要求,将其保管的金银移交给第三者,这些经常性的经营活动,为他们积存了大量的金银,于是他们便将这些贵金属贷放出去,收取利息。以工商业贷款为主要业务的商业银行,随着资本主义生产关系的产生而产生。英格兰银行的成立标志着现代银行制度的产生。1694年,在英国政府支持下,由英国商人集资建立起来的英格兰银行是世界上第一家股份制商业银行。英格兰银行成立伊始,向工商企业发放低利率贷款(利率为4.5%—6%,远远低于当时旧银行的贷款利息),支持工商业的发展。西方各国纷纷效仿,股份制商业银行逐步成为资本主义银行的主要形式。

商业银行的产生主要通过两种途径:一是旧式高利贷银行转变而来。早期银行发放的贷款主要是高利贷。随着资本主义生产关系的建立,高利贷因利率过高而影响了资本家的利润,不利于资本主义经济的发展,此时的高利贷银行面临贷款需求陡减的困境。为了顺应资本主义经济发展的需要,不少高利贷银行降低贷款利息,转变为商业银行,这是早期商业银行形成的主要途径。二是根据资本主义经济发展的需要,按照资本主义原则,以股份制形式组建而成。大多数商业银行是按照这一方式建立的。

与西方的银行相比,我国的银行起步较晚。我国关于银钱业的记载,较早的是南北朝时的寺庙典当业,仅仅是寺庙经济的一个组成部分,处于萌芽阶段。唐朝有经营典质业的质库、保管钱财的柜房、打制金钱饰物和经营金银买卖的金银铺,并出现了类似汇票的"飞钱",这是我国最早的汇兑业务。北宋时期,出现了世界上最早的纸币"交子"。明朝末期,相继出现了近代的金融机构——钱庄和票号,主要从事兑换和贷放业务。到了清代,逐渐开办存款和汇兑业务。清政府于1897年在上海成立了中国通商银行,标志着我国现代银行的产生。

二、商业银行发展的趋势

20世纪以来,商业银行的业务和体制也发生了深刻而巨大的变革,现代商业银行日益呈现出金融体制自由化、金融服务网络化、银行机构集中化、银行业务全能化以及金融竞争多元化的发展趋势。

(一)金融体制自由化

金融体制自由化主要是金融监管当局采取一系列较为宽松的法律和政策措施,促进金融市场、商业银行业务经营、机构设置的自由化,提高金融监管的灵活性。其中以西方国家的金融自由化最为显著。商业银行体制自由化作为一种发展趋势,主要包括两个方面的内容:一是金融市场自由化,主要是放宽有关税收限制或取消外汇管制,允许资金在国内及在各国间自由流动。二是商业银行业务经营自由化,主要体现为商业银行业务的多样化和一系列金融新业务的产生,出现了许多新的金融资产形式、新的金融市场和新的支付转账媒介。

(二)金融服务网络化

20世纪90年代以来,随着金融电子化及网络银行的快速发展,网络银行以其拥有的广泛信息资源和独特运作方式,为金融业带来了革命性变革,网上购物、网上交易、网上支付、网上消费、网上理财、网上储蓄、网上信贷、网上结算、网上保险等成为未来银行市场竞争的热点。作为新金融的代表和主要力量,2013年互联网金融得到了爆炸式的增长,整个行业成为最被热议的话题。李克强总理在2014年的政府工作报告中提出:"促进互联网金融健康发展,完善金融监管协调机制。"这是"互联网金融"这一词汇首次出现在中国的政府工作报告中,代表着对互联网金融发展的重视程度已经提高到了国家层面。

(三)银行机构集中化

提供多元化的金融服务、提高金融市场竞争力、获得规模经济效益、增强风险抵御能力等是推动银行机构走向集中化的主要原因。20世纪末,全球掀起了并购浪潮,加剧了银行业的集中趋势。银行并购是当前银行业集中的主要推手,2008年的金融危机导致了资金雄厚的银行之间进行了一轮挽救式的并购。目前,主要国家的银行业务十分集中,如欧洲和日本的金融集中化程度比较高,规模最大的10家银行占有一半以上的市场份额。

（四）银行业务全能化

20 世纪 80 年代以来，随着各国金融监管当局对银行业限制的逐步取消，商业银行业务的全能化得到较大的发展。特别是 1999 年美国《金融服务现代化法》案的出台，取消了银行、证券、保险业之间的限制，允许金融机构同时经营银行、证券、保险等多种业务，形成"金融百货公司"或"金融超级市场"，金融业由"分业经营、分业管理"的专业化模式向"综合经营、综合管理"的全能化模式发展。

（五）金融竞争多元化

现代商业银行的竞争，除了传统的银行同业竞争、国内竞争、服务质量和价格竞争以外，还面临全球范围内日趋激烈的银行与非银行业、国内金融与国外金融、网络金融与一般金融等的多元化竞争，银行活动跨越了国界和行业，日益多元化。其面临的金融风险也不仅是信用风险，还扩大到利率风险、通货膨胀风险、汇率风险、政治风险等，经营管理风险日益扩大。

第二节　商业银行的性质和职能

一、商业银行的性质

商业银行是以追求最大利润为经营目标，以货币资金为经营对象，提供多功能、综合性服务的金融企业。商业银行具有以下性质：

（一）商业银行具有一般企业的特征

商业银行是企业，它具有现代企业的基本特征。和一般的工商企业一样，商业银行拥有业务经营所必需的自有资本，且大部分资本来自股票发行；商业银行具备企业的基本要素，必须依法经营、独立核算、自负盈亏等；以获取利润为经营目的和发展动力，获取最大限度的利润是商业银行产生和发展的基本前提，也是商业银行经营的内在动力。就此而言，商业银行与工商企业没有区别。

（二）商业银行是一种特殊的企业

作为一种特殊的企业，商业银行的经营对象不是普通商品或劳务，而是货币资金；商业银行业务活动的范围不是生产流通领域，而是货币信用领域；商业银行不是直接从事商品生产和流通的企业，而是为从事商品生产和流通的企业提供金融服务的企业。

（三）商业银行是一种特殊的金融企业

商业银行作为特殊的金融企业，首先在经营性质和经营目标上，与中央银行不同。与中央银行相比，商业银行面向工商企业、社会公众、政府以及其他金融机构，而中央银行则是只向政府和金融机构提供服务的政府机关。与其他金融机构相比，商业银行提供的金融服务更全面、范围更广，能够吸收活期存款，而其他金融机构不能吸收存款，只能提供某一方面或某几方面的金融服务。

二、商业银行的职能

商业银行作为一国经济中最重要的金融机构，具有不可替代的作用。其职能主要体现在以下几个方面。

（一）信用中介职能

信用中介职能是商业银行最基本的职能。信用中介职能是指商业银行通过负债业务，把社会上的各种闲散货币资金集中到银行，再通过资产业务，把它投向需要资金的各部门，充当资金闲置者和资金短缺者之间的中介，实现资金的融通。商业银行通过信用中介职能实现资本盈余与短缺之间的调剂，并不改变货币资本的所有权，改变的只是其使用权。这种使用权的改变，对经济活动可以起到多层面的调节转化作用：一是可以把暂时从生产过程中游离出来的闲置资金转化为职能资金，从而在不改变社会资本总量的条件下，通过改变资本的使用量，提供扩大生产手段的机会；二是可以把小额资本转化为大额资本，将用于消费的资金转化为能带来货币收入的投资，扩大社会资本总量，加速经济增长；三是可以把短期货币资本转化为长期货币资本。

（二）支付中介职能

支付中介职能是指商业银行利用活期存款账户，为客户办理各种货币结算、货币收付、货币兑换、存款转账等货币经营业务的职能。支付中介职能是商业银行的传统功能，主要有两个作用：一是节约流通费用；二是降低银行的筹资成本，扩大银行的资金来源。商业银行是工商企业、家庭、政府的货币保管人、出纳人和支付代理人，这使商业银行成为社会经济活动的出纳中心和支付中心，并成为整个社会信用链的枢纽。

（三）信用创造职能

商业银行的信用创造职能是在信用中介与支付中介的职能基础上产生的。长期以来，商业银行是唯一能够吸收活期存款并开设支票存款账户的金融机构，商业银行运用其所吸收的存款发放贷款。在支票流通和转账结算过程中，贷款又转化为派生存款。商业银行利用派生存款再增发新的贷款，进而又产生新的派生存款……最终在整个银行体系能够形成数倍于原始存款的派生存款。当然，商业银行信用创造的能力不是无限的，它要受到一些因素的影响，如中央银行的法定存款准备金率、商业银行的超额准备金率、现金漏损率等。

（四）金融服务职能

金融服务职能是商业银行业务综合化和全能化的具体体现。商业银行利用其在国民经济活动中的特殊地位，以及在提供信用中介和支付中介业务过程中所获得的大量信息，运用电子计算机等先进手段和工具，为客户提供多种金融服务，主要包括各种代理、财务咨询、代理融通、现金管理、基金管理、资产管理等业务。通过提供这些服务，商业银行一方面扩大了社会联系和市场份额，另一方面也为银行取得了不少费用收入，同时也加快了信息传播，提高了信息技术的利用价值，促进了信息技术的发展。

第三节　商业银行的业务

商业银行业务种类繁多，素有"金融百货公司"之称。按照能否在资产负债表上反映出来，商业银行的业务大体可分为表内业务和表外业务。表内业务包括资产业务与负债业务，表外业务包括服务性的中间业务和创新性的表外业务。

一、表内业务

根据会计恒等式,商业银行资产=商业银行负债+商业银行资本,从表5-1可以清晰地了解商业银行表内业务的主要种类和相互关系。

表5-1 简化的商业银行资产负债表

资　　产	负债和资本
现金	存款
贷款	借款
投资	其他负债
其他资产	银行资本

(一)负债业务

负债业务(liability business)是指形成商业银行资金来源的业务。商业银行的全部资金来源包括自有资金和吸收的外来资金两部分,外来资金又包括存款和非存款性借款。

1. 自有资本

自有资本又称为银行资本或资本金(bank capital),其数量的多少能够反映银行自身经营实力以及防御风险的能力大小。任何以盈利为目的的企业,在业务发展初期都需要筹集并投入一定量的资本金,并在开业以后的业务经营过程中不断加以补充,商业银行也是如此。银行资本有两项基本功能:一是商业银行开展业务的基础;二是发生意外损失时起一定的弥补和保障作用。

《巴塞尔协议Ⅲ》中商业银行资本充足率监管要求包括:最低资本要求、储备资本、逆周期超额资本要求和系统重要性银行的附加资本要求。商业银行各级资本充足率不得低于如下最低要求:总资本充足率为8%,其中核心一级资本充足率为4.5%,一级资本充足率为6%,在最低监管资本基础上增加2.5%的资本保护缓冲区,逆周期超额资本要求为0—2.5%,系统重要性银行的附加资本要求为1%。

2. 存款业务

存款业务(deposit business)是银行接受客户存入资金,存款人可以随时或按约定时间支取款项的一种业务。存款业务是商业银行的传统业务,也是银行最主要的资金来源。常用的传统划分方法是将存款分为活期存款、定期存款、储蓄存款三大类。

(1)活期存款。活期存款(demand deposits)指没有期限上的规定,存款人可开支票随时提取或支付的存款,也称为支票存款。开立这种存款账户的目的是通过银行进行各种支付结算,由于该类存款存取频繁,手续复杂,成本较高,西方国家商业银行对此一般都不支付利息或支付较少利息。传统上,这种存款只能由商业银行经营,企业、个人、政府机关、金融机构都可以在银行开立活期存款账户。

(2)定期存款。定期存款(time deposits)是存户预先约定存取期限的存款。存款期限通常为3个月、6个月和1年不等,期限最长的可达5年或10年。利率根据期限的长短不同而存在差异,但都要高于活期存款。定期存款的存单可以作为抵押品取得银行贷款。商业银行对定期存款有到期支付的责任,期满时必须无条件向存户支付本金和利息,存单不能流通,只是到期取款的凭证。我国没有对定期存款提前支取的惩罚规定,而是按活期利率计息,并扣除提前日期的利息。由于定期存款期限较长,具有稳定性,给银行带来较多的利益,所以银行对其支付较高的利息。

(3)储蓄存款。储蓄存款(saving deposits)主要是指居民个人为了积蓄货币资产和获取利息而开立的存款。储蓄存款可分为活期存款和定期存款,发给存户存折,定期储蓄可分为零存整取、整存零取、整存整取、存本取息等几种形式。因为储蓄存款多数属于个人,为了保障储户的利益,因此各国对经营储蓄存款业务的商业银行有严格的管理规定,并要求银行对储蓄存款负有无限清偿责任。

3. 非存款性借款

当商业银行出现头寸不足或资金短缺,而又不能及时获得存款时,就可通过借款来补足这一资金缺口。非存款性借款对商业银行的经营活动具有重要意义:一是可满足银行的流动性需求;二是可扩大商业银行的资产规模,增加贷款和投资,从而获得更多收益。

(1)向中央银行借款。一般说来,商业银行向中央银行借款的主要目的是解决临时性或季节性的资金需要,而非用来获利。商业银行向中央银行借款的主要形式有两种:再贷款和再贴现。再贷款和再贴现不仅是商业银行筹措短期资金的重要渠道,同时也是中央银行重要的货币政策工具。世界各国的中央银行,都是向商业银行提供货币的最后贷款者。

(2)同业拆借。同业拆借是指金融机构之间的短期资金融通。同业借款的用途主要有两方面:一是为了填补法定存款准备金的不足,这一类借款大都属于日拆借行为;二是为了满足银行季节性资金的需求,一般需要通过同业拆借市场来进行。同业借款在方式上比向中央银行借款灵活,手续也比较简便。同业拆借具有期限短、金额大、风险低、手续简便等特点,从而能够反映金融市场上的资金供求状况。因此,同业拆借市场上的利率是货币市场最重要的基准利率之一。

(3)发行金融债券。它是指商业银行以债务人的身份向市场发行债券以筹集资金的一种方式。发行债券与吸收存款不同的是,金融债券是标准化的,同一次发行的金融债券应当有相同的面额、期限和利率。吸收存款则比较灵活,成本相对较低。发行金融债券对商业银行来说有很多好处:一是发行债券不需缴纳存款准备金;二是除到期还本付息外,银行对债券持有人不承担任何责任;三是在债券到期前,银行可充分自主地运用资金;四是可促使商业银行的负债来源多元化,提高负债的稳定性。

(4)国际金融市场借款。国际金融市场借款是指商业银行在境外金融市场筹措资金,又称为境外借款,这些借款大多是在欧洲货币市场上完成的。欧洲货币市场自形成之日起就对世界各国商业银行产生了很大的吸引力,其主要原因在于它是一个自由开放的富有竞争力的市场,这主要体现在:一是欧洲货币市场不受任何国家政府管制和纳税限制;二是欧洲货币市场资金调度灵活,手续简便;三是欧洲货币市场不受存款准备金和存款利率最高额的限制,因而其存款利率相对较高,贷款利率相对较低,这无论对存款人还是对借款人都具有很强的吸引力。

(5)结算过程中的短期资金占用。它是指商业银行在办理转账结算等业务过程中,临时占用的他人资金。

（二）资产业务

资产业务（assets business）是指商业银行将货币资金加以运用的业务，它是商业银行取得收益的主要途径。资产业务主要包括现金资产、贷款、证券投资和其他资产。

1. 现金资产

现金资产又称为第一准备资产，它是满足商业银行流动性需求的第一道防线，在所有资产中具有最强的流动性。现金资产一般包括库存现金、在中央银行存款、存放同业款项以及托收中现金。

库存现金指银行金库所保留的现钞和硬币。库存现金主要是应付客户提现和银行本身的日常零星开支。库存现金不带来任何收益，相反，所需的防护和保险费用较高，因此，银行通常仅保持适度数额。在中央银行存款包括法定存款准备金和超额准备金。主要是用于满足中央银行规定的法定准备金要求和用于银行之间的金融交易，如用于实现支票的清算和支付。存放同业款项指商业银行存放在其他银行的资金，主要是为了便于银行在同业之间开展结算收付和相互代理业务。托收中现金又称在途资金，是指银行收到客户交来的由其他银行付款的票据，应向其他付款银行收取，但尚未收到的资金。这部分款项在收妥之前是不能抵用的，但收妥之后马上就成为存放在同业或中央银行的存款，故视同现金资产。

2. 贷款

贷款是指商业银行将资金按照一定的利率贷放给客户并约定归还期限的业务。贷款是商业银行最主要的资产业务，其在总资产中占比最高。商业银行通过贷款支持社会经济各部门的生产和流通，促进经济发展。

贷款业务种类很多，可以按照不同的标准加以分类。按照贷款的保障程度划分，可分为信用放款、抵押贷款和担保贷款；按照贷款的对象划分，可分为工商业贷款、农业贷款、不动产贷款和消费者贷款；按照贷款的期限长短划分，可分为短期贷款、中期贷款和长期贷款；按贷款的偿还方式划分，可分为一次性偿还贷款和分期偿还贷款；按照贷款的质量划分，可分为正常贷款、关注贷款、次级贷款、可疑贷款和损失贷款五类。

3. 证券投资

证券投资是指商业银行在金融市场上购买有价证券的业务，是商业银行重要的资产业务，也是商业银行获取利润的重要来源之一。

商业银行进行证券投资的目的在于：一是增加银行的收益。商业银行持有证券资产也能获得一定的收益。目前，商业银行投资的证券主要有国库券、中长期国债、政府机构债券、地方政府债券、公司债券等。二是增加商业银行资产的流动性，即充当第二准备。第二准备是满足商业银行流动性需要的第二道防线。当第一准备资产不能满足银行流动性的需要时，商业银行可以随时抛售其持有的短期政府债券获得流动性。短期政府债券期限短、信誉高，容易出手，这样做既能满足商业银行流动性的需要，又不至于影响商业银行的盈利水平。

各国对商业银行证券投资的限制差异较大。1999 年，美国通过《金融服务现代化法案》以后，美国商业银行从事证券投资业务的范围和对象不再受到限制，但是，从控制风险的角度出发，商业银行证券投资的对象仍以各类债券为主。我国目前还是实行严格的分业经营，即商业银行不得从事股票等有价证券投资业务，也不得投资于非自用房地产，但购买政府债券则不受限制。

4. 其他资产

其他资产业务是指商业银行自己拥有的固定投资(如设备和房地产)及在子公司的投资和预付费用(如保证费用)等。商业银行原来用于固定资产的资金较少,随着银行电子化运营以及自助银行和网络银行的拓展,银行用于设备的资金增长较快,但与银行的贷款和证券投资相比,固定资产占总资产的比重仍然很低。

专栏 5-1

中国银行资产负债项目分析

2013年年末,中国银行集团资产总计138 742.99亿元,比上年末增长9.41%。集团负债合计129 128.22亿元,比上年末增长9.25%。中国银行集团资产负债表主要项目如表5-2所示。

表5-2 中国银行资产负债项目

项目	2013年12月31日		2012年12月31日	
	金额(百万元)	占比(%)	金额(百万元)	占比(%)
资产				
客户贷款净额	7 439 742	53.62	6 710 040	52.92
证券投资	2 256 470	16.26	2 210 524	17.43
存放中央银行	2 032 001	14.65	1 934 297	15.25
存拆放同业	1 022 246	7.37	1 052 350	8.30
其他资产	1 123 840	8.10	773 404	6.10
资产总计	13 874 299	100.00	12 680 615	100.00
负债				
客户存款	10 097 786	78.20	9 173 995	77.62
同业存拆入及对中央银行负债	2 020 468	15.65	1 926 757	16.30
其他借入资金	254 274	1.97	233 178	1.97
其他负债	540 294	4.18	485 143	4.11
负债合计	12 912 822	100.00	11 819 073	100.00

资料来源:《中国银行股份有限公司2013年年度报告》。

二、表外业务

表外业务(off-balance-sheet activities)是指不直接进入商业银行资产负债表内的业务,主要包括服务性的中间业务和创新性的表外业务两大类。这里需要说明的是,狭义的表外业务仅指创新性的表外业务,而广义的表外业务包括服务性的中间业务和创新性的表外业务。本书采用的是广义的表外业务概念。

(一)服务性的中间业务

中间业务(middleman business)是指商业银行以中介人的身份代客户办理各种委托事项,并从中收取佣金、手续费、管理费等费用的业务。中间业务的基本特点是不占用或很少占用银行资金,与客户不发生借贷性的信用关系,而是利用自身的技术、信誉和业务优势为客户提供金融服务,并从中获利,故这类业务的风险很小、收益稳定,还有利于扩大表内业务并巩固客户关系,主要包括结算业务、代理业务、银行卡业务、信托业务、托管业务等类型。

1. 结算业务

结算业务是指由商业银行为客户办理因债权债务关系引起的与货币支付和资金划拨有关的业务。商业银行通过结算业务成为全社会的转账结算中心和货币出纳中心。转账结算业务又称为"非现金结算"或"划拨清算",即用划转客户存款余额的办法来实现货币收支的业务活动,这是银行中间业务中最频繁、量最大的业务。

按照收款人和付款人所处的地点,可以将结算业务分为同城结算和异地结算。

同城结算是指收款人和付款人在同一城市或地区的结算,其主要方式是支票结算。付款人根据自己在银行的存款和透支限额,向收款人开出支票,收款人收到支票后,可以自己到付款人的开户行要求付款,但更普遍的做法是收款人将支票交给他自己的开户行,委托其向付款人收款。

异地结算是指收款人和付款人不在同一地区时的结算,主要有汇款、托收和信用证三种方式。汇款业务是由付款人委托银行将款项汇给外地某收款人的一种结算业务。与此相反,托收业务是指债权人或售货人为向外地债务人或购货人收取款项而向其开出汇票,并委托银行代为收取的一种结算方式。信用证业务是由银行根据申请人的要求和指示,向收益人开立的载有一定金额、在一定期限内凭规定的单据在指定地点付款的书面保证文件。

2. 代理业务

代理业务指商业银行接受客户委托,代为办理客户指定的经济事务、提供金融服务并收取一定费用的业务。具体包括以下几种:

(1)代理政策性银行业务。是指商业银行接受政策性银行委托,代为办理政策性银行因服务功能、网点设置等方面的限制而无法办理的业务,包括代理贷款项目管理等。

(2)代理中国人民银行业务。是指根据政策和法规应由中国人民银行承担,但由于机构设置、专业优势等方面的原因,由中国人民银行指定或委托商业银行承担的业务,主要包括财政性存款代理业务、国库代理业务、发行库代理业务、金银代理业务。

(3)代收代付业务。是指商业银行利用自身的结算便利,接受客户的委托代为办理指定款项收付事宜的业务,例如代理各项公用事业收费、代理行政事业性收费和财政性收费、代发工资、代扣住房按揭消费贷款还款等。

(4)代理证券业务。是指银行接受委托办理的代理发行、兑付、买卖各类有价证券的业务,还包括接受委托代办债券还本付息、代发股票红利、代理证券资金清算等业务。

(5)代理保险业务。是指商业银行接受保险公司委托代其办理的保险业务。商业银行代理保险业务,可以受托代个人或法人投保各险种的保险事宜,也可以作为保险公司的代表,与保险公司签订代理协议,代保险公司承接有关的保险业务。代理保险业务一般包括代售保单业务和代付保险金业务。

（6）代理商业银行业务。是指商业银行之间相互代理的业务，如为委托行办理支票托收等业务。

3. 银行卡业务

银行卡是由经授权的金融机构（主要指商业银行）向社会发行的具有消费信用、转账结算、存取现金等全部或部分功能的信用支付工具。银行卡一般分为信用卡和借记卡两类。

（1）信用卡。信用卡是指由商业银行或非银行发卡机构向其客户提供具有消费信用、转账结算、存取现金等功能的信用支付工具。按是否向发卡银行交存备用金，信用卡分为贷记卡和准贷记卡两类。贷记卡是指发卡银行给予持卡人一定的信用额度，持卡人可在信用额度内先使用后还款的信用卡。准贷记卡是指持卡人须先按发卡银行的要求交存一定金额的备用金，当备用金账户余额不足支付时，可在发卡银行规定的信用额度内透支的信用卡。

（2）借记卡。借记卡是指银行发行的一种要求先存款后使用的银行卡。借记卡与储户的活期储蓄存款账户相联结，卡内消费、转账、ATM取款等都直接从存款账户扣划，不具备透支功能。借记卡按功能的不同分为转账卡（含储蓄卡）、专用卡和储值卡。转账卡是实时扣账的借记卡，具有转账结算、存取现金和消费功能。专用卡是具有专门用途，在特定领域使用的借记卡，具有转账结算和存取现金功能。储值卡是发卡银行根据持卡人的要求将其资金转至卡内存储，交易时直接从卡内扣款的预付钱包式借记卡。

信用卡和借记卡的主要区别在于，前者具有透支功能，后者没有透支功能。

4. 信托业务

商业银行的信托业务是指商业银行信托部门接受客户的委托，代替委托单位或个人经营、管理或处理货币资金或其他财产，并从中收取手续费的业务。信托业务是以信用委托为基础的一种经济行为，带有一定的经济目的，即掌握资金（或财产）的部门（或个人），委托信托机构代其运用或管理，信托机构遵从其议定的条件与范围，对其资金或财产进行运用管理并按时归还。由于信托业务是代人管理或处理资财，因此，信托机构一要有信誉，二要有足够的资金，信托业务范畴含商事信托、民事信托、公益信托等领域。

与信贷业务不同，商业银行对信托业务一般只收取有关的手续费，而营运中所获得的收入则归委托人或其指定的受益人所有。同时，信托也不同于简单的代理活动，因为在代理关系中，代理人只是以委托人的名义，在委托人指定的权限范围内办事。在法律上，委托人对委托财产的所有权并没有改变；而在信托关系中，信托财产的所有权从委托人转移到了受托人（商业银行信托部门或信托公司），受托人以自己的名义管理和处理信托财产。

5. 托管业务

托管业务主要有资产托管业务和代保管业务两种。

（1）资产托管业务。银行托管业务的种类很多，包括证券投资基金托管、委托资产托管、社保基金托管、企业年金基金托管、信托资产托管、QFII投资托管等。资产托管业务作为商业银行的一项战略性业务，具有不占用经济资本、收入稳定、低成本、资金沉淀稳定、业务协同效应显著等优势，使得资产托管业务成为银行业战略转型的必由之选。

（2）代保管业务（设置保险箱库）。代保管业务是银行利用自身安全设施齐全等有利条件设置保险箱库，为客户代理保管各种贵重物品和单证并收取手续费的业务。近年来，出租保管箱业务发展迅速,成为代保管业务的主要产品。此外,代保管业务还包括露封保管业务与密封保管业务。

（二）创新性的表外业务

创新性的表外业务是指那些不直接列入资产负债表内,但同表内的资产业务或负债业务关系密切的业务,又可称为或有资产业务与或有负债业务。相对于中间业务,这类业务的风险较大。创新性的表外业务主要有三种类型,即担保类业务、承诺类业务以及金融衍生交易类业务。

1. 担保类业务

担保类业务指商业银行为客户债务清偿能力提供担保,承担客户违约风险的业务,主要包括银行承兑汇票、备用信用证、银行保函等。这类业务有一个共同的特征,就是由某银行向交易活动中的第三者的现行债务提供担保,并且承担现行的风险。

（1）银行承兑汇票。银行承兑汇票是经银行承兑的商业汇票。具体来说是指在商业汇票到期前,由指定银行确认票据记载事项,承诺在汇票到期日支付汇票金额给汇票持有人并在汇票上签名盖章的票据。银行承兑汇票的优点在于:一是对于卖方来说,对现有或新的客户提供远期付款方式,可以增加销售额,提高市场竞争力;二是对于买方来说,利用远期付款,以有限的资本购进更多货物,可以最大限度地减少对营运资金的占用与需求,有利于扩大生产规模;三是相对于贷款融资可以明显降低财务费用。

（2）备用信用证。备用信用证是开证行应借款人要求,以放款人作为信用证的收益人而开具的一种特殊信用证,以保证在借款人破产或不能及时履行义务的情况下,由开证行向收益人及时支付本利。备用信用证的种类很多,根据在基础交易中备用信用证的不同作用,可分为:履约保证备用信用证、预付款保证备用信用证、融资保证备用信用证、投标备用信用证、直接付款备用信用证、商业备用信用证等。

（3）银行保函。银行保函是指银行应客户的申请而开立的有担保性质的书面承诺文件,一旦申请人未按其与受益人签订的合同的约定偿还债务或履行约定义务时,由银行履行担保责任。银行保函包括投标保函、履约保函、借款保函、预付款保函、质量保函、维修保函等。

备用信用证与银行保函的区别:一是备用信用证是独立于交易合同的自足性契约,而银行保函可以有从属性保函;二是备用信用证的开证行负有第一性的付款责任,银行保函的担保行,可能承担第一性的付款责任,也可能承担第二性的付款责任;三是备用信用证常常要求受益人在索偿或索赔时出具即期汇票,银行保函不要求受益人索偿或索赔时出具汇票。

2. 承诺类业务

承诺类业务是指商业银行在未来某一日期按照事前约定的条件向客户提供约定信用的业务,主要指贷款承诺。贷款承诺指应客户的申请,银行对项目进行评估论证,在项目符合银行信贷投向和贷款条件的前提下,对客户承诺在一定的有效期内,提供一定额度和期限的贷款,用于指定项目建设或企业经营周转。贷款承诺业务可以分为项目贷款承诺、开立信贷证明、客户授信额度和票据发行便利四大类:

（1）项目贷款承诺。项目贷款承诺主要是为客户报批项目可行性研究报告时,向国家有关部门表明银行同意贷款支持项目建设的文件。

(2) 开立信贷证明。开立信贷证明是应投标人和招标人或项目业主的要求,在项目投标人资格预审阶段开出的,用以证明投标人在中标后可在承诺获得针对该项目的一定额度信贷支持的授信文件。

(3) 客户授信额度。授信额度是银行确定的在一定期限内对某客户提供短期授信支持的量化控制指标,银行一般要与客户签订授信协议。授信额度的有效期限按照双方协议规定(通常为一年),适用于规定期限内的各类授信业务,主要是用于解决客户短期的流动资金需要。

(4) 票据发行便利。票据发行便利是一种具有法律约束力的中期周转性票据发行融资的承诺。根据事先与银行等金融机构签订的一系列协议,借款人可以在一段时期内,以自己的名义周转性发行短期票据,从而以短期融资的方式取得中长期的融资效果。承诺包销的银行依照协议负责承担借款人未能按期售出的全部票据,或承担提供备用信贷的责任。包销承诺保障了票据发行人获得资金的连续性。

3. 金融衍生交易类业务

金融衍生交易类业务主要有远期交易、期货交易、期权交易、互换交易等。第十章将专门讨论金融衍生工具市场。

专栏 5-2

中国银行的非利息收入情况

2013 年,中国银行集团实现非利息收入 1 239.23 亿元,比上年增长 13.56%。非利息收入在营业收入中的占比为 30.41%,比上年上升 0.60 个百分点。集团实现手续费及佣金净收入 820.92 亿元,比上年增长 17.40%(具体如表 5-3 所示)。集团实现其他非利息收入 418.31 亿元,比上年增长 6.70%。

表 5-3　中国银行手续费及佣金净收入情况

单位:百万元人民币

项目	2013 年	2012 年	变动	变动比率
代理业务手续费	17 546	14 171	3 375	23.82%
银行卡手续费	17 312	14 952	2 360	15.78%
结算与清算手续费	15 196	14 051	1 145	8.15%
信用承诺手续费及佣金	13 294	11 099	2 195	19.78%
顾问和咨询费	9 574	5 690	3 884	68.26%
外汇买卖价差收入	7 147	6 808	339	4.98%
托管和其他受托业务佣金	2 874	2 371	503	21.21%
其他	5 642	6 056	(414)	(6.84%)
手续费及佣金收入	88 585	75 198	13 387	17.80%
手续费及佣金支出	(6 493)	(5 275)	(1 218)	23.09%
手续费及佣金净收入	82 092	69 923	12 169	17.40%

资料来源:《中国银行股份有限公司 2013 年年度报告》。

第四节　商业银行的经营管理

自1694年英格兰银行成立以来,现代商业银行已有三百多年的历史。在漫长的历史发展过程中,商业银行既积累了大量的经营管理经验,也形成了一些影响深远的基本理念,同时还创造了一系列经营管理方法。

一、商业银行业务的经营原则

商业银行的经营面临各种风险,在稳健经营的前提下保持适当的流动性,以实现银行利润最大化和银行市场价值最大化或股东利益最大化,是商业银行经营管理的最终目标。为了实现银行经营管理的最终目标,就要求银行的经营遵循一定的原则。

（一）安全性原则

安全性原则是指商业银行在业务中应尽量避免或减少各种不确定因素的影响,保证资金安全和稳健经营。安全性是商业银行生存和发展的基本要求。商业银行是高负债经营,因此,在经营管理的过程中,首先要保证本金的安全性。安全性在很大程度上取决于商业银行资产安排规模和资产结构,影响商业银行安全性原则的主要因素有客户的平均贷款规模、贷款的平均期限、贷款方式、贷款对象的行业和地区分布、贷款管理体制等,这就要求商业银行合理安排资产规模和结构,注重资产质量,提高自有资本在全部负债中的比重。

（二）流动性原则

流动性原则是指商业银行能够随时应对客户提现和满足客户贷款的能力。流动性能力既能反映商业银行经营状况的好坏,也体现商业银行管理能力的高低。衡量商业银行流动性包括两个标准:一是资产变现的成本,资产变现成本越低,该项资产流动性就越强;二是资产变现的速度,资产变现速度越快,该项资产的流动性就越强。一般来说,存款人提取存款和客户要求兑付票据都有一定的规律。但有时会遇到资本市场资金供求变动,或由于政治、经济局势的动荡和其他突发事件的影响,会出现大量客户集中涌来,要求提存和兑付,即"挤兑"现象。如果银行不能妥善应付,就会影响自身的信誉,如果"挤兑"现象不能缓解,甚至可能陷入破产的困境。因此,商业银行都非常重视流动性的管理,流动性是实现安全性和盈利性的重要保证。

银行的现金资产又称为第一准备资产,它是满足商业银行流动性需求的第一道防线,在所有资产中具有最强的流动性。当第一准备资产不能满足银行流动性的需要时,商业银行可以随时抛售其持有的短期证券获得流动性,短期证券是满足商业银行流动性需要的第二道防线。

（三）盈利性原则

盈利性原则是指商业银行在稳健经营的前提下,尽可能提高银行的盈利能力,力求获取最大利润,以实现银行的价值最大化目标。商业银行的盈利来自各项收入与支出之差。银行的收入主要有贷款的利息收入、证券投资收入、出售资产的收入和手续费、佣金收入等;银行的支出主要有存款及其他借入资金的成本、各种营运及管理成本等。

盈利性要求商业银行提高收益和控制成本。提高收益的方式包括：合理确定资产结构，提高盈利资产的比重；提高资产质量尤其是贷款质量，减少贷款和投资损失；合理地为贷款定价，除考虑资金成本外，还应综合考虑与客户的全面关系、贷款风险等因素；注重业务创新，积极扩展中间业务和表外业务，增加银行的非利息收入。控制成本的方式包括：控制负债成本；加强内部经济核算，控制各项管理费用；规范操作程序，减少事故和差错及其他损失。

一般来说，上述三项原则之间的关系可概况为：盈利性是商业银行经营管理的目标，安全性是商业银行经营管理的保障，流动性是商业银行经营管理的前提。三项原则既有统一的一面，也有矛盾的一面。一般来讲，安全性与流动性存在统一性，流动性强的资产，风险较小，安全有保障。但安全性、流动性与盈利性往往存在矛盾，即安全性高、流动性强的资产盈利性低，高盈利的资产往往流动性差，伴随着高风险。

因此，商业银行在经营过程中，经常面临两难选择：为增强银行经营的安全性和流动性，就要把资产尽量投放在短期周转的资金运用上，这就不能不影响到银行的盈利水平；而为了增加盈利，就要把资金投放于周期长但收益较高的贷款和投资上，这就不可避免地给银行经营的流动性和安全性带来威胁。因此，商业银行在经营中必须统筹考虑三者的关系，综合权衡利弊，在保持安全性和流动性的前提下，追求最大限度的盈利。

二、商业银行经营管理理论的发展

为了贯彻银行的经营原则，实现银行的经营目标，商业银行非常注重经营管理。在商业银行发展的历史进程中，西方商业银行的经营管理理论大致经历了资产管理、负债管理、资产负债综合管理和资产负债表内表外统一管理四个阶段。

（一）资产管理理论

20世纪60年代以前，商业银行是金融机构的主要代表，间接融资是经济活动中最主要的融资方式。商业银行的资金来源以活期存款为主，资金供给相对充裕。在这种环境下，商业银行经营管理的重点是流动性管理，在满足流动性的前提下追求盈利性。因此，银行经营的重点是调整资产结构，谋求资产在现金、贷款、证券投资上的最佳分配。

1. 商业性贷款理论

商业性贷款理论又称为真实票据理论（real bill theory），该理论从银行资金来源主要是活期存款这一客观事实出发，考虑到保持资产的流动性要求，主张商业银行只应发放短期的、以真实的商业票据作为贷款抵押的、与商品的生产周期相适应的自偿性贷款。所谓自偿性贷款，是指在生产或购买商品时所借的款项，可以用生产出来的商品或出售商品的款项予以偿还。

该理论的优点是强调了资产保持高度流动性的重要性，有助于银行的稳健经营。但随着经济社会的发展，这一理论也日益显示出其局限性。第一，它没有考虑客户贷款要求的多样化。第二，忽视了银行存款的相对稳定性。因为即使是活期存款，从总体上看也总是有一定的稳定余额，可以进行较长期的放款。第三，没有考虑到贷款清偿的外部条件。自偿性贷款并不是没有风险的，在经济萧条时期，即使是以商品作为抵押的短期贷款，仍可能由于买卖链条中断而引发不良贷款。

2. 资产可转换性理论

随着金融市场的进一步发展和完善，金融资产日渐多元化且流动性增强，商业银行持有的短期国库券和其他证券增多，银行对保持流动性有了新的认识，应运而生的是资产可转换性理论。该理论认为，银行可以将资金的一部分投入具有可转换性的证券上，以保持银行所需的流动性。银行保持流动性的关键不在于贷款期限与存款期限一致，而在于银行所持有资产的变现能力。只要资产在需要时能够迅速地、不受损失地转换成现金，就可以保持充足的流动性。

该理论继承了商业性贷款理论所认为的银行资产应保持高度流动性的主张，发展了银行资产运用只限于短期自偿性贷款的认识，丰富了资产业务的内容。但它仍然未能解释银行为追逐利润对其他资产业务的需要。

3. 预期收入理论

第二次世界大战后，经济发展带来了资产多样化需求，尤其是大量设备和投资贷款的需求，而且消费需求也增加了。加上金融业竞争加剧，业务开拓和发展迫在眉睫。这时，贷款和投资的预期收入，引起了商业银行经营者的高度重视，预期收入理论应运而生。预期收入理论是一种关于银行资产投向选择的理论，其基本思想是，商业银行贷款的偿还或变现能力应该以该项贷款未来的收入为基础。只要未来收入有保证，即使是长期放款，仍可保持流动性。反之，如果没有未来收入作为保证，即使是短期放款，也存在发生坏账、到期收不回来的可能。因此，银行应根据借款人的预期收入来安排贷款的期限和方式。

该理论的优点是为商业银行拓展中长期贷款业务提供了理论依据，进一步丰富了资产业务的内容和资产管理的思想。缺点是借款人的预期收入是一个变数，银行根据预期收入决定放款规模和期限的时候必将面临较大的风险，尤其是长期贷款和投资。

（二）负债管理理论

20世纪60年代以后，金融市场日益成熟，银行的资金来源无论是在数量上还是渠道上都受到激烈的竞争威胁，同时受政府利率管制的商业银行深感吸收资金能力的衰弱，而非银行金融机构一般不受利率管制的约束，因而对资金具有很大的吸引力，许多资金不通过商业银行这一传统的信用中介直接进入金融市场，出现了"金融脱媒"的现象，对商业银行吸收存款的业务构成了较大的冲击。在这种状况下，商业银行若不调整资产负债管理的策略，一味地强调从资产方考察资金配置组合，必将陷入严重的困境。负债管理理论的核心思想是，银行可以主动管理负债，负债不是既定的，银行可以通过积极的竞争和新的手段方式去争取存款，控制资金来源，这也是保持银行流动性的一个重要来源。负债管理理论包括购买理论和销售理论。

1. 购买理论

20世纪60—70年代，商业银行资金需求缺口大，经济停滞和通货膨胀并存，兴起了购买理论。其核心是银行可以主动地负债，变被动的存款观念为主动的借款观念，而抬高资金购买价格是实现购买行为的主要手段。商业银行更加积极地吸收资金，有助于信用扩张和经济增长，但另一方面，主动借入的资金通常利率高于一般存款，这提高了银行经营成本，同时它又刺激银行片面扩大负债，盲目竞争，加重债务危机和通货膨胀。

2. 销售理论

20世纪80年代,金融改革和创新风起云涌,商业银行不再是单纯地向外负债,不再是仅着眼于资金,而是立足于服务,以客户的利益和需求为出发点与归宿创造各种金融产品,并通过服务途径推销产品,吸收资金,如为了迎合客户的需要,推销大额可转让定期存单(CDs)、回购协议等金融产品。这一理论开拓了多种负债渠道,充实了银行资金,但以负债提高盈利性使资金运用更冒险,增加了风险性,加剧了银行间的竞争,加速了银行倒闭与兼并。

(三)资产负债综合管理理论

20世纪70年代末80年代初,由于许多西方国家相继放松或逐步取消了利率管制,银行界甚至整个金融界出现了金融自由化浪潮,种类繁多的浮动利率资产和浮动利率负债纷纷涌现。商业银行在争取金融市场上主动融资权的同时,也面临新的风险,即利率风险。在市场利率波动的环境下,资产和负债的配置状态极有可能对银行利润与经营状况产生影响,片面地强调资产管理或负债管理而忽视另一方面,都不利于银行经营目标的实现。

资产负债综合管理的基本思想就是对资产和负债做通盘考虑,不忽略任一方面,从而选出最佳的资产和负债组合,以达到安全性、流动性和盈利性的要求。资产负债综合管理理论是以资产负债表各科目之间的"对称原则"为基础来缓和安全性、流动性和盈利性的矛盾。所谓"对称原则",主要是指资产项目的利率、期限与负债项目的利率、期限要对称,以此为原则不断调整资产结构和负债结构,在保证安全性和流动性的前提下,追求最大的盈利。

资产负债综合管理的方法主要有:

1. 资金总库法

资金总库法是指将各种资金来源汇集成一个资金总库,按照谨慎的安全性原则排列资金使用的先后顺序(如图5-1所示)。显然,银行家以安全性的注重超过盈利性。

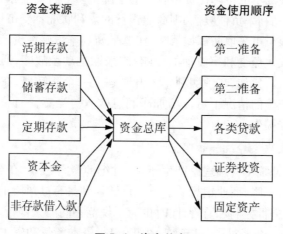

图5-1 资金总库

对于资金总库法,很重要的一点是建立一个流动性标准并据此来确定资金运用顺序,但这一标准并未明确给出,而是建立在经验、判断和高层管理人员直觉的基础上,对盈利水平会产生很大影响。而有个事实是千真万确的:银行真正的长久的安全性是建立在它取得足够盈利的基础上。另外,该方法忽视了贷款的流动性,贷款本身的还本付息使资金具有一定的流动性,这一点未予考虑,忽视了业务的发展过程。

2. 缺口管理法

现在,资产负债综合管理通常被看作规避利率风险的手段。所谓利率风险,是指当利率变化时银行收益变化的可能性。缺口管理是一种重要的规避利率风险的方法。缺口指的是一家银行所持有的利率敏感性资产和利率敏感性负债之间的差额,即缺口=利率敏感资产-利率敏感负债。如果前者大于后者,则为正缺口;反之则为负缺口;若两者相等,则为零缺口(如图5-2所示)。

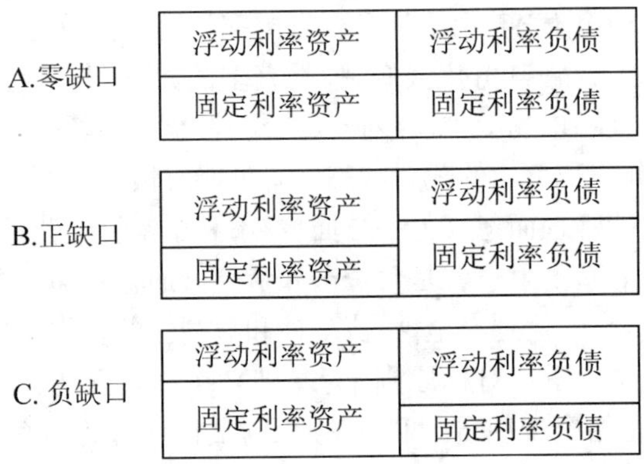

	浮动利率资产	浮动利率负债
A.零缺口	固定利率资产	固定利率负债

	浮动利率资产	浮动利率负债
B.正缺口	固定利率资产	固定利率负债

	浮动利率资产	浮动利率负债
C.负缺口	固定利率资产	固定利率负债

图 5-2 缺口分析示意图

从理论上来说,当市场利率上升时,拥有正缺口的商业银行的盈利将会增加,因为商业银行的浮动利率资产数额大于浮动利率负债的数额,商业银行资产收益的增加比负债成本的增加要多。反之,当市场利率下降时,若商业银行拥有负缺口,则商业银行的盈利也会增加,因为商业银行负债成本的下降比资产收益的下降更多。若商业银行拥有零缺口,即浮动利率资产数额等于浮动利率负债数额,则商业银行的盈利状况不受市场变动的影响。

在管理中,商业银行可采取防御型战略,注意平衡利率敏感性资产与利率敏感性负债之间的差额,使净利息收入免受利率波动的影响;或采取主动型战略,通过预测利率变化和调整组合,增加利息收入。比如,在预测利率上升时建立一个正缺口,在预测利率下降时建立一个负缺口,在预测正确的情况下可以增加净利息收入。当然,一旦预测失误,银行的利率风险将放大,可能遭受损失。

(四)资产负债表内表外统一管理

资产负债表内表外统一管理理论产生于20世纪80年代末。在金融自由化浪潮下,传统业务成本上升、收益下降,商业银行的业务大量转移到具有高风险的表外业务上。为了对商业银行的经营风险进行控制和监管,同时也为了规范不同国家银行之间同等运作的需要,1988年7月巴塞尔委员会通过了《并于统一国际银行资本衡量和资本标准的协议》,即著名的《巴塞尔协议》(《巴塞尔协议Ⅰ》)。《巴塞尔协议》的通过是西方商业银行资产负债管理理论和风险管理理论完善与统一的标志。达成《巴塞尔协议》的目的是:第一,通过统一各国对银行资本、风险评估及资本充足率标准的界定,促使世界金融稳定;第二,将银行的资本要求同其活动的风险系统地联系起来。

《巴塞尔协议》对资本的要求具体如下:资产划分为表内项目和表外项目两大类,表内项目是在资产负债表上反映的,表外项目是不在资产负债表上反映但又可随时转换为表内项目的。表内资产统一分为四个风险类别或风险权重(0、20%、50%和100%);表外或有资产(contingent asset)如信用证、贷款承诺和衍生产品交易等,要按"信用换算系数"转换成表内相应的风险资产项目,然后按同样的风险权数计算法计算。表内和表外风险资产相加后就是一家银行的风险资产总额。银行必须满足以下两种资本要求:其拥有的核心资本必须不低于风险资产总额的4%,总资本不能低于风险资产总额的8%。

1997年7月全面爆发的东南亚金融危机引发了巴塞尔委员会对金融风险的全面而深入的思考。人们看到,金融业的风险不仅是信用风险,而是由信用风险、市场风险、操作风险等其他风险互相交织、共同作用造成的。1999年6月巴塞尔委员会发布了新的巴塞尔资本协议征求意见稿。然后,经过2001年、2003年多次征求意见和修订后,于2004年6月26日,十国集团的中央银行行长和银行监管负责人举行会议,一致同意公布新的《巴塞尔协议》(《巴塞尔协议Ⅱ》)。《巴塞尔协议Ⅱ》在《巴塞尔协议Ⅰ》的基础上,增加了监督检查和市场纪律来对银行风险进行监管,构建了银行监管的三大支柱。该协议于2006年起在部分国家实施,它对全球银行业产生了里程碑式的重大影响。

鉴于2007年以来国际金融危机所暴露出来的全球金融体系和金融监管过程的重大制度性缺陷,2010年12月16日,巴塞尔委员会正式发布了两份文件:《巴塞尔协议Ⅲ:更具稳健性的银行和银行体系的全球监管框架》和《巴塞尔协议Ⅲ:流动性风险计量、标准和监测的国际框架》,统一简称为《巴塞尔协议Ⅲ》。《巴塞尔协议Ⅲ》对此前的《巴塞尔协议Ⅱ》的主要缺陷进行了全面的修订,它标志着国际金融监管改革进入了一个新阶段。

三、商业银行的风险管理

在市场经济条件下,风险管理是现代商业管理的核心内容之一。金融业的稳定,关系到一国经济的稳定。一般来说,高收益伴随高风险,如何在收益和风险之间找到平衡点,成为商业银行必须面对和解决的核心问题。

(一)商业银行面临的主要风险

1. 信用风险

信用风险是指债务人不能或不愿归还到期债务而使债权人蒙受损失的可能性。信用风险存在于一切信用活动中,信用风险是银行面临的最主要的风险,是造成银行亏损甚至倒闭的主要原因。对大多数商业银行来说,贷款是最大、最明显的信用风险来源。信用风险既存在于传统的贷款、债券投资等表内业务中,也存在于信用担保、贷款承诺、衍生产品交易等表外业务中。信用风险对基础金融产品和衍生产品的影响不同。对基础金融产品(如债券和贷款)而言,信用风险造成的损失最多是债务的全部账面价值;而对于衍生产品而言,对手违约造成的损失虽然会小于衍生产品的名义价值,但由于衍生产品的名义价值通常十分巨大,因此潜在的风险损失不容忽视。

2. 市场风险

市场风险是指因市场价格的不利变动而使银行表内和表外业务蒙受损失的可能性。

市场风险主要有利率风险和汇率风险两类。利率风险是指市场利率变化给商业银行的资产和负债带来损失的可能性。由于利率是商业银行计算资金价格的基础,利率的升降就会影响商业银行所有业务经营的成果,因此,利率风险就成为商业银行面临的最大市场风险。汇率风险是指商业银行在国际业务中的外汇资产或负债因汇率波动而造成损失的可能性。汇率风险与国际货币制度密切相关,浮动汇率制度下的汇率风险要远大于固定汇率制度下的汇率风险。

3. 流动性风险

流动性风险是指商业银行无法提供足额资金来应付客户的提现或贷款需求而引起的风险。流动性风险经常是商业银行破产倒闭的直接原因,商业银行一旦出现流动性不足,如果不能及时筹集资金,则会导致存款人挤提或客户的流失,使银行陷入财务危机甚至破产倒闭。银行不能以合理的成本来满足流动性需要,通常是出现严重问题的重要信号。流动性风险的最大危害在于其具有传导性,一旦某个商业银行流动性出现问题,将会演变为全局性的金融动荡。流动性风险形成的原因更加复杂和广泛,通常被视为一种多维风险。产生原因除了商业银行的流动性计划不完善之外,信用风险、市场风险、操作风险等风险领域的管理缺陷同样会导致流动性不足,引发风险扩散。流动性风险水平体现了商业银行的整体经营状况。

4. 操作风险

1995年,英国久负盛名的巴林银行突然宣布倒闭,消息传来,世界各主要金融市场立即掀起一股狂澜,股市纷纷下跌。究其原因,就是银行内部管理混乱,出现严重的操作风险,而后带来了巨大的损失,导致倒闭。操作风险是指由不完善或有问题的内部程序、人员及系统或外部事件所造成损失的风险。操作风险往往与银行内部控制不力、对操作人员的授权管理失误和管理失灵有关。国际银行界普遍对操作风险高度重视,因为银行机构越来越庞大,产品越来越多样化和复杂化,还有金融业和金融市场全球化的趋势,使得一些"操作"上的失误,可能带来极其严重的后果。如2013年5月发生的招商银行计算机系统故障导致的全国交易暂停给大量客户造成了巨大损失。

(二) 商业银行风险管理的主要内容

商业银行风险管理的目标是通过处置和控制风险,防止和减少损失,使商业银行的正常经营活动获得最大的安全保障。商业银行风险管理的内容主要包括风险识别、风险计量、风险监测和风险控制。商业银行应当充分识别、准确计量、持续监测和适当控制所有交易和非交易中的风险,确保在合理的风险水平之下安全、稳健经营。商业银行所承担的风险应与其风险管理能力和资本实力相匹配。

本章小结

1. 20世纪以来,商业银行的业务和体制发生了深刻而巨大的变革,现代商业银行日益呈现出金融体制自由化、金融服务网络化、银行机构集中化、银行业务全能化以及金融竞争多元化的发展趋势。

2. 商业银行是以追求最大利润为经营目标,以货币资金为经营对象,提供多功能、综合性服务的金融企业。商业银行在现代经济活动中的职能主要有信用中介、支付中介、信用创造、金融服务等。

3. 商业银行业务种类繁多,素有"金融百货公司"之称。按照能否在资产负债表上反映出来,商业银行的业务大体可分为表内业务和表外业务。表内业务包括资产业务与负债业务,表外业务包括服务性的中间业务和创新性的表外业务。

4. 在业务经营上,各国商业银行通常都遵循"安全性、流动性和盈利性"的"三性"原则。三性原则既有统一的一面,也有矛盾的一面。商业银行经营管理的目标就是保证资金的安全,保持资产的流动性,争取最大的盈利。

5. 在商业银行发展的历史进程中,西方商业银行的经营管理理论大致经历了资产管理、负债管理、资产负债综合管理和资产负债表内表外统一管理四个阶段。商业银行面临的主要风险有信用风险、市场风险、流动性风险、操作风险等。

本章重要概念

商业银行 信用中介 支付中介 信用创造 表内业务 表外业务 资产业务 负债业务 中间业务 资产管理 负债管理 资产负债综合管理 缺口

复习思考题

一、选择题

1. 商业银行经营活动的最终目标是(　　)。
   A. 安全性目标　　B. 流动性目标　　C. 盈利性目标　　D. 合法性目标
2. 下列(　　)不属于商业银行的现金资产。
   A. 存放同业款项　　B. 应付款项　　C. 库存现金　　D. 在中央银行存款
3. 下列(　　)属于商业银行传统的中间业务。
   A. 担保业务　　B. 银行保函　　C. 承诺业务　　D. 结算业务
4. 下列属于银行主动负债的业务有(　　)。
   A. 活期存款　　　　　　　　　　B. 定期存款
   C. 国债　　　　　　　　　　　　D. 大额可转让定期存单
5. 信托与租赁属于商业银行的(　　)。
   A. 资产业务　　B. 负债业务　　C. 中间业务　　D. 表外业务
6. 下列属于商业银行二级准备的是(　　)。
   A. 现金　　　　B. 超额准备金　　C. 政府债券　　D. 公司债券
7. 按照巴塞尔协议的要求,商业银行的资本充足率至少要达到(　　)。
   A. 4%　　　　　B. 6%　　　　　C. 8%　　　　　D. 10%
8. 20世纪50年代中后期至60年代初,金融市场出现"脱媒"的现象,商业银行经营管理的重点转向(　　)。
   A. 资产管理　　　　　　　　　　B. 负债管理
   C. 资产负债综合管理　　　　　　D. 资产负债表内表外统一管理

9. 预期收入理论属于商业银行管理的(　　)理论。
A. 资产管理　　　　　　　　　　B. 负债管理
C. 资产负债综合管理　　　　　　D. 资产负债表内表外统一管理

10. 在(　　)理论的鼓励下,当时的西方商业银行资产组合中的票据和短期国债的比重迅速增加。
A. 商业性贷款　　B. 资产可转换　　C. 预期收入　　D. 负债管理

二、简答题

1. 现代商业银行的发展趋势有哪些?
2. 商业银行的职能有哪些?
3. 简述商业银行资产负债表的构成。
4. 简述商业银行经营的基本原则和相互关系。
5. 简述商业银行经营管理理论的历史变迁。
6. 《巴塞尔协议Ⅱ》的三大支柱是什么?
7. 商业银行面临的主要风险有哪些?

三、计算题

假设某银行拥有 1 500 万元固定利率资产、3 000 万元利率敏感资产、2 500 万元固定利率负债和 2 000 万元利率敏感负债。请对银行进行缺口分析,说明当利率上升 5 个百分点时,该银行的净值将如何变化?可以采取哪些措施以降低银行的利率风险?

四、案例分析题

中国经济如此困难　银行却赚得盆满钵满

中国银监会副主席王兆星在 6 日由国新办举办的新闻发布会上说,中国经济结构调整转型处于关键时期,经济下行压力仍然存在,企业特别是小微企业融资难、融资贵的问题仍然比较突出。

实业融资呈现三大问题:

——一方面信贷与社会融资总量超常规增长,我国货币投放量超过经济总量的比例达 200%;另一方面却是实体经济频频遭遇资金之渴,呼喊"融资难""融资贵"的声音不绝于耳。数据显示,目前我国广义货币 M2 达 116.88 万亿元,这一数字是美国的 1.5 倍,中国经济可谓并不缺钱。但与此同时,来自中国中小商业企业协会一项调查数据显示,小微企业从银行贷款感到困难的占 41.8%,比较难的占 31.03%,非常困难的占 27.79%。

——不少行业在遭遇融资、生产经营举步维艰之时,作为社会资金的主要融出方,银行业却依然赚得"盆满钵满"。沪深交易所统计数据显示,去年 2 500 余家上市公司净利润总计 2.26 万亿元,其中 16 家上市银行就占到一半还多,达到 1.15 万亿元;但与此同时,当前不少民营企业实际融资成本已达 15% 到 20%,超出不少行业的毛利率,存在企业为银行打工的情况。

——近几年,从国务院到央行、银监会等各个层面,针对金融服务实体经济、中小微企业融资难、融资贵等具体问题,出台过包括"盘活存量"和"用好增量"在内的一系列有针对性的政策措施,实际效果却不尽如人意。

资料来源:新华网,2014年6月7日。

案例问题:

(1) 当前我国银行利润的来源有哪几方面?

(2) 我国银行暴利的根源是什么?

(3) 如何解决当前我国银行的暴利现象?

第六章

中央银行

美联储的职责应是在聚会开始热闹的时候把酒碗拿走。

——威廉·马丁

学习目标

通过本章的学习,你将能够:
- 了解中央银行的产生与发展;
- 理解中央银行的性质和职能;
- 掌握中央银行的主要业务;
- 了解中央银行的独立性。

引导案例

英格兰银行的发展史

英格兰银行成立于1694年,是英国的中央银行,也是世界上最早形成的中央银行,为各国中央银行体制的鼻祖。

早期的英格兰银行只是英国政府的"钱袋子"。早在三百多年前,英法两国激战正酣,庞大的战争开支已将英国政府的财政收入消耗一空。为筹集更多的军费,急需用钱的英国国王和议会迅速采纳了一位叫威廉·佩特森的苏格兰商人的提议——成立一家可向政府贷款的银行。根据英王特许,1694年7月27日,伦敦城的1 268位商人合股出资,正式组建了英格兰银行。此后的短短11天内,英格兰银行就为政府筹措到120万英镑巨款,极大地支持了英国在欧洲大陆的军事行动。

刚刚成立的英格兰银行只算得上是一般的商业银行——发行钞票、吸收存款、发放贷款,那时的商业银行都能办理这些业务。不过,英格兰银行一开始就与政府维系着一种特殊的关系——向政府提供贷款,负责筹集并管理政府债券,还逐渐掌握了绝大多数政府部门的银行账户。正是凭借这一关系,英格兰银行的实力和声誉迅速超越了其他商业银行。

1837年,英格兰银行不但安然挺过了当年的银行危机,还拿出大笔的资金,帮助那些有困难的银行渡过难关。1844年,英国议会通过《银行特许法》,让英格兰银行在发行钞票方面享有许多特权。自此,英格兰银行逐渐退出一般性的商业银行业务,专注于货币发行,并开始承担维护英国金融市场稳定和监督其他商业银行的职能。

1928年,英国议会通过《通货与钞票法》,使英格兰银行垄断了在英格兰银行和威尔士地区的货币发行权。1946年,英国议会通过《英格兰银行法》,赋予英格兰银行更为广泛的权力,使它可以按照法律对商业银行进行监督和管理,英格兰银行终于名正言顺地成为英国的中央银行。

资料来源:杨秀萍,《货币金融学》,北京:科学出版社,2012年。

第一节 中央银行的产生与发展

一、中央银行产生的客观要求

中央银行(central bank),也称为货币当局(monetary authority),是专门制定和实施货币政策、统一管理金融活动并代表政府协调对外金融关系的金融管理机构。当今世界上大多数国家都实行中央银行制度,但是,在商业银行出现后的一个相当长的时期并没有中央银行,中央银行是经济金融发展到一定阶段的产物。

(一)统一银行券发行的需要

在金本位制下,为了便利流通和节省流通费用,商业银行大多发行各自的银行券代替铸币流通。在银行业发展初期,几乎每家银行都有发行银行券的权力,这种由众多银行分散发行银行券的局面逐步暴露出其严重的缺陷:一是在市场竞争激烈的情况下,一些小银行由于信用能力薄弱、经营不善,无法保证自己所发行银行券的兑现,从而无法保证银行券的信誉及其流通的稳定,由此经常引起社会秩序的混乱;二是一些银行限于实力、信用和分支机构等问题,其信用活动的领域受到限制,所发行的银行券只能在国内有限的地区流通,从而给经济活动带来困难。因此,客观上需要有一个实力雄厚并在全国范围内有权威的银行来统一银行券的发行。

(二)统一全国票据清算的需要

随着经济和金融的发展,银行业务的规模日趋扩大,银行每天收受票据的数量日益增多,各银行之间的债权债务关系错综复杂,由各个银行自行轧差进行当日清算便发生困难。这种状况不仅表现为异地结算矛盾突出,即使同城结算也成问题。因此,客观上需要有一个更权威的、全国性的、统一的票据清算中心。中央银行建立起来后,这一职责非常自然地就由有政府背景的中央银行承担起来。因为各商业银行都在中央银行开立了账户,中央银行就可以通过这些银行账户为商业银行提供便利的票据清算了。

(三) 最后贷款人角色的需要

在经济发展的过程中,随着企业对银行贷款需求的扩大,银行的贷款规模也随之扩大。当银行的贷款不能按期收回,或者受经济周期波动的影响而陷入资金周转困境时,银行往往陷入流动性不足的局面,严重时甚至会发生存款人挤兑现象,很多银行因无法应对流动性危机而破产倒闭。这既不利于经济发展,也不利于社会稳定。因此,客观上需要一家权威性机构适当集中各商业银行的存款准备金作为后盾,在必要时为商业银行提供资金支持,也即流动性支付,发挥最后贷款人的角色,这一机构就是中央银行。

(四) 金融监管的需要

同其他行业一样,以盈利为目的的金融企业之间也存在激烈的竞争。而且,与一般企业不同,由于金融企业联系着千家万户,因而它在竞争中的破产和倒闭给经济造成的损失将会比普通企业要大得多。因此,客观上需要有一个代表政府意志的超然于所有金融企业之上的专门机构专事对金融业的监督和管理,以保证金融业的安全与稳健经营。

(五) 政府融资的需要

在人类社会的发展过程中,政府的职责不断扩大。特别是在资本主义制度确立与发展过程中,政府的作用越来越突出。政府职责的强化增加了开支,政府融资便成为一个重要问题。为了保证和方便政府融资,发展或建立一个与政府有密切关系、能够直接或变相为政府筹资或融资的银行机构,也是中央银行产生的客观要求之一。

二、中央银行的发展

从 17 世纪中后期中央银行萌芽开始,迄今为止的三百多年历史中,中央银行的产生与发展大致经历了三个阶段,即萌芽和建立阶段、普遍推广阶段、强化阶段。

(一) 中央银行制度的萌芽和建立阶段

从 1656 年瑞典银行成立到 1913 年美国联邦储备体系正式建立为止,经历了 257 年的时间,这一阶段是中央银行制度的萌芽和建立阶段。

历史上最早的国有银行是瑞典银行,成立于 1656 年。它原是私人创办的商业银行,1661 年开始发行银行券,成为世界上第一家发行银行券的银行。1668 年,瑞典银行被改组为国有银行,对国会负责。1897 年,瑞典政府通过立法,取消了其他商业银行所拥有的货币发行权,将货币发行权集中于瑞典银行,成为真正的中央银行。尽管瑞典银行成立时间较早,但若以是否具有集中货币发行权为标准,却落后于英格兰银行。

成立于 1694 年的英格兰银行是现代中央银行的鼻祖,它在中央银行的发展史上是一个重要的里程碑。英格兰银行设立初期是一家私有股份制的商业银行,但享有一般商业银行不能享有的特权,如对政府放款、代理国库、管理政府债券等。1833 年,英国议会通过一项法案,规定只有英格兰银行发行的货币具有无限法偿资格。1844 年,由当时的首相拟定、英国议会通过的《比尔条例》,结束了当时在英国有 279 家银行发行银行券的混乱局面。英格兰银行还同时集中了其他银行的一部分准备金。1854 年,英格兰银行成为英国银行业的票据交换中心,1872 年开始对其他银行提供困难时的资金支持。

1913 年,美国国会通过了《联邦储备法案》,正式建立了美国的中央银行制度——美国联邦储备体系,其最大的特点是,全国共分为 12 个联邦储备区,每个储备区设立一家联邦储备银行。联邦储备银行既为联邦储备体系的业务机构,同时又是区域性的中央银行,具有一定的独立性。美国联邦储备体系的建立,标志着中央银行制度在世界范围内的基本确立。

(二) 中央银行制度的普遍推广阶段

从 1914 年至 1945 年第二次世界大战结束,是中央银行制度的普遍推广阶段。

第一次世界大战爆发后,为了适应战时财政需要,各主要资本主义国家先后放弃了金本位制度,大肆发行货币,普遍发生了恶性通货膨胀,金融领域发生了剧烈的动荡,货币制度极端混乱。由此,各国政府认识到必须加强中央银行的地位和对货币信用的控制。1920 年,在比利时首都布鲁塞尔举行了第一次国际金融会议。会议提出:凡未成立中央银行的国家应尽快成立中央银行,中央银行应摆脱各国政府政治上的控制,实行稳健的金融政策。布鲁塞尔会议大大推进了各国中央银行制度的普遍建立。

这一时期成立的中央银行主要有:澳大利亚联邦银行(1924 年)、中国中央银行(1928 年)、希腊银行(1928 年)、土耳其中央银行(1934 年)、墨西哥中央银行(1932 年)、新西兰储备银行(1934 年)、加拿大银行(1935 年)、印度储备银行(1935 年)、阿根廷中央银行(1935 年)等。

(三) 中央银行制度的强化阶段

第二次世界大战以后至今是中央银行制度的强化阶段。

第二次世界大战后,很多国家的经济陷入困境,为了摆脱困境重振经济,各国都开始信奉凯恩斯的国家干预主义理论,以货币政策和财政政策来管理经济。考虑到中央银行在货币政策制定和执行中的重要地位,各国纷纷加强了中央银行制度的建设。

1. 中央银行的国有化

如英国和法国在第二次世界大战后,分别将英格兰银行和法兰西银行收归国有。目前只有少数国家的中央银行还有私人股份,如美国联邦储备体系,各会员银行按一定比例认购联邦储备银行的股份。

2. 国家对中央银行控制的加强

主要表现为:中央银行成为国家制定和执行货币政策的机构,直接受国家的控制和监督,中央银行的最高领导者一般由国家任命。

3. 强化了中央银行货币政策的宏观调控功能

随着人们对货币政策理论的认识,各国中央银行加强了对宏观经济的调控,越来越多地运用存款准备金率、再贴现率、公开市场业务等政策工具对经济金融进行宏观调控。中央银行的货币政策日益成为重要的宏观经济政策之一。

4. 中央银行国际合作的加强

第二次世界大战后,成立了国际货币基金组织、世界银行、亚洲开发银行等国际性和区域性的金融组织,绝大多数国家的中央银行都代表本国政府参加了这些国际金融组织,从而加强了各国中央银行之间的国际合作。

三、中央银行在我国的发展

（一）中国中央银行的萌芽

我国中央银行的产生最早可以追溯到晚清时期的户部银行。1904年，清政府决定建立户部银行，主要目的是整顿币制、统一流通。1905年8月，户部银行在北京成立，为清政府的官办银行。1908年，户部银行更名为大清银行，享有清政府授予的铸造货币、代理国库、发行纸币等特权，部分地起到了中央银行的作用。

1927年，国民党政府在南京成立，制定了《中央银行条例》，并于1928年11月1日在上海成立国民党政府的中央银行，享有代理国库、发行纸币等特权，并在全国设立分支机构，行使中央银行职能。但国民党政府的中央银行成立之后，并没有统一货币发行权，当时的中国银行、交通银行以及中国农民银行三家银行都可以发行货币。1942年7月1日，国民党政府公布了《钞票统一发行办法》，中央银行才真正垄断货币发行权。1945年3月，国民党政府财政部授权中央银行，统一检查和管理全国的金融机构，使其管理职能得到强化。1949年，国民党政府的中央银行撤离大陆，成为中国台湾地区的"中央银行"。

（二）中国人民银行的建立与发展

中国人民银行作为新中国的中央银行，是1948年12月1日在合并原华北银行、北海银行和西北农民银行的基础上组建的，同时开始发行统一的人民币。1949年2月，中国人民银行将总行设在北京。

从建立之日起到1983年，中国人民银行既是行使货币发行和金融管理职能的国家机关，又是从事信贷、结算、现金出纳和外汇业务的金融企业，是"大一统"的中央银行体制。这种一身二任、高度集中统一的金融体系模式，既适合于新中国成立初期制止恶性通货膨胀的需要，也同高度集中的计划经济管理体制相适应。

1983年9月17日，国务院做出《关于中国人民银行专门行使中央银行职能的决定》，规定中国人民银行专门行使中央银行职能，不再办理工商信贷和储蓄业务。实行银行体制这项重大改革的目的，是加快信贷资金的集中管理和综合平衡，更好地为宏观经济决策服务。

1993年12月25日，国务院颁布《关于金融体制改革的决定》，提出我国金融体制改革的目标之一，是建立在国务院领导下独立执行货币政策的中央银行宏观调控体系。

1995年3月18日，第八届全国人民代表大会第三次会议通过《中华人民共和国中国人民银行法》，第一次以法律的形式确立中国人民银行是中国的中央银行，在国务院领导下，中国人民银行制定货币政策，依法独立执行货币政策，履行职能，开展业务，不受地方政府、各级政府部门、社会团体或个人的干预。标志着中央银行体制走向了法制化、规范化的轨道，是中央银行制度建设的重要里程碑。

1997年4月5日，国务院发布《中国人民银行货币政策委员会条例》，设立货币政策委员会。该机构是中国人民银行制定货币政策的咨询议事机构，其职责是，在综合分析宏观经济形势的基础上，依据国家宏观调控目标，讨论货币政策的制定和调整、一定时期内的货币政策控制目标、货币政策工具的运用、有关货币政策的重要措施、货币政策与其他宏观经济政策的协调等涉及货币政策的重大事项，并提出建议。

1998年12月，按照中央金融工作会议的部署，改革人民银行管理体制，撤销中国人民银行各省、自治区、直辖市分行,在全国设立九个跨省、自治区、直辖市分行,作为中国人民银行的派出机构。九个分行分别是:天津分行、沈阳分行、上海分行、南京分行、济南分行、武汉分行、广州分行、成都分行、西安分行。

2003年,按照党的十六届二中全会审议通过的《关于深化行政管理体制和机构改革的意见》和第十届全国人大常委会第一次会议批准的国务院机构改革方案,将中国人民银行对银行、金融资产管理公司、信托投资公司及其他存款类金融机构的监管职能分离出来。12月27日,第十届全国人大常委会第六次会议审议通过了《中华人民共和国中国人民银行法(修正案)》,明确界定:"中国人民银行为国务院组成部门,是中华人民共和国的中央银行,是在国务院领导下制定和执行货币政策、维护金融稳定、提供金融服务的宏观调控部门。"

第二节 中央银行的性质与职能

一、中央银行的性质

中央银行的性质是国家通过法律赋予中央银行的特有属性,这一属性可以表述为:中央银行是国家赋予其制定和执行货币政策,对国民经济进行宏观调控和管理监督的特殊的金融机构。这一性质表明:中央银行既是特殊的金融机构,又是特殊的国家机关。

(一)中央银行是特殊的金融机构

中央银行作为金融机构,是不同于商业银行、投资银行、保险公司等各种金融企业的特殊金融机构。中央银行的特殊性主要表现在以下两个方面:

1. 地位的特殊性

中央银行在整个金融体系中处于核心地位,是统领全国货币金融的最高权力机构。中央银行是国家宏观金融和经济调控的主体,而商业银行等一般金融机构则是宏观金融调控的对象。中央银行可以根据国家经济发展的情况,相应地制定和执行货币政策,控制货币供应总量,并调节信贷的投向和流量,把国家宏观经济决策及宏观经济调节的信息向各银行和金融机构以及国民经济的各部门、各单位传递。

2. 业务的特殊性

与商业银行相比,中央银行的业务特殊性体现在:(1)经营目的的特殊性。中央银行以宏观金融调控为己任,以稳定币值和促进经济发展为宗旨。虽然中央银行在业务活动中也会取得利润,但盈利不是目的。如果中央银行以盈利为目的,将会与商业银行等金融企业处于不平等的竞争地位,势必导致追求利润而忽略甚至背弃宏观金融调控的主旨。(2)经营对象的特殊性。中央银行不与普通企业和个人进行业务往来,其业务对象仅限于商业银行、其他金融机构、政府等。(3)业务性质的特殊性。中央银行在业务经营过程中拥有某种特权,如中央银行享有发行货币的特权,这是商业银行所不能享有的权力。除此之外,它还负责集中存款准备金、代理国库、管理国家黄金和外汇储备、维护支付清算系统的正常运行等职能。

(二)中央银行是特殊的国家机关

作为国家管理金融业和调控宏观经济的重要部门,中央银行具有一定的国家机关的性质,负有重要的公共责任。但是,虽然国家赋予中央银行各种金融管理权,但它与一般的政府行政管理机构仍然存在明显不同。其特殊性体现在：

1. 履行管理职能的手段不同

中央银行不是单凭行政权力行使其职能，而是通过经济和法律的手段，如信贷、利率、汇率、存款准备金、有关法律等去实现。其中，尤以经济手段为主，如调整基准利率和法定存款准备金率、在公开市场上买卖有价证券等，这些手段的运用具有银行业务操作的特征，这与主要依靠行政手段进行管理的国家机关有明显不同。

2. 履行管理职能的方式不同

中央银行对宏观经济的调控是间接的、有弹性的。即通过货币政策工具操作，首先调节金融机构的行为和金融市场的变量，再影响到企业和居民个人的投资与消费，从而影响整个宏观经济，其调控方式具有一定的弹性，也具有一定的时间差，即时滞。而一般的国家行政机关的行政决议可以迅速且直接地作用于各微观主体，如税率的调整，缺乏弹性，政策效果呈现出刚性。

3. 履行管理职能时拥有一定的独立性

中央银行相对于政府具有相对的独立性，如独立地享有货币发行权、独立地制定和执行货币政策、独立地管理和控制整个金融体系与金融市场等，而一般的国家行政机关本身就是政府的组成部分之一。

二、中央银行的职能

中央银行作为国家干预经济的重要机构，其职能是由其性质所决定的。中央银行的性质和宗旨决定了其有三项基本职能：发行的银行、银行的银行和国家的银行。

图 6-1 概括说明了中央银行的职能。

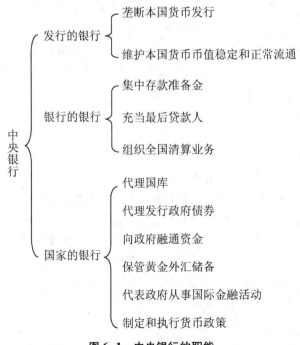

图 6-1　中央银行的职能

（一）发行的银行

中央银行是发行的银行（bank of issue），是指中央银行通过国家授权，集中垄断货币的发行，向社会提供经济活动所需要的货币，并保证货币流通的正常运行，维护币值稳定。它具有两层含义：一是指中央银行垄断本国货币的发行；二是指中央银行必须以维护本国货币的正常流通与币值稳定为宗旨。

中央银行垄断货币发行，并不意味着中央银行可以任意决定货币发行量。在实行金本位制度下，中央银行是依靠足额发行准备或部分发行准备来保证其发行银行券的可兑换性的。因而，中央银行必须集中足够的黄金储备，作为保证银行券发行与流通的物质基础，黄金储备量成为银行券发行数量的重要制约因素。在当前信用货币制度下，中央银行可以无限制地向社会提供货币。但是，此时的中央银行必须根据经济发展的需要来决定货币发行量，并有责任规范货币发行，以确保货币价值的稳定。如果滥用货币发行权，其结果必然是通货膨胀、货币贬值，严重时中央银行所发行的现钞甚至形同废纸。因此，必须对中央银行的货币发行进行适当的控制。

（二）银行的银行

中央银行是银行的银行（bank of bank），是指中央银行充当一国（地区）金融体系的核心，为银行及其他金融机构提供金融服务、支付保证等活动的职能。

作为银行的银行，中央银行的职能具体体现在以下方面。

1. 集中存款准备金

按法律规定，商业银行和其他金融机构都要按法定比例向中央银行交纳存款准备金，同时，商业银行出于流动考虑，也会将一定比例的资金存放于中央银行，构成超额存款准备金。因此，中央银行集中和保管的存款准备金包括商业银行等金融机构的法定存款准备金及超额存款准备金。

中央银行集中保管存款准备金的意义在于：一是保证存款机构的清偿能力，进而保障存款人的资金安全以及商业银行等金融机构本身的安全。二是有利于中央银行调控商业银行的信贷规模和整个社会的货币供应量。因为中央银行有权根据宏观调控的需要，调整法定存款准备金比率，这就使存款准备金制度成为一个重要的货币政策工具。

2. 充当最后贷款人

当商业银行和其他金融机构出现资金短缺而其他渠道又难以融通资金时，可通过再贴现或再贷款的方式向中央银行融通资金，中央银行则成为整个社会信用的"最后贷款人"（lender of resort）。

中央银行的最后贷款人功能可以发挥以下作用：一是中央银行作为最后贷款人，能够有力地支持暂时陷于资金周转困难的商业银行和其他金融机构，避免挤兑风潮的扩大，进而维护社会金融秩序的稳定。二是中央银行可以通过提高或降低再贴现率和再贷款率的措施，控制货币供应量，调节社会信贷规模。

3. 组织全国清算业务

各商业银行间因为业务关系，每天都发生大量的资金往来，必须及时清算。由于商业银行等金融机构都在中央银行开设存款账户，各银行之间发生的票据交换和资金清算业务就可以通过这些存款账户转账及划拨。中央银行将结算轧差直接增减各银行的存款，从而清算彼此之间的债权债务关系。此时,中央银行充当了全国清算中心的角色。各商业银行和中央银行之间的清算轧差业务如图 6-2 所示。

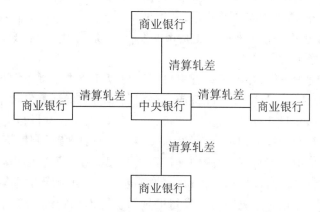

图 6-2 各商业银行和中央银行之间的清算轧差业务

中央银行参与组织全国清算,一方面为各家银行提供服务,提高了清算效率,加速了资金周转;另一方面,有利于中央银行加强了解和及时掌握全国银行及金融机构的资金运营信息,从而有助于中央银行行使金融监管的职能。

(三) 国家的银行

中央银行是国家的银行(state's bank),是指中央银行代表国家从事金融活动,对一国政府提供金融服务,贯彻执行国家货币政策,实施金融监管。

作为国家的银行,中央银行的职能具体体现在以下方面。

1. 代理国库

各国政府的收入和支出一般都通过财政部在中央银行开立的各种账户进行,具体包括代财政税收部门收缴库款;按财政支付命令划拨资金;随时向财政部门反映预算收支执行情况;经办其他有关国库事务。

2. 代理发行政府债券

各国政府为了弥补赤字或暂时性收支不平衡,经常需要发行债券,而中央银行通常代理政府债券的发行以及还本付息等事项。

3. 向政府融通资金

向政府融通资金通常采取以下两种方式:一是直接向政府贷款或提供透支。这种做法容易引起货币的过量发行,会导致通货膨胀。因而许多国家规定,中央银行应避免用发行货币的方式弥补财政赤字,还禁止向中央银行提供长期贷款。二是购买政府债券。这又分为两种情况:一是在一级市场上购买政府债券,这实际上等同于直接向政府融资。因而有的国家就禁止中央银行以直接的方式购买政府债券。二是在二级市场上购买政府债券,这虽然也是对政府的间接资金融通,但一般不会导致通货膨胀,反而是中央银行调控货币供应量的有效手段。

4. 保管黄金外汇储备

世界各国的外汇和黄金一般都由中央银行集中保管。中央银行可以根据国际和国内的实际情况,适时、适量地购进或抛售某种外汇或黄金,从而起到稳定币值和汇率、调节国际收支、实现国际收支平衡的作用。

5. 代表政府从事国际金融活动

各国中央银行一般作为本国政府的代表参加对外金融活动：参加国际金融组织，如国际货币基金组织、世界银行、亚洲开发银行等；代表本国政府签订国际金融协定；参加各种国际金融事务与活动。

6. 制定和执行货币政策

中央银行作为国家的银行，不以盈利为目的，不受某个经济利益集团的控制，而是一切从国家利益出发，独立地制定和执行货币政策，调控社会信用总量，指导、管理、检查、监督各金融机构和金融市场活动，为国家经济发展的长远目标服务。

第三节 中央银行的业务

中央银行职能作用的充分发挥有赖于中央银行业务活动的广泛开展。中央银行的主要业务有负债业务、资产业务和清算业务，可以用图6-3来概括说明。

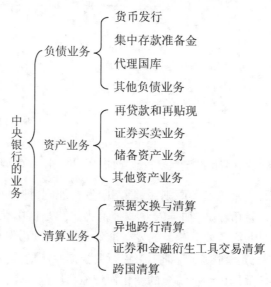

图6-3 中央银行的业务

一、中央银行的负债业务

中央银行的负债是指政府、金融机构、其他经济部门及社会公众持有的对中央银行的债权，中央银行的负债业务主要有以下几类：

（一）货币发行

在不兑现的信用货币制度下，货币是一种债务凭证，它是货币发行人对货币持有者的一种负债，因此，货币发行业务是中央银行的主要负债业务。

货币发行（currency issue）有两重含义：一是指货币从中央银行的发行库，通过各家商业银行的业务库流向社会；二是指货币从中央银行流出的数量大于从流通中回笼的数量。这二者通常统称为货币发行。

中央银行作为发行的银行，一方面可以通过对商业银行提供再贷款和再贴现、向社会收购黄金外汇、在公开市场购买有价证券等方式将货币发行出去；另一方面，还可以通过减少或回收再贴现、再贷款资金，出售黄金外汇，在公开市场卖出有价证券等方式回笼货币。从中央银行流出的数量大于从流通中回笼的数量，形成净投放；反之，则为净回笼。中央银行的货币发行是其提供基础货币的主要构成部分。

图6-4显示了中国人民银行人民币发行和回笼的过程。

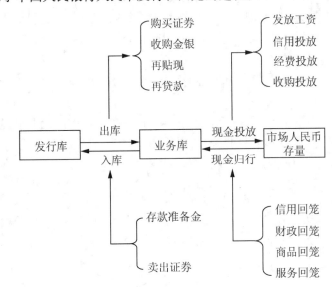

图 6-4 人民币发行和回笼过程

资料来源：王晓东、张兴东，《货币银行学》，北京：清华大学出版社，2013年。

中央银行发行货币，需坚持三条原则：一是垄断发行原则，即中央银行必须垄断货币发行权，只有这样才能稳定货币流通，加强宏观调控能力。二是信用保证原则，即中央银行发行货币不能光凭国家信用，必须建立相应的发行准备制度，使货币发行与外汇、证券、黄金等资产保持一定的联系。三是弹性原则，即中央银行要根据经济情况，不断向市场投放或回笼货币，使市场的货币供应随国民经济情况的变化而伸缩，具有灵活的弹性。

（二）集中存款准备金

各商业银行吸引的存款不能全部贷出，必须保留一部分现款，以备存款人提取。但是商业银行的现金准备，并不都存在自己的金库里，而是有一部分集中在中央银行。

中央银行集中的存款准备金（reserve requirement）包括两个部分：法定存款准备金和超额存款准备金。法定存款准备金是商业银行根据法律规定按一定比例提取，并转存于中央银行，是为防范金融风险而提取的；超额存款准备金是商业银行在中央银行存款中超过法定存款准备金的部分，是为满足商业银行债权债务清算的需要。

中央银行集中了各商业银行的准备金存款，形成中央银行的资金来源。中央银行存款准备金业务的主要手段是规定法定存款准备金比率。在存款准备金制度下，存款货币银行吸收的存款不能全部用于放贷或投资，而是要按法定比率提取准备金并交存中央银行。法定存款准备金比率的高低直接制约着商业银行的业务规模和创造派生存款的能力,中央银行通过调整法定存款准备金比率就可以影响货币供应量。

（三）代理国库

国库是国家金库的简称,是负责办理国家预算资金的收纳和支出的机关。国家的全部预算收入都由国库收纳入库,一切预算支出都由国库拨付。

中央银行代理国库业务(treasury agency)主要包括库款收缴和库款支拨两个方面。库款收缴业务是对预算收入征收机关所征收的预算收入及时办理入库手续。所谓预算收入征收机关,是指负责管理、组织征收、监督各单位按规定缴纳税收的部门,主要包括税务机关、海关和财政机关三个部门。所谓库款支拨业务,是指国库按财政部门支拨指令向有关单位办理支拨款项手续,国库负有监督审查的责任。

中央银行代理国库,一方面可以吸引大量的财政金库存款,形成它的重要资金来源;另一方面,这种存款通常是无息的,因而可以降低其筹资成本。对于政府而言,由中央银行代理国库,既可以减少收付税款的成本,又可以安全地保管资金,为其妥善使用提供方便。

（四）其他负债业务

中央银行的负债业务除了货币发行、集中存款准备金以及代理国库外,还包括发行中央银行债券和票据、对外负债、资本业务等。

中央银行发行债券除了获得资金来源,更多地是为了调节流通中的货币。当中央银行认为社会流动性过于充足,或为了压缩社会货币资金时,会增加债券或票据发行;相反,则通过回收债券或票据来向社会增加货币供给。

专栏 6-1

中央银行票据

中央银行票据(central bank bill)是中央银行为调节商业银行超额准备金而向商业银行发行的短期债务凭证,其实质是中央银行债券。之所以叫"中央银行票据",是为了突出其短期性特点。央行票据由中国人民银行在银行间市场通过中国人民银行债券发行系统发行,其发行的对象是公开市场业务一级交易商,目前公开市场业务一级交易商有 50 家,其成员包括商业银行、证券公司等。

中央银行发行央行票据具有的重要意义在于:丰富了中央银行公开市场业务操作工具,弥补了公开市场操作的现券不足。自 1998 年 5 月中国人民银行恢复公开市场业务操作以来,主要以国债等信用级别高的债券为操作对象,但无论是正回购还是现券买断,都受到央行实际持券量的影响,使公开市场操作的灵活性受到了较大的限制。央行票据的发行,改变了以往只有债券这一种操作工具的状况,增加了央行对操作工具的选择余地。同时,现有国债和金融债期限均以中长期为主,缺少短期品种,央行公开市场以现有品种为操作对象容易对中长期利率产生较大影响,而对短期利率影响有限。引入中央银行票据后,央行可以利用票据或回购及其组合,进行"余额控制、双向操作",对中央银行票据进行滚动操作,增加了公开市场操作的灵活性和针对性,增强了执行货币政策的效果。

中国人民银行从 2003 年 4 月 22 日起正式发行中央银行票据,至当年年底,共发行 63 期中央银行票据,发行总量为7 226.8亿元,中央银行票据余额为3 376.8亿元。2011全年累计发行中央银行票据约1.4万亿元,截至2011年年末,中央银行票据余额约为1.9万亿元。

资料来源:根据相关资料整理。

二、中央银行的资产业务

中央银行的资产是指中央银行在一定时点上所拥有的各种债权。中央银行的资产业务即其资金的运用,主要包括再贷款和再贴现、证券买卖业务、储备资产业务等。

(一)再贷款和再贴现

中央银行再贷款(rediscount)是指中央银行为了解决商业银行和其他金融机构在经营信贷业务过程中因临时资金不足而发放的贷款,是中央银行作为银行的银行职能的具体体现。它具有如下特征:第一,贷款对象是那些经营信贷业务的一般性金融机构;第二,这种贷款具有形成高能货币的特点;第三,这种贷款的利率水平、额度大小和限制条件是中央银行货币政策意愿的反映,是中央银行实施货币政策的一种手段或工具。

再贴现(refinancing)是中央银行向商业银行提供融资的重要方式之一,它主要用于解决商业银行由于办理贴现业务所引起的暂时性资金困难。中央银行可以通过提高或降低再贴现率,影响商业银行以再贴现方式向中央银行融通资金的成本,影响市场上的一般利率水平,从而起到收缩或扩大信用的作用。

(二)证券买卖业务

中央银行买卖证券的目的不是盈利,而是影响金融市场上的流动性,调节货币供应量,实现货币政策目标。在证券市场比较发达的国家,证券买卖业务是中央银行主要的资产业务。中央银行买卖证券一般都是通过公开市场进行的,买卖的证券都是一些优质证券,如政府债券、央行票据、回购协议等。在需要紧缩银根、减少货币供应量时,中央银行就在公开市场上卖出它所持有的有价证券,以回笼货币;反之,在需要扩张信用规模、增加货币供应量时,便在市场上买进有价证券,投放货币。

(三)储备资产业务

集中管理储备资产是中央银行的一项重要职能,中央银行通过买卖外汇、黄金等储备资产,调节国家的国际储备,促进国际收支的平衡,保持汇价与币值的稳定。

中央银行在买卖外汇、黄金储备资产时,一要确定合理的储备数量,储备数量过多是对资源的浪费,过少则有可能丧失国际支付能力。二要确定合理的储备结构,一般从安全性、流动性和盈利性三方面来考虑储备资产的构成比例。

在中国人民银行的资产项目中,2000年以后外汇储备已经成为第一大项,2012年年底,我国的外汇储备余额为3.31万亿美元,占总资产的比重为80.35%。

(四)其他资产业务

除以上三项外,未列入的所有项目之和都可列入其他资产,主要包括待收款项、固定资产等。

三、中央银行的清算业务

中央银行的清算业务(settlement business)是指中央银行作为一国支付清算体系的管理者和参与者,通过一定的方式和途径,使金融机构的债权债务清偿及资金转移顺利完成,并维护支付系统的平稳运行,从而保证经济社会正常运行的业务。中央银行的清算业务通常包括以下几方面的内容:

(一) 票据交换与清算

工商企业、事业单位及消费者用票据进行债权债务清偿和支付时,要通过开户银行的转账结算系统实现资金收付。票据交换具体运作流程是,银行在收到客户提交的票据后,根据相应的票据交换方式,将代收的票据交付付款行,并取回其他银行代收的以己方为付款行的票据,从而进行债权债务的抵消和资金的清偿。

(二) 异地跨行清算

异地跨行清算涉及不同区域、不同城市、不同银行之间的资金转移。其业务运作原理为:付款人向其开户行发出支付通知,开户行向当地中央银行地方分支机构发出支付指令,中央银行则将资金从该行账户中扣除并向汇入银行所在地中央银行分支机构发出向汇入银行支付的指令,汇入银行所在地区中央银行地方分支机构在收到指令之后,向汇入银行发出通知,并最后由汇入银行告知收款人。

(三) 证券和金融衍生工具交易清算

由于证券和金融衍生工具交易的清算不同于其他经济活动所产生的债权债务清算,具有数量大、不确定因素多、风险较大等特点,许多国家专门为证券和金融衍生工具的交易设立了专门的清算服务系统,有些国家的中央银行也直接参与到了支付清算活动中,以更好地监督管理这类清算业务。例如,美国的政府证券交易主要通过美联储的FEDWIRE簿记证券系统完成资金的最后清算,英格兰银行则提供中央金边证券系统(CGO)和中央货币市场系统(CMO)的结算与支付服务。

(四) 跨国清算

跨国清算指对于国际贸易、国际投资及其他方面所发生的国际间债权债务,借助一定的结算工具和支付系统进行清算,实现资金跨国转移的行为。欧美大银行于1973年开发了SWIFT系统,目前该系统已经成为普遍使用的跨国支付清算系统,保证了国家间资金的正常流转和债权债务的及时清偿,促进了各国间经济业务的发展。

专栏 6-2

中国现代化支付清算系统

中国现代化支付系统(CNAPS)是中国人民银行按照我国支付清算需要,利用现代化计算机技术和通信网络开发建设的,能够高效、安全处理各银行办理的异地、同城各种支付业务及其资金清算和货币市场交易的资金清算应用系统。它是各银行机构和货币市场的公共支付清算平台,是中国人民银行发挥其金融服务职能的核心支持系统。

目前,我国已建成以中国人民银行大、小额支付系统为核心,银行业金融机构行内业务系统为基础,票据支付系统、银行卡支付系统、证券结算系统和境内外币支付系统为重要组成部分,行业清算组织和互联网支付服务组织业务系统为补充的支付清算网络体系。

大额支付系统采取逐笔实时方式处理支付业务,全额清算资金。建设大额实时支付系统的目的,就是给各行和广大企业单位以及金融市场提供快速、高效、安全、可靠的支付清算服务,防范支付风险,它对中央银行更加灵活、有效地实施货币政策和实施货币市场交易的及时清算具有重要作用。该系统处理同城和异地、商业银行跨行之间和行内的各种大额贷记及紧急的小额贷记支付业务,处理中国人民银行系统的各种贷记支付业务,处理债券交易的即时转账业务。

小额批量支付系统采取批量发送支付指令,轧差净额清算资金。建设小额批量支付系统的目的,是为社会提供低成本、大业务量的支付清算服务,支撑多种支付工具的使用,满足社会各种经济活动的需要。

大额支付系统运行工作日为国家法定工作日,运行时间为每天的 8:30 至 17:00,中国人民银行根据管理需要可以调整运行工作日及运行时间。小额支付系统实行 7×24 小时不间断运行,中国人民银行可以根据业务和运行管理的需要对小额支付系统实施暂时停运。

资料来源:根据相关资料整理。

第四节　中央银行的独立性

一、中央银行独立性的含义

在市场经济体制下,所谓中央银行的独立性(independence),是指在货币政策的决策和运作方面,中央银行由法律赋予或实际拥有的自主程度。中央银行独立性问题集中地反映在中央银行与政府的关系上,中央银行的独立性需要从以下两个方面来辩证地认识。

(一) 中央银行应对政府保持一定的独立性

这主要体现在:(1)中央银行是特殊的金融机构,在制定和执行货币政策,对金融业实施监督管理,调控宏观经济运行时,具有很强的专业性和技术性,一般的政府机构很难胜任。(2)中央银行与政府两者所处地位和行为目标有所不同。如果中央银行完全按政府的指令行事而缺乏独立性,可能出现用货币发行弥补政府赤字、降低货币政策稳定性等问题。(3)中央银行保持一定的独立性,可以使中央银行与政府其他部门之间的政策形成一个互补和制约关系,增加政策的综合效力和稳定性,避免因某项决策或政策失误而造成经济与社会发展全局性的损失。(4)中央银行保持一定的独立性,可以使中央银行及其分支机构全面、准确、及时地贯彻总行的方针政策,避免各级政府的干预,保证货币政策决策与实施的统一。

(二) 中央银行对政府的独立性是相对的

这主要体现在:(1)从金融与经济社会的关系来看,虽然金融是现代经济的核心,但在整个经济社会大系统中,它仍是一个子系统,必须服从国家的根本利益,服务于经济和社会的发展。(2)从中央银行承担的宏观调控职责看,中央银行只是整个宏观调控体系中的一个组成部门,它要实现调控目标也需要政府其他部门的政策尤其是财政政策的协调与配合。(3)在特殊情况下(如战争、特大灾害等),中央银行则必须完全服从于政府的领导和指挥。因此,中央银行对政府的独立性只能是相对的。中央银行不能完全独立于政府,不受政府的任何制约,更不能凌驾于政府之上。

二、中央银行独立性的内容

任何一个国家,中央银行的独立性再强,也不能脱离政府及政治的影响,而只能是相对独立。一般来说,中央银行的独立性主要体现在以下几个方面:

(一)建立独立的货币发行制度,以维持货币的稳定

独立的货币发行制度包括货币发行权必须高度集中于中央银行,不能搞多头发行;货币发行应坚持经济发行的原则,而不能搞财政发行,以保证货币发行权真正掌握在中央银行的手中。

(二)独立地制定和执行货币政策

中央银行在制定货币政策时,必须体现或考虑政府的宏观经济政策及意图,尽可能地使中央银行的货币政策与国家的宏观经济政策保持一致,但是在货币政策的执行过程中,必须保持高度的独立性,不受各级政府和部门的干预。中央银行的货币政策在制定和执行上与政府发生分歧时,政府应充分尊重中央银行方面的经验和意见,尽可能地采取相互信任、相互尊重、平等讨论问题的方式来解决,以防止由政府对中央银行的行政干预而造成宏观决策的失误。另外,在中央银行货币政策的执行过程中,各级政府及有关部门应尽可能给予配合,而不应从自身利益出发,直接或间接抵消货币政策的作用。

(三)独立地管理和控制整个金融体系与金融市场

中央银行应在国家法律的授权和保障下,独立地行使对金融体系与金融市场的管理权、控制权和制裁权,完整地行使监督管理职能。其中,管理权是指中央银行有权管理金融市场的交易,有权管理金融机构的建立和撤并,有权对金融机构的业务活动和经营状况进行定期或不定期的检查,并做出一些具体的规定。控制权是指中央银行有权把金融体系和金融市场的业务活动置于自己的监督与控制之下,使整个金融活动按货币政策的需要而正常地进行。制裁权是指中央银行有权对违反金融法规、抗拒管理的金融活动和金融机构给予经济的、行政的制裁。

三、中央银行独立性的不同模式

中央银行独立性强弱的衡量标准主要有以下几类:(1)中央银行的隶属关系。一般来说,隶属于国会的中央银行,其独立性较强;隶属于政府或政府某一部门(如财政部)的中央银行,其独立性较弱。(2)法律赋予中央银行的职责权限。(3)中央银行负责人的任命程序、任期长短以及解聘程序。(4)中央银行与政府的资金关系,如是否允许政府财政透支等。(5)中央银行决策机构的组成,政府官员是否在中央银行董事会任职或参与等。按照这些标准,中央银行的独立性可以划分为三种模式:独立性较强的模式、独立性稍弱的模式和独立性较弱的模式。

(一) 独立性较强的模式

这种模式的主要特点是,中央银行直接对国会负责,不对政府负责,可以独立地制定和实施货币政策,政府不得直接对其发布命令和指示,不得干涉货币政策。当中央银行的政策目标与政府的经济目标出现矛盾时,中央银行可以按自己的目标行事。美国联邦储备体系和德意志联邦银行是这种模式的典型代表。

1. 美国联邦储备体系的独立性

美国联邦储备体系是美国的中央银行,它是世界上公认的独立性最强的中央银行之一。

美国联邦储备体系的独立性主要体现在:(1)美联储对国会负责,向其报告工作。(2)联邦储备体系理事会经国会授权,无须总统批准,有权独立地制定货币政策,自行决定采取的措施和运用的政策工具。(3)美联储没有长期向政府提供融资的义务,通常情况下,财政筹资只能通过公开市场发行债券。(4)联邦储备体系理事会主席和副主席由总统从7名理事中指定2人担任,任期4年,可以连任。联邦储备体系理事会的7名理事经参议院同意,由总统任命,任期14年,不得连任。理事会成员任期与总统任期错开,使总统在任期内无法更换理事会的大部分成员,从而制约了总统完全控制联邦储备体系理事会的可能。美国总统和美联储主席任期情况如图6-5所示。

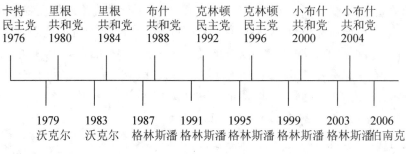

图6-5 美国总统和美联储主席任期情况

资料来源:阮加,《金融学》,北京:清华大学出版社,2013年。

2. 德意志联邦银行的独立性

德意志联邦银行是德国的中央银行,它被认为是西方工业国中具有独立性和权威性的中央银行。

德意志联邦银行的独立性较高,充分体现在以下几个方面:(1)德意志联邦银行总裁和理事由政府与联邦银行理事会磋商后提名,总统任命,任期8年,届满之前政府不得罢免。(2)法律禁止政府向联邦银行透支,政府机构虽然可以向联邦银行借款,但必须保证归还,并且数量上也有限制。(3)1957年通过、1992年修改的《德国联邦银行法》明确规定,德国联邦银行的基本职责是保持货币稳定,在行使授予的权力时不受政府指令的干预。(4)政府成员可出席德国联邦银行理事会的所有会议,无表决权,但可提出将理事会决议推迟两周执行的动议(很少使用该权力)。

（二）独立性稍弱的模式

这种模式下的中央银行虽然名义上隶属于政府，但实际上拥有较大的决策权和管理权，如英格兰银行、日本银行等。

1. 英格兰银行的独立性

英格兰银行是英国的中央银行，它隶属于政府的财政部，名义上独立性较差，但实际享有的独立性要远远高于法律所赋予的独立性。

英格兰银行的独立性主要表现在：(1)只在形式上隶属于财政部。按照1946年《英格兰银行法》的规定，财政部在认为必要时，可在与英格兰银行总裁商议后直接向英格兰银行发布命令，但实际上财政部从未使用过这项权力。(2)英格兰银行每年向议会提交年度报告，但也与政府密切合作，政府一贯尊重英格兰银行的意见，一般不过问货币政策的制定，也不参与理事会的评议。(3)在人事方面，尽管理事会成员均由政府推荐、王室任命，但众议院议员、政府部长以及在政府部门有工资职务者不能担任英格兰银行的理事。(4)在资金方面，英格兰银行一般不向政府提供贷款，只提供少量的隔夜资金融通。

2. 日本银行的独立性

日本银行是日本的中央银行，1997年6月新《日本银行法》的颁布是日本银行具有充分独立性的标志。

日本银行的独立性主要表现在：(1)日本银行隶属于财政部，财政部部长拥有对日本银行的一般业务命令权、监督命令权、官员解雇权，但实际上财政部并未使用这种命令权。(2)新《日本银行法》从法律的角度明确了日本银行的独立地位，给了日本银行在金融调控时拥有独立自主性的法律保障。(3)日本银行的总裁和副总裁经议会同意后由内阁任命，理事则由财政部长任命，任期分别为5年和4年，均可连任。(4)在与政府的资金关系上，法律规定日本银行不得认购政府发行的长期公债和向政府提供长期贷款，日本银行仅向政府提供少量短期贷款。(5)日本银行政策委员会是决定货币政策的最高权力机构，财政部与经济企划厅各有代表1人参加，但都没有表决权。

（三）独立性较弱的模式

这种模式下的中央银行的特点是，中央银行隶属于政府，不论在名义上还是在实际上，中央银行在制定和执行货币政策、履行其职责时，都比较多地服从政府或财政部的指令。意大利银行和法兰西银行是这种模式的典型代表。

意大利银行是意大利的中央银行，属于独立性较弱的中央银行，其主要特点是：(1)意大利银行受财政部统辖，不直接对议会负责，但向议会汇报工作，提供情报。(2)意大利银行总裁由理事会提名，总统任命，任期不限。(3)在资金方面，意大利银行向财政部提供规定期限内的短期贷款，通过认购政府债券和代理国库券以帮助政府筹集资金。(4)财政部代表可出席意大利银行理事会会议，并且在认为会议所做出的决议与政府意图不符时，可以提出暂停决议的执行。

法兰西银行是法国的中央银行，法兰西银行的独立性也相对较弱，其理事会成员大都由财政部提名、内阁会议通过后由总统任命。

四、中国人民银行的相对独立性

中国人民银行属于独立性较弱的一种模式,但自 20 世纪 90 年代以来,其独立性有所增强。2003 年 12 月 27 日第十届全国人大常委会第六次会议修正的《中国人民银行法》第七条规定:"中国人民银行在国务院领导下依法独立执行货币政策,履行职责,开展业务,不受地方政府、各级政府部门、社会团体和个人的干涉。"第五条规定:"中国人民银行就年度货币供应量、利率、汇率和国务院规定的其他重要事项做出的决定,报国务院批准后执行。"总之,由于受各方面主、客观条件的制约,中国人民银行属于独立性较弱的一种模式,近期中国人民银行还难以成为类似发达国家的独立性较强的中央银行。

本章小结

1. 中央银行是专门制定和实施货币政策、统一管理金融活动并代表政府协调对外金融关系的金融管理机构。中央银行是经济金融发展到一定阶段的产物。

2. 中央银行是国家赋予其制定和执行货币政策,对国民经济进行宏观调控和管理监督的特殊的金融机构。中央银行既是特殊的金融机构,又是特殊的国家机关。中央银行的性质和宗旨决定了其有三项基本职能:发行的银行、银行的银行和国家的银行。

3. 中央银行职能作用的充分发挥有赖于中央银行业务活动的广泛开展,中央银行的主要业务有负债业务、资产业务和清算业务。

4. 中央银行的独立性是指在货币政策的决策和运作方面,中央银行由法律赋予或实际拥有的自主程度。中央银行的独立性有三种模式:独立性较强的模式、独立性稍弱的模式和独立性较弱的模式。

本章重要概念

中央银行　发行的银行　银行的银行　国家的银行　中央银行资产业务　中央银行负债业务　中央银行清算业务　中央银行独立性

复习思考题

一、选择题

1. 一般认为,中央银行的鼻祖是(　　)。
   A. 瑞典银行　　　　B. 英格兰银行　　　C. 法兰西银行　　　D. 德国国家银行
2. 下列(　　)最能体现中央银行是"银行的银行"。
   A. 发行货币　　　　B. 最后贷款人　　　C. 代理国库　　　　D. 集中存款准备金
3. 人们手中持有的纸币体现持有人对中央银行的(　　)。
   A. 负债　　　　　　B. 债权　　　　　　C. 债务　　　　　　D. 无关
4. 按独立性程序不同分类,属于独立性较弱模式的是(　　)。
   A. 美国联邦储备体系　　　　　　　　　B. 日本银行
   C. 英格兰银行　　　　　　　　　　　　D. 意大利银行

5. 中央银行证券买卖业务的主要对象是(　　)。
A. 国库券和国债　　B. 股票　　C. 公司债券　　D. 金融债券
6. 属于中央银行扩大货币供给量行为的是(　　)。
A. 提高贴现率　　　　　　　　B. 降低法定存款准备金率
C. 卖出国债　　　　　　　　　D. 提高银行在央行的存款利率
7. "维护支付、清算系统的正常运行"体现中央银行作为(　　)的职能。
A. 发行的银行　　　　　　　　B. 银行的银行
C. 充当最后贷款人　　　　　　D. 政府的银行
8. 中央银行作为特殊的金融机构,其业务对象为(　　)。
A. 一国金融机构与工商企业　　B. 一国政府与金融机构
C. 一国工商企业与金融机构　　D. 工商企业和个人
9. 中央银行之所以成为中央银行,最基本、最重要的标志是(　　)。
A. 集中存款准备金　　　　　　B. 集中与垄断货币发行
C. 充当最后贷款人　　　　　　D. 代理国库
10. 中央银行的产生(　　)商业银行。
A. 早于　　　　B. 晚于　　　　C. 同时　　　　D. 不一定

二、简答题

1. 中央银行产生的客观要求有哪些?
2. 中央银行的性质是什么?
3. 中央银行的主要职能有哪些?
4. 中央银行有哪些负债和资产业务?
5. 中央银行货币发行的基本原则有哪些?
6. 中央银行的清算业务有哪些?
7. 中央银行的独立性有哪些内容?

三、论述题

谈谈你对这句话的理解:"中央银行应对政府保持一定的独立性,但这种独立性只能是相对的。"

第三篇 金融市场

第七章

金融市场概述

金融市场是不属于道德范畴的,它有自己的游戏规则。我是金融市场的参与者,我会按照已定的规则来玩这个游戏,我不会违反这些规则,所以我不觉得内疚或需要负责任。

——乔治·索罗斯

学习目标

通过本章的学习,你将能够:
- 理解金融市场的内涵;
- 掌握金融市场的构成要素及特性;
- 理解金融市场的分类及功能;
- 了解金融市场的发展趋势。

引导案例

庞 氏 骗 局

所谓庞氏骗局(Ponzi scheme),是指骗人向虚设的企业投资,以后来投资者的钱作为快速盈利付给最初投资者以诱使更多人上当。庞氏骗局是一种最古老和最常见的投资诈骗,是金字塔骗局的变体。

1917年,查尔斯·庞齐注意到第一次世界大战给各国的经济带来的混乱,觉得有机可乘。他开始策划一个阴谋,移居波士顿在那里开设了一家所谓的"证券交易公司",向外界宣称该公司将从西班牙购入法、德两国的国际回邮优待券,加上一定的利润转手以美元卖给美国邮政局,以此赚取美元与战后货币严重贬值的法、德两国货币的"价差"。事实上这个计划根本赚不到钱,但还是有些人冲着一个半月内能获得50%的回报率去尝试投资,让那些初期投资者感到狂喜的是,他们如期获得了红利。狡猾的庞齐把新投资者的钱作为快速盈利付给最初投资的人,以诱使更多的人上当。由于获得了难以置信的赢利,这一"消息"大范围地扩散开去,庞齐成功地在几个月内吸引了数万名投资者,累积获得的投资就超过了1 500万美元。后来当波士顿媒体的报道造成新投资者对公司的质疑和观望,使公司没有新的资金来源去支付先期投资者的利息时,他关掉店门,带着约4万名投资人的毕生积蓄逃之夭夭。后人称之为"庞氏骗局"。

庞氏骗局实质上是将后一轮投资者的投资作为投资收益支付给前一轮的投资者,依此类推使卷入的人和资金越来越多。毕竟投资者和资金是有限的,当投资者和资金难以为继时,庞氏骗局必然骤然崩溃。事实上,庞氏骗局既不是起源于庞齐,也不可能止于庞齐,而在人类的经济活动中广泛地存在。庞齐的骗局只不过是一个典型的例子罢了。

资料来源:根据相关资料整理。

第一节 金融市场及其特性

一、资金融通与金融市场

(一)资金融通

在现实经济活动中,出现收支恰好相抵的经济单位不多见,而更常见的是支出赤字单位和支出盈余单位。这样,在两者之间就需要通过一种机制,将支出盈余单位的资金转移到支出赤字单位,以实现资金的余缺调剂,这就是资金的融通活动。简言之,资金融通是指在支出盈余单位和支出赤字单位之间实现资金的有偿转移或余缺调剂。其中,支出盈余单位成为资金供给者,支出赤字单位则成为资金需求者。

资金从盈余单位向赤字单位有偿转移的方式一般有两种,即直接融资和间接融资。

1. 直接融资

直接融资(direct finance)是指赤字单位或资金需求者通过在金融市场上向盈余单位或资金供给者出售有价证券,直接向后者进行融资的方式。在直接融资中,资金供求双方之间通过有价证券的交易来实现融资,即资金需求者通过发行某种有价证券,并出售给资金供给者,从而获得后者手中暂时闲置的资金;而资金供给者则通过购买有价证券,将暂时不用的资金转变为金融资产,从而可以增加收益。在直接融资中,由赤字单位或资金需求者发行的有价证券称为直接证券或直接融资工具,如商业票据、股票、公司债券等。

最初赤字单位与盈余单位之间的交易是直接进行的,但是随着融资规模的扩大,引起了交易效率的下降。为了提高交易效率,在市场上便出现了一类机构,专门在两者之间"牵线搭桥",代表赤字单位向盈余单位销售有价证券,即投资银行或证券公司。在这里,尽管投资银行或证券公司参与了直接融资活动,但并不改变直接融资的性质,因为投资银行或证券公司只是代理销售赤字单位发行的直接证券,而并不发行自己的证券。直接融资过程如图 7-1 所示。

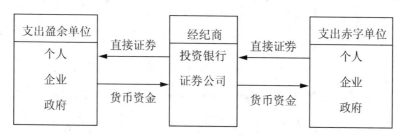

图 7-1 直接融资过程

资料来源:胡援成,《货币银行学》,北京:中国财政经济出版社,2011 年。

2. 间接融资

间接融资(indirect finance)是指赤字单位或资金需求者通过金融机构间接获得盈余单位或资金供给者多余资金的融资方式。间接融资活动中,金融机构首先发行间接证券,获取资金后,将资金贷放给资金需求者或购买其发行的直接证券。这类金融机构主要包括商业银行、保险公司、信托公司、投资基金等,金融机构发行的间接证券又称为间接融资工具,主要包括银行存单、保险单、金融债券、基金凭证等。

在这类融资活动中,资金不是直接由盈余单位转向赤字单位,而是通过金融机构来进行转移的,这种融资方式称为间接融资。在间接融资中,盈余单位购买的并不是赤字单位发行的直接证券,而是金融中介机构发行的间接证券。通过间接融资,资金同样可以实现从盈余单位向赤字单位的转移。间接融资过程如图 7-2 所示。

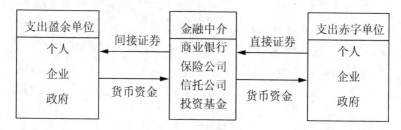

图 7-2 间接融资过程

资料来源:胡援成,《货币银行学》,北京:中国财政经济出版社,2011 年。

(二)金融市场的概念

从以上分析可以看出,由于各经济单位在经济活动中存在资金盈余或赤字的情况,为确保经济活动的正常进行,由此产生了资金的融通,而各种资金融通活动的总和则形成了金融市场。

在金融市场中,资金从拥有闲置货币的人手中转移到资金短缺的人手中。但是,由于盈余单位向赤字单位之间的资金融通,要通过直接证券、间接证券等金融工具的交易来实现,因此,金融市场(financial market)可定义为以金融工具为交易对象而形成的资金供求关系及其机制的总和。

金融市场有广义和狭义之分。广义的金融市场泛指一切进行资金交易的市场,包括以金融机构为中介的间接融资和资金供求者之间的直接融资。而狭义的金融市场仅限于资金供求者之间的直接融资,交易双方通过办理各种标准化的票据和有价证券的交易来实现融资的目的。本书主要分析的是狭义的金融市场。

专栏 7-1

2002 年以来社会融资规模及其结构变化特点

社会融资规模是指一定时期内实体经济从金融体系获得的资金总额。近十年来,我国社会融资规模总体呈扩大趋势,有效促进了宏观经济平稳较快发展。

2012 年社会融资规模 15.76 万亿元,比上年增加 2.93 万亿元,规模是 2002 年的 7.8 倍,为历史最高水平;全年社会融资规模与名义 GDP 的比率为 30.4%,分别比 2011 年和 2002 年上升 3.3 个和 13.7 个百分点。

从社会融资结构的变化可以看出,我国金融多元发展,优化资源配置的作用不断提高。一是人民币贷款占比大幅下降。全年新增人民币贷款 8.20 万亿元,占同期社会融资规模的 52.0%,为历史最低水平,分别比 2011 年和 2002 年低 6.2 个与 39.9 个百分点。二是外币贷款总体保持增长势头。全年新增外币贷款折合人民币 9 163 亿元,分别比 2011 年和 2002 年多增 3 451 亿元和 8 432 亿元。三是直接融资特别是企业债券融资快速发展。全年非金融企业境内债券和股票合计融资 2.51 万亿元,占同期社会融资规模的 15.9%,分别比 2011 年和 2002 年高 1.8 个与 11.0 个百分点,占比达到历史峰值。四是实体经济通过金融机构表外的融资迅速增长。全年实体经济以未贴现的银行承兑汇票、委托贷款和信托贷款方式合计融资 3.62 万亿元,比 2011 年多 1.09 万亿元,而 2002 年这些表外融资的业务量还很小。五是非银行金融机构对实体经济支持力度稳步提高。全年保险公司赔偿和小贷公司、贷款公司新增贷款合计为 5 140 亿元,分别比 2011 年和 2002 年多 749 亿元和 4 708 亿元。

资料来源:中国人民银行,《中国金融稳定报告 2013》。

二、金融市场的构成要素

在金融市场中,资金供求双方构成了金融市场的参与主体,参与主体之间借助于金融工具完成资金余缺的调剂。参与主体之间运用金融工具进行交易时,会形成一定的交易价格。不同的资金交易会在不同的场所进行,采取的组织形式也不相同。因此,金融市场的构成要素主要包括金融市场的参与主体、交易对象、交易价格、交易的组织形式等。

(一) 金融市场的参与主体

金融市场的参与主体指的是金融市场的主要参与者,是在金融市场上进行金融交易活动的主体,既可以是自然人也可以是法人,主要包括个人、企业、金融机构、政府部门、中央银行等(如图 7-3 所示)。

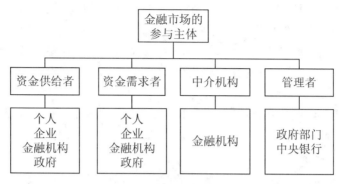

图 7-3 金融市场的参与主体

1. 个人

个人主要是金融市场的资金供给者。个人可以在金融市场上将收入大于支出的部分用于投资,并根据其投资目的不同选择不同的金融资产。风险规避者可以购买国债或者信誉卓越的公司股票或者债券,这些证券风险小,但收益较低。风险偏好者可以投资于股票或者评级较低的债券,这些证券风险大,但收益高。随着信贷消费的不断扩大,个人也是金融市场的资金需求者,当个人收入或者储蓄不足,在购买汽车或者住房发生资金困难时,也可以从金融市场上通过消费贷款取得资金,以实现自己的消费行为。

2. 企业

企业是金融市场运行的基础,金融活动的其他参与者都与企业有着密不可分的联系,企业是整个经济活动的中心。当企业资金有盈余时,可以利用金融市场进行投资,并视其资金闲置的长短,选择不同的信用工具。当企业资金不足时,又需要通过抵押贷款、发行股票或者债券等形式筹措资金。

3. 政府

在金融市场上,政府既是资金的需求者,又是资金的供给者。一方面,政府为了弥补财政赤字或刺激经济增长,利用国家信用工具来筹措资金,它在短期金融市场上发行短期政府债券,在长期金融市场上发行公债。由于政府信誉度高,债券发行量大,在市场中的每个银行、企业、个人都或多或少地持有政府债券。另一方面,政府通过向地方财政提供稳定的资金来调整经济结构。尽管财政资金的投放有时不通过金融市场进行,但财政资金的供应仍可以改变金融市场的资金供求关系。因此,政府对金融市场的影响很大,在金融市场中占有重要的地位。

4. 金融机构

在金融市场上,金融机构的作用较为特殊。首先,它是金融市场上最重要的中介机构,是储蓄转化为投资的重要渠道。其次,金融机构在金融市场上充当资金的供给者、需求者、中介人等多重角色,它既发行和创造金融工具,也在市场上购买各类金融工具;既是金融市场的中介人,也是金融市场的投资者、货币政策的传递者和承受者。金融机构作为机构投资者在金融市场上具有支配性的作用。

5. 中央银行

中央银行是一国政府重要的宏观经济管理部门,也是金融市场的重要参与者。中央银行参与金融市场运作的目的与政府部门一样,都是实现政府的宏观经济目标,但参与市场的方式不尽相同。中央银行要根据货币流通状况,在金融市场上进行公开市场业务操作,通过有价证券的买卖,吞吐基础货币,以调节市场上的货币供应量。在参与金融市场运作的过程中,中央银行不以盈利为目的,而是以调控宏观经济运行以及实施宏观经济政策为己任。

6. 国外投资者

随着金融市场向着国际化方向的发展,国外投资者在各国金融市场进行筹资和投资的需求越来越大,这部分资金的流入流出对金融市场也会产生重大的影响。

(二) 金融市场的交易对象

从本质上说,金融市场的交易对象就是货币资金,但由于货币资金之间不能直接进行交易,需要借助金融工具来进行,因此,金融工具就成为金融市场上进行交易的载体。金融工具对于出售人来讲,代表金融负债,其作用是筹资;对于购买者来讲,则代表金融资产,其作用是投资。金融工具的数量和质量是决定金融市场效率与活力的关键因素。

目前金融市场上交易和流通的金融工具种类繁多,人们往往根据不同的标准,对这些金融工具进行不同的分类:

1. 短期金融工具和长期金融工具

按照金融工具的期限的不同,可分为短期金融工具和长期金融工具。短期金融工具是指偿还期限在1年或1年以内的各种金融工具,包括短期债券、支票、信用卡等。长期金融工具则指偿还期限在1年以上的金融工具,如股票、长期债券等。

2. 直接金融工具和间接金融工具

按照金融工具的供求关系的不同,可分为直接金融工具和间接金融工具。直接金融工具是资金供求双方直接进行交易时所产生的金融工具,如商业票据、股票、债券等。间接金融工具则是资金供求双方通过银行等金融机构进行交易时所产生的金融工具,如可转让大额定期存单、支票、银行本票等。

3. 债权债务类金融工具和所有权类金融工具

按照合约权利或义务性质的不同,可分为债权债务类金融工具和所有权类金融工具。债权债务类金融工具主要以票据和债券为代表,是一种债权债务凭证。所有权类金融工具主要包括股票、认股权证等,它所要表明的则是一种所有权关系,因此是一种所有权凭证。

4. 基础性金融工具和衍生性金融工具

按照与标的资产间关系的不同,可分为基础性金融工具和衍生性金融工具。基础性金融工具包括三大类:货币类基础金融工具,包括本国货币和外汇;股权类基础金融工具,主要是指股票;利率类基础金融工具,如存单、商业票据、债券等。衍生性金融工具又被称做金融衍生工具,是在货币、股票、债券等传统金融工具的基础上衍化和派生的,以杠杆和信用交易为特征的金融工具,期货、期权等是金融衍生工具的典型形式。

(三) 金融市场的交易价格

金融市场的交易价格是金融市场的另一个重要构成要素。由于融资场所和融资工具种类繁多,因此,交易价格也就各异,比较具有代表性的价格有以下几种:

1. 资金价格

习惯上把利率或收益率视为货币资金的价格,即一款金融工具可以为持有者带来多少收益决定了该金融工具的价格。比如一笔一年期10 000元的贷款,年利率是8%,只有在存续期为借款人带来不低于8%的利润时才会有人申请这笔贷款。一旦成功申请到贷款,就算达成了交易,所以这笔贷款的成交价格是10 000×8%＝800元。资金的价格主要由市场平均利润率、资金的供求情况以及资金供求者之间的竞争状况决定。

2. 证券价格

证券价格主要包括股票价格和债券价格。从理论上,股票价格主要由其本身带来的收入和当时的市场利率这两个因素所决定,它和其本身所带来的收入成正比,和市场利率成反比。用公式表示为:股票价格＝预期股息收入/市场利率。债券价格确定的基础是本金和利息,在此基础上根据收益资本化理论和现值理论确定,但由于受市场利率预期和还本付息方式的影响,其价格确定方法有多种多样。

3. 外汇价格

外汇价格是指一国货币兑换成别国货币的比率。有两种表示方法:一是直接标价法,是指以一定单位的外国货币兑换成若干本国货币的标价方法,目前包括中国在内的世界上大多数国家都采用这种方法。二是间接标价法,是指以一定单位的本国货币兑换成若干外国货币的标价方法,目前只有英、美等少数发达国家采用间接标价法。美元除对英镑实行直接标价法外,对其他货币均采用间接标价法。

4. 黄金价格

由于黄金既具有普通商品的属性,也具有特殊商品的属性,因此,黄金价格的确定既不完全等同于普通商品,也不完全等同于金融商品。它作为普通商品时,其价格主要取决于其内在价值;它作为特殊商品时,其价格主要取决于黄金货币化的程度。

(四) 金融市场的组织形式

金融市场的组织形式是将金融市场的参与者同金融工具建立联系并得以进行资金供求交易的方式。受市场本身的发育程度、交易技术的发达程度以及交易双方交易意愿的影响,金融交易主要有以下三种组织形式。

1. 交易所形式

交易所形式是一种交易对象集中在交易所内通过公开竞价的方式来进行资金交易的组织形式。在这种形式下,资金交易集中于交易所内,交易主体平等而公开地通过竞价进行交易活动,最后按照价格优先、时间优先的原则成交。

2. 柜台交易形式

柜台交易形式又称为店头交易形式或场外交易形式,是一种分散在各个证券商柜台进行交易的组织形式。交易的证券多为未在交易所挂牌上市的证券,但也包括一部分上市证券。

3. 无形交易形式

无形交易形式是指通过远程计算机网络、电信技术完成资金交易的方式。随着计算机技术和通信技术的迅速发展,资金交易越来越灵活,无论何时何地,人们都可以通过网络和电话完成资金的交易和转移。

这几种组织形式各有特点,分别可以满足不同的交易需求,一个完善的金融市场上这几种组织方式通常是并存的。

三、金融市场的特性

与普通商品市场相比,金融市场具有以下特性:

(一) 交易主体之间关系的特殊性

金融市场主体之间的关系不是一种单纯的买卖关系,而主要是一种借贷关系和委托代理关系,是以信用为基础的货币资金的使用权和所有权的暂时分离或有条件的让渡。金融市场主体之间的关系体现在两个方面:金融市场供求双方从形式上看仍是一种买卖关系,但这种买卖关系与商品市场的买卖关系不同。债券买卖后,体现的是债券持有人与债券发行人之间的债权债务关系,股票体现的是股票持有人对股份公司的所有权。

(二) 交易对象的特殊性

在传统的商品市场中,人们支付货币换取所需的商品,而在金融市场中交易的对象则是金融资产。金融资产是指代表未来获得一系列现金收入的合约,属于无形资产。在金融市场上交易的各种金融资产包括货币、可转让大额存单、商业票据、债券、股票、金融期货、期权等。这些金融资产实现了资金的流动和转移,将资金从盈余者手中转到了有投资机会的资金短缺者手中,从而使得闲置资金得到有效分配和利用。

(三) 交易价格决定的特殊性

在传统的商品市场上,由商品的供给与需求决定商品的价格,且价格随供求的变化而变化,或价格的变化又可引起商品供求的变化。金融市场上的交易价格,不仅受供求关系的影响,而且在很大程度上受中央银行货币政策的影响。如金融市场上最有影响的价格——利率,既受资金供求状况的影响,也受中央银行基础利率的影响。此外,市场预期也对金融市场的交易价格有着越来越重要的影响。

(四) 交易场所的特殊性

传统的商品市场往往是一个固定的有形场所,但是金融市场不一定如此。随着计算机网络技术的不断发展,全球金融一体化的趋势进一步加强,尤其是各个国家利用卫星通信网络,使得全球各地的终端得以相互联结,形成了全球外汇交易的无形市场,以及全球证券市场在交易时间上的继起,使得资金可以每天 24 小时在全球流动。因此,现代金融市场大多属于抽象的或无形的市场。

第二节 金融市场的分类及其功能

一、金融市场的分类

金融市场是一个由许多相互独立又相互关联的子市场组成的大市场。按照不同的标准可以将其划分为若干类市场。

(一) 货币市场、资本市场、外汇市场以及黄金市场

按金融交易的标的,即金融资产的存在形式划分,金融市场可分为货币市场、资本市场、外汇市场以及黄金市场四类。

1. 货币市场

货币市场(money market)是指以期限在1年以内的金融资产为交易标的的短期金融市场。货币市场主要进行同业拆借、国库券、商业票据、可转让定期存单、回购协议等短期金融工具的买卖。货币市场的交易量十分庞大,短期金融工具可以随时在二级市场上出售变现,具有很强的变现性和流动性,由于其功能近似于货币,所以称为货币市场。本书第八章将专门讨论货币市场。

2. 资本市场

资本市场(capital market)是指期限在1年以上的金融资产交易市场,主要包括中长期银行信贷市场和有价证券市场。但由于证券市场最为重要,加之长期融资证券化已成为大趋势,所以现在一般可将资本市场等同于证券市场。当个人和企业需要获得中长期资金的支持时,可以到资本市场进行交易。由于在该市场上融通的资金通常作为扩大再生产的资本使用,所以称其为资本市场。本书第九章将专门讨论资本市场。

3. 外汇市场

外汇市场(foreign exchange market)是专门进行外汇交易的场所,从事各种外币或以外币计价的票据及有价证券的交易。外汇市场有广义和狭义之分。狭义的外汇市场指的是银行间的外汇交易,包括各外汇银行间的交易、中央银行与外汇银行间以及各国中央银行间的外汇交易活动,通常称为批发外汇市场。广义的外汇市场是指由各国中央银行、外汇银行、外汇经纪人及客户组成的外汇买卖和经营活动的总和。外汇市场可以实现购买力的国际转移,调剂资金在国际间的供求,提高资金的使用率,并可以用来减少汇率波动对国际贸易带来的风险。

4. 黄金市场

黄金市场(gold market)是专门集中进行黄金等贵金属买卖的交易场所。尽管随着时代的发展,黄金的非货币化特征已经越来越明显,但是黄金作为重要的国际储备之一,在国际结算中仍占据重要地位,黄金市场依旧被视为金融市场的组成部分。黄金市场早在19世纪初就已经形成,是最古老的金融市场形式。现在,世界上已发展到四十多个黄金市场,其中伦敦、纽约、苏黎世、芝加哥和中国香港地区的黄金市场被称为五大国际黄金市场。

(二) 直接金融市场和间接金融市场

按资金融通中中介机构的特征来划分,金融市场可分为直接金融市场和间接金融市场。

1. 直接金融市场

直接金融市场(direct financial market)是指资金需求者直接获得资金盈余单位融资的市场(如图7-1所示)。直接融资既包括企业与企业、企业与个人间的直接资金融通,又包括企业通过发行债券和股票方式进行的融资活动。即使是企业的直接融资活动,一般也会经由金融机构代理作为中介。

2. 间接金融市场

间接金融市场(indirect financial market)是指资金需求者与资金供应者之间通过银行等金融中介机构来进行资金融通的市场(如图7-2所示)。在间接金融市场上,资金所有者将资金贷放给银行等金融中介机构,再由金融中介机构转贷给资金需求者。不论这笔资金最终归谁使用,资金所有者的债权关系都针对金融中介机构,对资金的最终使用者不具任何债权要求。

值得注意的是,直接金融市场和间接金融市场的差别,并不在于是否有中介机构介入,而主要是在于中介机构的作用和角色。在直接金融市场上,也会有金融中介机构的介入,只是这类中介机构不是作为资金中介,而仅是作为信息中介和服务中介为实际的资金需求者与供应者提供信息及服务。

(三) 发行市场和流通市场

按交易的层次划分,金融市场可分为发行市场和流通市场。

1. 发行市场

发行市场又称为一级市场(primary market),指通过发行新的金融工具以实现融资目的的市场。发行市场的功能是筹集资金,它是二级市场的前提和基础,同时也决定着金融市场上金融工具的种类和规模。

2. 流通市场

流通市场又称为二级市场(secondary market),是指通过买卖现有的或已经发行的金融工具来实现流通目的的市场。当金融资产的持有者需要资金时,可在二级市场出售其持有的金融资产,将其变现。需要进行投资也未必一定进入一级市场,可以在二级市场购买金融资产。二级市场上买卖双方的交易活动,使得金融资产的流动性大大增加,同时也保证了一级市场发行的完成。因此,二级市场的流动性是一级市场顺利发行的基础。

(四) 公开市场和议价市场

按定价与成交方式的不同划分,金融市场可分为公开市场和议价市场。

1. 公开市场

公开市场(open market)是指金融资产的交易价格是通过买者和卖者公开竞价而形成的市场。在公开市场上,金融资产在到期偿付之前,一般按照"价格优先、时间优先"的原则,可以自由交易。如证券交易所、期货交易所等有组织的市场都属于公开市场。

2. 议价市场

议价市场(bargaining market)是指金融资产的定价与成交是通过私下直接谈判的方式完成的市场。如未上市的证券、银行信贷、保险等交易,均是通过这种方式来进行的。最初的议价市场,交易范围有限,交易不活跃,效率也比较低,但随着现代通信技术的发展和计算机技术的运用,议价市场的影响正日益扩大。

(五) 现货市场和衍生市场

按交割方式的不同划分,金融市场可分为现货市场和衍生市场。

1. 现货市场

现货市场(spot market)实际上是指即期交易的市场,即市场上的买卖双方成交后,须在若干交易日内办理交割,钱货两清。如外汇市场中的即期外汇交易就是外汇现货交易,外汇资金在两个交易日内完成交割。现货市场是金融市场上最普遍的一种交易方式。

2. 衍生市场

衍生市场(derivative market)是各种衍生金融工具进行交易的市场。金融衍生工具是指由原生性金融商品或基础性金融工具创造出来的新型金融工具。它的一般表现形式为合约,这些合约的价值由其交易的金融资产的价格决定。衍生金融工具主要包括远期合约、期货合约、期权合约以及互换合约等。

相对于现货市场交易而言,衍生市场交易达成后并不立刻进行交割,而是在合约规定的一段时间以后才进行交割。交割时不论市场价格如何变化,都必须按照成交时的约定价格进行。

(六) 有形市场和无形市场

按有无固定场所划分,金融市场可分为有形市场和无形市场。

1. 有形市场

有形市场(tangible market)也称为场内市场,是指有固定交易场所的市场,它是有组织、制度化的市场,如证券交易所、期货交易所等。交易所应当创造公开、公平的市场环境,提供便利条件来保证交易的正常运行。这种市场通常只限于会员进行交易,非会员必须委托会员才能进行交易。

2. 无形市场

无形市场(intangible market)也称为场外市场,是指没有固定交易场所的市场或在交易所以外进行金融交易的场所。一般是利用现代化的通信工具、网络等在金融机构、证券商及投资者之间进行交易。在现实世界中,大部分金融资产的交易是在无形市场上来进行的。

(七) 国内金融市场和国际金融市场

按金融交易的区域划分,金融市场可分为国内金融市场和国际金融市场。

1. 国内金融市场

国内金融市场(domestic financial market)是指一个国家内部以本国货币进行交易的市场,参与者以本国居民为主,其交易活动要受本国法规和制度的管制。

2. 国际金融市场

国际金融市场(international financial market)是指从事各种国际金融活动的场所,它的业务范围超过一国国境,所交易的金融商品也不限一种货币,其交易活动通常受到所在地政府干预较少,交易比较自由,如纽约、巴黎、法兰克福等都是重要的国际金融市场。

二、金融市场的功能

金融市场作为市场体系的重要组成部分,在促进储蓄转化为投资的过程中发挥着重要作用,对于保证国民经济的持续发展至关重要。金融市场的功能可以从微观和宏观两方面来看,如图7-4所示。

(一) 微观层面的功能

金融市场的微观功能是指金融市场为各市场参与主体所发挥的功能,主要体现在以下几个方面。

1. 价格发现

金融市场上的交易频繁,且金融产品的使用价值具有同一性,通过公开、公正、高效、竞争的交易运行机制、逐利行为以及无风险套利机制等赋予金融市场价格发现的功能。买卖

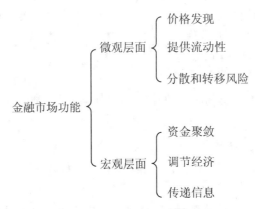

图 7-4　金融市场的功能

双方的交易价格在充分竞争的情况下能充分反映金融资产的供求状况,是市场均衡价格,代表金融资产的内在价值。特别是金融市场中的期货市场,其价格发现功能更为显著。

2. 提供流动性

流动性是指金融资产的变现能力。金融市场的存在使得金融资产具有了可交易性,为投资者提供了一种可以卖出资产的机制。如果金融市场缺乏流动性,则投资者要想收回投资必须等到债券到期(债券资产)或公司清算(股权资产)。金融市场的各个子市场在流动性提供方面具有不同的特征,这也成为区分不同市场(如货币市场和资本市场)的重要标准。

3. 分散和转移风险

金融市场的存在,使投资者可以通过资产组合分散化,化解、降低、抵消投资风险。同时,金融工具的应用使得大额投资分散为小额零散资金,从而将较大的投资风险分由大量投资者共同承担,既使投资者的利益得到保证,同时又便于筹资者融资目标的实现。但要强调的是,金融市场的风险能够分散或转移,只是针对某个局部来说的,而非从总体上消除风险。

(二) 宏观层面的功能

金融市场的宏观功能是指金融市场在整个国民经济运行中所发挥的功能,主要体现在以下几个方面。

1. 资金聚敛

资金聚敛功能是金融市场最基本的功能,是指金融市场所具有的资金集合功能,即通过金融市场引导众多分散的小额资金汇聚成可以投入社会再生产的巨额资金的功能。在这里,金融市场起着资金"蓄水池"的作用。在国民经济各部门中,各部门之间的资金收入和支出在时间上并不总是对称的。这样,一些部门和一些经济单位在一定的时间内可能存在暂时闲置不用的资金,而另一些部门和经济单位则存在资金缺口,金融市场则提供了两者沟通的渠道。

2. 调节经济

在经济结构方面,金融市场通过控制利率水平来引导资金流向,实现资金的合理配置,促进社会资金以最小的成本流向使用效率最高的部门,从而产生优胜劣汰效应,达到调节经济结构的目的。在宏观经济方面,金融市场在资金融通过程中,必然引起货币流通和货币流向的改变,影响货币供应量,进而对宏观经济起到调节作用,中央银行正是利用这一功能,在金融市场上买卖有价证券以调节货币供应量,使货币供给和需求相适应,从而推动国民经济的持续健康发展。

3. 传递信息

金融市场产生于高度发达的市场经济,连接着一国经济的各个部门和环节,是整个市场体系的枢纽。一方面,一个完善发达高效的金融市场往往是一国国民经济发展的"晴雨表",是一国国民经济的信号系统。另一方面,金融市场是中央银行公开市场业务操作的地方,对国家货币供应量的变化反应最快,最能灵敏地反映宏观经济的各种变化,如货币政策和财政政策的调整等,因此,也最能反映整个国家宏观经济的态势。

第三节 金融市场的发展趋势

金融市场是市场发展的产物,其形成具有特定的历史条件和经济规律。金融市场的形成必须以金融市场主体、金融市场客体和实际的交易条件为要件。17世纪初,荷兰阿姆斯特丹证券交易所的成立,标志着现代金融市场的初步形成。此后,随着世界政治经济格局的变化和各国经济实力的相对变化,世界金融市场的中心发生了多次转换。同时,各国金融市场也都在不断发展和完善。尤其是最近的半个多世纪以来,随着科技的进步,各种创新金融工具层出不穷,交易手段日益发达,国际金融市场发生了重大的变化,日益呈现出金融全球化、金融工程化以及资产证券化的发展趋势。

一、金融全球化

金融全球化(financial globalization)是近年来金融市场发展的一个重要趋势。随着不同国家或地区间经贸联系的日益密切,国际金融市场正在形成一个紧密联系的整体市场,在全球各地的任何一个主要市场上都可以进行相同品种的金融交易,并且由于时差的原因,由伦敦、纽约、东京、新加坡等国际金融中心组成的市场可以实现24小时不间断交易,世界上任何一个局部市场的波动都可能马上传递到全球的其他市场上,这就是金融的全球化。

(一)金融全球化的原因

金融全球化正以前所未有的速度向前推进,产生这一趋势的原因主要有:第一,贸易国际化、生产跨国化和科技进步是推动金融全球化的实体因素;第二,以放松管制为核心的金融自由化是金融全球化的制度因素;第三,金融创新是推动金融全球化的技术因素。实体因素、制度因素和技术因素共同推动了金融全球化的产生与发展。

(二)金融全球化的内容

金融体系是一个复杂的整体,金融的全球化意味着资金可以在国际间自由流动,金融交易的币种和范围超越国界。金融全球化包括以下内容:第一,市场交易的国际化,在金融全球化的背景下,实际上意味着各个金融子市场交易的国际化;第二,市场参与者的国际化,传统的以大银行和主权国政府为代表的国际金融活动主体正被越来越多样化的国际参与者所代替,大企业、投资银行、保险公司、投资基金等纷纷进入国际金融市场,以分散投资风险,获取稳定收益。

(三) 金融全球化的影响

金融全球化对世界经济的影响利弊参半。一方面，金融全球化给世界经济带来了积极影响。多元化和更有效率的资本流动，对于提高资源在全球配置的效率，促进国际贸易的增长和各国经济的发展，产生了积极的作用。另一方面，金融全球化也给世界经济带来了消极影响。伴随金融全球化的发展，国际金融的动荡已经成为常态，使得整个世界都处在不确定的金融态势之中，这是金融全球化最不利的影响。一个国家的经济和金融形势不稳定，通常都会通过日渐畅通的资金渠道迅速传递给所有关联的国家。如发生在美国的次贷危机在很短的时间内就演变成为全球金融危机，并给全球经济带来巨大影响和冲击。

专栏 7-2

2013 年我国证券投资项目情况

尽管本轮国际金融危机爆发以来，全球金融市场动荡加剧，但我国证券投资一直维持净流入格局。2013 年，我国证券投资项下净流入 605 亿美元，较上年增长 27%，主要是由于境外对我国证券投资大幅增长。

我国对外证券投资有所下降。2013 年，我国对外证券投资净流出 54 亿美元，较上年下降 16%。从投资主体看，受国内外汇信贷和远期结汇需求较快增长的影响，银行部门减少对外证券投资，资金调回境内使用是我国对外证券投资下降的主要原因，全年银行部门对外证券投资净流出 7 亿美元，较上年下降 88%。受境外资本市场走势强劲影响，境内主体购买合格境内机构投资者（QDII）产品的热情时隔六年再度复燃，监管政策大幅放开则进一步助推 QDII 产品创新和提高投资效率。全年，QDII 净汇出资金 45 亿美元，较上年增长超过 10 倍，为近六年新高。从投资种类看，我国对外证券投资从偏债市转向股债平衡，风险偏好有所上升。2013 年，我国对外股本证券投资净流出 25 亿美元，上年为回撤 20 亿美元；对外债务证券投资净流出 28 亿美元，上年为净流出 84 亿美元。

境外对我国证券投资趋于活跃。2013 年，境外对我国证券投资净流入 659 亿美元，增长 22%。其中，股本证券投资净流入 326 亿美元，债务证券投资净流入 333 亿美元，较上年分别增长 9% 和 37%。境外对我国证券投资主要有三个渠道：一是随着跨境人民币回流渠道进一步拓宽，境外机构运用人民币投资境内银行间债券市场的规模显著扩大，2013 年已成为境外对我国证券投资的主要途径。二是境内机构 H 股筹资 172 亿美元，较上年增长 8%。其中，金融机构筹资占近六成。三是以合格境外机构投资者（QFII）和人民币合格境外机构投资者（RQFII）为主的境外机构境内投资增长平稳，2013 年两者合计净流入较上年增长 4%。

资料来源：国家外汇管理局，《2013 年中国国际收支报告》。

二、金融工程化

现代金融工程是伴随着二十多年来世界经济发展环境的深刻变化以及风靡全球的金融

创新发展起来的。同时,信息技术的进步对金融工程的发展起到物质上的支撑作用,为金融工程的研究和其产品的开发提供了强有力的工具和手段。

（一）金融工程的内涵

金融工程(financial engineering)的概念有狭义和广义两种。狭义的金融工程主要是指利用先进的数学及通信工具,在各种现有基本金融产品的基础上,进行不同形式的组合分解,以设计出符合客户需要并具有特定属性的新的金融产品。而广义的金融工程则是指一切利用工程化手段来解决金融问题的技术开发,它不仅包括金融产品设计,还包括金融产品定价、交易策略设计、金融风险管理等各个方面。美国金融学家约翰·芬尼迪提出的定义最具代表性,他认为:金融工程包括创新型金融工具与金融手段的设计、开发与实施,以及对金融问题给予创造性的解决。

（二）金融工程的应用范围

目前,金融工程的应用范围很广,从公司理财到金融交易,再到投资与货币管理,特别是风险管理方面。具体来说,其应用范围主要包括以下三个方面:第一,新型工具的创新与开发。这是目前金融工程学研究的主要领域,如票据发行便利、远期利率协议、互换、期权等。第二,为降低交易成本的新型交易手段的开发。如金融机构内部运作的优化、金融市场套利机会的发掘与利用、交易清算系统的创新等。第三,解决某些金融问题的创新型方法。如各类风险管理技术的开发运用、现金管理策略的创新、公司融资结构的创造、资产证券化的实施,等等。

（三）金融工程的影响

金融工程的产生是市场追求效率的结果,而在其产生之后,其存在和发展确实有力地促进了金融效率的提高,具体表现在几个方面:第一,金融工程提高了金融机构的微观效率。如西方商业银行的表外业务收入已占收入的40%—60%,可见金融工程对金融机构收益增长的明显作用。第二,金融工程提高了金融市场的效率。通过金融工程开发的金融工具以高度流动性为基本特征,在合同性质、期限、支付要求、收益、风险等方面各具特点,壮大了金融市场规模,促进了金融市场的活跃与发展,提高了金融市场效率。第三,金融工程提高了金融宏观调控的效率。如中央银行可以利用金融工程创造新型的监管调控工具,特别是金融工程的发展,使金融市场交易品种增多,规模扩大,功能增强,为中央银行实施公开市场业务调控货币供应量提供了市场基础。

金融工程是一把"双刃剑",在促进金融效率提高的同时,也不可避免地带来一些负面影响:第一,金融工程使金融机构的稳定性下降。这是由于金融工程使得各种金融机构原有的界限日益模糊,金融机构之间的竞争空前激烈,金融业务的多元化和金融机构的同质化,使金融机构可以涉及诸多领域,金融机构体系的安全性和稳定性受到冲击。第二,金融工程使金融体系面临新的风险。随着金融自由化及金融全球化的发展,各种信用形式得到充分运用,金融市场价格呈现出高度易变性,金融业面临的风险相应增加。第三,增强了金融交易的投机性。金融工程为投机活动创造了大批撼动市场的先进手段,增强了市场的投机性。第四,削弱了金融监管的有效性。金融工程模糊了各种金融机构间传统的业务界限,金融机构为了增强竞争力,逃避管制,大量增加资产负债表以外的业务,从而使金融监管出现了真空地带。

三、资产证券化

资产证券化(asset securitization)是指将缺乏流动性的资产转换为在金融市场上可以出售的证券的行为,使其具有流动性。资产证券化起源于美国,最早是储蓄银行、储蓄贷款协会等机构的住宅抵押贷款的证券化,接着商业银行也纷纷仿效,对其债权实行证券化,以增强资产的流动性和市场性。从20世纪80年代后期开始,传统的以银行为中心的融资借贷活动开始发生了新的变化,资产证券化已成为国际金融市场上的一个显著特点。

(一)资产证券化的原因

资产证券化之所以从20世纪80年代以来成为一种国际性的趋势,与以下原因是分不开的:第一,金融管制的放松和金融创新的发展,促进了金融市场的活跃程度及效率的提高,从而使资产证券化成为可能。第二,20世纪80年代以来国际债务危机的频繁出现,促使商业银行开始越来越多地介入国际证券市场,通过资产证券化重新安排原有债权,同时使新增债权免受流动性差的困扰。第三,现代通信及自动化技术的发展为资产证券化创造了良好的条件。这些都支持了全球范围内资产证券化的蓬勃发展。

(二)资产证券化的内容

当前,西方国家的资产证券化趋势正深入到金融活动的各个方面,不仅是传统银行贷款的证券化,而且经济体中以证券形式持有的资产占全部金融资产的比例越来越大。资产证券化的内容主要有以下方面:第一,大量小额债权证券化。随着20世纪80年代以来住宅抵押证券市场的不断扩大,资产证券化又有了一些新的发展。把住宅抵押贷款证券化的做法应用到其他小额债权上,对这些小额债权进行证券化,这使资产证券化的领域大大拓宽,如汽车贷款、信用卡应收款、住宅资产净值贷款、大型设备的租赁等。第二,商业不动产融资证券化。从1984年起,市场上出现了以公募形式发行的商业不动产担保证券。它以商业不动产的租金收入作为还债资金,与原有者完全分离。第三,担保抵押债券。这是将住宅抵押凭证、住宅抵押贷款等汇集起来,以此为担保所发行的债券。

(三)资产证券化的影响

资产证券化对全球经济的影响是双面的。一方面,资产证券化具有一系列的积极影响。对投资者来说,证券化将不具流动性的资产转变为流动性较高的证券,为投资者提供了更多的可供选择的新证券种类,投资者可以根据自己的资金额大小及风险偏好来进行组合投资。对金融机构来说,资产证券化可以改善其资产的流动性,特别是实现原有呆账债权的转换,对其资金周转效率的提高是一个很大的促进。而且,资产证券化也是金融机构获取成本较低的资金来源,是增加收入的一个新的渠道。对整个金融市场来说,资产证券化为金融市场注入了新的交易工具,这种趋势的持续性将不断地推动金融市场的发展,增强金融市场的活力。另一方面,在资产证券化交易的市场认同度不断提高的同时,随之而来的风险问题也频繁出现。从2001年爆发的"安然事件"到2008年的全球性金融海啸,都显示了资产证券化交易蓬勃发展背后隐藏的风险的积聚和释放。

本章小结

1. 金融市场是指以金融工具为交易对象而形成的资金供求关系及其机制的总和。广义的金融市场泛指一切进行资金交易的市场,而狭义的金融市场则限于资金供求者之间的直接融资,交易双方通过办理各种标准化的票据和有价证券的交易来实现融资的目的。

2. 按照不同的标准可以将金融市场划分为若干类型。根据金融交易的标的的不同,可以分为货币市场、资本市场、外汇市场以及黄金市场;根据中介机构特征的不同,可以分为直接金融市场和间接金融市场;等等。

3. 金融市场的功能可以从微观和宏观两方面来看。金融市场的微观功能是指金融市场为各市场参与主体所发挥的功能,金融市场的宏观功能是指金融市场在整个国民经济运行中所发挥的功能。

4. 随着科技的进步,各种创新金融工具层出不穷,交易手段日益发达,国际金融市场发生了重大的变化,日益呈现出金融全球化、金融工程化以及资产证券化的发展趋势。

本章重要概念

直接融资 间接融资 金融市场 货币市场 资本市场 发行市场 流通市场 公开市场 议价市场 现货市场 衍生市场 有形市场 无形市场 金融全球化 金融工程 资产证券化

复习思考题

一、选择题

1. 间接融资的主要形式是(　　)。
A. 银行信贷　　　　B. 股票　　　　　C. 债券　　　　　D. 商业票据
2. 下列不属于间接融资的是(　　)。
A. 银行贷款　　　　B. 银团贷款　　　C. 信用贷款　　　D. 债券融资
3. 下列属于资本市场的有(　　)。
A. 同业拆借市场　　　　　　　　　　B. 股票市场
C. 票据市场　　　　　　　　　　　　D. 大额可转让定期存单
4. 在证券交易所内进行的交易称为(　　)。
A. 场内交易　　　　B. 场外交易　　　C. 柜台交易　　　D. 第三市场交易
5. 以下关于货币市场工具的说法中(　　)是错误的。
A. 货币市场工具的流动性较好
B. 货币市场工具的交易量往往比较大
C. 货币市场工具通常是以折扣的方式出售的
D. 货币市场工具的年折扣率大于购买该工具所得到的年实际收益率
6. 货币市场相对于资本市场而言,其突出特点是(　　)。
A. 安全性高,流动性低　　　　　　　B. 流动性高,收益高
C. 收益高,风险性低　　　　　　　　D. 风险性低,流动性高

7. 以下( )是金融市场所具有的主要宏观功能。
A. 价格发现　　　B. 提供流动性　　　C. 调节经济　　　D. 分散和转移风险
8. 金融市场的构成要素包括( )。
A. 参与主体　　　　　　　　　　　　B. 交易对象
C. 交易价格和组织形式　　　　　　　D. 以上都是
9. 按资金的偿还期限分,金融市场可分为( )。
A. 一级市场和二级市场　　　　　　　B. 同业拆借市场和长期债券市场
C. 货币市场和资本市场　　　　　　　D. 股票市场和债券市场
10. 按照金融资产的新旧程度不同,金融市场可分为( )。
A. 一级市场和二级市场　　　　　　　B. 同业拆借市场和长期债券市场
C. 货币市场和资本市场　　　　　　　D. 货币市场和债券市场

二、简答题

1. 金融市场的参与主体有哪些?
2. 金融市场的特性表现在哪些方面?
3. 金融市场的分类有哪些?
4. 如何理解发行市场与流通市场的关系?
5. 金融市场的主要功能有哪些?

三、论述题

论述国际金融市场的主要发展趋势。

第八章

货币市场

要想做一个成功的投资者或者企业主,你必须在情感上对赚钱和赔钱漠不关心,赚钱和赔钱只是游戏的一个部分。

——罗伯特·清崎

学习目标

通过本章的学习,你将能够:
- 掌握货币市场的特点及功能;
- 理解同业拆借市场的含义、特点及其发展;
- 理解票据市场的含义、类型及其发展;
- 理解国库券市场的含义、类型及其发展;
- 理解回购协议市场的含义、类型及其发展;
- 理解大额可转让定期存单市场的含义、类型及其发展。

引导案例

货币市场闹"钱荒"

6月下旬,中国货币市场出现罕见异常情况,令监管者、投资者和公众一度心惊。

"隔夜拆借利率超过30%!"一位政策性银行资金运营部总经理感叹,这是可以载入中国金融市场史册的严重异常!是的,这就是被视为中国金融市场最重要的基准利率之一——上海银行间市场隔夜拆借利率在6月20日创下的纪录,一时全球轰动,各方风声鹤唳。

6月20日,上海银行间市场隔夜拆借利率涨578.4个基点,收于13.444%;七天期回购利率上涨292.9个基点,收于11%;一个月期限回购利率上涨178.4个基点,收于9.4%附近。当天临近收盘,隔夜拆借利率创下高达30%的罕见交易纪录,七天回购利率也一度飙升到28%。而在中国,符合法律保护的高利贷也仅为超过基准利率的4倍,即年化回报率为24%。

6月21日起,虽然上述利率迅速回落,但短时间的流动性紧张引起其他金融市场恐慌。一项事后证明为乌龙的某国有大银行违约传闻,一度蔓延到整个市场。

6月23日上午,另一家国有大银行的交易系统出现"系统升级"故障,众多储户当天上午的柜台取现和电子银行业务被迫中止约45分钟,这更让商业银行普遍缺钱的谣言四处扩散。所幸的是,有关商业银行迅速澄清传闻,从而避免了挤兑事件。

上述银行间市场流动性紧张事件,在经过一个周末发酵之后,传导至中国股票市场,随即带来巨大动荡。6月24日,A股上证指数大跌5.3%,一度跌破1949点,深成指数更大跌6.73%。次日,悲观情绪加速蔓延,两市恐慌性坠落,上证指数一度下跌近6%,创2008年以来最大跌幅。

6月25日晚间,一直"静观其变"的中国货币当局表态称:"已向一些符合宏观审慎要求的金融机构提供了流动性支持。"据《财经》记者了解,A股市场的大跌显然给决策层带来了更大压力,因为市场稳定向来是维护社会稳定的重要内容。

至此,这场持续多时、暴发近一周的"钱荒"风波,以中央银行的应急出手而暂时平息,A股亦在6月25日下午提前完成"V"形逆转。6月26日,上海银行间市场拆借利率相应回落,市场情绪趋稳,一场麻烦暂时过去了。

资料来源:《财经》,2013年7月14日。

第一节 货币市场概述

货币市场(money market)是指以期限在1年以内的金融资产为交易标的的短期金融市场。货币市场主要进行同业拆借、商业票据、国库券、回购协议、可转让定期存单等短期金融工具的买卖。

一、货币市场的特点

货币市场主要具有以下特点:

(一)交易期限短

由于货币市场交易的主要目的是短期资金周转的供求需要,一般的去向是弥补流动资金的临时不足,因此货币市场资金借贷期限短的只有1天,长的一般也不超过1年,以3—6个月居多。因为期限短,价格不可能有剧烈的波动,价格波动范围较小,投资者损失的可能性比较小,因此风险也比较小。

（二）安全性高

货币市场是个安全性较高的市场，除了交易期限短、流动性强的原因外，更主要的原因在于货币市场金融工具发行主体的信用等级较高，只有具有高资信等级的企业或机构才有资格进入货币市场来筹集短期资金，也只有这样的企业或者机构发行的短期金融工具才会被主要追求安全性和流动性的投资者所接受。

（三）是一个批发市场

货币市场参与者众多，主要包括中央银行、商业银行、非银行金融机构、企业等，交易金额巨大，个人投资者难以直接参与市场交易，因此，货币市场被称为资金的批发市场。

二、货币市场的功能

（一）有利于短期资金融通

相对于资本市场为中长期资金的供需提供服务，货币市场则为季节性、临时性资金的融通提供了可行之径。相对于长期投资性资金需求来说，短期性、临时性资金需求是微观经济行为主体最基本的也是最经常的资金需求，因为短期的临时性、季节性资金不足是由于日常经济行为的频繁性所造成的，是必然的、经常的，这种资金缺口如果不能得到弥补，就连社会的简单再生产也不能维系，或者只能使商品经济处于初级水平，短期资金融通功能是货币市场的一个基本功能。

（二）有利于金融机构间协调资金的供需

流动性是指商业银行能够随时应付客户提取存款或满足必要的借款及对外支付要求的能力。流动性管理是商业银行等金融机构资产负债管理的核心，流动性的缺乏意味着偿付能力的不足，有可能引发挤兑危机。商业银行等金融机构通过参与货币市场的交易活动可以保持业务经营所需的流动性。比如，遇到客户的大额提现需求，商业银行既可以通过货币市场从其他同业机构处及时借入资金来满足资金周转，也可以通过出售自己所持有的货币市场工具收回资金来应对头寸不足的困难。

（三）有利于央行的宏观调控

在市场经济国家，中央银行为调控宏观经济运行所进行的货币政策操作主要是在货币市场中进行的。例如，公开市场业务作为各国中央银行经常采用的一种货币政策操作，就是指中央银行在货币市场上向商业银行等金融机构买卖政府债券等货币市场工具，改变基础货币投放状况，用以影响商业银行等金融机构的可用资金和货币市场利率水平，进而影响商业银行等金融机构的信贷规模和其他利率水平，最终引起整个社会投资和消费的变动，实现中央银行货币政策操作的目的。

（四）有利于市场基准利率的生成

基准利率是一种市场化的无风险利率，被广泛用做各种利率金融工具的定价标准，是名副其实的市场利率的风向标，货币市场交易的高安全性决定了其利率水平作为市场基准利率的地位，发挥基准利率特有的功能。利率是联系宏观经济运行与微观经济活动的关键因素，基准利率不仅是中央银行重要的货币政策中介指标，也是决定和影响其他利率的基础变量。货币市场生成基准利率，表明其在一国宏观调控体系中的重要性。

第二节 同业拆借市场

同业拆借市场(inter-bank market),也可称为同业拆放市场,是指具有准入资格的金融机构间,为弥补短期资金不足、票据清算差额以及解决临时性资金短缺需要,以货币借贷方式进行短期资金融通的市场。

一、同业拆借市场的形成与发展

同业拆借市场最早出现在美国。1913年,美国通过《联邦储备法》,规定加入联邦储备体系的会员银行,必须按规定的比例向联邦储备银行缴纳存款准备金,用以保证商业银行的支付清偿能力。由于清算业务活动和日常收支的变化,会员银行的负债结构及余额每日都在发生变化,在同业清算过程中,经常会出现应收款大于应付款而形成资金头寸的盈余(超额存款准备金),或者出现应付款大于应收款而形成资金头寸的不足(法定存款准备金不足)。1921年,纽约首先形成了以调剂联邦储备银行会员银行准备金头寸为内容的储备头寸拆借市场,以后逐渐发展成为较为规范的联邦基金市场(美国主要的同业拆借市场)。

20世纪30年代的经济大危机后,西方各国普遍强化了中央银行的作用,相继引入了法定存款准备金制度来规范约束商业银行的行为,于是拆借市场在各国迅速发展起来,而同业拆借市场又伴随着商业银行业务的发展而发展。拆借交易不仅发生在银行之间,还出现在银行和其他金融机构之间。总之,随着同业拆借市场交易主体、交易对象、交易范围和交易模式的不断扩大,同业拆借市场除完成金融机构短期融资的任务外,更成为这些机构进行资产负债管理的重要平台;同时,由于在整个利率体系中影响力巨大,拆借利率成为货币市场的基准利率,拆借市场也成为中央银行货币政策操作的重要场所。

二、同业拆借市场的特点

同业拆借市场的存在不仅为金融机构之间资金的调剂提供了方便,更重要的是它为社会资金的合理配置提供了有利条件。其主要特点表现在以下几个方面:

(一)融资期限短

拆借的期限一般较短,大多为1—7天,超过1个月的不多。最短的拆借时间是半日拆,如日本的半日拆,从上午票据交换后到当天营业终了;最为活跃的是日拆,也称为隔夜拆放,如伦敦同业拆借市场的隔夜拆放,已成为欧洲货币市场上具有典型代表意义的融资活动。

(二)交易手段先进

同业拆借市场运用先进而庞大的通信网络将众多的金融机构联结在一起,各交易者均通过网络终端进行报价、询价和成交确认。达成协议后,就可以通过各自在中央银行的存款账户自动划账清算;或向资金交易中心提出供求和报价,由资金交易中心进行撮合成交,并进行资金交割划账,这样大大节约了交易成本,提高了交易效率。

(三) 信用拆借

同业拆借活动都是在金融机构之间进行,具有严格的市场准入条件,金融机构主要以其信誉参与拆借活动,一般不需要以担保或抵押物作为借贷条件,因此,同业拆借市场基本上都是信用拆借。

(四) 利率由供求双方议定

同业拆借市场上的利率由双方协商,讨价还价,最后双方达成一致意见后成交。因此,同业拆借市场利率是一种市场化程度很高的利率,能够充分灵敏地反映市场资金供求的状况和变化。

三、我国同业拆借市场的发展

我国同业拆借市场经历了一个曲折发展的过程。1984年中国人民银行专门行使中央银行职能后,鼓励金融机构利用资金的行际差、地区差和时间差进行同业拆借。1986年1月,国务院颁布《中华人民共和国银行管理暂行条例》,规定专业银行之间的资金可以相互拆借,同业拆借市场真正启动。

由于监管不到位,同业拆借的法律规章不健全,我国同业拆借市场在发展中发生了混乱,并先后进行过两次整顿。1988年下半年,我国发生了严重的通货膨胀。由于资金用途不当,有的银行将拆借资金用于固定资产投资、弥补贷款缺口、办信托等,短期资金做长期用途,加大了固定资产投资规模,加剧了通货膨胀。国家为此进行了整顿,撤销融资公司,对拆借资金实行上限限制,对拆借主体、拆借期限、资金用途进行了严格的规定。1990年,中国人民银行制定了《同业拆借管理试行办法》,市场秩序得到改善,同业拆借市场迅速发展。但迅速的发展也暴露出我国同业拆借市场存在的一些问题,主要有市场准入资格审核不严,拆借资金用途不当,拆借利率过高,等等。由于违规乱拆借,在1992年年底到1993年上半年,国民经济出现了过热、过快、无序混乱现象。国家对此进行了第二次整顿,1993年颁布了《关于进一步整顿和规范同业拆借秩序的通知》的规定。1994年,中央银行颁布了《借贷资金管理办法》,对资金的种类、数量、期限、用途及交易主体进行了更严格的规定,市场秩序明显改善,并开始准备建设全国统一、公开高效的拆借市场。

1996年1月3日,经过中国人民银行长时间的筹备,全国统一的银行间同业拆借市场正式建立,标志着我国同业拆借市场进入一个新的规范发展时期。1998年以后,中国人民银行不断增加全国银行间同业拆借市场的交易成员,保险公司、证券公司、财务公司等非银行金融机构陆续被允许进入银行间同业拆借市场进行交易,交易规模不断扩大,拆借期限不断缩短,同业拆借市场已经成为金融机构管理流动性的重要场所。

为了进一步推动中国的利率市场化,培育中国货币市场基准利率体系,上海银行间同业拆借利率(Shibor)于2007年1月4日起开始运行,Shibor的运行对完善中国人民银行货币政策传导机制发挥着日益巨大的作用。同年9月,中国人民银行发布《同业拆借管理办法》,进一步扩大了金融机构进入市场的范围,规范并促进了同业拆借市场的发展。目前,我国银行间同业拆借业务量稳步攀升,交易额从2005年的1.28万亿元上升到2012年的46.7万亿元。

专栏 8-1

上海银行间同业拆借利率与伦敦银行间同业拆借利率的比较

伦敦银行间同业拆借利率(Libor)是英国银行家协会(BBA)根据选定银行报出的同业拆借利率,计算得出的伦敦银行间同业拆借市场基准利率。目前,Libor 已成为国际金融市场中利率定价的主要参考。2007 年,我国在借鉴 Libor 等国际主要货币市场基准利率相关经验的基础上,推出了上海银行间同业拆借利率(Shibor),并作为货币市场基准利率进行培育。

Shibor 与 Libor 在技术安排上较为类似。从报价品种看,二者都采用由信用等级较高的优质银行组成报价团自主报出的同业拆借利率,属于单利、无担保、批发性利率。从报价行的选择标准看,都要求报价行满足一系列标准,主要包括信用等级较高、货币市场交易活跃、具有较强的利率定价能力等。从报价生成和发布方式看,都由报价行在每个交易日按时报价,在剔除若干最高和最低报价后,对剩余报价进行算术平均生成报价利率,并由第三方机构作为指定发布人对外发布。

Shibor 与 Libor 在对报价行的监督管理机制上有所不同。BBA 是 Libor 的管理机构,作为自律组织,BBA 对报价行没有监管权力,Libor 公信力的确立主要依靠报价行的自律管理。Shibor 在设计之初,就在制度安排上强调了报价形成的市场约束和监督管理。中国人民银行及时发布 Shibor 实施准则,并牵头成立货币市场基准利率工作小组,负责监督报价利率运行、报价行与指定发布人的报价行为。同时还制订了 Shibor 报价行报价质量考评指标体系,要求报价应以货币市场交易利率为参考,强调报价的成交义务,并设置了拆借市场影响力和报价可交易性等指标,按年对报价行的报价质量进行考评、实行末位淘汰。此外,Shibor 还充分发挥全国银行间同业拆借中心既是指定发布人,又是货币市场交易平台的优势,将其作为第三方机构参与报价质量考评工作,提高了考评结果的客观性和公正性。Shibor 的上述特点,有利于保证 Shibor 报价的准确客观,并避免发生类似 Libor 的报价违规行为。

2012 年,巴克莱银行和瑞士银行先后曝出 Libor 报价违规事件,引起各方广泛关注。英国金融服务局(FSA)和 BBA 等相关监管和管理机构对 Libor 机制进行了评估,认为 Libor 监督管理粗放甚至缺失是发生报价违规事件的重要根源。9 月,FSA 从法律监管、机构改革、管理规则、国际协作等方面提出了全面改革 Libor 的十点建议。根据该建议,BBA 正式发布了终止编制和发布 Libor 中部分市场运用有限的期限品种和币种的时间表,并继续落实其他改革建议。

Shibor 注重对报价行监督管理的做法与 Libor 的改革方向基本一致。在继续加强报价行监督管理、强调 Shibor 报价成交义务的同时,我国也十分重视借鉴和吸收 Libor 的经验教训,积极采取措施优化 Shibor 机制。12 月,Shibor 报价行由 16 家扩充至 18 家,报价剔除家数从最高、最低各 2 家增加到各 4 家,提高了报价行的代表性。今后,中国人民银行将持续关注 Libor 等国际主要货币市场基准利率的改革进展情况,进一步完善 Shibor 报价和管理机制,促进 Shibor 基准性和公信力的不断提升。

资料来源:中国人民银行,《中国金融稳定报告 2013》。

第三节　票据市场

票据市场是各类票据发行、流通和转让的市场。在大多数西方发达国家,票据市场通常分为商业票据市场和银行承兑汇票市场,两个市场有着不同的运作机制。

一、商业票据市场

(一) 商业票据市场的起源和发展

商业票据(commercial paper)也叫商业本票,是一种由企业签发的,无担保、可流通、期限短的债务性融资票据。由于无担保,所以只有信誉卓越的大公司才有资格发行商业票据。商业票据的期限较短,在世界最发达的美国商业票据市场上,商业票据的期限不超过270天,通常在20天至45天。

商业票据市场较早兴起于18世纪的美国,当时美国的纺织品工厂、铁路公司、烟草公司等非金融性企业为了筹措资金,开始发行商业票据,通过经纪商出售,购买者主要是银行。20世纪20年代以来,商业票据发生了本质的变化,汽车和其他耐用消费品的进口引起了消费者对短期季节性贷款的需求,大量的消费信贷公司应运而生。美国通用汽车承兑公司最早采用发行商业票据的方式为通用汽车的购买者融资,并将商业票据直接出售给投资者。商业票据市场在美国的真正繁荣是20世纪60年代以后,其迅速发展的主要原因有:第一,商业票据具有其他融资方式无法替代的优势,主要表现在商业票据发行成本低、灵活性强、融资迅速。第二,传统的银行信贷已满足不了企业日益增长的融资需求,于是,实力雄厚、信誉良好的大公司转向商业票据市场。第三,金融机构发行商业票据可规避美国金融市场的"Q条例"利率管制。商业银行的参与进一步提高了商业票据的信誉,降低了商业票据的发行成本,并完善了商业票据市场的运行机制。

商业票据市场的繁荣还表现在其他国家商业票据市场及欧元商业票据市场的产生和发展上。20世纪60年代前的加拿大,70年代中期的澳大利亚,80年代的法国、瑞典、英国、日本、芬兰等和90年代的比利时、荷兰等均先后建立了商业票据市场,欧元商业票据也出现在世界各主要金融中心。

(二) 商业票据的发行市场

1. 发行者与投资者

商业票据的发行主体并不仅局限于工商企业,事实上,各类财务公司更是这个市场上的重要筹资主体,财务公司是一种金融中介机构,它们常常附属于某一制造业公司,其主要业务是为购买该企业产品的消费者提供贷款支持。大型制造业公司(如通用汽车公司)的显赫声誉与实力使得其所属的金融公司可以直接通过商业票据的发行来获得低于银行贷款成本的资金来源。低成本的融资特征使商业票据成为银行贷款的重要替代品。商业票据的投资者极其广泛,商业银行、保险公司、非金融机构、信托机构、养老基金、货币市场基金等都是商业票据的购买者。

2. 发行方式

商业票据的发行分为直接发行和间接发行两种方式。前者是指不经过交易所或中介机构,商业票据的发行人直接将票据出售给投资者,好处是节约了付给交易商的佣金。大多数财务公司和一些大型工业公司在发行数额巨大的商业票据时都采用这种方式。间接发行则是指发行人通过交易商来销售自己的商业票据,市场中的交易商既有证券机构,也有商业银行。

3. 发行价格的影响因素

商业票据一般采用贴现方式发行,即以低于票面价值的折扣价格发行,期满以面值偿还。影响商业票据发行价格的主要因素包括发行人的信用等级、担保状况、同期市场利率水平、其他货币市场工具的利率、商业票据的期限等。

4. 商业票据的发行与贷款承诺

随着越来越多信用优良的大企业通过发行商业票据来筹集低成本的运营资金,使得商业银行的短期贷款业务逐渐萎缩,银行的经营面临巨大的挑战。为了应对挑战,商业银行推出一种名叫贷款承诺的新产品。贷款承诺降低了商业票据发行人的流动性风险。因为在通常情况下,商业票据的发行人会滚动发行票据,即用发行新票据的收入来偿还到期票据,而这种票据的滚动发行风险很大,一旦由于某种原因使票据的发行人无法出售新票据,则其将面临严重的流动性风险。商业银行提供的贷款承诺使商业票据的发行人可以及时地从银行获得贷款资金,从而避免上述情况的发生。因此,大多数商业票据发行人都尽量利用商业银行的贷款承诺来为其商业票据提供支持,这也降低了购买者的风险。

(三)商业票据的流通市场

商业票据的流通市场并不发达。因为商业票据的期限很短,持有者一般将票据持有到期。另一个原因是商业票据是高度的异质性票据,不同机构发行的商业票据在面额、利率、期限等各方面都不相同,交易比较困难。

我国目前还不允许各类企业发行没有交易背景、纯粹为了融资的典型商业票据。我国1995年颁布的《中华人民共和国票据法》第10条明确规定:"票据的签发、取得和转让应当遵循诚实信用的原则,具有真实的交易关系和债权债务关系。"这表明我国的《票据法》将票据仅仅作为商品交易支付和结算的工具,并不希望票据当事人利用票据进行纯粹的融资活动。

二、银行承兑汇票市场

(一)银行承兑汇票的定义

汇票是由出票人签发的,要求付款人在见票时或在一定期限内,向收款人或持票人无条件支付一定款项的票据。汇票是使用最广泛的一种信用工具。

银行承兑汇票(bank acceptance bill,BA)是经银行承兑的商业汇票。具体来说,是指在商业汇票到期前,由指定银行确认票据记载事项,承诺在汇票到期日支付汇票金额给汇票持有人并在汇票上签名盖章的票据。银行承兑汇票的本质是商业信用的产物,是一种商业票据,而非银行票据,它是货币市场中一种重要的金融工具。

(二)银行承兑汇票的发行市场

银行承兑汇票的发行市场主要由出票和承兑两个环节构成。

1. 出票

出票是指出票人签发票据并将其交付给收款人的票据行为。汇票的出票人必须与付款人具有真实的委托付款关系,并且具有支付汇票金额的可靠资金来源。

汇票是一种要式凭证,汇票签发时一般须载明以下内容:"汇票字样";无条件支付一定金额的委托;付款人名称;收款人名称;出票日期;出票人签章;付款日期;付款地;出票地。上述前六项内容为汇票必须记载的事项,缺少任意一项汇票都无效。后三项若没有记载,可按票据法的特殊规定办理。

2. 承兑

承兑是指汇票付款人承诺在汇票到期日支付汇票金额的票据行为。定日付款或者出票后定期付款的汇票,持票人应当在汇票到期日前向付款人提示承兑。提示承兑是指持票人向付款人出示汇票,并要求付款人承诺付款的行为。见票后定期付款的汇票,持票人应当自出票日起一个月内向付款人提示承兑。汇票未按照规定期限提示承兑的,持票人丧失对其前手的追索权。见票即付的汇票无须提示承兑。付款人对向其提示承兑的汇票,应当自收到提示承兑的汇票之日起三日内承兑或者拒绝承兑。付款人承兑汇票,不得附有条件;承兑附有条件的,视为拒绝承兑。

(三) 银行承兑汇票的流通市场

经过出票和承兑环节后,银行承兑汇票作为商业信用的产物形成了。汇票持有人为避免资金积压,一般不会将银行承兑汇票持有到期再收款,他们大多会立即转让来融通短期资金。银行承兑汇票的流通市场就是一个银行承兑汇票不断流通转让的市场,它由票据交易商、商业银行、中央银行、保险公司、其他金融机构等一系列参与者和贴现、转贴现、再贴现等一系列交易行为组成,这些交易行为都须以背书为前提。

1. 背书

背书是指持票人为将汇票权利转让给他人或者将一定的汇票权利授予他人行使而在票据背面或者粘单上记载有关事项并签章的票据行为。

2. 贴现

贴现是持票人为了取得现款,将未到期的银行承兑汇票向银行或者其他贴现机构转让,并支付从贴现日到汇票到期日的利息(贴息)的行为。持票人将汇票背书转让给银行,银行从票面金额中扣除从贴现日至到期日的利息,把余额支付给持票人。票据到期日,银行向票据付款人按票据面额索回款项。

银行实际付给贴现人的金额由贴现额、贴现期和贴现率三个因素决定。贴现额是银行支付实际贴现金额的基数,一般按票据的票面金额核定。贴现期是贴现银行向申请贴现人支付贴现票款之日起至票据到期日之间的期限。贴现率是贴息与票面金额的比率,主要受市场利率水平、汇票的信用级别、贴现期限、市场供求关系等因素的影响。

$$贴息=贴现额×贴现期×贴现率$$
$$实付贴现额=贴现额-贴息$$

例8-1 2012年5月2日,某企业持所收取的出票日期为3月23日、期限为6个月、面值为11 000元的银行承兑汇票一张到银行贴现,银行确定的年贴现率为5%,请计算实付贴现额。

解 该票据到期日为 9 月 23 日,其贴现期为 144 天。

$$贴息 = 11\,000 \times 5\% \times 144/360 = 2\,200(元)$$
$$实付贴现额 = 11\,000 - 2\,200 = 10\,780(元)$$

银行实付贴现额为 10 780 元。

3. 转贴现

转贴现是银行将其通过办理贴现业务获得的未到期票据向其他银行或贴现机构进行贴现的票据转让行为。转贴现是金融机构之间融通资金的一种形式。对于申请转贴现的银行,可以通过此方式获得即时可用资金;对于接收转贴现的银行,可以通过此方式有效利用资金获取贴息。

4. 再贴现

再贴现是商业银行或者其他金融机构将贴现所得未到期票据向中央银行再次贴现的票据转让行为。在一般情况下,再贴现就是最终贴现,再贴现后票据退出流通转让过程。为了保证商业银行有一定的利润,中央银行的再贴现率一般低于商业银行的贴现率。此外,再贴现也是中央银行调控货币量的三大法宝之一。

三、我国票据市场的发展

(一)推广使用阶段(1981—1994)

中共十一届三中全会以后,随着我国计划经济向市场经济的转变,商业信用又开始出现。1981 年,为了解决困扰企业的"三角债"问题,上海率先推出银行承兑汇票与贴现业务。1982 年,中国人民银行在总结上海的试办经验后,将试点范围扩大到重庆、河北和沈阳,此后,票据结算从同城逐步推广到异地。1986 年中国人民银行开始正式办理再贴现业务。1989 年 4 月,中国人民银行实行了新的《银行结算办法》,规定允许票据流通转让、贴现、转贴现和再贴现。随后,我国票据市场得到了一定发展。但由于整个社会信用环境不佳,1990 年左右票据市场出现了许多违法和违规案件,导致 1991 年票据业务一度停滞,直到 1994 年中国人民银行颁布了《商业汇票办法》和《再贴现办法》,并尝试运用再贴现工具的选择性进行产业机构和产品机构调整的探索,在煤炭、电力、冶金、化工、铁道五行业和烟草、棉花、白糖、生猪四个品种中予以再贴现支持,票据市场才重新活跃。

(二)制度建设阶段(1995—1999)

1995 年,为适应社会主义市场经济发展的需要,中国人民银行在总结十多年的票据业务发展经验的基础上,正式出台了《中华人民共和国票据法》,随后发布了《支付结算办法》等一系列规章,为我国票据业务发展提供了法律依据。以此为基础,我国商业汇票业务步入了规范发展阶段。

1996 年,中国人民银行对再贴现利率和贴现利率的生成机制进行改革,在下调金融机构和中央银行存贷款利率的同时,三次下调了再贴现和贴现利率。同时,改变了过去再贴现率按再贷款利率浮动的做法,首次成立独立的基准利率种类,改变贴现利率按贷款利率浮动的做法,使贴现利率在再贴现利率基础上加点生成。

1999 年 6 月,中国人民银行再次调低了再贴现利率,拉开了再贴现利率与再贷款利率的差距,商业银行充分利用央行再贴现资金,扩大票据贴现业务,极大地激活了商业汇票业务。

当年,再贴现余额由 331 亿元上升到 502 亿元。9 月,中国人民银行下发《关于改进和完善再贴现业务管理的通知》,放宽了对再贴现机构的限制,并允许以回购方式办理再贴现,进一步完善了再贴现操作体系。至此,我国票据市场发展的法律框架基本形成,票据市场步入规范与稳步发展的轨道。

(三) 快速发展阶段(2000 年至今)

2000 年,中国人民银行出台降低再贴现利率等优惠政策措施,批准工商银行在上海成立了票据专营机构,并在北京、天津、广州、西安等地建立了多个分部。2001 年,中国人民银行下发了《关于切实加强商业汇票承兑贴现再贴现管理的通知》,明确票据贴现不属于贷款,再次强化了增值税发票作为正式贸易票据判别标准的权威性。2005 年 9 月,中国人民银行下发了《关于完善票据业务制度有关问题的通知》,对商业汇票真实性交易关系的审查、复查方式、票据质押的相关处理问题等进行了明确规范。票据市场进入快速发展阶段,票据融资量也呈稳步增长。2013 年,企业累计签发商业汇票 20.26 万亿元,期末商业汇票未到期余额 9.03 万亿元;全年金融机构累计贴现 45.65 万亿元,年末贴现余额 1.95 万亿元。

第四节 国库券市场

1877 年,英国财政大臣诺斯考特爵士向英国的经济学家、作家巴佐特求教:政府筹措款项困难怎么办? 巴佐特认为,政府拥有最佳的信用,不妨仿照商业的习惯发行短期政府债券来筹资。于是,在英国出现了世界上最早的、以贴现方式发行的国库券。后来许多国家都依照英国的做法,以发行国库券的方式来满足政府对短期资金的需求。

所谓国库券(treasury securities),是国家政府发行的期限在 1 年以内的短期债券。高安全性、高流动性是国库券的典型特征。由于有国家信用作为支撑,二级市场发达,流通转让十分容易,投资者通常将国库券看作无风险债券。

国库券市场包括国库券的发行市场和流通转让市场。

一、国库券的发行市场

(一) 国库券的发行人

国库券的发行人是政府及政府的授权部门,尤其以财政部为主。在大多数发达国家,所有政府(无论是中央政府还是地方政府)发行的债券统称为公债,以区别于非政府部门发行的"私债",只有中央政府发行的 1 年期以内的债券才称为国库券。我国在改革开放初期,曾将政府财政部门发行的所有政府债券都称为国库券,而不管期限是在 1 年以内还是在 1 年以上。目前,这种称法已很少见,更多的是将中央政府发行的所有期限的债券统称为国债,对国库券的界定也与国际社会相一致。

(二) 国库券的发行方式

在市场经济条件下,国库券的典型发行方式是招标(拍卖)。招标方式的显著优点是既可以保证将要发行的国库券全部销售出去,完成发行任务,又能以市场接受的最高价格,即最低的发行成本来完成发行任务。在每次发行之前,财政部根据近期短期资金的需求量、中央银行实行货币政策调控的需要等因素,确定国库券的发行规模,然后向社会公告。

按照出价方式不同,招标方式有竞争性招标与非竞争性招标之分。

1. 竞争性招标

竞争性投标者在规定的发行规模下,在标书中列明认购国库券的数量和价格。发行人将投标者的标价自高向低排列,或按利率自低向高排列。发行人从高价(低利率)选起,直到达到需要发行的数额为止。因此,所确定的价格刚好是供求决定的市场价格。但在竞争性招标中,投标人有可能因出价低而失去购买机会或者因出价高而造成损失,因而承担较大的风险。在竞争性招标中,美国式招标和荷兰式招标是比较常见的两种方式。

2. 非竞争性招标

非竞争性招标的参加者主要是一些无力或不愿意参加竞争性招标的中小金融机构及个人。他们不会因为报价太低而面临丧失购买机会的风险,也不会因为报价太高而面临高成本认购的风险。投标者需要在标书中注明参加非竞争性招标,报出认购数量,并同意以中标的平均价格购买。

(三) 国库券的发行价格

国库券因期限较短,故其发行价格一般采用贴现价格,即以低于票面金额的价格发行,到期时按票面金额偿还。国库券发行价格的计算公式如下:

$$发行价格 = 面值 \times (1 - 贴现率 \times 发行期限/360)$$

国库券票面金额与发行价格的差,即为投资者的投资收益。投资收益率的计算公式为:

$$r = \frac{F-P}{P} \times \frac{360}{n} \times 100\%$$

其中,r 为国库券投资的年收益率;F 为国库券面值;P 为国库券购买价格;n 为距到期日的天数。

例 8-2 假设你以 9 750 元的价格购买了一张 91 天期的面额为 10 000 元的国库券,那么,当你持有此张国库券到期时,你能获得的年收益率是多少?

解 根据投资收益率的计算公式,有:

$$r = \frac{F-P}{P} \times \frac{360}{n} \times 100\% = \frac{10\,000 - 9\,750}{9\,750} \times \frac{360}{91} \times 100\% = 10.14\%$$

这项投资给你带来的年收益率是 10.14%。

二、国库券的流通市场

(一) 国库券的参与者

国库券的流通市场非常发达,市场参与主体十分广泛,中央银行、商业银行、非银行金融机构、企业、个人、国外投资者等都广泛地参与到国库券市场的交易活动中。在这个市场中,还有一级交易商发挥做市商的作用,通过不断地买入和卖出国库券活跃市场,保持市场的连续性、及时性和平稳性,提高了市场的流动性。

各国法律大都规定,中央银行不能直接在发行市场上购买国库券,因此,中央银行参与国库券的买卖只能在流通市场上。中央银行买卖国库券的市场被专业化地称为"公开市场"。在这个市场上,中央银行仅与市场的一级交易商进行国库券的现券买卖和回购交易,用以影响金融机构的可用资金数量,可见,国库券的流通市场是中央银行进行货币政策操作的重要场所。

（二）国库券的交易方式

市场参与者主要通过两种方式购买国库券：一是通过银行购买国库券；二是通过证券交易商购买国库券。在美国，证券交易商在进行国库券交易时，通常采用双向式挂牌报价，即在报出买入价的同时，报出卖出价，两者的差额就是交易商的收益，交易商不再附加佣金。票据贴现所是国库券二级市场上最为活跃的市场主体。持有国库券的机构和个人如需转让，可向贴现所申请贴现。

（三）国库券的转让价格

国库券行市的变动通常受市场景气程度、国库券供求关系、市场利率水平等诸多因素的影响。但一般来说，国库券转让价格主要取决于两个因素：一是转让日与到期日的距离，离到期日越近，价格越高；二是转让时的市场利率，市场利率越低，价格越高。

国库券的转让价格也要按贴现公式计算，只是期限是未到期期限（即贴现期），国库券转让价格的计算公式如下：

$$国库券转让价格 = 面值 \times (1 - 贴现率 \times 贴现期/360)$$

三、我国国库券市场的发展

我国自1981年恢复发行国库券到1990年年末，主要采用指标层层分解、职工人人有份的行政分配办法，面向企业和个人发行国库券，带有半摊派的性质。我国真正意义上的国库券发行市场始于1991年。该年4月，财政部第一次组织了国库券承销团，有70多家债券中介机构参加了国库券承销。1993年建立了一级自营商制度，当时有19家金融机构参加，承销了1993年第三期记账式国债。1994年之前，我国发行的国库券都是中长期债券，而非规范意义上的国库券。1994年，在以前改革的基础上，国库券发行着重于品种多样化，推出了半年期和1年期的短期国债。1996年开始采取招标发行方式，这是国库券在实行承购包销发行方式后的又一次根本性的变革。在招标方式上，财政部以及其他相关部门，综合运用了国际通用的荷兰式招标和美式招标，创造出符合中国国情的混合式招标，使得国库券管理市场化程度不断提高。此后国库券迟迟没有再出现，直到2002年财政部又象征性地发行了355亿元的国库券。2007年，财政部共发行国库券2 261.5亿元，占当年记账式国债发行总额的10.35%，较往年有较快增长，但发行规模依然较小。

目前，包括国库券在内的我国债券发行市场还存在发行规模偏小、债券品种和期限结构有待丰富、发行频率较低而且不稳定等问题。流通市场还存在市场分割状况较为突出、市场流动性较差、市场缺乏风险规避工具、市场尚未形成完整可靠的收益率曲线等问题，这都需要在未来的发展中进一步完善。

第五节　回购协议市场

一、回购协议市场的含义

回购协议市场（repurchase agreement market）是指通过回购协议进行短期资金融通的市场。回购是指证券持有人在卖出证券获得资金的同时，与证券买入方签订协议，约定未来的某一日期由证券的出售方按照约定的价格再将证券买回来的行为。所签的协议就叫回购协议。

回购协议形式上是一笔证券买卖业务,实质上是以证券为抵押物的短期融资行为。对于证券的出售方而言,相当于以证券做抵押获得所需头寸,而又避免通过买卖证券获取流动性而可能遭受的价格风险;对于证券购买者而言,为暂时闲置的资金找到了合适的投资场所。

例如,某交易商为筹集隔夜资金,将100万元的国库券以回购协议卖给甲银行,售出价为999 800元,约定第二天再购回,购回价为100万元。在这里,交易商与甲银行进行的就是一笔回购交易,具体流程如图8-1所示。

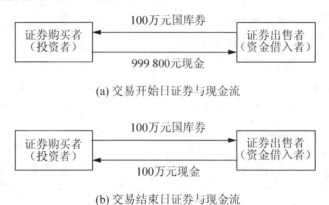

图 8-1 证券回购中的证券与现金流

注意:在回购交易中先出售证券、后购回证券的一方称为正回购方,即资金借入者(资金需求方);先购入证券、后出售证券的一方称为逆回购方,即资金投资者(资金供给方)。

回购协议是在美国20世纪70年代开始逐渐发展起来的一种新型的信用工具。无论在西方国家还是我国,国债都是主要的回购交易对象。国债回购交易的开展,增强了一些投资者购买长期国债的信心,当他们遇到临时性资金短缺时,可以通过国债回购交易解决资金头寸的不足问题。同时,国债回购业务还增强了券商参与国债发行和国债流通的能力,通过国债回购交易,券商可以筹集大量的资金,一方面解决了国债认购中资金短缺的问题,另一方面使其有能力进行券商的基本活动。

二、回购协议市场的类型

(一) 质押式回购和买断式回购

按照在回购合约有效期内对债券的处置权利的不同,回购交易可分为质押式回购和买断式回购。

质押式回购(又叫封闭式回购)是交易双方以债券为权利质押所进行的短期资金融通业务。在质押式回购交易中,资金融入方(正回购方)在将债券出质给资金融出方(逆回购方)融入资金的同时,双方约定在将来某一日期,由正回购方向逆回购方返还本金和按约定回购利率计算的利息,逆回购方向正回购方返还原出质债券。在质押式回购交易过程中所有权不发生转移,该券一般由第三方托管机构进行冻结托管,并在到期时予以解冻。

买断式回购(又叫开放式回购)是指资金融入方(正回购方)将债券卖给资金融出方(逆回购方)融入资金的同时,交易双方约定在未来某一日期,由正回购方再以约定价格从逆回购方买回相等数量同种债券的融通交易行为。在买断式回购交易过程中所有权发生转移,而且在资金周转过程中还可将标的券另行正回购以便进行再融资。

(二) 隔夜回购、定期回购和连续性回购

按照回购期限的不同,回购交易可以分为隔夜回购、定期回购和连续回购。

隔夜回购是指卖出和买回证券相隔一天,相当于隔夜拆借。定期回购是指卖出和买入的时间规定为若干天,一般不超过30天。连续回购是指每天按不同利率连续几天的交易。由于回购交易的期限很短,且有证券做抵押,所以风险小,利率也低于同业拆借利率。

三、回购协议市场的特征

与其他金融市场相比,回购协议市场主要有以下几个特征:

(一) 参与者的广泛性

回购市场的参与者比较广泛,包括中央银行、商业银行、非银行金融机构和非金融机构。一般而言,大银行和证券交易商(特别是政府证券交易商)是回购市场上的主要资金需求者,它们通过出售所持有的证券,可以暂时获得一定的资金来源,以缓解流动性不足的问题。

(二) 风险性

尽管在回购交易中使用的是高质量的抵押品,但是仍会存在一定的信用风险。这种信用风险主要来源于当回购到期时,而正回购方无力购回证券,那么逆回购方只有保留证券,若遇到抵押证券价格下跌,则逆回购方会遭受一定的损失。

(三) 短期性

回购期限一般不超过1年,通常为隔夜(即今日卖出证券,明日再买回证券)或7天。

(四) 利率的市场性

回购利率由交易双方确定,主要受回购证券的质地、回购期限的长短、交割条件、货币市场利率水平等因素的影响。

四、回购协议市场的运行层次

(一) 证券交易商与投资者之间的回购交易

证券交易商在证券回购市场中既可以充当回购交易的买卖方,又可以充当买卖双方的中介,前者称为自主回购,后者称为委托回购。证券商作为证券交易的组织者,为顺利实现经销功能,经常在自己的账户中保持一定数量的证券。在投资者买卖证券时,账户中有时会出现差额,使证券经纪人出现暂时性的保有证券,证券商就将这些库存证券以附回购协议的方式出售给投资者,从而融进短期资金。委托回购则是证券商之外的卖方将持有的证券通过证券商以附回购协议的方式转让给买方,证券商介于买方和卖方之间,成为双方回购协议的中介。

(二) 银行同业之间的回购交易

银行同业之间的回购交易一般通过同业拆借市场进行,买卖双方以直接联系报价,或者

通过市场中介询价方式进行协商成交。与同业拆借相比,它具有安全、灵活的特点。表8-1和表8-2为我国银行间市场国债质押式回购和买断式回购的交易品种和报价。

表8-1 我国银行间市场国债质押式回购报价(2014年4月4日)

品种	开盘利率(%)	收盘利率(%)	最高利率(%)	最低利率(%)	加权利率(%)	升降(基点)	成交笔数(笔)	成交金额(亿元)
R001	2.9800	2.9400	4.4500	2.3500	2.9382	-1.24	1741	5 763.8386
R007	4.2000	4.0900	4.6400	3.0000	4.0878	-11.16	473	935.5026
R014	4.4600	4.4000	4.7000	4.0900	4.4024	-6.02	87	143.2178
R021	4.0000	4.3100	4.6500	4.0000	4.3123	-34.10	21	45.0094
R1M	4.6000	4.5800	4.6500	4.4500	4.5754	-2.11	14	19.2492
R2M	4.6100	4.6000	5.0000	4.3000	4.5271	-7.84	24	69.0215
R3M	5.0800	4.8000	5.0800	4.8000	5.0031	-7.65	6	77.2070
R4M	5.3000	5.3000	5.3000	5.3000	5.3000	0.00	2	6.4630

资料来源:中国外汇交易中心(http://www.chinamoney.com.cn),2014年4月4日。

表8-2 我国银行间市场国债买断式回购报价(2014年4月4日)

品种	开盘利率(%)	收盘利率(%)	最高利率(%)	最低利率(%)	加权利率(%)	升降(基点)	成交笔数(笔)	成交量(亿元)
OR001	2.4960	3.0771	3.8031	2.4960	3.1705	-0.75	210	284.3300
OR007	4.5380	4.0028	5.1501	3.4978	4.4548	-4.67	120	72.0300
OR014	5.0600	4.5204	5.0600	4.4099	4.5815	-28.66	18	12.0300
OR1M	4.3002	4.5806	4.5806	4.3002	4.3921	439.21	2	6.1000
OR2M	4.9904	4.8008	5.7498	4.7995	5.1465	14.69	18	9.1500
OR3M	6.2501	4.8048	6.2501	4.8048	5.0260	-37.41	9	11.1900

资料来源:中国外汇交易中心(http://www.chinamoney.com.cn),2014年4月4日。

(三)中央银行公开市场业务中的回购交易

中央银行开展公开市场业务时,会根据不同情况选择操作方式。如果中央银行希望影响回收流动性,则会倾向于运用正回购,正回购是中央银行以自身持有的债券向银行质押回收资金,是中央银行紧缩银根的表现;逆回购则相当于公开市场中交易商向中央银行发放质押贷款,是中央银行放松银根的表现。

五、我国回购市场的发展

我国回购市场的发展可谓一波三折。1991年,为了提高国债的流动性,全国证券交易自动报价系统(STAQ系统)于7月宣布试办国债回购交易,并于9月14日在该系统的两家会员公司之间完成了第一笔国债回购交易。此后,上海证券交易所、深圳证券交易所、天津证券交易中心等也都开办了国债回购业务。1994年是国债市场迅猛发展的一年,回购市场的交易量剧增。当年全国参加回购交易的单位有3 000多家,回购交易总量在3 000亿元以上。1995年,全国集中性国债二级市场即交易所和证券交易中心的回购交易量已突破4 000亿元。在这一段时间里,由于市场管理没有跟上等原因,回购市场运作中出现了很多问题,比如交易形成不规范、资金用途不规范、回购交易的利率水平过高等。针对回购市场出现的诸多问题,从1995年8月开始,中国人民银行、财政部和中国证监会联合开始整顿回购市场。通过一系列的整顿措施,场外交易基本被遏制,回购市场的混乱状况有了明显改善,回购市场步入正常、健康的发展轨道。到1996年年末,上海证券交易所的国债回购量已经达到12 439亿元,回购市场的融资规模已经超过了同业拆借市场和票据贴现市场。为了有效规范和合理引导银行资金的流向,切断银行资金流向股市的渠道,防范金融风险,维护正常的金融秩序,在中国人民银行的统一部署下,1997年6月,银行间的回购交易从交易所市场退出,正式纳入全国银行间同业拆借市场。2004年5月,银行间市场率先推出买断式国债回购新品种,在国债交易回购中引入"做空"机制。

目前,我国在上海和深圳的两个证券交易所以及全国银行间同业拆借市场开展了回购交易,银行间债券回购市场年度成交量已经从2007年的44.8万亿元,增加到2013年的158.2万亿元。交易所债券回购交易额也从2007年的1.8万亿元增长到2013年的66万亿元。此外,市场参与主体日益丰富,从成立之初的16家商业银行,增加到包括银行、保险、证券、信托、基金等金融机构和部分非金融机构在内的投资者共2 200余家。我国债券回购市场已经成为市场参与者进行短期融资和流动性管理的主要场所,成为央行进行公开市场操作、实现货币政策传导的重要平台。银行间回购利率也已成为反映货币市场资金价格的市场化利率基准,为货币政策的决策提供了重要依据,在利率市场化进程中扮演重要角色。

第六节 大额可转让定期存单市场

所谓大额可转让定期存单,是银行发行的有固定面额、固定期限、可以流通转让的大额存款凭证。顾名思义,大额可转让定期存单市场就是发行与流通大额可转让定期存单的市场。

一、大额可转让定期存单的产生及发展

20世纪60年代初的美国,金融市场交易活跃,市场利率上升。但由于"Q条例"的限制性规定,当时美国的商业银行对客户的活期存款不付利息,对定期存款也有最高利率的限制,一些客户纷纷把在商业银行账户上的存款提走,转而购买收益率较高的有价证券。这样,就使得一些银行的活期存款数额锐减,业务经营受到很大影响。在这种情况下,为回避"Q条例"的不利影响,花旗银行于1961年2月率先推出了大额可转让定期存单(CDs)。数周之内,其他一些大银行纷纷效仿,从而使得商业银行的存款数额大幅度上升。花旗银行推出此种存单的当年,全美商业银行的存单发行额不足30亿美元,到1983年就增加到1 350亿美元,成为货币市场上仅次于国库券的第二大融资工具。由于这种存单的利率较高,加之存单发行后不久花旗银行即委托波士顿第一证券公司为其开辟了二级市场,满足了投资者对大额存单流动性的需要,因此深受大的机构投资者的欢迎。1968年,英国开始发行这种存

单。1973年,日本建立起大额可转让定期存单市场。近二十年来,西方各国的商业银行基本都开办了这种存单业务。

CDs 的面世适应了金融市场的变化和投资者的多样化需要。其后又经历了不断创新的发展过程,比较典型的创新有两次:第一次是在20世纪70年代中期。当时,面对通货膨胀率起伏不定的实际情况,为使投资者获得较为稳定的收益,减少或避免利率变动的风险,市场推出了浮动利率存单。这类存单的利率以国库券利率、伦敦同业拆放利率等为参照定期调整。第二次创新是摩根保证信托公司1977年发行的到期转期CDs。这种存单的期限一般为2—5年。在投资者购买存单时,首先要确定买何种期限的存单。如买3年期存单,银行就发给投资者一组6个月期限的存单,并要求投资者按商定的利率,在存入资金后连续6次(6个月1次,3年共6次)对6个月的大额存单在到期日办理转期手续。如投资者需要资金,可随时出售手中的存单,但在存单到期日前必须将与出售数额相等的资金重新存入银行。此种存单兼顾了长期大额存单的盈利性和短期大额存单的流动性,既考虑到了银行的利益,又照顾到了投资者的利益,因而在市场上很受欢迎。

二、大额可转让定期存单的种类和特点

(一)大额可转让定期存单的种类

在美国,CDs 按发行主体的不同,可分为四种类型:

1. 国内存单

国内存单是商业银行在本国货币市场上发行的以本国货币为面值的CDs。它与银行存款一样需要提取存款准备金。此外,还需要向存款保险机构缴纳存款保险金。

美国的国内存单通常以100万美元为面值单位,期限通常在30天至1年的范围内。在固定利率条件下,期限在1年以内的国内存单通常到期偿付本息,期限在1年以上的每半年支付一次利息。浮动利率存单的息票利率随着预先决定的公式定期改变,使息票率随着某种指数利差而调整。

2. 欧洲美元存单

欧洲美元存单是由美国境外银行(外国银行和美国银行在国外的分支机构)发行的以美元计值的CDs,是欧洲货币市场的一种重要融资工具。它最早由花旗银行伦敦分行在1966年发行。由于欧洲美元存单不需要提取存款准备金和存款保险费,其发行成本更低。

3. 扬基存单

扬基(Yankee)存单也叫"美国佬"存单,它是外国银行在美国的分支机构发行的、以美元为面值的CDs。发行者多为著名的跨国银行(如东京银行、巴克莱银行等),存单期限通常为1个月到3个月。

4. 储蓄机构存单

储蓄机构存单是由一些非银行金融机构(储蓄贷款协会、互助储蓄银行、信用合作社等)发行的一种期限较长的CDs。目前这种存单的二级市场非常小。

(二)大额可转让定期存单的特点

CDs 虽然也是银行定期存单的一种,但与普通银行定期存单有明显区别:一是普通存单是不可转让的,而大额存单可以转让;二是普通存单面额不固定,而大额存单固定且较大;三

是普通存单提前支取要损失部分利息,而大额存单由于可转让流通,在未到期转让时利息不受损失;四是普通存单主要面向公众投资者发行,而大额存单由于面额较大(如美国以10万至100万美元面额的居多),通常由企业等机构投资与购买;五是普通存单的期限可以超过1年,而大额存单的期限档次一般为3个月到12个月不等,最短为14天,其中以3个月和6个月的最为典型。

三、大额可转让定期存单的发行与流通

(一) 大额可转让定期存单的发行

1. 发行要素

发行 CDs 通常需要考虑以下几个要素:一是银行资产负债表的差额及期限结构。发行人要以保持合理的资产负债结构为原则,确定发行额度。二是利率风险。主要是根据利率走势的判断选择合适的存单期限。三是发行人的资信等级。一般资信等级越高,发行利率也就越低。四是金融管制。如不同国家对存单最低金额要求有差异。

2. 发行价格的确定

CDs 发行价格的确定主要取决于以下几个因素:一是发行人资信等级;二是发行时的市场利率水平;三是存单的期限;四是存单的流动性。

3. 发行方式的选择

CDs 的发行方式与商业票据的发行方式非常相似,可选择由发行人直接在网点进行销售,也可以选择委托承销商来发行。前者相对来说比较节约成本,后者由发行人首先公布存单总数、利率、发行日期、到期日、存单面值等,然后选择一家或多家承销商组成包销团,其间发行人需支付承销佣金、法律咨询、市场推广费用等一系列费用。

(二) 大额可转让定期存单的流通

CDs 在二级市场转让流通时,一般需要交易商作为中介。在日本,充当 CDs 二级市场中介的是短资公司,其在买卖双方之间沟通信息,牵线搭桥,促成交易。由于 CDs 存单利率较高,转手容易,交易商很乐于从事其交易业务。

CDs 的转让方式可分为交付转让和背书转让两种。前者适用于不记名存单,而后者则适用于记名存单。决定 CDs 转让价格的因素主要是存单的票面利率及转让时的市场利率与存单票面利率的对比关系。一般来说,存单票面利率越高,存单的转让价格越高。CDs 转让时的市场利率高于存单票面利率,则转让价格低,反之则高。

四、我国的大额可转让定期存单市场

在我国,CDs 在 1986 年才面世,最初由交通银行和中国银行发行。1989 年,其他专业银行也开办了此项业务。CDs 的发行者只限于各类银行,不准非银行金融机构发行。存单的投资者主要是个人,企业为数不多。对个人发行的存单,面额为 500 元及其整数倍;对单位发行的存单,面额为 5 万元及其整数倍。存单期限分别为 1 个月、3 个月、6 个月、9 个月和 1 年。存单不分段计息,不能提前支取,到期时一次还本付息,逾期不计利息。存单全部由银行通过营业柜台向投资者直接发售,不需要借助于中介机构。存单的利率水平,一般是在同期限的定期储蓄存款的利率基础上,再加 1—2 个百分点,弹性不大。银行以 CDs 方式吸收

的存单,要向人民银行缴存存款准备金。为了维系 CDs 的流动性,中国人民银行曾就经营 CDs 转让业务的主体资格、价差、手续费标准等具体事项做出过规定。这种非市场化的限定,加上二级市场的滞后发展,以及盗开和伪造银行 CDs 进行诈骗等犯罪活动凸显等原因,导致我国于 1996 年 12 月 14 日取消了该项业务。2004 年,中国人民银行在第四季度《中国货币政策执行报告》中正式提出要开展对 CDs 的研究工作,这表明重建该市场已经列入了监管当局的议题。

本章小结

1. 货币市场是指以期限在 1 年以内的金融资产为交易标的的短期金融市场。货币市场主要进行同业拆借、商业票据、国库券、回购协议、可转让定期存单等短期金融工具的买卖。

2. 同业拆借市场是指具有准入资格的金融机构间,为弥补短期资金不足、票据清算差额以及解决临时性资金短缺需要,以货币借贷方式进行短期资金融通的市场。

3. 票据市场是各类票据发行、流通和转让的市场。票据市场通常分为商业票据市场和银行承兑汇票市场,两个市场有着不同的运作机制。

4. 国库券是国家政府发行的期限在 1 年以内的短期债券。高安全性和高流动性是国库券的典型特征。国库券市场包括国库券的发行市场和流通市场。

5. 回购协议市场是指通过回购协议进行短期资金融通的市场。回购协议形式上是一笔证券买卖业务,实质上是以证券为抵押物的短期融资行为。

6. 大额可转让定期存单(CDs)是银行发行的有固定面额、固定期限、可以流通转让的大额存款凭证。大额可转让定期存单市场就是发行与流通大额可转让定期存单的市场。

本章重要概念

货币市场　同业拆借市场　Shibor　商业票据　银行承兑汇票　贴现　转贴现　再贴现　国库券　回购协议　CDs

复习思考题

一、选择题

1. 第一张大额可转让定期存单是(　　)于 1961 年率先推出的。
   A. 花旗银行　　　B. 德意志银行　　C. 巴黎国民银行　　D. 东京银行
2. 作为一种短期证券,商业票据的发行人主要是(　　)。
   A. 中央银行　　　B. 商业银行　　　C. 大型公司　　　　D. 地方政府
3. 银行在票据未到期时将票据买进的做法叫(　　)。
   A. 票据交换　　　B. 票据承兑　　　C. 票据结算　　　　D. 票据贴现
4. 商业银行将贴现收到的未到期票据向其他商业银行或贴现机构所进行的融资行为被称为(　　)。
   A. 再贴现　　　　B. 转贴现　　　　C. 背书转让　　　　D. 承兑
5. 正回购方所质押证券的所有权真正让渡给逆回购方的回购协议属于(　　)。

A. 正回购　　　　　B. 逆回购　　　　　C. 封闭式回购　　　D. 开放式回购

6. 中央银行实施货币政策,买卖有价证券,一般是通过(　　)进行的。
   A. 同业拆借市场　　　　　　　　　B. 票据市场
   C. 国库券市场　　　　　　　　　　D. CD 市场

7. 企业参与货币市场活动的主要目的是(　　)。
   A. 进行长期资金融通　　　　　　　B. 获取价差收入
   C. 调整流动性资产比重　　　　　　D. 取得长期投资利润

8. 下列属于短期资金市场的是(　　)。
   A. 资本市场　　　　B. 债券市场　　　C. 股票市场　　　D. 票据市场

9. 以下属于同业拆借市场的特点的是(　　)。
   A. 进入市场的主体必须是金融机构　　B. 融资期限短,交易手段先进
   C. 交易额大,利率由供求双方决定　　D. 以上都是

10. 某公司将一张面额为 10 000 元、3 个月后到期的商业票据贴现,若银行的年贴现率为 5%,则银行应付金额为(　　)元。
    A. 125　　　　　　B. 150　　　　　　C. 9 875　　　　　D. 9 800

二、简答题

1. 货币市场有哪些特点和功能?
2. 同业拆借市场的特点是什么?
3. 商业票据市场和银行承兑汇票市场有哪些联系和区别?
4. 正回购和逆回购的区别是什么?
5. 质押式回购和买断式回购的区别是什么?
6. 中央银行是如何利用回购市场调节货币供应量的?
7. 大额可转让定期存单是如何产生的?

三、计算题

1. 某企业于 2008 年 2 月 25 日将一张面额为 100 万元、2008 年 3 月 2 日到期的银行承兑汇票向银行申请贴现,当时的贴现率为 8%,则银行应付给该企业多少钱?

2. 某客户花 1 017 871 美元购买了一张面额为 1 000 000 美元、利率为 7.8%、期限为 90 天、剩余期限仅为 10 天的存单,假若该客户到期日将其出售,则他获得的收益率是多少?

3. 某一期限为 90 天的国库券面额为 1 000 美元,实际发行价格为 960 美元,计算该国库券的实际收益率。

四、论述题

论述我国货币市场存在的问题和发展策略。

第九章

资本市场

据我所知,世界上还没有一个国家能够无须强健的资本市场而拥有成功、可持续和平衡的经济。而且我也不相信一个面对国内外竞争不开放市场的国家能够取得上述成就。

——亨利·保尔森

学习目标

通过本章的学习,你将能够:
- 掌握债券、股票、证券投资基金的特征及分类;
- 理解债券、股票、证券投资基金的发行与流通市场。

引导案例

健全多层次资本市场体系

国务院总理李克强3月25日主持召开国务院常务会议,部署进一步促进资本市场健康发展。会议提出,依靠改革创新,坚持市场化和法治化方向,健全多层次资本市场体系,既有利于拓宽企业和居民投融资渠道、促进实体经济发展,也对优化融资结构、提高直接融资比重、完善现代企业制度和公司治理结构、防范金融风险具有重要意义。会议确定,一要积极稳妥推进股票发行注册制改革,加快多层次股权市场建设,鼓励市场化并购重组,完善退市制度,促进上市公司提高效益,增强持续回报投资者能力。二要规范发展债券市场,发展适合不同投资者群体的多样化债券品种。三要培育私募市场,对依法合规的私募发行不设行政审批,鼓励和引导创业投资基金支持中小微企业,创新科技金融产品和服务,促进战略性新兴产业发展。四要推进期货市场建设,继续推出大宗资源性产品期货品种,逐步发展国债期货。五要促进中介机构创新发展。放宽业务准入,壮大专业机构投资者,促进互联网金融健康发展,提高证券期货服务业竞争力。六要扩大资本市场开放,便利境内外主体跨境投融资。从严查处虚假陈述、内幕交易、市场操纵等违法违规行为,坚决保护投资者特别是中小投资者的合法权益。

资料来源:《新华日报》,2014年3月26日。

资本市场是指期限在一年以上的金融资产的交易市场。按市场工具来划分,资本市场通常由债券市场、股票市场和证券投资基金市场构成。

第一节 债券市场

一、债券

(一) 债券的概念

债券(bond)是一种金融契约,是政府、金融机构、工商企业等机构直接向社会借债筹措资金时,向投资者发行,同时承诺按一定利率支付利息并按约定条件偿还本金的债权债务凭证。

由此,债券的概念包括以下四层含义:
(1) 债券的发行人(政府、金融机构、工商企业等机构)是资金的借入者;
(2) 购买债券的投资者是资金的借出者;
(3) 发行人(借入者)需要在一定时期内还本付息;
(4) 债券是债权债务的证明书,具有法律效力。债券购买者(投资者)与发行人之间是一种债权债务关系,债券购买者(投资者)是债权人,债券发行人是债务人。

(二) 债券的特征

债券作为一种债权债务凭证,与其他有价证券一样,也是一种虚拟资本,而非真实资本。作为一种重要的融资手段和金融工具,债券具有如下特征:

1. 偿还性

债券一般都规定有偿还期限,发行人必须按约定条件偿还本金并支付利息。债券的偿还性使得发行人不能无限期地占用债券购买者的资金;换言之,他们之间的借贷关系将随偿还期结束、还本付息手续完毕而消失。

2. 流动性

债券一般都可以在流通市场上自由转让。债券的流动性是指其有较强的变现能力。债券的流动性对于筹资人来说,并不影响其所筹资金的长期稳定性,而对于投资人来说,则为其提供了可以随时变现的金融产品。

3. 安全性

债券的安全性是指债券的投资风险较小。与股票相比,债券通常都规定有固定的利率,与企业业绩没有直接联系,收益比较稳定,风险较小。此外,在企业破产时,相对于股票持有者,债券持有者享有对企业剩余资产的优先索取权。

4. 收益性

债券的收益主要表现为两种形式:一是利息收入,投资债券可以给投资者定期或不定期地带来利息收入;二是资本损益,投资者可以利用债券价格的变动,通过买卖债券赚取差额。

(三) 债券的分类

债券的种类很多,可以根据不同的标准进行分类:

1. 按发行主体不同,债券可分为政府债券、金融债券以及公司债券

(1) 政府债券,即国债,是国家为筹集资金而向投资者出具的、承诺在一定时期支付利息和到期偿还本金的债务凭证。由于它的发行主体是国家,所以具有最高的信用度,被公认为最安全的投资工具,又称为金边债券。

(2) 金融债券,是银行等金融机构作为筹资主体为筹措资金而向投资者发行的一种有价证券。在欧美很多国家,由于银行等金融机构多采用股份公司这种组织形式,所以将一般金融债券视同为公司债券,受相同法规管理。

(3) 公司债券,又称为企业债券,是由公司依照法定程序发行的,约定在一定期限还本付息的有价证券。公司债券在发行前一般都要经过信用评级,信用等级高的债券,不仅发行价格较高,而且容易推销。公司债券的利率一般高于国债和金融债券。

2. 按利息支付方式划分,债券可分为零息债券、附息债券以及息票累积债券

(1) 零息债券,是指债券合约未规定支付利息的债券。通常这类债券以低于面值的价格发行,债券持有人实际上是以买卖价差的方式取得债券利息。

(2) 附息债券,是指在债券存续期内,对持有人定期支付利息(通常每半年或一年支付一次)的债券。按照计息方式的不同,这类债券还可细分为固定利率债券和浮动利率债券两大类,通常为固定利率债券。

(3) 息票累积债券。这种债券到期一次性归还本息,期间不支付利息。

3. 按有无财产担保划分,债券可分为信用债券和抵押债券

(1) 信用债券,又称为无担保债券,是仅凭发债者的信用能力而发行的债券,它没有特定的财产作为发债抵押。政府发行的债券大多是信用债券,它们的偿还以政府的信用为基础。

(2) 抵押债券,是以企业财产作为担保的债券,按抵押品的不同,又可以分为一般抵押债券、不动产抵押债券、动产抵押债券和证券信用抵押债券。抵押债券的价值取决于担保资产的价值,抵押品的价值一般超过它所担保债券价值的 25%—35%。

4. 按券面形态划分,债券可分为实物债券、凭证式债券以及记账式债券

(1) 实物债券,是一种具有标准格式实物券面的债券。在其券面上,一般印制了债券面额、债券利率、债券期限、债券发行人全称、还本付息方式等各种债券票面要素,不记名、不挂失,可上市流通。

(2) 凭证式债券,是一种债权人认购债券的收款凭证,而不是债券发行人制定的标准格式的债券。我国 1994 年开始发行凭证式债券,券面上不印刷票面金额,而是根据认购者的认购额填写实际的缴款金额,是一种国家储蓄债,可记名、可挂失,以凭证式国债收款凭证记录债权,不能上市流通,从购买之日起计息。

(3) 记账式债券,是一种没有实物形态的票券,利用证券账户通过电脑系统完成债券发行、交易及兑付的全过程。我国 1994 年开始发行记账式国债。由于记账式债券的发行和交

易均无纸化,所以发行时间短,发行效率高,成本低,交易安全。

5. 按是否可转换为公司股票划分,债券可分为可转换债券和不可转换债券

(1) 可转换债券,是在特定时期内可以按某一固定的比例转换成普通股的债券。它具有债务与权益双重属性,属于一种混合性筹资方式。由于可转换债券赋予债券持有人将来成为公司股东的权利,因此其利率通常低于不可转换债券。

(2) 不可转换债券,是指不能转换为普通股的债券,又称为普通债券。由于不可转换债券没有赋予债券持有人将来成为公司股东的权利,所以其利率一般高于可转换债券。

二、债券发行市场

债券发行市场又称为一级市场或初级市场,是指发行人以发行债券的方式募集资金的市场。债券发行市场是金融市场的一个重要组成部分,是债券交易市场的基础。

(一) 债券发行方式

1. 根据债券认购对象的不同,可分为公募发行和私募发行

(1) 公募发行,是指向广泛的社会公众发行的方式。公募发行涉及众多的投资者,其社会责任和影响很大,为了保证投资者的合法权益,政府对公募发行控制很严,如必须向社会提供各种财务报表及其他有关资料。公募发行的债券可上市流通,具有较强的流动性,因而易被广大投资者接受。

(2) 私募发行,是指仅向少数特定投资者发行的方式。发行对象一般是与发行者有特定关系的投资者,如发行公司的内部职工或与发行人有密切关系的金融机构、公司、企业等。发行者的资信情况较为投资者所了解,不必像公募发行那样向社会公开内部信息,也没有必要取得信用评级。

2. 根据有无中介机构参与,可分为直接发行和间接发行

(1) 直接发行,是指发行人不通过证券承销机构而自己向投资者发行债券的一种方式。一般来说,私募债券和金融债券多采用这一方式。直接发行不需要发行中介人的介入,可以节省委托发行的手续费,节约发行成本。其不利之处是,在事务处理上费时又费力,一些小公司是难以承受的。

(2) 间接发行,亦称承销发行,是指发行人不直接参与债券的发行过程,而是委托给一家或几家证券承销机构承销的一种方式。证券承销机构如投资银行、专业承销商等,都具有丰富的承销经验、知识和专门人才,具有雄厚的资金实力、较好的承销信誉、较多的承销网点以及较灵通的信息。间接发行可节省人力、时间,减少一定的发行风险,迅速、高效地完成发行任务。

(二) 债券发行价格

债券的价格是其预期现金流量的现值,债券的定价原理就是将它的预期现金流量序列加以折现。因此,债券发行价格的确定,根据债券派息方式的不同而不同。

1. 附息债券的定价

附息债券的预期现金流量是各期利息收入和到期日的票面价值。为简化起见,假设附息债券是不可赎回的,每期支付的利息是固定的,利息每年支付一次。其价格计算公式为:

$$P = \sum_{t=1}^{n} \frac{C}{(1+r)^t} + \frac{V}{(1+r)^n}$$

其中，P 表示债券价格，C 表示年利息，V 表示债券面值或到期价值，r 表示贴现率或必要的到期收益率，n 表示债券年限。

2. 息票累积债券的定价

这种债券到期一次性归还本息，期间不支付利息。其价格计算公式为：

$$P = \frac{V(1+in)}{(1+r)^n}$$

其中，P 表示债券价格，V 表示债券面值或到期价值，i 表示债券票面利率，r 表示贴现率或必要的到期收益率，n 表示债券年限。

3. 零息债券的定价

零息债券不向投资者进行任何利息支付，而是把到期价值和购买价格的差额作为利息回报给投资者。投资者以相对于债券面值贴水的价格从发行人手中买入债券，持有到期后可以从发行人手中获得相等于面值的货币。其价格计算公式为：

$$P = \frac{V}{(1+r)^n}$$

其中，P 表示债券价格，V 表示债券面值或到期价值，r 表示贴现率或必要的到期收益率，n 表示债券年限。

（三）债券信用评级

除国债外，债券发行时往往要进行信用评级。债券的信用评级是指按一定的指标体系对准备发行债券的还本付息的可靠程度做出公正客观的评定，并公布给投资者，以便投资者做出投资选择。由于受到时间、知识和信息的限制，广大投资者尤其是中小投资者无法对众多债券进行分析和选择，所以专业的信用评级机构做出的公正权威的资信评级成为投资者衡量其投资风险及评估其投资价值的最主要依据。并且，债券信用评级还有助于高资信的发行人降低筹资成本，帮助证券监管机构加强对债券的管理等。

目前，国际上公认的最具权威的信用评级机构主要有美国的标准普尔公司和穆迪投资服务公司等（等级划分如表 9-1 所示）。这些信用评级机构大都是独立的私人企业，不受政府控制，也独立于证券交易所甚至证券业之外。评级机构必须对自己的信誉负责，如果评出的级别不准确公正，不能被市场接受，那么评级机构的声誉将受到致命打击，不仅无法盈利，甚至无法继续生存。

表 9-1 美国评级公司评定公司债券等级划分

标准普尔公司	穆迪公司	性质	级别	说明
AAA	Aaa	投资性	最高级	信誉最高，债券本息支付无问题
AA	Aa		高级	有很强的支付本息的能力
A	A		中上级	仍有较强的支付能力，但在经济形势发生逆转时，较为敏感
BBB	Baa		中级	有一定的支付能力，但在经济形势发生逆转时，较上述级别更易受影响

(续表)

标准普尔公司	穆迪公司	性质	级别	说　明
BB	Ba	投机性	中下级	有投机因素,但投机程度较低
B	B		投机的
CCC—CC	Caa		投机级	可能不还的
C	Ca			不还,但可以回收很少一点
D	C			无收回的可能性

资料来源:骆志芳、许世琴,《金融学》,北京:科学出版社,2013年。

三、债券流通市场

债券流通市场又称为二级市场或次级市场,是指已发行的债券在投资者之间转手买卖的场所。

(一)债券交易组织方式

1. 场内交易

场内交易是指在证券交易所内买卖债券所形成的市场。如我国的上海证券交易所和深圳证券交易所,这种市场组织方式是债券流通市场较为规范的形式。

2. 场外交易

场外交易是指在证券交易所外进行证券交易活动的组织方式。由于这种交易起先主要是在各证券商的柜台上进行的,因而也称为柜台市场。

(二)债券交易方式

债券的交易方式主要有现货交易、信用交易、期货交易和期权交易。

1. 现货交易

现货交易是指债券买卖成交后,按成交价格及时进行实物交收和资金清算的交易方式。一般在成交的当日、次日或交易所指定的例行日进行交割。这是证券交易所采用的最基本、最常见的交易方式。

2. 信用交易

信用交易又称为保证金交易、融资融券交易,是指交易人凭自己的信誉,通过缴纳一定数额的保证金取得经纪人信任,进行债券买卖的交易方式。信用交易主要有两种形式,即保证金买空和保证金卖空。

3. 期货交易

期货交易是买卖双方约定在将来某个日期按成交时双方商定的条件交割一定数量某种商品的交易方式。期货交易只能在期货交易所进行。

4. 期权交易

期权又称为选择权,是指它的持有者在规定的期限内具有按交易双方商定的价格购买或出售一定数量某种金融资产的权利。期权交易是以选择权为对象的买卖,而不是现实金融资产的买卖。

(三) 债券交易价格

债券在发行后,在二级市场可以进行交易,交易的价格除了由债券本身的价值决定之外,还受到其他一些因素的影响。影响债券交易价格的因素主要有:

1. 市场利率

债券的市场价格和市场利率呈反方向运动。若市场利率上升,超过债券票面利率,债券持有人将以较低价格出售债券,将资金转向其他收益率较高的金融资产,从而引起债券的需求减少,价格下降;反之,若市场利率下降,债券票面利率相对较高,则资金流向债券市场,引起债券价格上升。

2. 物价水平

当物价上涨速度较快或通货膨胀率较高时,人们出于保值的考虑,一般会将资金投资于房地产、黄金、外汇等可以保值的领域,从而引起债券需求量减少,债券价格下跌。

3. 经济发展情况

债券价格会伴随社会经济发展的不同阶段而波动。在经济景气阶段,企业会增加投资,从而增加对资金的需求。因此对债券的需求减少,而供应增加,这样必然会使债券价格下降;相反,在经济衰退阶段,对债券的需求增加,供给减少,债券价格上升。

4. 中央银行的公开市场操作

为调节货币供应量,中央银行于信用扩张时在市场上抛售债券,引起债券价格下跌;而当信用萎缩时,中央银行又从市场上买进债券,引起债券价格上涨。

第二节 股票市场

一、股票

(一) 股票的概念

股票(stock)是股份有限公司在筹集资本时向出资人或投资者发行的股份凭证,代表其持有者对股份公司的所有权。投资者认购股票后,就成为公司的股东,可以行使一切法定的权利,主要包括参加股东大会、投票表决、参与公司的重大决策、收取股息或分享红利等。

(二) 股票的特征

作为投资工具,股票一般具有以下特征:

1. 无偿还性

股票的无偿还性是指股票是一种无偿还期限的投资工具,投资者一旦认购了股票,就不能要求发行股票的公司退还其投资入股的本金,投资者只能到二级市场转售给第三者。

2. 参与性

股票的参与性是指股东有权出席股东大会,选举公司董事,参与公司重大决策等。股东参与公司决策的权利大小,取决于所持的股份多少。

3. 收益性

股东凭其持有的股票,有权从公司领取股息或红利,获取投资的收益。股票的收益性,还表现在股票投资者可以获得价差收入。通过低买高卖股票,投资者可以赚取价差利润。

以"中国软件"的股票为例,如果在2013年6月底以每股10元买入该公司股票,到2013年8月底便能以每股30元的市场价格卖出,短短两个月的时间里,就可赚取两倍的利润。

4. 风险性

股票风险的内涵是预期收益的不确定性。股票尽管可能会给持有者带来收益,但该收益是不确定的,投资股票必须承担一定的风险。股票价格要受到诸如公司经营状况、供求关系、市场利率、大众心理、政治局势等多种因素的影响,其波动具有很大的不确定性。

5. 流通性

股票的流通性是指股票作为一种自由转让的投资工具,可以在证券交易所或柜台上出售。正是这一特征弥补了股票无偿还期限的不足,也是股份公司能在社会公众中广泛募集资金的又一重要原因。

(三)股票的类型

股票的种类繁多,可以按不同的标准将股票划分成不同的类型,这里只介绍两种常见的股票分类。

1. 按股票代表的股东权利划分,可分为普通股和优先股

(1)普通股(common stock)。普通股是股票中最普遍的一种形式,其持有者享有股东的基本权利和义务。普通股股东按其所持的股份比例享有经营决策参与权、利润分配权、优先认股权以及剩余资产分配权等权利。

(2)优先股(preferred stock)。优先股是一种特殊股票,在其股东权利和义务中附加了某些特别条件。它的主要特征有:优先领取固定股息,优先剩余资产分配,无权参与经营决策以及无权分享公司利润增长的收益等。

《优先股试点管理办法》经2013年12月9日中国证监会审议通过,2014年3月21日正式发布。2014年4月24日,广汇能源(600256)率先对外发布非公开发行优先股预案,成为A股首家公布优先股预案的上市公司。

2. 按上市地区划分,可分为A股、B股、H股、N股、S股等

(1)A股。A股的正式名称是人民币普通股票。它是由我国境内的公司发行,供境内机构、组织或个人以人民币认购和交易的普通股股票。

(2)B股。B股的正式名称是人民币特种股票,是指那些在我国内地注册、上市的特种股票。以人民币标明面值,只能以外币认购和交易。

(3)H股。H股是境内公司发行的以人民币标明面值,供境外投资者用外币认购,在香港联合证券交易所上市的股票。

(4)N股。N股是境内公司发行的以人民币标明面值,供境外投资者用外币认购,在纽约证券交易所上市的股票。

(5)S股。S股是境内公司发行的以人民币标明面值,供境外投资者用外币认购,在新加坡交易所上市的股票。

二、股票发行市场

股票发行市场是指通过发行股票进行筹资活动的市场。由于发行活动是股市一切活动的源头和起始点,故又称发行市场为一级市场或初级市场。

(一) 股票发行制度

由于股票是一种高风险的投资,为了保障投资者的权益,促进股票市场健康发展,各国政府都授权某一部门对申请发行股票的公司进行审核评估。世界各国对股票发行的审核主要有两种制度,即注册制和核准制。

1. 注册制

注册制是指证券发行人在发行证券前,需要向证券监管机构按照法定程序申请注册登记,同时依法提供与发行证券有关的一切资料,并对所提供资料的真实性和可靠性承担法律责任。注册制下发行人只需充分披露信息,在注册申报后的规定时间内,未被证券监管机构拒绝注册,即可进行证券发行,无须政府批准。目前西方发达国家多采用注册制。

2. 核准制

核准制是指证券的发行者不仅须公开有关发行证券的真实情况,而且必须符合证券监管机构制定的若干适合于发行的实质条件。只有符合条件的发行公司,经证券监管机构批准后方可在证券市场上发行证券,取得发行资格。我国的股票发行实行核准制,发行申请需由保荐人推荐和辅导,发行审核委员会审核,中国证监会核准。

(二) 股票发行类型

股票发行可分为两种类型:一是为设立新公司首次发行股票;二是为扩充已上市公司的资本规模而增资发行股票。

1. 设立发行

设立发行是指公司首次在发行市场发行股票。设立发行一般都是发行人在满足必须具备的条件并经证券主管部门审核批准或注册后,通过证券承销机构面向社会公众公开发行股票。通过设立发行,发行人不仅募集到了所需资金,而且完成了股份有限公司的设立或转制。

2. 增资发行

增资发行是指股份有限公司组建、上市后为达到增加资本金的目的而发行股票的行为。公司增资的方式有向社会公众发行股份、向现有股东配售股票、公司债转股等。

(三) 股票发行方式

1. 按发行对象不同划分,可分为公募发行和私募发行

(1) 公募发行,又称为公开发行,是指面向市场上大量的非特定投资者公开发售股票。这种发行方式有利于扩大股东范围,分散持股,防止股票被少数人操纵,还可以增加股票的流动性,但对公司要求较高,而且手续较复杂,费用较高。

(2) 私募发行,又称为非公开发行,是指面向少数特定的机构投资者发行股票,如保险公司、投资基金、保险基金等。对于发行者来说,其发行要求低,易为监管机构批准;所需提交的文件和资料较少,能够节约发行成本。缺点是不能公开上市交易,募集资金的数量受到限制。

2. 按有无发行的中介机构划分,可分为直接发行和间接发行

(1) 直接发行,是指不通过证券发行中介机构直接向投资者销售股票。直接发行手续简单,发行费用低,但发行数额一般不大。私募发行的股票通常都采用直接发行方式。

（2）间接发行，是指通过股票发行中介机构即承销商向社会发行股票。承销商作为股票的推销者，办理一切发行事务，承担一定的发行风险并从中提取相应的收益。一般情况下，股票发行大都采用间接发行方式。

（四）股票发行价格

1. 影响股票发行价格的因素

（1）公司因素。包括公司现在的盈利水平及未来的盈利前景、财务状况、生产技术水平、成本控制、管理水平等，其中最为关键的是公司的盈利情况。

（2）环境因素。当前市场环境对股票的发行价格有重要影响。牛市阶段时，发行价格可以适当偏高；熊市时，价格宜偏低。发行人所处的行业和经济区位条件对发行人的盈利能力和水平有直接影响。

（3）政策因素。最主要的是两大经济政策因素，包括税负水平和利息率。

2. 股票发行价格的方式

（1）面值发行，也称为平价发行，是指发行人以股票票面金额作为发行价格。

（2）溢价发行，是指发行人以高于票面金额的价格发行股票。票面金额与发行价格之间的差额形成溢价收入，溢价收入一般转入公司的法定资本公积金中。

（3）折价发行，即按票面金额打一定折扣后发行股票，折扣大小主要取决于发行公司的业绩和承销商的能力。目前，很少有国家按这种方式发行股票。

三、股票流通市场

股票流通市场是已发行的股票进行买卖交易的场所。由于股票流通市场是建立在发行股票的初级市场基础上，因此又称为二级市场或次级市场。

（一）股票交易组织方式

1. 场内交易

场内交易是指通过证券交易所进行股票买卖流通的组织方式。证券交易所是股票流通市场的核心，也是股票流通的主要组织方式。

2. 场外交易

场外交易是在证券交易所以外进行的各种股票交易活动的组织方式。场外交易市场的特点是交易的品种主要为非上市股票，且品种多、数量大。

（二）股票交易程序

股票交易程序是投资者通过经纪人在证券交易所买卖已上市股票的过程。目前股票交易主要分为开户、委托、竞价成交、清算与交割、过户等程序。

1. 开户

开户是投资者在进行股票交易之前，必须首先开立股东账户和资金账户。我国上海证券交易所和深圳证券交易所的清算交割系统不同，在开户时应分别开立上海证券交易所股东账户和深圳证券交易所股东账户。股东账户一般可在各地的证券公司的营业网点办理，资金账户主要是在各证券公司指定的银行办理。

2. 委托

委托是指证券经纪商接受投资者委托，代理投资者买卖股票，从中收取佣金的交易行为。委托的方式主要有递单委托、电话委托、传真和函电委托、自助终端委托和网上委托等。目前网上委托方式已成为股票交易的主要方式。

3. 竞价成交

证券经纪商在接受投资者委托后，即按投资者委托指令进行公开申报竞价，然后成交。公开申报竞价是由多数买方和多数卖方共同公开竞价，最终以最低卖出价和最高买入价成交的方法。大多数证券交易所采用这种方式。

4. 清算与交割

清算是指每个交易日结束后对每家证券公司当日成交的股票数量与价款分别予以轧抵，对股票与资金的应收应付净额进行计算和处理的过程。交割是指根据股票清算的结果，在约定的时间内买方交付一定款项获得所购股票，卖方交付一定股票获得相应价款的钱货两清的过程。

5. 过户

过户是买入股票的投资者到股票发行公司或其指定的代理金融机构办理变更股东名簿登记的手续。我国上海证券交易所和深圳证券交易所均已采用无纸化交易，对于交易过户而言，结算的完成即实现了过户，所有的过户手续都在交易所的电脑自动过户系统一次完成，无须投资者另外办理过户手续。

（三）股票交易价格

1. 股票的价值

股票是股东所有权的一种凭证，之所以有价值，是因为它代表着获取收益的权利，能给持有者带来股息、红利等收益。所以，股票的价值就是用货币来衡量的作为获得手段的价值。股票流通转让的实质就是这种获得凭证的让渡。

2. 股票交易价格

股票交易价格是股票在二级市场上流通买卖的价格，股票交易价格的形成主要取决于两种因素：预期每股股息和市场利率。股票交易价格与预期每股股息成正比，与市场利率成反比。用公式可表示为：

$$股票交易价格 = \frac{预期每股股息}{市场利率}$$

在预期每股股息一定的情况下，市场利率越高，意味着同样的本金存入银行可以取得的利息收入就越高，股票交易价格就会下跌；反之，市场利率越低，意味着同样的本金投资股票比储蓄更合算，因此，股票的价格看涨。在市场利率一定的情况下，股票交易价格则主要取决于预期每股股息的变化。

但是，上述公式只是一个理论计算公式，实际交易中股票交易价格会受多种因素的影响而偏离理论价格。影响股票价格变动的因素主要有市场因素、公司基本面因素、政策因素等。

（四）股票价格指数

股票价格指数(stock price index)是用以反映整个股票市场上各种股票市场价格的总体

水平及其变动情况的指标,简称为股价指数。它是由证券交易所或金融服务机构编制的表明股票行市变动的一种供参考的指示数字。

由于上市股票种类繁多,计算全部上市股票的价格平均数或指数的工作是艰巨而复杂的,因此人们常常从上市股票中选择若干种富有代表性的样本股票,并计算这些样本股票的价格平均数或指数,用以表示整个市场的股票价格总趋势及涨跌幅度。

我国主要的股价指数有上证综合指数、深证综合指数、上证成分股指数、深证成分股指数、深证100指数、上证50指数等。其他世界主要股价指数有道琼斯股价平均指数、标准普尔股价指数、英国金融时报股价指数、法国CAC40股价指数、德国DAX指数、日经股价指数、香港恒生指数等。

专栏9-1

郁金香泡沫

郁金香泡沫(tulip bubble)又称为郁金香热潮、郁金香效应、荷兰郁金香狂热,源自17世纪荷兰的历史事件。作为人类历史上有记载的最早的投机活动,荷兰的"郁金香泡沫"昭示了此后人类社会的一切投机活动,尤其是金融投机活动中的各种要素和环节:对财富的狂热追求、羊群效应、理性的完全丧失、泡沫的最终破灭和千百万人的倾家荡产。

"郁金香泡沫"是人类历史上第一次有记载的金融泡沫。16世纪中期,郁金香从土耳其被引入西欧,不久,人们开始对这种植物产生了狂热。到17世纪初期,一些珍品卖到了不同寻常的高价,而富人们也竞相在他们的花园中展示最新和最稀有的品种。到17世纪30年代初期,这一时尚导致了一场经典的投机狂热。人们购买郁金香已经不再是为了其内在的价值或作观赏之用,而是期望其价格能无限上涨并因此获利(这种总是期望有人会愿意出价更高的想法,长期以来被称为投资的博傻理论)。

1635年,一种叫Childer的郁金香品种单株卖到了1615弗罗林(florins,荷兰货币单位)。如果你想搞清楚这样一笔钱在17世纪早期荷兰的经济中是什么价值,你只需要知道4头公牛(与一辆拖车等值),只要花480弗罗林,而1 000磅(约454公斤)奶酪也只需120弗罗林。可是,郁金香的价格还是继续上涨,第二年,一株稀有品种的郁金香(当时的荷兰全境只有两株)以4 600弗罗林的价格售出;除此以外,购买者还需要额外支付一辆崭新的马车、两匹灰马和一套完整的马具。

但是,所有的金融泡沫正如它们在现实世界中的名称所喻示的一样脆弱,当人们意识到这种投机并不创造财富,而只是转移财富时,总有人会清醒过来,这个时候,郁金香泡沫就该破灭了。在某个时刻,当某个无名小卒卖出郁金香——或者更有勇气些,卖空郁金香时,其他人就会跟从;很快,卖出的狂热将与此前购买的狂热不相上下。于是,价格崩溃了,成千上万的人在这个万劫不复的大崩溃中倾家荡产。

资料来源:吴晓求,《证券投资学》,北京:中国人民大学出版社,2014年。

第三节 证券投资基金市场

一、证券投资基金的概念

证券投资基金(securities investment fund)是一种利益共享、风险共担的集合证券投资方式,即通过发行基金份额集中投资者的资金,由基金托管人托管,由基金管理人管理和运作,以组合投资方式进行证券投资,所得收益按出资比例由投资者分享的投资工具。

证券投资基金在不同国家或地区的称谓有所不同,在美国称为"共同基金",在英国和我国香港地区称为"单位信托基金",在日本和我国台湾地区称为"证券投资信托基金",目前在我国大陆则统称为"证券投资基金"。

二、证券投资基金的类型

(一) 按组织形式划分

1. 契约型投资基金

契约型基金也称为信托投资型基金,是根据一定的信托契约原理,通过发行受益凭证来筹集资金,由基金发起人和基金管理人、基金托管人订立契约而组建的投资基金。该类基金中,基金发起人负责发起设立基金;基金管理人依据法律、法规和基金契约负责基金的经营和管理;基金托管人负责保管基金资产,执行管理人的有关指令,办理基金名下的资金往来;投资人则通过购买基金份额,享有基金投资收益。

2. 公司型投资基金

公司型投资基金是依据公司法组成的以营利为目的并投资于特定对象的股份制投资公司。实质上,它是由具有共同投资目标的投资者组成的以营利为目的的股份制投资公司,即基金发起人所组织的投资公司的性质是股份有限公司,其设立程序和组织结构与一般股份公司类似。公司通过发行股份筹集资金,基金的投资者是公司股东,凭其持有的股份享有权益,履行义务。

(二) 按运作方式划分

1. 封闭型基金

封闭型基金是指设立基金时限定基金的发行总额,在初次发行达到预定的发行计划后,基金宣告成立,并加以封闭,在一定时期内不再追加发行新的基金份额,投资者也不能要求赎回的基金。

2. 开放型基金

开放型基金是指基金发行总额不固定,在基金按规定成立后,投资者可以在规定的场所和开放的时间内向基金管理人申购或赎回基金份额的基金。开放型基金有利于扩大基金的规模,并具有较强的流动性和变现能力。

(三) 按投资对象划分

1. 股票基金

股票基金是以股票为投资对象的证券投资基金,是投资基金的主要种类。一般指60%

以上的基金资产投资于股票的基金。

2. 债券基金

债券基金是指以债券为投资对象的投资基金,它通过集中众多投资者的资金,对债券进行组合投资,寻求较为稳定的收益。债券基金的投资对象主要是国债、金融债和企业债。一般指80%以上的基金资产投资于债券的基金。

3. 混合基金

混合基金是同时以股票和债券为投资对象的基金,预期收益高于债券基金,风险低于股票基金。依据资产配置的不同,可将混合基金分为偏股型基金、偏债型基金、股债平衡型基金、灵活配置型基金等。

4. 货币市场基金

货币市场基金是指以货币市场上的短期有价证券,如国库券、商业票据、大额可转让存单、回购协议等为投资对象的投资基金。它具有收益稳定、流动性强、购买限额低、资本安全性高等特点。

5. 指数基金

指数基金是20世纪70年代出现的新的基金品种,它采取被动投资方式,投资组合跟踪、复制所选取的特定指数,收益随指数变动,使投资者获得与市场平均收益相近的投资回报,风险能被有效分散,受到稳健投资者的欢迎。

6. 期货基金

期货基金是以期货合约为主要投资对象的投资基金。

7. 期权基金

期权基金是以期权为主要投资对象的投资基金。

三、证券投资基金的发行

证券投资基金的发行也称为证券投资基金的募集,是指基金管理公司根据有关规定向证券监管机构提交募集文件、发售基金份额、募集资金的行为。一般说来,证券投资基金的发行要经过申请、核准、发售、备案和公告五个步骤。

(一)证券投资基金设立的条件

设立一个基金,必须制定相关的文件,对证券投资基金的各当事人的地位、权利与义务和基金的性质、功能等做出详细的文字说明,以使投资者做出投资选择前对该基金有充分的了解。证券投资基金的要件包括基金章程、信托契约和基金募股说明书。

基金章程是基金管理公司为设立基金而制定的纲领性文件,它既是推销受益凭证的工具,又是保护投资者利益的依据。基金章程的主要内容有:基金的基本情况说明;基金的投资政策、投资目标及投资范围、投资限制;有关基金受益凭证认购方面的规定;基金的费用规定;派息政策;资产净值的计算与处理;税务处理;受益凭证的转让方法;投资者的权利和义务等。

信托契约是经理人和信托人共同设立基金,为明确双方的责任和权利而订立的核心性文件。信托契约的基本内容有:基金的目标及达到目标所实行的投资政策和投资策略;基金的资产组成及计算方法;保管机制应履行的义务和责任;管理机构支付给保管机构的报酬及其计算方法;信托契约更改和终止的条件。

基金募股说明书是基金章程和信托契约的延伸,在内容上比基金章程和信托契约更为翔实与全面。它是基金自我介绍的文件,也是基金经营的行动纲领。它的内容包括:基金管理公司的概况;该基金发行的背景;经理人、信托人、法律顾问、会计师等的背景、经验、相关关系及通信地址;该基金的详细经营规定、风险性等。

(二) 证券投资基金单位的认购

证券投资基金是投资者通过购买契约型基金的受益凭证或公司型基金的股份实现其投资的。证券投资基金单位的认购手续比较简单,但在具体操作程序上,不同类型的基金又有不同的认购方式。

1. 封闭型基金的认购方式

封闭型基金的认购方式比开放型基金的认购方式简单,投资者只能在基金发行期内认购,认购手续和方式与开放型基金一样,认购价格按面额计算。发行期过后,投资者若要想拥有这类基金,只能通过证券商在二级市场上竞价购买,购买手续与购买股票一样。

2. 开放型基金的认购方式

开放型基金的投资者一般通过基金管理公司的直销中心、商业银行以及证券公司进行认购。投资者进行基金的认购时,需分别开立基金账户和资金账户。基金账户用于记录基金持有人的基金份额及其变动情况,资金账户则分管投资者认购、申购、赎回基金份额以及基金分红时的资金结算。

五、证券投资基金的交易

(一) 封闭型基金的交易

封闭型基金募集完毕后,如果满足一定条件,就可以在证券交易所挂牌上市了。与进行股票交易相类似,投资者要进行封闭型基金的交易,必须开立证券账户或基金账户,同时必须有资金账户,封闭型基金的交易规则和在交易所挂牌的股票基本类似。

封闭型基金的二级市场价格经常偏离其份额净值,用折价率可以反映这种偏离程度。折价率的计算公式是:

$$折价率 = \frac{基金市场价格 - 基金份额净值}{基金份额净值} \times 100\%$$

当折价率为正值时,表明封闭型基金的市场价格高于其份额净值,基金为溢价交易;当折价率为负值时,表明封闭型基金的市场价格低于其份额净值,基金为折价交易。

(二) 开放型基金的申购和赎回

封闭型基金的交易在基金投资者之间进行,而开放型基金的申购和赎回在基金投资者与基金管理人之间进行。开放型基金的申购是指在基金募集期结束后申请购买基金份额的行为。开放型基金的赎回是指基金持有人要求基金管理人购回其持有基金份额的行为。

与开放型基金的认购一样,投资者进行开放型基金的申购或赎回可以通过基金管理公司的直销中心或其代理机构完成。开放型基金的申购和赎回会相应增加和减少基金的总份额。开放型基金的申购和赎回办理的时间一般与证券交易所开市的时间一致。

六、证券投资基金的收益及费用

（一）证券投资基金的收益

证券投资基金的收益是基金资产在运作过程中所产生的超过本金部分的价值。基金的收益主要包括利息收入、股利收入、资本利得、资本增值等。

证券投资基金收益分配的来源是基金净收益,它是基金收益扣除按照有关规定可以在基金收益中扣除的费用后的余额。我国《证券投资基金运作管理办法》规定,封闭型基金的收益分配,每年不得少于一次,封闭型基金年度收益分配比例不得低于基金年度已实现收益的90%。开放型基金的基金合同应当约定每年基金收益分配的最多次数和基金收益分配的最低比例。开放型基金的基金份额持有人可以事先选择将所获分配的现金收益,按照基金合同有关基金份额申购的约定转为基金份额;基金份额持有人事先未做出选择的,基金管理人应当支付现金。

（二）证券投资基金的费用

基金从设立到终止都要支付一定的费用。我国《证券投资基金运作管理办法》中规定,下列与基金有关的费用可以从基金财产中列支:基金管理人的管理费;基金托管人的托管费;基金合同生效后的信息披露费用;基金合同生效后的会计师费和律师费;基金份额持有人大会费用;基金的证券交易费用;按照国家有关规定和基金合同约定,可以在基金财产中列支的其他费用。

专栏 9-2

德邦基金风险承受能力调查问卷(个人)

尊敬的投资者:

本问卷旨在协助投资者了解自身对投资风险的承受能力,为保护您的合法权益,请真实、准确、完整地填写本问卷,如因存在欺诈、隐瞒或其他不实陈述而导致调查结果与实际情况不符的,本公司不承担任何责任。投资者应购买与其风险偏好相适应的基金产品,若所选择基金产品的风险等级高于其风险承受能力,经提示后仍选择投资的,视为投资者已充分了解该投资风险并愿意承担相应的风险。(以下均为单选)

1. 您的年龄?	2. 您目前的家庭年收入?
A. 60 岁以上 ……………………… (2分)	A. 5 万元以下 ……………………… (2分)
B. 50 岁至 60 岁 …………………… (4分)	B. 5 万至 20 万元 ………………… (4分)
C. 40 岁至 50 岁 …………………… (6分)	C. 20 万至 50 万元 ……………… (6分)
D. 30 岁至 40 岁 …………………… (8分)	D. 50 万至 100 万元 ……………… (8分)
E. 30 岁以下 ……………………… (10分)	E. 100 万元以上 ………………… (10分)

（续表）

3. 您目前的个人及家庭财务状况？ A. 有未到期的贷款或借款 …………（2分） B. 收入与支出相抵 ………………（4分） C. 有一定的积蓄 …………………（6分） D. 有较为丰厚的积蓄并有一定的投资 …（8分） E. 比较富裕并有相当的投资 ………（10分）	4. 您目前已经或者准备投资的基金金额占您个人或家庭所拥有总资产的比重？（备注：总资产包括存款、证券投资、房地产、实业等） A. 80%至100% ……………………（2分） B. 50%至80% ……………………（4分） C. 20%至50% ……………………（6分） D. 10%至20% ……………………（8分） E. 0至10% ………………………（10分）
5. 您投资基金的主要目的？ A. 补贴家用 ………………………（2分） B. 养老 ……………………………（4分） C. 子女教育 ………………………（6分） D. 资产增值 ………………………（8分） E. 家庭富裕 ………………………（10分）	6. 您计划投资基金的期限？ A. 1年以内 ………………………（2分） B. 1年至3年 ……………………（4分） C. 3年至5年 ……………………（6分） D. 5年至10年 …………………（8分） E. 10年以上 ……………………（10分）
7. 您希望获得的基金年化投资收益率？ A. 略高于一年期定期储蓄利率 ………（2分） B. 相当于通货膨胀率 ………………（4分） C. 高于通货膨胀率，略有3%至5%的增值空间 ………………………………（6分） D. 接近或相当于股票市场平均收益率 …（8分） E. 明显超过股票市场平均收益率 ……（10分）	8. 如果您的基金投资暂时亏损25%，您会如何操作？ A. 无法承担风险，准备赎回 ………（2分） B. 3至6个月内如果还是亏损25%，准备赎回 ……………………………………（4分） C. 1年之内还是亏损25%，准备赎回（6分） D. 2至3年内都可以持有，等待机会 …（8分） E. 长期持有，等待机会 ……………（10分）
9. 债券、股票、基金、银行理财产品，这四类投资品种您了解几种？ A. 全部不了解 ……………………（2分） B. 了解一种 ………………………（4分） C. 了解两种 ………………………（6分） D. 了解三种 ………………………（8分） E. 全部都了解 ……………………（10分）	10. 家人或朋友对您投资风险偏好的评价？ A. 无法承担风险 …………………（2分） B. 虽然厌恶风险，但愿意承担一些风险 …（4分） C. 在深思熟虑后，愿意承担一定的风险 …（6分） D. 敢冒风险，比较激进 ……………（8分） E. 爱好风险，相当激进 ……………（10分）

分数统计	风险偏好	适配的基金产品	评估得分：_____ 风险测试等级：_____
20分≤得分≤40分	保守型	低风险等级基金产品	风险程度确认：此次调查反映了本人的真实情况，在此确认本人的风险偏好为：_____
40分＜得分≤60分	稳健型	中/低风险等级基金产品	投资者签名_____ 签署日期：___年__月__日
60分＜得分≤100分	积极型	高/中/低风险等级基金产品	

免责声明：本调查问卷系根据业内通行做法设计，目的是根据被调查人填写问卷时所提供的信息评估

其风险偏好,以此作为被调查人未来投资本公司基金产品的参考,投资者需对其填写信息的真实性和准确性负责,并自行承担投资风险。本调查问卷及评价结果仅供参考,本公司不对调查问卷的准确性及全面性负责,并有权根据需要调整调查问卷的内容及评价标准。

所有获准使用此资料的本公司员工均应履行保密义务,不得擅自泄露投资者信息。

本章小结

1. 债券是一种金融契约,是政府、金融机构、工商企业等机构直接向社会借债筹措资金时,向投资者发行,同时承诺按一定利率支付利息并按约定条件偿还本金的债权债务凭证。债券市场包括发行市场和流通市场。

2. 股票是股份有限公司在筹集资本时向出资人或投资者发行的股份凭证,代表其持有者对股份公司的所有权。作为一种投资工具,股票具有无偿还性、参与性、收益性、风险性、流通性等特征。股票市场包括发行市场和流通市场。

3. 证券投资基金是一种利益共享、风险共担的集合证券投资方式。证券投资基金按投资对象划分,主要有股票基金、债券基金、混合基金、货币市场基金、指数基金、期货基金、期权基金等。证券投资基金的发行要经过申请、核准、发售、备案和公告五个步骤。

本章重要概念

债券　公募发行　私募发行　直接发行　间接发行　股票　普通股　优先股　股票价格指数　证券投资基金　契约型投资基金　公司型投资基金　封闭型基金　开放型基金

复习思考题

一、选择题

1. 一般来说,期限较长的债券票面利率定得较高,是由于(　　)。
   A. 流动性强,风险相对较小　　　　B. 流动性强,风险相对较大
   C. 流动性差,风险相对较小　　　　D. 流动性差,风险相对较大
2. 下列各项不属于影响债券利率的因素是(　　)。
   A. 筹资者资信　　　　　　　　　　B. 债券票面金额
   C. 债券期限　　　　　　　　　　　D. 借贷资金市场利率水平
3. 如果市场利率下降,已上市国债的市场价格,在正常情况下(　　)。
   A. 上升　　　　B. 下降　　　　C. 基本不变　　　　D. 上下波动
4. 股票发行人对特定的少数投资者发行投票的方式属于(　　)。
   A. 公募发行　　B. 私募发行　　C. 直接发行　　　　D. 间接发行
5. 优先股不具有的权利是(　　)。
   A. 股利分配权　　　　　　　　　　B. 剩余资产分配权
   C. 表决权　　　　　　　　　　　　D. 优于普通股的分配权
6. 基金管理人运作基金资金属于(　　)业务,在基金运作中,如若发生违反公平竞争

的行为,其后果由基金管理人自己承担。

  A. 代客理财   B. 专家理财   C. 专业理财   D. 个人理财

  7. 对于几种金融工具的风险性比较,正确的是(　　)。

  A. 股票>债券>基金   B. 债券>基金>股票

  C. 基金>债券>股票   D. 股票>基金>债券

  8. 债券作为证明(　　)关系的凭证,一般是以有一定格式的票面形式来表现的。

  A. 产权   B. 委托代理   C. 债权债务   D. 所有权

  9. 股票是代表股份资本所有权的证书,它是一种(　　)。

  A. 固定资本   B. 可变资本   C. 真实资本   D. 虚拟资本

  10. 在证券交易所的证券投资基金是(　　)。

  A. 开放型基金   B. 封闭型基金   C. 私募基金   D. 以上均可

二、简答题

1. 债券的特征有哪些?
2. 为什么债券发行如此看重信用评级?
3. 债券的交易方式有哪些?
4. 影响债券交易价格的因素有哪些?
5. 股票的特征有哪些?
6. 简述股票的交易程序。
7. 证券投资基金的收益和费用各来源于哪些方面?

三、计算题

  1. 当前市场上有三种风险相同、2 年后到期的债券。第一种是零息债券,到期支付 1 000 元。第二种是附息债券,息票率为 8%,每年支付 80 元。第三种同样是附息债券,息票率为 10%,每年支付 100 元。如果三种债券都有 8% 的到期收益率,请问,它们目前的价格应为多少?

  2. 某债券面额 1 000 元、期限 3 年、利率 6%,当市场利率为 8% 时,则:(1)若到期一次性还本付息,该债券的发行价格应为多少?(2)若半年支付一次利息,到期还本,该债券的发行价格应为多少?

四、案例分析题

股市真的是经济的晴雨表吗?

  我们经常听到很多经济学家说"作为经济的晴雨表,股市……",但事实上股市真的是经济的晴雨表吗?

  什么是晴雨表?就是预测天气晴雨的气压表。晴雨表显然预测的是最近的天气变化,而不是几十年后的事情。查查历史数据,我们就可以发现股市根本就不是什么经济的晴雨表,它根本就不能预测经济发展变化,跟经济发展趋势也很不一致。

  我国 1993—1995 年经济增长率为 13.5%、12.6% 和 10.5%,经济发展可谓高速,国民经济增长非常迅速。可同期上证指数涨幅却只有 6.84%、-22% 和 -14.29%,跌幅可谓巨大,股民投资损失非常惨痛。

再看1998年东南亚金融危机后,中国经济也受连累,陷入通缩困境,中国企业面临极大的困难。中国经济增长速度自1991年后首次跌破8%,直到2000年才稳住。而上证指数却从1999年5月19日开盘的1 058.7点狂涨,一直飙升到2001年6月14日的2 245.43点。

中国经济增长从2002年开始逐渐加速。2002年GDP增长率为9.1%,2003年为10%,到2005年增加到10.4%。这段时间,中国异常繁荣,国际经济地位也大为提高。而与此同时,股市却惨不忍睹。从2001年6月的2 245.43点开始一路狂泻至2005年6月6日的998.23点。这期间,只有2003年出现了微弱的反弹,上证指数该年涨幅仅为10.27%。

因此,股市是经济晴雨表的说法很不靠谱。大牛市的崩盘可以诱发经济危机,也许这是股市是经济晴雨表说法的根据之一。但大崩盘毕竟比较罕见,股市大部分时间的表现跟经济发展并不合拍。股市与经济状况经常性的背离,实在难以支持"晴雨表"的观点。

资料来源:《财富》(中文版),2011年9月23日。

案例问题：
(1) 何谓股市的晴雨表功能?
(2) 你是如何理解中国股市的反晴雨表功能的?

第十章

金融衍生工具市场

金融衍生工具使世界变得更加安全而不是更加危险。这些金融产品使企业和机构有效、经济地处理困扰自己没有几百年也有几十年的风险成为可能。

——默顿·米勒

学习目标

通过本章的学习,你将能够:
- 理解金融衍生工具的含义和特点;
- 理解金融远期、期货、期权、互换市场的异同点;
- 掌握金融远期、期货、期权、互换市场的具体运用;
- 了解国内外金融远期、期货、期权、互换市场的发展概况。

引导案例

巴林银行倒闭事件

巴林银行:历史显赫的英国老牌贵族银行,世界上最富有的女人——伊丽莎白女王也信赖它的理财水准,并是它的长期客户。

尼克·里森:国际金融界"天才交易员",曾任巴林银行驻新加坡巴林期货公司总经理、首席交易员,以稳健、大胆著称,在日经225期货合约市场上,他被誉为"不可战胜的里森"。

1994年下半年,里森认为,日本经济已开始走出衰退,股市将会有大涨趋势,于是大量买进日经225指数期货合约和看涨期权。然而"人算不如天算",事与愿违,1995年1月16日,日本关西大地震,股市暴跌,里森所持多头头寸遭受重创,损失高达2.1亿英镑。这时的情况虽然糟糕,但还不至于能撼动巴林银行,只是对里森来说已经严重影响其光荣的地位。里森凭其天才的经验,为了反败为胜,再次大量补仓日经225期货合约和利率期货合约,头寸总量已达十多万手。

要知道这是以"杠杆效应"放大了几十倍的期货合约。当日经225指数跌至18 500点以下时,每跌一点,里森的头寸就要损失两百多万美元。"事情往往朝着最糟糕的方向发展",这是强势理论的总结。2月24日,当日经指数再次加速暴跌后,里森所在的巴林期货公司的头寸损失,已接近其整个巴林银行集团资本和储备之和,融资已无渠道,亏损已无法挽回,里森畏罪潜逃。

巴林银行面临覆灭之灾,银行董事长不得不求助于英格兰银行,希望挽救局面。然而这时的损失已达14亿美元,并且随着日经225指数的继续下挫,损失还将进一步扩大。因此,各方金融机构竟无人敢伸手救助巴林这位昔日的贵宾,巴林银行就此倒闭。

一个职员竟能在短期内毁灭一家老牌银行,究其原因,非常复杂,其中,不恰当地利用期货"杠杆效应",并知错不改,以赌博的方式对待期货,是造成这一"奇迹"的关键。虽然最后很快抓住了逃跑的里森,但如果不能抓住期货风险控制的要害,更多的"巴林事件"还会发生,包括我们个人投资者中间的小"巴林事件"。

资料来源:百度百科。

第一节 金融衍生工具概述

一、金融衍生工具的含义

金融衍生工具(financial derivative instrument)是指在原生性金融工具(股票、债券、货币等)基础上派生出来的金融工具或金融商品。它通常以合约的形式出现,合约的价值取决于相应的原生性金融工具的价格及其变化,合约通常包括远期合约、期货合约、期权合约以及互换合约四种。

金融衍生工具是20世纪70年代以来国际金融创新浪潮和金融自由化所带来的产物。其中,避险是其产生的最基本原因;金融机构竞争加剧是产生和发展的重要推动力;金融理论和金融工程技术的发展提供了手段;新技术革命和科技进步提供了物质基础。

二、金融衍生工具的特点

(一)跨期性

金融衍生工具是交易双方通过对利率、汇率、股价等因素变动趋势的预测,约定在未来某一时间按照一定条件进行交易或选择是否交易的合约。无论是哪一种金融衍生工具,都会影响交易者在未来一段时间内或未来某时点上的现金流,跨期交易的特点十分突出。这就要求交易双方对利率、汇率、股价等价格因素的未来变动趋势做出准确判断,这也直接决定了交易者的盈亏情况。

(二) 杠杆性

金融衍生工具交易一般只需要支付少量的保证金或权利金就可签订大额的远期合约或互换合约。例如,期货交易保证金通常为合约金额的5%,则期货交易者可以控制20倍于所投资金额的合约资产,实现"以小博大"的效果。在收益可能成倍放大的同时,投资者所承担的风险与损失也会成倍放大,基础工具价格的轻微变动也许就会带来投资者的大盈大亏。金融衍生工具的杠杆效应在一定程度上决定了它的高投机性和高风险性。

(三) 高风险性

金融衍生工具的交易后果取决于交易者对基础工具(变量)未来价格(数值)的预测和判断的准确程度。基础工具价格的变幻莫测决定了金融衍生工具交易盈亏的不稳定性,这是金融衍生工具高风险性的重要诱因。基础金融工具价格的不确定性仅仅是金融衍生工具风险性的一个方面,国际证监会组织在1994年7月公布的一份报告中,认为金融衍生工具同时伴随着以下几种风险:交易中对方违约,没有履行所做承诺造成损失的信用风险;因资产或指数价格不利变动可能带来损失的市场风险;因市场缺乏交易对手而导致投资者不能平仓或变现所带来的流动性风险;因交易对手无法按时付款或交割可能带来的结算风险;因交易或管理人员的人为错误或系统故障、控制失灵而造成的运作风险;因合约不符合所在国法律,无法履行或合约条款遗漏及模糊导致的法律风险。

第二节 金融远期市场

一、金融远期合约的含义

金融远期合约(financial forward contract)是指交易双方约定在未来某一确定时间,按照确定的价格买卖一定数量的某种金融资产的合约。在金融远期合约中,未来将买入标的物的一方称为多方,未来将卖出标的物的一方称为空方,合约中规定的未来买卖标的物的价格称为交割价格。

二、金融远期合约的特点

(一) 非标准化合约

远期合约标的资产的数量、种类以及交割价格等都由交易双方议定,因此,远期合约具有鲜明的个性化特征,本身是一种非标准化的合约,往往只能适应特定交易双方的需要,难以形成有效的二级市场。

(二) 多数采用实物或现金交割

远期合约是由双方达成协议,如果要中途取消,必须经双方同意,因此,任何一方都不能单方面取消合约。大部分远期合约最后都以实物或现金方式交割,只有很少情况下以平仓来代替实物交割,因此远期合约的流动性也较差。

(三) 主要在机构之间交易

由于缺乏统一的交易、清算系统和保证金机制,建立在信用交易基础之上的远期交易经常在存在频繁的业务往来、具有良好信用的大机构之间进行。

(四) 用于套期保值和风险控制

当某一机构持有一定数量的现货资产时,为规避该资产价格在未来下跌的风险,该机构可以通过远期合约卖出相应数量的该资产,从而锁定了标的资产的未来价格。类似地,空方一样可以通过远期交易达到保值和控制风险的目的。

三、金融远期合约的种类

金融远期合约主要有远期外汇协议、远期利率协议等。

(一) 远期外汇协议

所谓远期外汇协议(forward exchange agreement,FXA),是指外汇买卖双方在成交时先就交易的货币种类、数额、汇率及交割的期限等达成协议,并用合约的形式确定下来,在规定的交割日双方再履行合约,办理实际的收付结算。远期外汇协议的主要目的就是规避汇率风险,不论是有远期外汇收入的出口企业,还是有远期外汇支出的进口企业,都可以与银行订立远期外汇协议,按约定的价格,在将来到期时进行交割,避免进口产品成本上升和出口销售收入减少的损失,以控制结算风险。

(二) 远期利率协议

1. 远期利率协议的定义

首先来看这样一个案例:

2007年4月18日,国内某企业 A 根据投资项目进度,预计将在3个月后向银行贷款人民币1 000万元,贷款期为半年,但担心3个月后利率上升提高融资成本,即与银行签订一份远期利率协议,双方同意3个月后企业 A 按年利率6.2%向银行贷入半年期1 000万元贷款。2007年7月18日远期利率协议到期时,市场实际半年期贷款利率为6.48%。这时企业 A 有两个选择:

(1) 直接执行远期利率协议,以6.2%向银行贷入半年期1 000万元贷款,比市场利率节省$1\,000 \times [(6.48\% - 6.2\%) \div 2] = 1.4$万元的利息支出。

(2) 对远期利率协议进行现金结算,由于市场利率上升,银行支付给 A 企业$1\,000 \times [(6.48\% - 6.2\%) \div 2] = 1.4$万元,同时企业 A 直接到市场上以即期利率6.48%借入1 000万元的贷款,等价于按6.2%贷款。

但在实际操作中,买卖双方往往仅就协议利率与市场利率的差额进行支付。

所谓远期利率协议(forward rate agreement,FRA),是交易双方在一定名义本金的基础上,根据约定的结算日以及约定的合同利率与市场参照利率的差额进行支付的远期合约。

远期利率协议的买方就是名义借款人,如果市场利率上升的话,他按协议确定的利率支付利息,就可避免利率风险;但若市场利率下跌的话,他仍然必须按协议利率支付利息,就会受到损失。远期利率协议的卖方就是名义贷款人,他按照协议确定的利率收取利息。显然,若市场利率下跌,他将受益;若市场利率上升,他则受损。远期利率协议交易的一个重要特点是合约不涉及协议本金的收付,而只是在某一个特定的日期即结算日,由一方向另一方支付利息差额。其中,参照利率一般是指结算日之前两个营业日使用的市场利率,如美国联邦基金利率和伦敦银行业同业拆借利率(LIBOR),合同利率是双方在合同中约定的固定利率。

由于远期利率协议只是在交割日时,仅就利息差价收付,所以它可以作为一种单纯规避未来利率波动风险的利率金融工具。

2. 我国远期利率协议市场的发展

2007年9月29日,中国人民银行发布公告称,为规范远期利率协议业务,完善市场避险功能,促进利率市场化进程,中国人民银行制定了《远期利率协议业务管理规定》,自2007年11月1日起推出远期利率协议业务。远期利率协议是央行继2005年6月的债券远期交易和2006年2月的人民币利率互换交易试点之后,在我国银行间债券市场推出的又一项利率衍生产品。远期利率协议的推出,不仅可以进一步丰富金融衍生产品种类,使投资者更灵活地选择适合自身需要的风险管理工具,还可以为现有的利率衍生品提供有效的对冲手段,促进整个金融衍生品市场的协调发展。

2007年我国远期利率协议交易14笔,名义本金额为10.5亿元,2008年交易笔数和名义本金额急剧增长,成交笔数突破百笔,达到137笔,名义本金额达到113.6亿元,但随后几年,交易笔数和名义本金额连续下降,基本处于交易欠活跃的状态。远期利率协议市场近年来发展缓慢,主要原因在于:远期利率协议与利率互换功能上存在部分的替代效应,而推出时间又晚于利率互换,因而市场成员对利率互换较为熟悉,并且较早建立了相关内部制度,从事远期利率协议交易的动力不足。

第三节 金融期货市场

金融期货市场是在20世纪70年代布雷顿森林体系崩溃后,固定汇率制转换为浮动汇率制,国际间金融风险增大的背景下发展起来的。金融期货最早出现在美国,并且美国也一直保持在领先地位,不断创新开发出新的期货合约种类。

一、金融期货合约的含义

金融期货合约(financial futures contract)是指由交易双方订立的、约定在未来某个日期以成交时所约定的价格交割一定数量的某种金融商品的标准化契约。

金融期货是期货交易的一种。期货交易是指交易双方在集中的交易市场以公开竞价的方式所进行的标准化期货合约的交易。而期货合约则是由双方订立的,约定在未来某日按成交时约定的价格交割一定数量的某种商品的标准化协议。金融期货合约的基础工具是各种金融工具(或金融变量),如外汇、债券、股票、价格指数等。换言之,金融期货是以金融工具(或金融变量)为基础工具的期货交易。

二、金融期货市场的结构

金融期货合约交易是市场主体在集中性的交易所内完成的。一个完整的金融期货市场至少由四个部分构成,即期货交易所、期货结算中心、期货经纪公司以及期货交易者,这样才能完成交易。

(一) 期货交易所

期货交易所一般是以会员制为组织形式的非营利性的自律管理机构,主要是为期货交易所制定和实施统一的交易规则与标准,并提供一个有组织的、稳定的交易场所。如伦敦国际金融期货交易所、新加坡国际货币交易所、芝加哥期货交易所等。

(二) 期货结算中心

期货交易是由专门的结算中心与交易双方进行结算的。结算中心也称为清算所,它既可以是一个与交易所无隶属关系的独立单位,也可以是交易所的一个下属机构。对于期货交易的买方而言,清算所是合约的卖方;对于卖方而言,清算所是合约的买方。所以,对于每位交易者来说,交易对象实质上都是清算所,清算所通过自身的信用保证合约的履行。图10-1描述了有无清算所时,买卖双方资产和货币的转移情况。

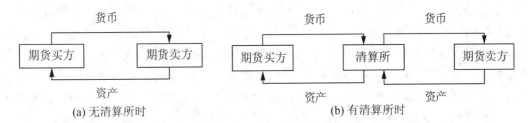

图 10-1 清算所的作用

(三) 期货经纪公司

期货经纪公司是指拥有期货交易所的会员资格,可以在期货交易所直接进行期货交易的法人单位。有一些期货经纪公司专门为期货交易者提供代理业务而进行场内交易,另一些经纪公司还为自己进行期货交易。

(四) 期货交易者

期货交易者指为了规避风险而参与期货交易的套期保值者,或为了获得投机利润而参与期货交易的投机者。他们通过期货经纪公司在期货交易所进行期货交易。

三、金融期货市场的种类

根据交易的期货合约种类,金融期货市场相应分为外汇期货市场、利率期货市场和股票指数期货市场。

(一) 外汇期货市场

外汇期货市场是指对外汇期货合约进行交易的市场。外汇期货合约是由交易所制定的一种标准化合约,在合约中对交易币种、合约金额、交易时间、交割月份、交割方式、交割地点等内容均有统一的规定,交易双方在外汇期货市场上通过公开竞价的方式达成合约中唯一没有规定的成交价格,从而完成外汇期货合约的买卖。

外汇期货出现在20世纪70年代,由于浮动汇率制度的实行,使汇率风险剧增,芝加哥商品交易所于1972年5月16日在该交易所内另设了一个专门进行金融期货交易的部门,称为国际货币市场(IMM),创造了世界上第一个可以转移汇率风险的集中交易市场,并推出了英镑、加拿大元、西德马克、日元、瑞士法郎等外汇期货交易,使期货交易的对象从农产品、金属等实物扩展到金融商品。随后,西方主要发达国家相继建立了自己的外汇期货交易所,外汇期货合约的种类及交易量都发展得非常迅速。外汇期货市场的形成为规避外汇风险提供了一个很有效率的中心市场,使抱有不同经济目的的交易者都能基于自己对期货行市的认识,聚集在一起进行交易,从而转移外汇风险,实现套期保值。

(二) 利率期货市场

利率期货市场是指对利率期货合约进行交易的市场。利率期货合约是指由交易双方订立的,约定在未来某日期以成交时确定的价格交收一定数量的某种利率相关资产(如各种债务凭证)的标准化契约。由于债券的实际价格与利率水平的高低密切相关,因此被称为利率期货。

20世纪70年代中期以来,西方各国纷纷推行金融自由化政策,以往的利率管制得以放松甚至取消,导致利率波动日益频繁而剧烈。面对日益上升的利率风险,各类金融商品持有者,尤其是各类金融机构迫切需要一种既简便可行又切实有效的管理利率风险的工具。利率期货正是在这种背景下应运而生的。1975年10月,芝加哥期货交易所率先推出了政府国民抵押贷款协会(GNMA)抵押凭证期货合约,标志着利率期货这一新的金融期货类别的诞生。在这之后不久,为了满足人们管理短期利率风险的需要,1976年1月,芝加哥商业交易所的国际货币市场推出了3个月期的美国短期国库券期货交易,并大获成功,在整个70年代后半期,它一直是交易最活跃的短期利率期货。1977年8月22日,美国长期国库券期货合约在芝加哥期货交易所上市,这一合约获得了空前的成功,成为世界上交易量最大的一个合约。1981年12月,国际货币市场推出了3个月期的欧洲美元定期存款期货合约。这一品种发展很快,其交易量现已超过短期国库券期货合约,成为短期利率期货中交易最活跃的一个品种。目前利率期货已成为全球期货商品的主流。

(三) 股票指数期货市场

股票指数期货市场是指对股票指数期货合约进行交易的市场。股票指数期货合约是指在期货市场上以股票价格指数作为基础的标准化期货合约。

股票指数期货的产生源于股票市场价格波动的风险。股票价格经常剧烈的波动会给股票投资者带来巨大的风险,为了减轻股价波动带来的风险,同时也为一些无力从事股票交易的投资者提供机会,以股票指数为交易对象的期货应运而生。美国堪萨斯期货交易所1982年2月推出价值性综合平均指数期货合约。同年4月,芝加哥期货交易所推出标准普尔500种股票价格指数合约。5月,纽约证券交易所推出综合股价指数合约。此后,世界其他交易所也纷纷推出股指期货进行交易。如1984年伦敦国际金融交易所推出伦敦股票价格指数期货,1988年东京股票交易所推出TOPXI指数期货,1986年香港期货交易所推出恒生指数期货。从此,股票指数期货便在全球范围内开展起来。

四、我国金融期货市场的发展

我国 20 世纪 90 年代初开展了金融期货交易试点。1992 年 6 月 1 日,上海外汇调剂中心率先推出了外汇期货交易;1992 年 12 月 28 日,上海证券交易所首次设计并试行推出了国债期货合约;1993 年 3 月 10 日,海南证券交易中心首次推出深圳股份综合指数期货的 A 股指数期货。虽然这些试点未取得成功,但留下了许多经验和教训。

2006 年 9 月 8 日,经国务院同意,中国证监会批准,由上海期货交易所、郑州商品交易所、大连商品交易所、上海证券交易所和深圳证券交易所在上海共同发起设立中国金融期货交易所(China Financial Futures Exchange,缩写 CFFE,简称"中金所")。这是我国内地成立的第四家期货交易所,也是我国内地成立的首家金融衍生品交易所。中国金融期货交易所的成立,对于深化资本市场改革、完善资本市场体系、发挥资本市场功能,具有重要的战略意义。

2010 年 4 月,中金所推出沪深 300 股指期货,它是以沪深 300 指数作为标的物的期货品种。沪深 300 指数是由上海证券市场和深圳证券市场中选取 300 只 A 股作为样本编制而成的成分股指数。沪深 300 指数样本覆盖了沪深市场六成左右的市值,具有良好的市场代表性。

2012 年 2 月 10 日,中金所宣布,将于 2 月 13 日正式启动国债期货仿真交易。2013 年 9 月,在时隔 18 年之后,中金所推出了国债期货合约。国债期货的上市是我国经济金融体制改革中的一件重大事项,对于促进债券市场改革发展、加快多层次资本市场建设、提升直接融资比重、推进利率市场化改革具有重大意义。

截至 2013 年 12 月底,沪深 300 指数合约累计成交 193 220 516 手,同比增长 83.91%,成交金额同比增长 85.52%。5 年期国债期货由于在 9 月份才正式推出,所以成交量只有 328 795 手,成交金额为 3 063.89 亿元。

专栏 10-1

"327 国债事件"始末

"327"是"92(3)国债 06 月交收"国债期货合约的代号,对应 1992 年发行、1995 年 6 月到期兑付的 3 年期国债,该券发行总量是 240 亿元人民币。

1995 年,国家宏观调控提出三年内大幅降低通货膨胀率的措施,到 1994 年年底、1995 年初的时段,通胀率已经被控下调了 2.5% 左右。众所周知,在 1991—1994 年中国通胀率一直居高不下的这三年里,保值贴息率一直在 7%—8% 的水平上。根据这些数据,时任万国证券总经理、有"中国证券教父"之称的管金生预测,"327"国债的保值贴息率不可能上调,即使不下降,也应维持在 8% 的水平。按照这一计算,"327"国债将以 132 元的价格兑付。因此,当市价在 147—148 元波动的时候,万国证券联合辽宁国发集团,成为市场空头主力。

而另一边是当时隶属于财政部的中国经济开发有限公司(简称"中经开"),有理由认为,它当时已经知道财政部将上调保值贴息率。因此,中经开成为了多头主力。

1995 年 2 月 23 日,财政部发布公告称,"327"国债将按 148.50 元兑付,空头判断彻底错误。当日,中经开率领多方借利好大肆买入,将价格推到了 151.98 元。随后,辽国发的高岭、高原兄弟在形势对空头极其不利的情况下由空翻多,将其50万口做空单迅速平仓,反手买入50万口做多,"327"国债在1分钟内涨了2元。这对于万国证券意味着一个沉重打击——60亿元人民币的巨额亏损。管金生为了维护自身利益,在收盘前8分钟,做出了避免巨额亏损的疯狂举措:大举透支卖出国债期货,做空国债。下午16:22,在手头并没有足够保证金的前提下,空方突然发难,先以50万口把价位从151.30元轰到150元,然后把价位打到148元,最后一个730万口的巨大卖单把价位打到147.40元。这笔730万口卖单面值1 460亿元。当日开盘的多方全部爆仓,并且由于时间仓促,多方根本没有来得及有所反应,使得这次激烈的多空绞杀终于以万国证券盈利而告终。而另一方面,以中经开为代表的多头,则出现了约40亿元的巨额亏损。

2月23日晚上22:00,上交所在经过紧急会议后宣布:23日16:22:13之后的所有交易是异常的、无效的,经过此调整,当日国债成交额为5 400亿元,当日"327"品种的收盘价为违规前最后签订的一笔交易价格151.30元。也就是说,当日收盘前8分钟内多头的所有卖单无效,"327"产品兑付价由会员协议确定。上交所的这一决定,使万国证券的尾盘操作收获瞬间化为泡影。万国亏损56亿元人民币,濒临破产。

2月24日,上交所发出《关于加强国债期货交易监管工作的紧急通知》,就国债期货交易的监管问题做出六项规定:①从2月24日起,对国债期货交易实行涨(跌)停板制度;②严格加强最高持仓合约限额的管理工作;③切实建立客户持仓限额的规定;④严禁会员公司之间相互借用仓位;⑤对持仓限额使用结构实行控制;⑥严格国债期货资金使用管理。同时,为了维持市场稳定,开办了协议平仓专场。

3月份全国"两会"召开之际,全国政协委员、著名经济学家戴园晨发言,要求对万国的违规行为予以严肃的查处。

5月17日,中国证监会鉴于中国当时不具备开展国债期货交易的基本条件,发出《关于暂停全国范围内国债期货交易试点的紧急通知》,开市仅两年零六个月的国债期货无奈地画上了句号。中国第一个金融期货品种宣告夭折。

资料来源:期货日报网,2012年2月9日。

第四节　金融期权市场

一、金融期权的含义

期权(option),又称为选择权,是指赋予其购买方在规定期限内按买卖双方约定的价格购买或出售一定数量某种资产的权利。若期权交易的标的资产是金融产品,该期权就属于金融期权。期权购买方为了获得这个权利,必须支付期权出售方一定的费用,称为期权费或期权价格。

金融期权成交后,买方以支付期权费为代价,拥有在约定期限内以约定价格购买或出售一定数量某种金融资产的权利,而不用承担必须买进或卖出的义务;卖方在收取期权费后在约定期限内必须无条件服从买方的选择并履行成交时的许诺。可见,期权交易是一种权利单方面的有偿让渡,这种权利仅属于买方。期权交易是以选择权为交易对象的买卖,而不是现实金融资产的买卖。尽管在期权成交时双方已就可能发生的现实金融资产的成交价格达成协议,但这种交易是否发生,取决于期权买方的选择。期权交易通常是借助标准化的期权合约达成协议的,金融期权合约是一种衍生的金融工具。

二、金融期权合约的主要内容

金融期权合约的主要内容一般包括以下几个方面:

（一）基础资产

它是指期权合约中规定的购买或出售的资产。基础资产可以分为金融资产、实物资产以及其他资产。金融资产主要包括股票、股票指数、债券、外汇等。

（二）期权费

期权是一种权利的交易,期权费就是这一权利的价格。所谓期权费,又称为权利金、期权价格或保险费,是指期权买方为获得期权合约所赋予的权利而向期权卖方支付的费用。它的大小取决于期权合约的性质、到期月份及执行价格等多种因素。由于权利金是由买方负担的,是买方在出现最不利的变动时所需承担的最高损失金额,因此权利金也称为"保险金"。

（三）标的资产的数量

每份期权合约都规定了相应的标的资产的交易数量,这个数量的多少有的是由合约的买卖双方协商确定的,有的是由交易所规定的。

（四）期限

期权合约的期限一般为9个月。以股票为例,一种股票期权每隔3个月就有一批期权合约上市,所以在交易所里可以看到三种不同期限的期权合约在交易,即3个月、6个月、9个月供交易者选择。成交量大、流动性强的期权则不受3个月间隔的限制,每个月都会有新的期权合约上市。

（五）执行价格

执行价格又称为协议价格,是指期权合约中确定的、期权买方在行使其权利时实际执行的价格。显然,执行价格一经确定,期权买方就必然根据执行价格和标的资产实际市场价格的相对高低来决定是否行使期权合约。

（六）到期日

到期日指期权合约的最终有效日期。到了到期日,如果期权合约的买方不行权,则意味着其自愿放弃了这一权利。

三、金融期权的种类

（一）看涨期权和看跌期权

按期权权利性质划分,期权可以分为看涨期权和看跌期权。

1. 看涨期权

看涨期权也称为买权,是指赋予期权的买方在给定时间或在此时间以前的任一时刻以执行价格从期权卖方手中买入一定数量的某种金融资产权利的期权合约。投资者通常会在预期某种金融资产的价格将要上涨时买入看涨期权。例如,如果 A 股票的当前价格是 10 美元,某投资者对 A 股票的行情看涨,于是买进 1 份 A 股票的看涨期权,执行价格为 10 美元,数量为 1 000 股,期权费为 500 美元,有效期为 1 个月。如果 1 个月后,A 股票的价格果真上涨到 15 美元,该投资者执行期权,以每股 10 美元买入 1 000 股 A 公司股票,在股票市场卖出,赚差价 5 000 美元,除去期权费后,净获利 4 500 美元。如果 1 个月后 A 股票的价格没有上涨,而是下跌到 5 美元,该投资者只能选择不执行该期权,损失期权费用 500 美元。对于看涨期权卖方而言,其收益变化与看涨期权买方正好相反。图 10-2 分析了看涨期权买方和看涨期权卖方在标的资产价格变化过程中,其收益的变化情况。

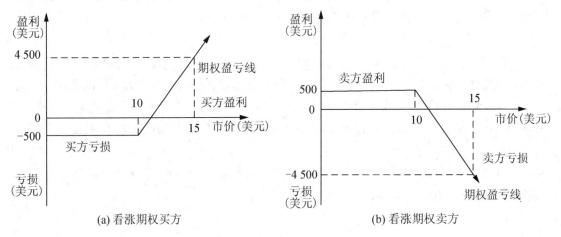

图 10-2 看涨期权盈亏图

2. 看跌期权

看跌期权也称为卖权,是指赋予期权的买方在给定时间或在此时间以前的任一时刻以执行价格卖给期权卖方一定数量的某种金融资产权利的期权合约。投资者通常会在预期某种金融资产的价格将要下跌时买入看跌期权。例如,如果 A 股票的当前价格是 10 美元,某投资者对 A 股票的行情看跌,于是卖出 1 份 A 股票的看跌期权,执行价格为 10 美元,数量为 1 000 股,期权费为 500 美元,有效期为 1 个月。如果 1 个月后,A 股票价格果真下跌到 5 美元,该投资者执行期权,以每股 10 美元卖出 1 000 股 A 公司股票,在股票市场卖出,赚差价 5 000 美元,除去期权费后,净获利 4 500 美元。如果 1 个月后 A 股票的价格没有下跌,而是上涨到 15 美元,该投资者只能选择不执行该期权,损失期权费用 500 美元。对于看跌期权卖方而言,其收益变化与看涨期权买方正好相反。图 10-3 分析了看跌期权买方和看跌期权卖方在标的资产价格变化过程中,其收益的变化情况。

(二)欧式期权和美式期权

按期权行权时限划分,期权可分为欧式期权和美式期权。

欧式期权是只允许期权的持有者在期权到期日行权的期权合约,美式期权则允许期权持有者在期权到期日前的任何时间执行期权合约。对于期权的买方来说,美式期权比欧式期权更为有利,买进这种期权后,他可以在期权有效期内根据市场价格的变化和自己的实际

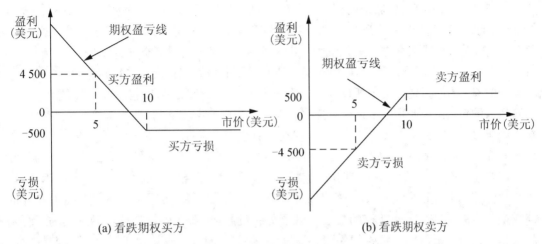

(a) 看跌期权买方　　　　　　　(b) 看跌期权卖方

图 10-3　看跌期权盈亏图

需要比较灵活、主动地选择执行时间。相反,对于期权的卖方来说,美式期权比欧式期权使他承担着更大的风险,他必须随时为履约做好准备。因此,在其他情况一定时,美式期权的期权费通常比欧式期权的期权费要高一些。需要说明的是,美式期权和欧式期权并不是空间上的概念,即使在欧洲国家的金融期权市场上也同样交易着美式期权,在美国的金融期权市场上也同样交易着欧式期权。

(三)股票期权、外汇期权、股价指数期权

按期权合约的标的资产划分,期权可分为股票期权、外汇期权、股价指数期权等。

股票期权是期权买方可在一定时间内按照协议价格买进或卖出一定数量某种股票的权利合约。股票期权的出现为不爱冒险的投资者提供了有效的投资工具,因为到期可以不履行期权合约。目前世界上很多股票交易所都开办了股票期权交易。

外汇期权是期权买方可在一定时间内按协议汇率买进或卖出一定数量某种外汇的权利合约。在买进外汇期权后,外汇期权持有者有权根据外汇市场行情的变化来决定是否按照期权合约的协定汇率买卖外汇。

股价指数期权是买卖股票价格指数的期权合约。与股指期货相同,股价指数期权也不涉及股价指数所包含的股票的实际交割,而是在股价指数期权的买方要求行使期权时,由卖方向其支付按市场股价指数与期权协定的股价指数之差折算的现金差额。

四、金融期权市场的发展

18 世纪,英国南海公司的股票股价飞涨,股票期权市场也有了发展。南海公司"气泡"破灭后,股票期权在英国曾一度因被视为投机、腐败、欺诈的象征而被禁止交易长达一百多年。早期的期权合约于 18 世纪 90 年代被引入美国,当时美国纽约证券交易所刚刚成立。19 世纪后期,被喻为"现代期权交易之父"的拉舍尔·赛奇在柜台交易市场组织了一个买权和卖权的交易系统,并引入了买权、卖权平价概念。然而,由于场外交易市场上期权合约的非标准化、无法转让、采用实物交割方式、无担保等,使得这一市场的发展非常缓慢。

1973年4月26日,芝加哥期权交易所(CBOE)成立,开始了买权交易,标志着期权合约标准化、期权交易规范化的形成。70年代中期,美洲交易所(AMEX)、费城股票交易所(PHLX)和太平洋股票交易所等相继引入期权交易,使期权获得了空前的发展。1977年,卖权交易开始了。与此同时,芝加哥期权交易所开始了非股票期权交易的探索。

1982年,芝加哥货币交易所(CME)开始进行S&P500期权交易,它标志着股票指数期权的诞生。同年,由芝加哥期权交易所首次引入美国国库券期权交易,成为利率期权交易的开端。同年,外汇期权也产生了,它首次出现在加拿大蒙特利尔交易所(ME)。该年12月,费城股票交易所也开始了外汇期权交易。1984年,外汇期货期权在芝加哥商品交易所的国际货币市场正式交易。随后,期货期权迅速扩展到欧洲美元存款、90天短期及长期国库券、国内存款证等债务凭证期货,以及黄金期货和股票指数期货品种,几乎所有的期货都有相应的期权交易。90年代,金融期权的发展出现了另一种趋势,即期权与其他金融工具的复合物越来越多,如与公司债券、抵押担保债券等进行"杂交",与各类权益凭证复合,以及与保险产品相结合等,形成了一大类新的金融期权产品。

我国金融市场还没有推出期权业务,但从国外期权发展的轨迹和历程中,可以看出其在衍生品市场中所占的份额及其重要性。从国际金融市场上期权发展的轨迹来看,期权业务的发展十分迅猛,可以说是期货业务所不能比拟的。目前,我国根据金融和证券改革与发展的需要,在许多时间和场合应用了期权类的金融工具。其中主要有股票市场上的权证、债券市场上的可转债和商业银行推出的外汇期权业务。而近期,交易所则密集开展期权品种的仿真交易测试。证监会目前也表示,目前商品期权推出的条件已经具备,正在组织和协调期货交易所、期货公司等市场相关各方积极做好各项准备工作。大连商品交易所2013年5月初就开始了期权的内部仿真交易,上海期货交易所与郑州商品交易所分别于2013年5月份举办了期权论坛。截至2013年10月底,三大商品交易所和中金所的期权仿真交易及期权合约内容经过多轮征求意见后已日臻完善,已经陆续推出了各自的期权仿真交易。

第五节 金融互换市场

一、金融互换的含义

金融互换(swap)是一种交易双方约定在一定时间内按照事先约定的条件来交换一系列现金流的金融合约。金融互换是20世纪80年代初出现在国际金融市场上的一种金融衍生工具,它集外汇市场、货币市场和资本市场业务于一身,既是融资工具的创新,又是风险管理的新手段。金融互换推出后得到了迅速的发展,市场规模迅速扩大。目前许多跨国银行及一些投资银行都提供安排互换协议交易的服务,形成一个无形的互换协议交易网络。

二、金融互换的理论基础

比较优势(comparative advantage)理论是英国著名的经济学家大卫·李嘉图提出的。他认为,在两国都能生产两种产品,且一个国家在这两种产品的生产上均处于有利地位,而另一国均处于不利地位的条件下,如果前者专门生产优势较大的产品,后者专门生产劣势较小的产品(即两优取其重,两害取其轻),那么通过专业化分工和国际贸易,双方仍能从中受益。李嘉图的比较优势理论不仅适用于国际贸易,也适用于所有的经济活动。

互换是比较优势理论在金融领域最生动的应用。根据比较优势理论,只要满足以下两种条件,就可以进行互换:首先,双方对对方的资产或负债均有需求;其次,双方在两种资产或负债上存在比较优势。概括起来,金融互换实际上是一个市场参与者利用其在某个金融市场上的比较优势得到在另一个市场上的所需的资产或负债。

值得注意的是,虽然在理论上讲,互换交易双方在互换交易过程中均可以获益,但是在实际操作过程中,金融互换往往具有较大的信用风险。由于互换是两个公司之间的私下协议,是场外交易,且当互换对于一家公司而言价值为正时,互换实际上是该公司的一项资产,同时也是另一家公司的负债,此时该公司就必然面临合约另一方不执行合同的信用风险。

三、金融互换的基本形式

(一) 利率互换

1. 利率互换的含义

利率互换(interest rate swap)是指交易双方在一定时期内针对某一名义本金交换不同计息方法计算的利息支付义务的互换协议。在利率互换中不涉及实际本金的互换,而只是以名义本金作为计算利息的基础。利率互换主要发生在同种货币之间,一般包括固定利率对浮动利率的互换和两种不同参考利率的互换。利率互换可以降低融资成本,改善和重组债务结构,使负债结构更具灵活性,并提高资产运营的效益,分散和转嫁利率变动的风险。

2. 利率互换的步骤

在利率互换中,双方产生交易的原因主要是各自在固定利率和浮动利率市场上具有筹资的比较优势。

例 10-1 甲、乙公司都想借入 5 年期的 1 000 万美元的借款,甲想借入与 6 个月期相关的浮动利率借款,乙想借入固定利率借款。但两家公司信用等级不同,故市场向它们提供的利率也不同,如表 10-1 所示。

表 10-1 甲、乙两公司的借款利率

	固定利率	浮动利率
甲公司	10.00%	6 个月期 Libor+0.30%
乙公司	11.20%	6 个月期 Libor+1.00%

由表 10-1 可以看出,乙面临的固定利率和浮动利率均高于甲,甲在两个市场均具有筹资成本上的优势。但进一步分析可知,乙在浮动利率市场有比较优势,甲在固定利率市场有比较优势。于是,互换交易可以如下安排:甲以 10%的固定利率借入 1 000 万美元,并支付 LIBOR 的浮动利息给乙;而乙按 LIBOR+1%在浮动利率市场借入 1 000 万美元,并支付 9.95%的固定利息给甲。由于本金相同,双方只需交换产生现金流,而无须交换本金。这样,甲实际的筹资成本为 LIBOR+0.05%,而乙实际的筹资成本为 10.95%的固定利率,双方均比互换前节约了成本,具体情况见图 10-4。

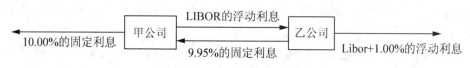

图 10-4 利率互换安排方案

（二）货币互换

1. 货币互换的含义

货币互换（currency swap）是交易双方之间在未来的一段时间内交换两种不同货币的本金和利息现金流。货币互换的主要原因是双方在各自国家中的金融市场上具有比较优势。货币互换的双方既可以按两种货币的固定汇率交易，也可以按浮动汇率进行交易，既可以按固定利率也可以用浮动利率来进行互换交易。

2. 货币互换的步骤

货币互换一般包括期初本金互换、期中利息互换和期末本金再互换三个环节。

例 10-2 A 公司是一家成立在美国的高科技公司，由于计划到欧洲拓展业务，需要借入 1 000 万欧元。B 公司是一家位于欧洲的企业，近期想去美国投资，需要借入 1 500 万美元，但由于 A 的信用等级高于 B，两国金融市场对 A、B 两公司的熟悉状况不同，因此市场向它们提供的固定利率也不同（如表 10-2 所示），假定当时欧元和美元的汇率为 1 欧元 = 1.5000 美元。

表 10-2 A、B 两公司的借款利率

	美 元	欧 元
A 公司	8.0%	11.6%
B 公司	10.0%	12.0%

第一步，期初本金互换。期初，A 公司从市场借入 1 500 万美元，B 公司从市场借入 1 000 万欧元，然后两者进行互换，如图 10-5 所示。

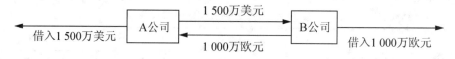

图 10-5 期初本金互换

第二步，期中利息互换。期中，A 公司每年向 B 公司支付欧元借款利息，B 公司每年向 A 公司支付美元借款利息，如图 10-6 所示。

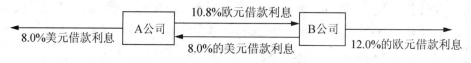

图 10-6 期中利息互换

第三步，期末本金再互换。期末，A 公司向 B 公司支付 1 000 万欧元本金，B 公司向 A 公司支付 1 500 万美元本金，方向与期初恰好相反，如图 10-7 所示。

图10-7 期末本金再互换

从图10-5、图10-6、图10-7中可以看出,A公司通过货币互换将其原先的美元借款转换成了欧元借款。在美国市场上,它按照8%的利率支付利息,同时收到8%的美元利息,支付10.8%的欧元利息,这样A公司筹集欧元的成本为10.8%,比直接筹资节省了0.8%。

同样,B公司通过货币互换将原先的欧元借款换成了美元借款。在欧洲市场上,它按照12.0%的利率支付利息,同时收到10.8%的欧元利息,支付8%的美元利息,这样,B公司的筹资成本为9.2%,同样比直接筹资节省了0.8%。

四、我国互换交易市场的发展

(一)人民币利率互换市场的发展

为丰富全国银行间债券市场投资者的风险管理工具,加快利率市场化进程,中国人民银行于2006年2月9日发布了《关于开展人民币利率互换交易试点有关事宜的通知》。当天,国家开发银行和中国光大银行就完成首笔人民币利率互换交易,这笔利率互换交易的名义本金为50亿元人民币,期限10年,光大银行支付固定利率,开发银行支付浮动利率,它标志着我国人民币利率互换试点工作的开始。

试点当年,成交额达340亿元,一批机构通过互换达到了避险目的,几家主要报价机构也经受了考验和锻炼,并初步形成了境内人民币互换利率曲线。2008年1月,央行通知将参与利率互换业务的市场成员扩大至所有银行间市场成员,这标志着人民币利率互换业务的正式推出。自我国利率互换市场形成以来,其在交易量、交易品种、参与机构、市场流动性等方面都得到了稳步发展。

(二)货币互换市场的发展(外汇掉期交易)

2005年8月2日,中国人民银行下发《关于扩大外汇指定银行对客户远期结售汇业务和开办人民币与外币掉期业务有关问题的通知》,允许符合条件的商业银行开办人民币与外币掉期业务。当年,出现了银行柜台零售的掉期交易业务。2005年8月14日,中国银行江苏省分行开办了第一笔外币对人民币的掉期业务。2006年4月,根据国家外汇管理局的批复,中国外汇交易中心公布了《全国银行间外汇市场人民币外汇掉期交易规则》,正式开通人民币外汇掉期业务。

2007年8月17日,中国人民银行发布通知,决定在银行间外汇市场推出人民币外汇货币掉期业务,首先在银行间外汇市场开办人民币对美元、欧元、日元、港元、英镑五个货币的货币掉期业务。具备银行间远期外汇市场会员资格的境内机构,可以在银行间外汇市场开展人民币外汇货币掉期业务,国家外汇货币掉期交易正式在银行间市场上线。我国货币掉期市场的建立和发展,将对于完善远期汇率形成机制、建立中国的金融衍生品市场做出应有的贡献。

为进一步满足市场主体规避汇率风险的需求,不断推动外汇市场发展,2011年1月30日,国家外汇管理局发布《关于外汇指定银行对客户人民币外汇货币掉期业务有关外汇管理问题的通知》(简称《通知》),自3月1日起实施。《通知》主要内容包括:一是简化市场准入管理,凡取得对客户人民币外汇掉期业务经营资格满1年的银行,可以直接对客户开办货币掉期业务,国家外汇管理局不再实施事前资格审批;二是便利市场交易,银行对客户办理货币掉期业务的币种、期限等交易要素由银行自行确定;三是货币掉期中的利率由交易双方协商确定,并符合中国人民银行关于存贷款利率的管理规定。《通知》的发布将为企业规避汇率、利率风险提供更多工具选择,对于促进境内外汇市场发展、提高企业避险意识和能力具有积极意义。

本章小结

1. 金融衍生工具是指在原生性金融工具(股票、债券、货币等)基础上派生出来的金融工具或金融商品,主要包括金融远期、金融期货、金融期权以及金融互换四种。

2. 金融远期合约是指交易双方约定在未来某一确定时间,按照确定的价格买卖一定数量的某种金融资产的合约。金融远期合约包括远期外汇协议和远期利率协议,其中,远期利率协议是一种典型的远期合约。

3. 金融期货合约是指由交易双方订立的、约定在未来某个日期以成交时所约定的价格交割一定数量的某种金融商品的标准化契约。根据交易的期货合约种类,金融期货市场相应分为外汇期货市场、利率期货市场和股票指数期货市场。

4. 期权又称为选择权,是指赋予其购买方在规定期限内按买卖双方约定的价格购买或出售一定数量某种资产的权利。期权的种类主要有:看涨期权和看跌期权;欧式期权和美式期权;股票期权、外汇期权、股价指数期权。

5. 金融互换是一种交易双方约定在一定时间内按照事先约定的条件来交换一系列现金流的金融合约。金融互换的基本形式有利率互换和货币互换。

本章重要概念

金融衍生工具　金融远期合约　远期利率协议　金融期货合约　期权　看涨期权　看跌期权　美式期权　欧式期权　金融互换　货币互换　利率互换

复习思考题

一、选择题

1. 金融衍生工具产生的最基础原因是(　　)。
   A. 新技术革命　　　B. 金融自由化　　　C. 利润驱动　　　D. 规避风险
2. 将金融期货划分为外汇期货、利率期货和股票价格指数期货是按(　　)来划分的。
   A. 时间标准　　　　　　　　　　B. 基础工具
   C. 合约履行时间　　　　　　　　D. 投资者的买卖行为
3. 可转换债实际上是一种普通股票的(　　)。
   A. 长期看涨期权　　　　　　　　B. 长期看跌期权
   C. 短期看涨期权　　　　　　　　D. 短期看跌期权

4. 如果出口商品的计价货币有下跌趋势,为避免损失,出口商可以(　　)。
   A. 推迟结汇　　　　　　　　　　B. 按约定时间结汇
   C. 购买相同金额的远期外汇　　　D. 出售相同金额的远期外汇
5. 期权交易如果只能在到期日当天执行,则称为(　　)。
   A. 美式期权　　B. 欧式期权　　C. 奇异期权　　D. 以上都不是
6. 合约能够在到期日之前的任何交易日执行的期权交易方式,称为(　　)。
   A. 美式期权　　B. 欧式期权　　C. 奇异期权　　D. 以上都不是
7. 交易双方权利和义务不对称的是(　　)。
   A. 金融互换　　B. 金融期货　　C. 金融远期　　D. 金融期权
8. 金融衍生工具交易一般只需要支付少量的保证金或权利金就可签订大额的远期合约或互换合约,指的是金融衍生工具的(　　)特性。
   A. 跨期性　　　　　　　　　　　B. 联动性
   C. 杠杆性　　　　　　　　　　　D. 不确定性或高风险性
9. 合约双方按约定价格,在约定日期内就是否买卖某种金融工具所达成的契约是(　　)。
   A. 期货　　　B. 远期　　　C. 期权　　　D. 互换
10. 人民币利率互换交易是指交易双方约定在未来的一定期限内按约定条件交换(　　)的金融交易。
    A. 人民币资产　　B. 人民币负债　　C. 人民币利息　　D. 人民币利率

二、简答题

1. 金融衍生工具有哪些?
2. 金融衍生工具的特点是什么?
3. 金融期货主要有哪些种类?
4. 金融期权主要有哪些种类?
5. 金融互换的基本形式有哪几种?

三、计算题

甲公司是 AAA 级的大公司,长期固定利率融资成本为年息 7%,短期浮动利率融资成本为 LIBOR+0.4%。乙公司是 BBB 级的中小型公司,固定利率融资成本为 8.5%,浮动利率融资成本为 LIBOR+0.7%。现设两公司为配合其各自资产负债管理,甲公司需以浮动利率付息,乙公司需以固定利率付息。二者如何进行利率互换?

四、论述题

论述我国金融期货市场发展的现状及存在的问题。

第四篇　金融调控

第十一章

货币需求

> 大多数人在上了年纪后更喜欢金钱和安全,而不是创造与建设。
> ——约翰·梅纳德·凯恩斯

学习目标

通过本章的学习,你将能够:
- 掌握货币需求的含义及类型;
- 理解货币需求的主要影响因素;
- 了解西方货币需求理论的主要观点。

引导案例

从地区社会融资规模能看出什么

地区社会融资规模是指一定时期(每月、每季度或每年)和一定区域内实体经济(即非金融企业和个人)从金融体系获得的资金总额,是全面反映一定时期内金融体系对某一地区资金支持的总量指标。

2014年2月20日,中国人民银行正式发布2013年地区社会融资规模的统计数据。社会融资规模为分析金融与经济发展之间的关系提供了一个新的指标。

社会融资规模是2011年起中国金融宏观调控引入的一个新的监测分析指标。过去较长时期以来,金融与经济的关系一般都是指银行体系通过其资产负债活动,促进经济发展和保持物价水平基本稳定。近年来,中国金融总量快速扩张,金融结构多元发展,金融产品和融资工具不断创新,证券、保险类机构对实体经济的资金支持加大,商业银行表外业务对贷款表现出明显替代效应。新增人民币贷款已不能完整反映金融与经济的关系,也不能全面反映实体经济的融资规模。

上述变化主要表现在:一是资金提供主体由传统的银行机构,扩展到证券、保险等其他非存款性金融公司。二是融资工具多元发展,非信贷金融工具创新步伐明显加快,贷款占社会融资规模比例不断下降。三是金融调控如果只盯着贷款就会造成"按下葫芦浮起瓢"的现象。主要原因是,随着金融市场快速发展,对实体经济运行产生重大影响的金融变量不仅包括传统意义上的货币和信贷,也包括信托、理财、债券、股票等其他金融资产。只有将商业银行表外业务、非银行金融机构提供的资金和直接融资都纳入统计范畴,才能全面监测和分析整个社会融资的状况。因此,理论研究与政策操作都需要能全面、准确地反映金融与经济关系的统计指标。

地区社会融资规模可以更加准确地反映金融体系对特定地区的资金支持情况。同时,在市场经济条件下,金融支持实体经济与实体经济利用各种渠道吸纳资金、配置资源是双向互动的,因此,地区社会融资规模也反映了一个地区资金配置的能力。

资料来源:人民网,2014年4月4日。

第一节 货币需求概述

一、货币需求的含义

经济学意义上的需求指的是有效需求,不单是一种心理上的欲望,而是一种能力和愿望的统一体。例如,我们说的人们对某种商品有需求,即表示人们既有购买该商品的愿望,同时又有足够的支付能力。在有足够支付能力的前提下,人们是否愿意购买该商品以及愿意购买多少该商品,取决于人们需要该商品的程度、该商品的价格消费者能否承受,以及该商品的相对重要性和人们对该商品需要的迫切性。

所谓货币需求(money demand),是指经济主体(如居民、企业和单位)在既定的收入或财富范围内能够而且愿意以货币形式持有的数量。由于货币是一种财富,公众主观上总是希望持有货币越多越好。但公众的总财富是给定的,公众多持有货币资产,就必须减少其他资产的持有量。因此,公众必须考虑各种资产的流动性和回报率,选择一个最优的货币持有量。

在理解货币需求的概念时,需要把握以下几点:

第一,货币需求是一个存量的概念;
第二,货币需求是有条件限制的,是一种能力和愿望的统一;
第三,现实中的货币需求不仅包括对现金的需求,而且包括对存款货币的需求;
第四,货币需求实质是一个资产选择的结果。

二、货币需求的类型

出于不同的研究目的,人们往往从不同的角度研究货币需求,主要有以下几方面。

(一) 交易媒介需求与资产需求

一般说来,货币需求大致可以分为两个部分:一是对作为流通手段和支付手段的货币需求,即对交易媒介的需求;二是作为储藏手段的货币需求,即对资产形式的需求。

在实际生活中,我们很难对货币需求做如此细致的划分,因为这两种货币需求就如同一个硬币的两面,是不可分割又相辅相成的。人们为应付日常交易而持有的那部分货币,事实上在支付之前是被视为一种资产而持有的。因此,从这个角度分析,所谓货币需求就是在人们确定的资产组合中,他们愿意且能够持有的货币的数量。

(二) 微观货币需求和宏观货币需求

微观货币需求(micro money demand)是指微观经济主体(包括个人、家庭或企业)对货币有能力的意愿持有量。它是在既定的收入水平、利率水平和其他条件下,所形成的最适度货币持有量,其中机会成本是一个重要的影响因素,因为以货币形式持有财富,将不能获得投资收益。

宏观货币需求(macro money demand)是指一个社会或一个国家在一定时期,由于经济发展和商品流通所产生的对货币的需求。它是从宏观经济主体运行的角度进行界定的,讨论在一定的经济条件下(如资源约束、经济制度制约等),整个社会应有多少货币来执行交易媒介、支付手段和价值贮藏等功能。

微观货币需求研究的核心在于从微观主体的持币动机和持币行为来剖析货币需求变化的规律,使对货币短期需求的分析更加精确化。宏观货币需求则重在根据影响货币需求的变量来估算社会一定时期的总体货币需求,以作为货币供给决策的依据。二者的关系从数量意义上说,全部微观货币需求的总和即为相应的宏观货币需求。

(三) 名义货币需求与实际货币需求

在现实的经济运行中,总存在一定的通货膨胀或通货紧缩。因此,在讨论货币需求时必须区分名义货币需求与实际货币需求。

名义货币需求(nominal money demand)是指经济主体在不考虑价格变动时的货币需求量,即用单位货币来进行简单衡量的货币数量。实际货币需求(real money demand)是指经济主体在剔除物价因素影响后所需求的货币量,这种需求只能用货币的实际购买力来衡量。

实际货币需求、名义货币需求和一般物价水平三者之间的关系可表示为:

$$\text{实际货币需求} = \frac{\text{名义货币需求}}{\text{一般物价水平}}$$

即实际货币需求与名义货币需求两者的区别在于是否剔除了通货膨胀或通货紧缩所引起的物价变动的影响。

第二节 货币需求的影响因素

影响货币需求的因素是多种多样的,既有宏观经济变量,又有微观经济变量,并且,这些

因素不是相互独立的,它们相互作用并共同影响货币需求。具体来说,货币需求的影响因素主要有以下方面:

一、收入状况

在货币需求的诸多影响因素中,收入状况是最重要的影响因素。货币需求不仅依赖于收入水平的高低,还依赖于人们取得收入的时间间隔。

(一) 收入水平

在其他条件不变的情况下,收入水平的高低与货币需求成正比。这是因为:第一,收入的数量在一定程度上制约着人们对货币需求的数量。货币是人们持有财富的一种形式,人们以货币形式持有的财富只是总财富的一部分,收入的数量往往决定着总财富的规模及其增长速度。第二,收入的数量通常决定支出的数量。在现代货币经济中,收入的取得与支出的发生都是以货币形式进行的,因此在一般情况下,收入越多,则支出越多;而支出越多,则需要持有的货币就越多。这是因为,在一般情况下,收入通常是定期地、一次性地取得的,而支出则是经常地、断断续续发生的。所以,人们必须持有一定数量的货币以便随时用于支出。

(二) 收入的时间间隔

在收入水平一定的条件下,人们取得收入的时间间隔与货币需求正相关。也就是说,人们取得收入的时间间隔越长,货币需求就越多;反之,人们取得收入的时间间隔越短,货币需求也就越少。

例如,某人一个月的总收入为工资 5 000 元,不存入银行,全部用于当期支出,且假设支出是均匀的。那么,在每一个月支付一次工资的情况下,他的平均货币持有额就是其月工资的一半,即 2 500 元;而在每半个月支付一次工资的情况下,虽然其月工资仍为 5 000 元,但由于每次支付的工资只有月工资的一半,即 2 500 元,其平均货币持有额也就只有每次支付工资的一半,即 1 250 元(如图 11-1 所示)。

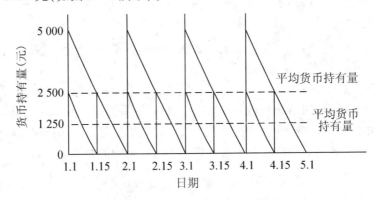

图 11-1 收入时间间隔与货币需求

之所以有这样的结论,是因为在每个月只支付一次收入的情形中,人们必须持有足以应付整个月支出所需的货币额,而在半个月取得一次收入的情形中,人们只需持有足以应付半个月支出所需要的货币额。在全部收入用于当期支出而没有节余的假设条件下,其平均货币持有额即为货币需求额。所以,即使人们的收入水平一定,其取得收入的时间间隔长短也将对货币需求产生明显的影响。

二、利率水平

在市场经济条件下,一般来说,利率与货币需求负相关:利率上升,人们持有的货币数量减少;反之,利率下降,人们持有的货币数量增加。

市场利率对货币需求的影响主要表现在以下两个方面:

(一) 市场利率决定人们持有货币的机会成本

在现代市场经济中,可供人们选择的资产持有形式很多,货币只是其中的一种。与其他各种资产持有形式相比,货币虽然有着高度的流动性和安全性,但人们持有货币一般没有收益(现金)或只有很少的收益(存款);而人们若持有各种非货币的金融资产,则其收益率将明显高于货币。二者的差额构成了人们持有货币的机会成本。而持有非货币性金融资产的收益率与市场利率密切相关。市场利率上升,意味着人们持有货币的机会成本(即因持有货币而放弃的收益)增加;市场利率下降,则意味着人们持有货币的机会成本减少。因此,市场利率上升,货币需求将减少;市场利率下降,货币需求将增加。

(二) 市场利率影响人们对资产持有形式的选择

在一般情况下,市场利率与有价证券的价格成反比。市场利率上升,有价证券的价格下降;市场利率下降,则有价证券的价格上升。从市场利率的变动来看,往往呈现出一种周期性的变动规律;从长期来看,它将稳定在某一合理或正常的水平上,即具有均值回归的特性。因此,在市场经济中,利率上升到一定高度时将回落;反之亦然。当利率上升时,特别是上升到一定高度时,人们往往预期利率将下降,从而有价证券的价格将上升,人们将减少货币持有量,相应地增加有价证券持有量,以期日后取得资本溢价的收入;反之,当利率下降时,特别是在下降到一定程度后,人们通常又会预期利率上升和有价证券价格下跌,为了避免资本损失,人们将减少有价证券持有量,增加货币持有量,并准备在有价证券价格下跌后以较低的价格再买进。

由此可见,市场利率变动不仅改变了人们持有货币的机会成本,而且通过影响人们对未来利率变动方向的预期而改变他们的投资组合份额,从而与货币需求负相关。

三、汇率水平

在开放经济下,一国的货币相对于另一国的货币贬值,即汇率上升(直接标价法)会引起经济主体基于保值需求而发生货币替代行为,即对贬值货币的需求减少,相应地,对升值货币的需求增加。

四、信用制度的发达程度

一般来说,信用制度的发达程度和货币需求呈负相关的关系:随着信用制度的日益发达,货币需求量将逐渐减少。

这是因为:一方面,在发达的信用制度下,相当一部分交易可通过债权与债务的相互抵消来结算和了结,从而减少了作为流通手段和支付手段的货币持有量,人们的货币需求量也因此减少。另一方面,在信用制度比较发达的经济中,金融市场必然也比较完善,人们将可支配收入中暂时不用的部分用来购买短期债券、股票等资产,当他们需要支付时,再将这种短期证券在金融市场上出售,以换回现金。这样,人们既能保证正常的支付需要,又能在支付之前减少货币持有量而相应地增加短期证券持有量,以获取一定的收益。与此相反,在不发达的信用制度下,人们只能将收入中准备用于支付的货币较长时间地持有在手中。这是因为,在信用不发达的经济中,往往缺乏适当的短期证券供人们购买。即使能够买到这样的短期证券,在需要时也无法快速地变为现金,并且交易成本也比较高。在一些信用制度极不发达的边远地区,由于金融机构匮乏,金融产品很少,人们甚至以窖藏现金的形式进行储蓄。

五、公众的消费倾向

消费倾向是指消费在收入中所占的比例。通常,消费倾向与货币需求的关系可以从以下两个方面来考虑:一方面,消费倾向越大,个体将现期收入用于消费的部分越大,相应地用于交易的货币需求越多,因此,消费倾向与出于交易动机的货币需求正相关;另一方面,消费倾向的提高使得收入中的储蓄部分下降,相应地降低了以货币形式持有的财富量,因此,出于投机动机的货币需求量与消费倾向负相关。最终结果取决于这两种效应哪一种占优势。如果前者占优势,则货币需求与消费倾向正相关;反之,则货币需求与消费倾向负相关。

在金融业比较发达的经济中,通常第一种效应占优势,货币需求与消费倾向是正相关的,即消费倾向越大,货币需求越多。但在金融业比较落后的经济中,个体储蓄主要以货币形式持有,即通过现金窖藏或活期存款的持有来储蓄,从而第二种效应占优势。因此,消费倾向越大,货币需求越少;消费倾向越小,则货币需求越多。

六、货币流通速度

货币流通速度是指一定量的货币在一定时期内的平均周转次数。通常而言,整个经济中的货币需求量与货币流通速度负相关。这是因为,动态地考察,一定时期的货币总需求就是货币的总流量,而货币总流量是货币平均存量与流通速度的乘积。在用来交易的商品与劳务总量不变的情况下,货币流通速度的加快意味着单位货币在同等时间内,作为交易媒介的次数增多了,其交易媒介的效率提高了,这显然会减少现实的货币需求量;反之,货币流通速度的下降则会增加现实的货币需求量。

七、价格水平

从本质上看,货币需求是在一定价格水平下人们从事经济活动所需要的货币量。在商品和劳务量既定的条件下,价格越高,用于商品和劳务交易的货币需求也必然越多。因此,价格和货币需求,尤其是交易性货币需求之间,是同方向变动的关系。

实际经济生活中,物价变动率对货币需求的影响很大。由商品价值或供求关系变化所引起的物价变动率对货币需求的影响是相对稳定的,二者之间通常可以找到一个相对稳定的比率。而由通货膨胀造成的非正常的物价变动对货币需求的影响则极不稳定。因为这种非正常的物价变动不仅通过价格总水平的波动影响货币需求,而且通过人们对未来通货膨胀的预期来影响货币需求。例如,在通货膨胀率极高的时期,通常会出现抢购和持币待购等非正常行为,必然会带来货币需求的超常增长。如果对于这类货币需求的变动,货币当局不采取措施予以调节,则会使通货膨胀恶化。至于这部分货币需求究竟会增加多少,因其决定因素过于复杂而难以确定,但绝不能据此而忽视物价变动对货币需求产生的巨大影响。

八、心理预期和偏好

货币需求除了受上述各种客观因素的影响外,还受到人们的主观意志和心理因素的影响。这种影响主要表现在以下几个方面:(1)当人们预期市场利率上升时,则货币需求增加;相反,预期市场利率下降,则货币需求减少。(2)当人们预期汇率变动时,则对即将贬值的货币的需求减少,而对即将升值的货币需求增加。(3)当人们预期物价水平上升,即发生通货膨胀时,货币需求减少;相反,预期物价水平下降,则货币需求增加。(4)当人们预期投资收益率上升时,则货币需求减少;相反,预期投资收益率下降,则货币需求增加。(5)当人们对货币产生偏好时,则货币需求增加;反之,人们偏好其他金融资产,则货币需求减少。

此外,影响货币需求的因素还包括人口数量、城乡关系、城乡经济发展程度、交通运输发展状况以及社会分工发展程度等,这里不一一分析。

第三节 西方货币需求理论

货币需求理论历来为经济学家所重视。人们为什么要持有货币?这个问题引发了许多伟大的经济学家的思考。费雪在20世纪早期,凯恩斯在20世纪20年代至30年代,鲍莫尔、托宾、马科维茨、弗里德曼等自20世纪50年代以来,都分别对此问题做出过解答。凯恩斯被公认为现代货币需求理论之父,他创立了一个概念框架,推动了现代货币理论的发展。本节重点介绍货币需求的三大理论体系:传统货币数量论、凯恩斯货币需求理论及其进一步发展以及弗里德曼的现代货币数量论。

一、传统货币数量论

早期的货币需求理论即所谓的"货币数量论",是一种以货币的数量来解释货币的价值和一般物价水平的理论。传统货币数量论是相对于弗里德曼的现代货币数量论而言的,其中以费雪的现金交易说和剑桥学派的现金余额说为主要代表。

(一)费雪的现金交易说

1911年,美国经济学家欧文·费雪在他所著的那本颇具影响力的《货币的购买力》一书中,为货币数量论构筑了一个清晰的理论框架。

费雪在研究了经济中总货币需求、商品和劳务总交易量之间的关系后,得出了如下交易方程式(equation of exchange):

$$MV = PT \tag{11-1}$$

其中:M 代表流通中的货币存量;

V 代表货币流通速度;

P 代表价格水平;

T 代表商品和劳务的交易总量;

PT 代表经济中出售商品和劳务所得到的货币总额。

交易公式(11-1)表明,出售商品和劳务所需要的货币总额等于流通中的货币存量与流通速度的乘积。

费雪从古典经济学角度给出了对这个方程式的解释:首先,货币流通速度由社会公众的支付习惯、信用范围的大小、交通和通信的发达程度等制度上的因素决定,这些因素比较稳定,因而货币流通速度也是比较稳定的。其次,商品的交易数量决定于生产者的因素,如自然资源、技术条件等,这些因素在短期内不会发生明显的变化,因而也可以假设商品交易数量在短期内是不变的。既然货币流通速度比较稳定,商品的交易数量在短期内不变,那么一般物价水平就必然由流通中的货币存量决定。因此,费雪交易方程式又可表示为:

$$P = \frac{MV}{T} \qquad (11-2)$$

费雪认为,由于货币流通速度和商品的交易数量在短期内保持不变,因此,物价水平由流通中的货币存量唯一决定,二者成正比例变动。

公式(11-2)可以被改写为:

$$M = \frac{1}{V} PT \qquad (11-3)$$

当货币市场出清时,经济中的总货币供给等于总货币需求 M_d,考虑到 V 是一个常数,令 $k = \frac{1}{V}$,则有:

$$M_d = kPT \qquad (11-4)$$

公式(11-4)表明,名义交易总量决定了人们的货币需求,由于 k 和 T 都是常数,因此,利率对货币需求没有任何影响。

考虑到现代商品经济中几乎所有产出都要进入流通领域进行商品交换,因此,有 $T=Y$,代入公式(11-4),整理得:

$$M_d = kPY \qquad (11-5)$$

因此,名义收入完全由经济中的货币数量决定。

从上面的分析我们可以看到,货币需求的费雪现金交易学说仅考虑了货币的交易动机。在该理论中,货币流通速度存在短期刚性,不受利率的影响;价格水平完全由经济中的货币存量决定;名义货币需求和实际余额需求都不受利率的影响。

(二)剑桥学派的现金余额说

开创微观货币需求理论先河的经济学家是英国剑桥大学的经济学教授马歇尔和其学生庇古。20世纪20年代,他们创立了现金余额说,并用数学方程式的形式予以解释,故又被称做剑桥方程式(equation of cambridge)。

现金余额说认为,货币不仅具有交易媒介职能,还具有价值贮藏职能。因此,一方面,他们赞同费雪的观点,认为货币需求与交易水平有关,交易量越多,人们愿意持有的货币余额就越多,并且与交易值保持一个固定的比率;另一方面,他们又超越了费雪的观点,认为人们的财富水平和持有货币的机会成本也影响货币需求。持有货币的机会成本就是市场利率,即货币需求受利率水平的影响,这与费雪的现金交易说大不相同。但遗憾的是,他们在做结论时把这一因素忽略了,而只是简单地断定人们的货币需求与财富的名义值成比例,财富又与国民收入成比例,所以货币需求与名义国民收入成比例。

剑桥学派的现金余额方程式为:
$$M_d = kPY \qquad (11-6)$$

这便是著名的剑桥方程式。其中 k 为常数。公式(11-6)和(11-5)在形式上虽是一样的,但两者所蕴含的经济学含义却存在显著的不同。主要表现在以下几点:

第一,对货币需求分析的侧重点不同。现金交易说主要从宏观角度分析了在一定时期内,为完成一定的交易规模,整个社会所需要的货币量,强调的是货币的交易职能。而现金余额说则着重从微观角度强调人们"想要"持有多少货币,以满足自己的交易需要和贮藏需要。

第二,现金交易说所指的货币数量是某一时期的货币流量,着重分析货币的支出流;而现金余额说所指的货币数量是某一时点上人们手中所持有的货币存量,着重分析货币的持有而不是支出。

第三,二者在利率能否影响货币需求上存在分歧。现金交易说认为货币需求不受利率水平的影响。现金余额说认为,个体选择多少货币进行价值储存,除了受名义收入的影响外,还受到其他资产的收益率和期望回报率的影响。个体将从所有可用于价值储存的资产中进行选择,寻找最优组合。如果其他资产的收益率和期望回报率发生变化,用于价值储存的这部分货币量也将发生变化,短期内 k 并不能保证一定稳定。

综上所述,这两种古典处理方法都相信货币需求与收入成正比,但是费雪更强调交易的技术因素,排除了短期利率的影响,而剑桥学派则更强调个体的资产选择,因此无法排除利率对货币需求的短期影响。

二、凯恩斯的货币需求理论

凯恩斯早期是马歇尔的学生,剑桥学派的一员。在1936年出版的专著《就业、利息和货币通论》中,他系统地提出了自己的货币需求理论,即"流动性偏好"理论。

(一)货币需求动机

凯恩斯认为,人们之所以需要持有货币,是因为存在流动性偏好这种普遍的心理倾向。所谓"流动性偏好"(liquidity preference),是指人们愿意持有名义收益为零,但可以灵活周转的货币的心理倾向。

凯恩斯货币需求理论的显著特点在于注重对货币需求各种动机的分析。在流动性偏好理论中,凯恩斯全面讨论了个体持有货币的三个动机:

1. 交易动机

货币需求的交易动机是指人们通过持有流动性较高的货币以满足日常的交易活动,在该活动中,货币行使了支付手段和流通手段的职能。同古典经济学家一样,凯恩斯相信货币需求中用于交易的那部分与个体的收入成正比。这一点不难理解,一般说来,收入越高,消费和其他支出就越多,单位时间内的交易数额越多,所需要的货币量也就越多。

2. 预防动机

货币需求的预防动机是指个体为应付未来可能遇到的意外支出或收入波动等不确定性而持有货币的动机。凯恩斯认为,人们因预防动机而产生的货币需求也与收入同方向变动。

因为人们拥有的货币越多,预防意外事件的能力就越强,而拥有较多的货币用于不测之需是以收入较高为基础的。

3. 投机动机

货币需求的投机动机是凯恩斯货币需求理论中最具创新的部分。凯恩斯认为,人们持有货币除了满足交易需求和应付意外支出外,还有一个重要动机,即为了更好地保存财富的投机动机。

所谓投机动机,是指人们根据对市场利率变化的预测,需要持有货币以便满足从中投机获利的动机。凯恩斯认为,人们因投机动机而产生的货币需求是利率水平的减函数,即利率与投机动机货币需求呈反向变化关系。得出这一结论的具体思路如下:

凯恩斯假定人们可以以两种形式持有财富:货币和债券。其中,货币的预期收益为零,而债券却有两类收益:利息和资本利得。债券的价格和利率成反比,利率越高,债券的价格就越低;反之亦然。人们心目中都有一个"正常的利率水平",若当前利率水平偏离了这一正常水平,则人们预期它将向正常利率水平趋近。

具体地,当金融市场利率高于这一"正常的利率水平"时,人们就会预期当前利率将下降,从而债券价格将上升,因此,人们买入债券,货币需求下降。反之,当金融市场利率低于"正常的利率水平"时,人们就会预期当前利率将上升,从而债券价格将下降,因此,人们卖出债券,持有货币,货币需求上升。

因此,人们对货币的需求取决于当前利率水平与"正常的利率水平"的对比。考虑到"正常的利率水平"是既定的,则当前利率水平就成为关键因素。当前利率水平越高,预期它下降的可能性就越大,则货币需求越低;当前利率水平越低,预期它上升的可能性就越高,则货币需求越高。可见,利率与货币需求呈反向变动关系。

(二) 货币需求函数

将上述结论归纳起来就得到了凯恩斯的货币需求函数。应该注意的是,凯恩斯讨论的货币需求是实际的货币需求,而不是名义的货币需求。他认为,人们在决定持有多少货币时是根据这些货币能够购买多少商品来决定的,而不仅看货币的面值是多少。人们的实际货币需求量是由实际收入水平和利率决定的(这里的利率是名义利率,因为利息收入和资本利得都是和名义利率相关的)。

凯恩斯的货币需求三动机理论构成了今天的货币需求理论的基石。凯恩斯把与收入水平成正向关系的交易性货币需求和预防性货币需求归在一起,称为第 I 货币需求,用 M_1 表示。因为,本质上,预防动机也是交易需求,只不过是针对未来不确定的交易机会而言。M_1 随收入水平的增加而增加。所以,二者都是收入水平的函数。即

$$M_1 = L_1(Y) \text{ 且 } \partial M_1 > 0 \tag{11-7}$$

其中,L_1 代表第 I 货币需求与收入之间的函数关系,注意,这里的 M_1 不是狭义货币,而是指交易货币需求与预防货币需求之和。

凯恩斯将投机性货币需求称为第 II 货币需求,用 M_2 表示,它随着利率的上升而减少,即:

$$M_2 = L_2(r) \text{ 且 } \partial M_2 < 0 \tag{11-8}$$

其中,L_2 代表利率与 M_2 之间的函数关系。

综合以上两个函数,就得到凯恩斯的货币需求总函数,即:

$$\frac{M_d}{P}=M_1+M_2=L_1(Y)+L_2(r)=L(Y,r) \tag{11-9}$$

公式(11-9)中,等式左边为剔除了价格因素的实际货币需求余额,它与收入水平正相关,与利率水平负相关。

把利率作为影响货币需求的重要因素是凯恩斯的一大贡献。在此之前的传统货币数量理论如现金交易说,根本否认利率对货币需求的作用,现金余额说也只是提到利率对货币需求产生影响的可能性。只有凯恩斯明确地将货币需求对利率的敏感性作为其宏观经济理论的重要支点。因为市场利率是经常变化的,所以货币需求是不稳定的,而传统货币数量论者认为货币需求量与其决定因素之间是一个稳定的函数关系。因此,凯恩斯认为,在有效需求不足的情况下,可以通过扩大货币供给量来降低利率,以刺激投资、增加就业、扩大产出、促进经济增长。

三、凯恩斯货币需求理论的进一步发展

早在20世纪40年代,美国经济学家汉森就曾对凯恩斯关于交易性货币需求主要取决于收入的多少,而同利率高低无关的观点提出质疑。50年代以后,一些凯恩斯学派的经济学家在深入研究凯恩斯货币理论的基础上,进一步丰富和发展了凯恩斯的货币需求理论,其中最具代表性的有平方根定律、立方根定律和资产组合理论等。

(一)平方根定律

经济学家鲍莫尔、托宾等发展了凯恩斯的交易性货币需求理论,并提出了著名的平方根定律。

在凯恩斯的流动性偏好理论中,出于交易动机的货币需求只依赖于个体收入,不受名义利率的影响。鲍莫尔于1952年、托宾于1956年分别独立地得到了交易动机的货币需求也依赖于名义利率的结论,该模型通常被称为货币需求的鲍莫尔-托宾存货理论模型。

他们将存货管理理论运用于货币需求分析中,认为持有货币如同持有存货一样,也有一个最优规模问题。如果持有货币过多,则不会带来任何收益,反而形成资金的浪费;如果持有货币过少,又不能满足日前交易的需要。那么,如何确定一个最佳的货币持有量呢?

假定在一个给定的时间长度(比如1年)内,个体将平稳地支付T美元的货币,他可以通过取款或撤回部分投资来提取现金,利率成本为i,T和i是预先给定的常数。假定他每次提取的现金数目相同,都是M美元,并且每提取一次现金需要付出一个固定的提取成本b,这个成本可能是去银行的交通费、电话费或上网费,也可以是个体所花费的时间成本。假定b是独立于M的常数。

根据存货管理理论,最佳的货币持有量应该是持有成本最小的规模。他们认为,持有货币的成本至少有两类:一是提取成本,即每次提取现金的成本;二是机会成本,即持有货币而放弃的利息收入。

不考虑整数限制,对任意的$M \leqslant T$,个体在1年内将提取T/M次现金,总的提取成本为bT/M。在两次提取现金的时间段内个体花费是平稳的,这样每年的平均现金持有量为$M/2$,

个体因持有货币而遭到的机会成本损失为 $iM/2$。当他每次提取的现金数量为 M 时，为了满足个体自身的交易活动，在该给定时间段内个体付出的总成本为 $bT/M+iM/2$。一个理性个体将选择最优的现金提取量以达到总成本 $bT/M+iM/2$ 最小。因此，理性个体的最优化问题可以表示为：

$$\min_{M}\left(\frac{bT}{M}+\frac{iM}{2}\right) \quad (11\text{-}10)$$

对公式(11-10)求关于 M 的一阶导数，并令其等于零，就可得到使总成本最小的 M。

$$-\frac{bT}{M^2}+\frac{i}{2}=0$$

整理得：

$$M=\sqrt{\frac{2bT}{i}} \quad (11\text{-}11)$$

由于人们在整个支出期间的平均货币持有额为 $M/2$，所以，最优名义交易货币需求 L_{11}^* 为：

$$L_{11}^*=\frac{M}{2}=\frac{1}{2}\sqrt{\frac{2bT}{i}}=\sqrt{\frac{bT}{2i}} \quad (11\text{-}12)$$

这就是鲍莫尔-托宾模型。

由于这一货币需求等式中含有平方根，故被人称为"平方根公式"或"平方根定律"。也可简写成：

$$L_{11}^*=KT^{\frac{1}{2}}i^{-\frac{1}{2}} \quad (11\text{-}13)$$

其中，$K=\sqrt{b/2}$。

平方根定律将交易性货币需求与利率和规模经济的关系以数学公式的形式表达出来。该模型本质上是将管理科学中的最佳存货控制技术运用于货币理论的成果，所以又被称为"货币需求的存货管理模型"。平方根定律表明，货币需求关于收入的弹性为 0.5，关于利率的弹性为-0.5，因此，较高收入水平的人持有相对较少的现金，这一点有时被称为现金管理中的规模经济。

鲍莫尔-托宾存货理论模型论证了最基本的货币需求——交易性货币需求也在很大程度上受到利率变动的影响，这一论证不仅为凯恩斯主义以利率为货币政策的传导机制理论进一步提供了证明，而且向货币政策的制定者指出，货币政策如果不能够影响利率，那么它的作用就不大。

（二）立方根定律

1966年，美国经济学家惠伦将利率因素引入预防性货币需求分析，得出"立方根定律"或惠伦模型，论证了预防性货币需求受利率影响的结论，从而修正了凯恩斯关于预防性货币需求对利率不敏感的观点。

在惠伦的货币需求模型中，货币需求依赖于三个因素：持有货币的机会成本、变现的手续费和支出的不确定性。

假定 M 为预防性货币的平均持有量，i 为利率，则预防性货币需求的总机会成本为 Mi。

记 n 为变现次数,σ 为净支出分布的标准差。假设从长期看,人们将花费其全部收入,则根据切比雪夫定理,给定 M,变现次数为 $n=\sigma^2/M^2$。假设 C 为每次变现所需支付的手续费,则总的手续费为 $nC=\sigma^2C/M^2$。

理性个体将选择最优的货币持有量和变现次数,使得其总成本最小:

$$\min_M (Mi+\frac{\sigma^2}{M^2}C) \tag{11-14}$$

对公式(11-14)求关于 M 的一阶导数,并令其等于零,就可得到使总成本最小的 M。

$$i-2\frac{\sigma^2 C}{M^3}=0 \tag{11-15}$$

整理得:

$$M=\sqrt[3]{\frac{2\sigma^2 C}{i}} \tag{11-16}$$

公式(11-16)表明,当 $M=\sqrt[3]{\frac{2\sigma^2 C}{i}}$ 时,总成本达到最小值 $3\sqrt[3]{\frac{i^2\sigma^2 C}{4}}$。公式(11-16)即为惠伦模型中的货币需求的立方根公式。

惠伦模型认为,源于预防动机的货币需求同样受到利率的影响:利率越高,货币需求量越低,两者呈负相关关系,预防性货币需求对利率的弹性为-1/3。

(三)资产组合理论

美国经济学家托宾发展了凯恩斯的投机性货币需求理论,提出了资产组合理论的基本思想。

按照凯恩斯的假设,利率之所以对投机动机的货币需求量产生影响,是因为货币和债券这两种资产回报率的不同导致了个体投资组合的变化。当利率较高时,人们预期利率会下降,债券价格会上升,因此持有债券;当利率较低时,人们预期利率会上升,债券价格将下降,因此持有货币。事实上,人们对利率变化的预期并不能如此地肯定,个体也不会仅持有货币或仅持有债券,还可以持有其他的金融资产,在这一点上,凯恩斯的流动性偏好理论与实际的情况并不吻合,因而遭到不少批评。于是许多学者对凯恩斯的理论发表了新的见解,其中最有代表性的就是"托宾模型",主要研究在存在对未来预期不确定性的情况下,人们怎样选择最优的资产组合,所以又称为"资产组合理论"。

托宾认为,由于绝大多数个体都是风险回避的,他们在持有各种资产时将考虑资产的预期回报率和风险,期望回报率越高越好,风险越低越好。个体将各种资产按一定份额组合起来,构成一个投资组合,个体选择最优的投资组合以最大化其期望效用。在每一个体都是理性的、风险回避的假定下,谁都希望得到低风险、高回报的资产。在市场均衡时,资产的期望收益率通常与资产的风险正相关,即收益高的资产其风险也较高。货币作为一种名义收益为零的资产,其风险也为零。

在风险回避个体的投资组合中,给定某种资产的风险,当该资产的收益率上升时,持有该资产给个体带来的好处(即效用)增加,个体将增加该资产的持有量,相应地减少其他资产的持有量,直到持有该资产的边际效用等于持有其他资产的边际效用,进一步持有该资产不会增加个体效用为止。

当市场利率上升时,债券收益率和其他风险资产的收益率通常也随之上升,而各种资产的风险并没有相应上升,因此,个体将增加风险资产的持有量,减少货币持有量;反之,个体将减少风险资产的持有量而增加货币在投资组合中的份额。因此,托宾的资产选择理论成功地解释了投机动机下货币需求与利率的负相关性。

四、弗里德曼的现代货币数量理论

传统货币数量理论由于20世纪30年代的大萧条和凯恩斯《就业、利息和货币通论》的发表而没落,随后,大多数经济学家都成了凯恩斯主义者,人们甚至把传统货币数量论和古代迷信相提并论。20世纪50年代中后期,由于弗里德曼和他的学生们的工作,货币数量理论又成为凯恩斯主义理论的强劲对手。这种对抗的出现有着一系列原因:(1)第二次世界大战后,不同于凯恩斯主义者的预测,美国经济没有出现造成20世纪30年代大萧条的条件,而是发生了通货膨胀。(2)凯恩斯主义者认为,政府可以通过控制政府开支和税收,使得经济接近或达到充分就业。但事实证明,按照这种建议改变政府支出和税率时将会遇到严重的经济与政治方面的困难。

1956年,弗里德曼发表了《货币数量理论的重新表述》一文,为传统货币数量论翻开了新的篇章。弗里德曼认为,货币数量理论首先是一种货币需求理论,其次才是产出、货币收入或物价水平的理论。弗里德曼强调货币需求的稳定性,认为货币需求中随机波动的成分很小,货币需求可以通过货币需求函数来精确地预测。

(一) 影响货币需求的因素

弗里德曼在分析个体对货币的持有受哪些因素影响时,并没有像凯恩斯那样去分析个体持有货币的具体动机,而是把货币看作一种资产,认为影响其他资产需求的因素一样会影响货币需求。

弗里德曼认为,影响货币需求的因素可以分为以下四类:

1. 财富总量

财富总量是制约人们货币需求的规模变量。人们的货币需求总量不能超过其财富总量。通常,总财富可以分为人力财富和非人力财富。前者是指人们所具有的能够为自己带来收入的能力,包括体力、智力等;后者是指各种实物财富。

由于财富总量无法用货币加以直接测量,因此,无法作为一个重要的变量列入货币需求函数。考虑到财富总量与收入的紧密联系,人们通常将收入当做一个变量放入货币需求函数。根据弗里德曼的永久收入假设,进入货币需求函数的应该是个体的永久收入,即过去、现在和未来一段较长时间内的平均收入。

2. 人力财富和非人力财富的比例

由于人力财富转变为非人力财富时会受到经济形势、经济环境和制度等方面的限制,在为所有者带来收入方面具有较大的不稳定性,因此,财富结构(即人力财富和非人力财富在总财富中的比例)在一定程度上也影响着个体的货币需求。一般来说,人力财富在财富总量中的比例越高,相应的货币需求量也越大。

3. 各种资产的收益率

人们可以持有货币,也可以持有债券、股票或其他实物资产。个体在决定货币持有量时必须考虑货币和其他资产的收益率和风险。当其他资产的收益率上升时,个体将减少货币的持有;当其他资产的收益率下降时,个体将增加货币的持有。弗里德曼在货币需求函数中引入了债券收益率、股票收益率和实物资产收益率。

4. 影响货币需求的其他因素

除了上述因素外,弗里德曼认为还有一些因素也会影响货币需求,如人口因素、技术因素、制度因素、人们的心理因素等。

(二)弗里德曼的货币需求函数

根据以上影响货币需求因素的分析,弗里德曼将他的货币需求函数表示为:

$$\frac{M_d}{P}=f(Y_p,r_b,r_e,\frac{1}{P}\frac{dP}{dt},w,u) \tag{11-17}$$

其中,Y_p 代表永久收入;

r_b 代表债券的预期回报率;

r_e 代表股票的预期回报率;

$\frac{1}{P}\frac{dP}{dt}=\pi^e$,代表物价水平的预期变动率,也即实物资产的收益率;

w 代表非人力财富占总财富的比例;

u 代表影响货币需求的其他因素。

此处,$f_{Y_p}>0$,$f_{r_b}<0$,$f_{r_e}<0$,$f_{\pi_e}<0$,下标代表对这些变量的偏导数。

公式(11-17)中,个体永久收入的上升将导致资产需求的上升,因此,永久收入和实际货币需求正相关。r_b 与 r_e 分别代表债券持有和股票持有相对于货币持有的预期超额收益率,也就是持有货币的机会成本。机会成本越高,实际货币需求也就越小,因此,这两个变量与实际货币需求负相关。π^e 代表相对于持有货币而言持有商品的预期超额收益率,π^e 上升,个体将更多地选择持有商品而不是货币,因此,该变量与实际货币需求负相关。

1. 货币需求对利率并不敏感

弗里德曼认为,利率变动对货币需求的影响很小。这是因为,利率的变动往往是与货币的预期回报率同向变化的。当市场利率上升时,银行可以从贷款中获得较高的收益,所以会希望吸引更多的存款来发放贷款,当存款利率不受限制时,银行将通过提高存款利率来做到这一点,这意味着货币的预期收益率也提高了。由于影响货币需求的是货币与其他资产之间的相对预期回报率的高低,所以,当货币的预期回报率与其他资产的预期回报率同向变化时,货币需求将保持不变。

2. 影响货币需求的主要因素是永久性收入

弗里德曼认为,影响货币需求的主要因素是永久性收入,即:

$$\frac{M_d}{P}=f(Y_p) \tag{11-18}$$

由于永久性收入具有相对稳定性,不像利率那样经常上下波动,所以,弗里德曼认为,货币需求及其函数都是相对稳定的。

3. 货币流通速度是稳定的、可预测的

由弗里德曼的货币需求方程,货币流通速度可以表示为:

$$V = \frac{Y}{f(Y_p)} \tag{11-19}$$

因为 Y 和 Y_p 是可以完全预先估计的,所以一个稳定的货币需求函数蕴含货币流通速度的可预测性,名义收入主要由货币供给决定。

现代货币数量论与传统货币数量论的区别的主要表现在两点:一是货币流通速度不再被假定为一个固定的常数,而被认为是一个稳定的、可预测的变量。二是经济不再被认为始终处于充分就业水平,从而实际收入保持不变,而被认为短期内实际国民收入也将随着货币数量的变化而有所变化。但是,它们在一些基础的立场上却是一致的,那就是他们都强调货币存量对名义国民收入的重要影响。

(三) 弗里德曼的现代货币数量论与凯恩斯货币需求理论的比较

虽然弗里德曼的现代货币数量论与凯恩斯的货币需求理论都将货币视为一种资产,并从资产选择角度入手分析货币需求,但是,二者还是有着明显的不同的。主要表现在以下几个方面:

1. 资产的范围不同

弗里德曼的资产概念要宽泛得多。凯恩斯所考虑的仅仅是货币与作为生息资产的债券之间的选择;而弗里德曼关注的资产除货币以外还有股票、债券、实物资产等。

2. 对货币的预期回报率的看法不同

凯恩斯认为,货币的预期回报率为零,而弗里德曼则把它当做一个会随着其他资产预期回报率的变化而变化的量。比如,当市场利率上升引起其他资产预期回报率上升时,银行就会提高存款利率以吸引更多的存款来发放贷款,从而货币的预期回报率也就会随之上升。

3. 收入的内涵不同

凯恩斯货币函数中的收入,是指实际收入水平。而弗里德曼货币需求函数中的收入是指永久收入水平,即较长一段时间内的平均收入水平。

4. 货币需求函数的稳定性不同

凯恩斯认为,货币需求函数受到利率波动的影响,因而是不稳定的,因为利率是受多种因素影响而经常上下波动的。弗里德曼认为,影响货币需求的主要因素是永久性收入,由于永久性收入的相对稳定性,不像利率那样经常上下波动,所以,货币需求及其函数都是相对稳定的。

总的来讲,弗里德曼的货币需求理论采用了与凯恩斯理论相类似的方法,但没有对持有货币的动机进行深入分析。弗里德曼利用资产需求理论来说明货币需求是永久性收入和各种替代资产相对于货币的预期回报率的函数。

本章小结

1. 货币需求是指经济主体(如居民、企业和单位)在既定的收入或财富范围内能够而且愿意以货币形式持有的数量。

2. 影响货币需求的因素主要有:收入状况、利率水平、汇率水平、信用制度的发达程度、公众的消费倾向、货币流通速度、价格水平、心理预期和偏好等。

3. 传统货币数量理论是相对于弗里德曼的现代货币理论而言的,其中以费雪的现金交易说和剑桥学派的现金余额说为主要代表。

4. 凯恩斯货币需求理论的显著特点在于注重对货币需求各种动机的分析,即交易动机、预防动机和投机动机。后凯恩斯学派进一步发展了凯恩斯的货币需求理论,提出了平方根定律、立方根定律以及资产组合理论的基本思想。

5. 弗里德曼认为,影响货币需求的因素有:财富总量、人力财富和非人力财富的比例、各种资产的收益率、影响货币需求的其他因素等。它与凯恩斯货币需求理论的区别主要在于:资产的范围不同、对货币的预期收益率的看法不同以及收入的内涵不同等。

本章重要概念

货币需求　微观货币需求　宏观货币需求　名义货币需求　实际货币需求　交易方程式　剑桥方程式　流动性偏好　交易动机　预防动机　投机动机　平方根定律　立方根定律

复习思考题

一、选择题

1. 假定储户到银行提取存款所需的排队时间变长了,那么人们的货币需求会(　　)。
   A. 不变　　　　B. 不一定　　　　C. 增加　　　　D. 减少

2. 货币本身的收益是货币需求函数的(　　)。
   A. 规模变量　　B. 机会成本变量　　C. 制度因素　　D. 其他变量

3. 在决定货币需求的各个因素中,收入水平的高低和收入的时间间隔对货币需求的影响分别是(　　)。
   A. 正相关,正相关　　　　　　　　B. 负相关,负相关
   C. 正相关,负相关　　　　　　　　D. 负相关,正相关

4. 根据凯恩斯的货币理论,当市场利率相对稳定时,人们的货币需求决定因素是(　　)。
   A. 交易动机　　　　　　　　　　　B. 预防动机
   C. 投机动机　　　　　　　　　　　D. 交易动机和预防动机

5. 鲍莫尔模型对凯恩斯的货币需求理论做了以下何种发展?(　　)
   A. 强调了收入对交易动机货币需求的正相关
   B. 强调了收入对预防动机货币需求的正相关
   C. 强调了利率对交易动机货币需求的负相关
   D. 强调了利率对预防动机货币需求的负相关

6. 托宾的资产选择理论是对凯恩斯的(　　)货币需求理论的重大发展。
   A. 交易动机　　B. 预防动机　　C. 投机动机　　D. 公共权力动机

7. 弗里德曼的货币需求函数非常强调(　　)对货币需求的重要影响作用。
   A. 货币数量　　　　　　　　　　　B. 永久性收入
   C. 物价变动率　　　　　　　　　　D. 固定收益的债券利息

8. 根据凯恩斯的货币理论,央行提高基准利率将直接导致(　　)。

A. 货币供给增加　　　　　　　　　B. 货币供给减少
C. 货币需求增加　　　　　　　　　D. 货币需求减少

9. 提出预期效用最大化作为资产选择的经济学家是(　　)。
A. 托宾　　　B. 弗里德曼　　　C. 鲍莫尔　　　D. 惠伦

10. 惠伦发展了凯恩斯的(　　)货币需求理论。
A. 交易动机　　　B. 预防动机　　　C. 投机动机　　　D. 谨慎动机

二、简答题

1. 货币需求的影响因素有哪些？
2. 交易方程式与剑桥方程式的区别在哪里？
3. 平方根定律怎样发展了凯恩斯的流动性偏好理论？
4. 简述托宾的资产组合理论的基本思想。
5. 弗里德曼现代货币数量理论的主要内容是什么？
6. 简述弗里德曼的现代货币数量论与凯恩斯的流动性偏好理论的异同。
7. 分别考虑下列各种情况，分析货币需求量有何变化：①增加公务员工资；②股票市场重大利好；③国库券的预期收益率增加；④商业银行储蓄专柜的质量下降；⑤提取储蓄存款的等候时间变长；⑥房地产价格大幅上涨。

三、计算题

1. 计算当货币流通速度为常量 5 且货币供给从 2 000 亿美元增至 3 000 亿美元时名义 GDP 发生的变化。

2. 当货币供给增长率按 20% 的速度增长且货币流通速度下降 30% 时，名义 GDP 将发生什么变化？

3. 运用平方根定律回答以下问题：

(1) 如果 $T = 64\,000$ 亿美元，$b = 10$(美元/每次交易)，$i = 0.09$，此时的货币需求量是多少？

(2) 假定其他条件不变，r 降低到 0.03，试计算新的货币需求量并解释该结果。

第十二章

货币供给

货币是个过于严重的问题,不能把决定权交给央行。

——米尔顿·弗里德曼

学习目标

通过本章的学习,你将能够:
- 了解货币的计量;
- 理解存款货币多倍创造与多倍紧缩的原理和过程;
- 掌握货币供给的模型分析——乔顿货币乘数模型;
- 理解货币供给的决定因素。

引导案例

货币供应量增速有所回落属于正常现象

央行今天公布的 2014 年一季度金融统计数据报告显示,3 月末,广义货币(M_2)余额 116.07 万亿元,同比增长 12.1%,分别比上月月末和去年年末低 1.2 个和 1.5 个百分点;狭义货币(M_1)余额 32.77 万亿元,同比增长 5.4%,分别比上月月末和去年年末低 1.5 个和 3.9 个百分点。对于 3 月份货币供应量增速回落,央行调查统计司司长盛松成表示,目前广义货币基数较高,基数大了,一个百分点代表的绝对量比以前大得多,所以不能用以前的标准来衡量现在的增速。本月货币供应量增速有所回落属于正常现象,可从三个方面予以观察。

首先,去年同期基数较高。去年 3 月末 M_2 余额首次超过百万亿元,增速达到 15.7%,M_1 增速达到 11.8%。实际上,今年 3 月份货币增量并不低,M_2 当月增量 2.89 万亿元,达到一季度的 53.4%,M_1 当月增量 1.11 万亿元,远远超过前两个月,但是由于去年同期基数较高,所以今年增速就显得不那么高了。

其次,今年 3 月份货币供应量与宏观经济指标相适应,M_2 与 GDP 和 CPI 增速之和的相互关系处于正常水平。"从理论和经验上看,M_2 增速应略高于 GDP 与 CPI 增速之和,一般认为高出 2 个百分点左右较为适宜。"盛松成表示,与宏观实体经济指标相比,3 月份 M_2 增速处于正常水平,从中国金融市场的整体流动性看,流动性仍较为充裕,基本满足了实体经济的发展。

此外,新型金融机构和产品对货币的分流转化,也是 3 月份货币供应量增速较低的一个原因。盛松成称,当前,包括表外理财、信托计划、资管计划、投资基金,甚至互联网金融、第三方支付在内的新型金融机构和产品越来越多,相当部分的资金运作游离于银行体系之外。金融业态的这些变化一定程度上分流了广义货币,同时改变了货币构成。

资料来源:《金融时报》,2014 年 4 月 16 日。

第一节 货币的计量

货币供给(money supply)是指一定时期内一国银行系统向经济中投入或抽离货币的行为过程。货币供给量则是指一个存量的概念,即一个国家在一定时点上实际存在的货币总量。显然,要统计出这一总量指标,其前提是必须弄清楚货币的外延,即货币包括哪些。

一、货币层次的划分

目前,世界各国普遍以金融资产流动性的强弱作为划分货币层次的主要依据。流动性越强的金融资产,其现实购买力也越强。流动性程度不同的金融资产在流通过程中周转的便利程度不同,从而对商品流通和各种经济活动的影响程度也不同。

一般认为,货币层次可划分如下:

(一) 狭义货币(M_1)

M_1 由流通于银行体系之外的、为社会公众所持有的现金(通货)及商业银行的活期存款所构成。现金可随时作为流通手段和支付手段,因而具有最强的购买力。活期存款可以随时签发支票而成为直接的支付手段,因此,它与现金一样是最具流动性的货币。M_1 作为普遍接受的交易媒介与支付手段,是与经济活动最为密切的货币,因而是各国货币政策调控的主要对象。

M_1 用公式表示为:

$$M_1 = C + D \tag{12-1}$$

其中,C 为流通中的现金,D 为商业银行的活期存款。

(二)广义货币(M_2)

M_2 由 M_1 加上准货币(quasi-money)构成。准货币一般由商业银行的储蓄存款、定期存款等构成,准货币本身是潜在的货币而非现实的货币,但由于它们在经过一段手续后能够较容易地转化为现实的货币,进而加大流通中的货币量,故称为亚货币或近似货币(near money)。

M_2 用公式表示为:

$$M_2 = M_1 + T \tag{12-2}$$

其中,T 为商业银行的储蓄存款和定期存款。

(三)更广义货币(M_3)

在多种金融机构并存的现代经济中,除了商业银行以外,还有大量的非银行金融机构,如财务公司、金融租赁公司等。它们虽然不能接受与创造活期存款,但可以接受各种形式的储蓄存款和定期存款,这些存款与商业银行的同类存款并无本质区别,它们也具有高度的货币性质。因此,更广义的货币 M_3 还应该包括这些非银行金融机构的存款。

M_3 用公式表示为:

$$M_3 = M_2 + D_n \tag{12-3}$$

其中,D_n 为非银行金融机构的存款。

(四)最广义货币(M_4)

除了以上货币层次外,现代经济学还有进一步的、最广义的货币层次,它把货币扩大到非金融机构发行的、流动性也较高的短期负债,如政府发行的国库券、企业发行的短期债券、商业票据等。因此,最广义的货币 M_4 还应该包括这些非金融机构发行的短期负债。

M_4 用公式表示为:

$$M_4 = M_3 + L \tag{12-4}$$

其中,L 为非金融机构发行的短期负债。

二、货币当局的做法

货币供应量是全社会的货币存量,是某一时点承担流通和支付手段的货币总量。随着金融市场发展和金融工具创新,各国对货币供应量统计口径会进行修订和完善。

(一)美国

美国负责货币政策的中央银行机构——联邦储备体系(美联储),曾经对于如何计量货币做过大量研究。近年来,金融创新浪潮创造了很多可以归入货币范畴的新型资产,这使得货币的计量问题变得更为困难。自1980年以来,美联储曾经数次修改其货币计量方法,并最终确定了如下货币供给的计量指标(如表12-1所示)。

M_1 是美联储公布的最狭义的货币指标,它包括流动性最强的资产,即通货、支票账户存款和旅行者支票。表12-1介绍了 M_1 的构成。M_1 构成要素中的通货只包括非银行公众持有的纸币和硬币,ATM与银行金库中的现金则不包括在内。M_1 构成要素中的旅行者支票只包括非银行机构所发行的旅行者支票。构成要素中的活期存款既包括不付息的企业支票账户,也包括银行发行的旅行者支票。其他支票存款项目包括所有其他的可以开具支票的存款,特别是居民所持有的生息的支票账户。这些资产可以直接作为交易媒介,因此显然属于货币。

表12-1 货币总量的计量指标

	2008年11月的价值(十亿美元)
M_1 = 通货	804.9
+旅行者支票	5.6
+活期存款	405.9
+其他支票存款	306.1
M_1总计	1 522.5
$M_2 = M_1$	
+小额定期存款	1 351.0
+储蓄存款与货币市场存款账户	4 007.1
+货币市场共同基金份额(零售)	1 053.9
M_2总计	6 412.0

资料来源:米什金,《货币金融学》,北京:中国人民大学出版社,2011年。

在M_1的基础上,货币总量M_2增加了一些流动性不及M_1的资产:能够签发支票的一些资产(货币市场存款账户和货币市场共同基金份额),以及其他能以较小成本迅速转化为现金的资产(储蓄存款和小额定期存款)。小额定期存款是指面值低于10万美元的定期存单,只有在固定到期日偿付才不必支付罚款。储蓄存款是指可在任意时候存入或提取的非交易存款。货币市场存款账户类似于货币市场共同基金,但它是银行发行的。货币市场共同基金份额是居民据此可签发支票的零售账户。

(二) 中国人民银行的货币供给口径

1994年10月,中国人民银行发布《中国人民银行货币供应量统计和公布暂行办法》(以下简称《办法》),正式推出货币供应量统计指标,并规定了货币供应量统计的层次划分、机构范围、统计形式、公布方式等。《办法》根据国际通用原则,以货币流动性差别为标准,将我国货币供应量划分为M_0、M_1、M_2、M_3四个层次:

M_0 = 流通中的现金

M_1 = M_0+企业活期存款+机关团体部队存款+农业存款+信用卡存款

M_2 = M_1+居民储蓄存款+企业定期存款+外币存款+信托类存款

M_3 = M_2+金融债券+商业票据+大额可转让定期存单等

2001年6月,中国人民银行第一次修订货币供应量统计口径,将证券公司客户保证金计入M_2。

2002年年初,中国人民银行第二次修订货币供应量统计口径,将在中国的外资、合资金融机构的人民币存款业务,分别计入不同层次的货币供应量。

2003年,中国人民银行向社会公开《关于修订中国货币供应量统计方案的研究报告》(征求意见稿),提出调整货币供应量统计口径的四种备选方案。征求意见稿发布后,在市场上引起了广泛的反响,但相关调整并未落实。

2011年10月起，中国人民银行考虑到非存款类金融机构在存款类金融机构的存款和住房公积金存款规模已较大，对货币供应量的影响较大，决定上述两类存款纳入广义货币供应量（M_2）统计范围。

经过几次统计口径调整，目前我国货币供应量仍划分为 M_0、M_1、M_2 三个层次：

M_0 = 流通中的现金
M_1 = 货币 = M_0+活期存款
M_2 = 货币和准货币 = M_1+定期存款+储蓄存款+其他存款

第二节 存款货币的多倍扩张与多倍紧缩

商业银行的活期存款是现代信用货币经济中最主要的货币形式。存款货币的创造过程在很大程度上反映了现代经济中货币供给量的决定过程。在实行部分准备金制度的条件下，商业银行体系可通过其放款、投资等活动创造出数倍于原始存款的派生存款。为理解这一基本原理和过程，我们首先来解释几个基本概念。

一、原始存款与派生存款

所谓原始存款（primary deposit），一般是指商业银行的客户以现金形式存入银行的直接存款。原始存款是商业银行从事资产业务的基础，也是扩张信用的源泉。

所谓派生存款（derivative deposit），是相对于原始存款而言的，它是指由商业银行的贷款、贴现、投资等业务活动而派生的存款。派生存款产生的过程，就是商业银行不断吸收存款、发放贷款、形成新的存款，最终导致银行体系存款总量增加的过程。

在现代信用货币制度下，现金和存款（尤其是商业银行的活期存款）是货币的两种不同的表现形式。因此，原始存款的发生只是改变了货币的存在形式，而并不改变货币总量。但是，派生存款则不同，它的发生就意味着货币总量的增加。所谓存款货币的多倍扩张或多倍紧缩，实际上就是指派生存款的多倍创造或多倍消失。

二、存款准备金与存款准备金率

存款准备金（deposit reserve）是指商业银行在吸收存款后，以库存现金或在中央银行的存款的形式保留的，用于应付存款人随时提现的货币资金。存款准备金率（deposit reserve rate）就是存款准备金占银行吸收存款总量的比例。在现代市场经济中，存款准备金率是中央银行调控货币供给量的一个重要手段。需要指出的是，对于商业银行来说，根据中央银行规定的存款准备金率保留的那部分存款准备金，是必须保留的法定准备金。但是，当商业银行根据中央银行规定的比率缴足了法定存款准备金之后，它是否保留超额准备金，或保留多少超额准备金，则完全由商业银行自主决定。

三、存款货币的多倍扩张与紧缩过程

为了更好地分析存款货币多倍扩张和多倍紧缩的基本原理和过程，我们先分析一种最简单的情形。首先作出如下几个假设条件：第一，整个银行体系由中央银行和至少两家商业

银行所构成;第二,中央银行规定的法定存款准备金比率为 10%;第三,商业银行只有活期存款而没有定期存款;第四,商业银行并不保留超额准备金;第五,客户收入的一切款项全部存入银行,不提取现金。

(一)存款货币的多倍扩张过程

假设 A 银行吸收到其客户存入的 10 000 元现金(原始存款),A 银行按照规定提取 10%的准备金 1 000 元后,就可把剩下的 9 000 元全部用于贷款。这样,A 银行的资产负债表就发生了如表 12-2 的变化。

表 12-2　A 银行的资产负债表

单位:元

资产		负债	
准备金	+1 000	存款	+10 000
贷款	+9 000		
总额	+10 000	总额	+10 000

当 A 银行贷出 9 000 元后,其取得贷款的客户必将这笔款项用于支付,而收款人又将把这笔款项全部存入其开户的另一家银行——B 银行。B 银行按照规定提取 10%的准备金 900 元后,剩下的 8 100 元全部用于贷款。这时,B 银行的资产负债表就发生了如表 12-3 的变化。

表 12-3　B 银行的资产负债表

单位:元

资产		负债	
准备金	+900	存款	+9 000
贷款	+8 100		
总额	+9 000	总额	+9 000

同样,B 银行贷出的 8 100 元也将被借款人用于支付,收款人将这笔款项全部存入其开户的一家银行——C 银行。C 银行也同样按照规定提取 10%的准备金 810 元,剩下的 7 290 元用于贷款。这时,C 银行的资产负债表就发生了如表 12-4 的变化。

表 12-4　C 银行的资产负债表

单位:元

资产		负债	
准备金	+810	存款	+8 100
贷款	+7 290		
总额	+8 100	总额	+8 100

如此循环下去,最终在整个银行系统形成连锁反应(如表 12-5 所示)。

表 12-5　存款货币的多倍扩张过程

单位:元

商业银行	存款增加	贷款增加	派生存款增加	准备金增加
A	10 000	9 000	0	1 000
B	9 000	8 100	9 000	900
C	8 100	7 290	8 100	810
D	7 290	6 561	7 290	729
E	6 561	5 904.9	6 561	656.1
…	…	…	…	…
所有银行合计	100 000	90 000	90 000	10 000

表 12-5 显示,银行体系中的每一家银行都在创造存款:A 银行创造的存款为 10 000 元,B 银行创造的存款为 9 000 元,C 银行为 8 100 元,D 银行为 7 290 元,E 银行为 6 561 元……换句话说,出现了一个多倍存款创造的过程。最初由客户存入 A 银行的 10 000 元,经过银行体系的反复使用,最终扩张至 100 000 元,这一扩张过程为:

$$10\,000+9\,000+8\,100+7\,290+6\,561+\cdots = 10\,000\times 1/[1-(1-10\%)]$$
$$= 10\,000\times 1/10\%$$
$$= 100\,000(元)$$

派生存款总额 = 存款总额 - 原始存款 = 100 000 - 10 000 = 90 000(元)。

这表明,在 10% 的法定存款准备金制度下,商业银行吸收 10 000 元原始存款后,经银行体系的资产业务,最终可以变成 100 000 元的存款,将原始存款放大了 10 倍。这是由 10% 的法定存款准备金比率所决定的。此关系可用以下公式表示:

$$D = \frac{R}{r} = R \cdot \frac{1}{r} \tag{12-5}$$

其中,D 表示存款增加总额,R 为原始存款,r 为法定存款准备金率。

把上例中的数字代入公式(12-5),则有:

$$D = \frac{R}{r} = \frac{10\,000}{10\%} = 100\,000(元)$$

存款乘数 $\frac{1}{r} = \frac{1}{10\%} = 10$,即包括原始存款在内的存款总额为原始存款的 10 倍。

(二) 存款货币的多倍紧缩过程

上述银行存款的多倍扩张过程是由客户将 10 000 元现金存入 A 银行,使 A 银行的原始存款增加而引起的。如果某一客户从银行提取 10 000 元现金,则会引起原始存款减少,在银行体系无超额准备金的前提下,必然会出现存款多倍紧缩的过程。存款货币的多倍紧缩过程与多倍扩张过程正好相反。

假设某客户到 A 银行提取 10 000 元现金,A 银行的存款就减少了 10 000 元,在存款减少的情况下,在银行不保留超额准备金的条件下,银行也会相应减少准备金 1 000 元,收回贷款 9 000 元。A 银行的资产负债表就发生了如表 12-6 的变化。

表 12-6　A 银行的资产负债表

单位：元

资产		负债	
准备金	-1 000	存款	-10 000
贷款	-9 000		
总额	-10 000	总额	-10 000

然而，A 银行收回贷款必然使其他银行因此而减少存款，从而引起其他银行的准备金也发生短缺，并同样通过收回贷款来加以弥补。假设因 A 银行向客户收回贷款而使 B 银行减少了 9 000 元存款，并相应减少了 10% 的准备金 900 元，同时也要收回贷款 8 100 元。这样，B 银行的资产负债表就发生了如表 12-7 的变化。

表 12-7　B 银行的资产负债表

单位：元

资产		负债	
准备金	-900	存款	-9 000
贷款	-8 100		
总额	-9 000	总额	-9 000

于是，经过整个银行体系的连锁反应，最初减少的 10 000 元原始存款，将使整个银行体系紧缩 100 000 元存款。这一收缩过程可用表 12-8 来表示。

表 12-8　存款货币的多倍紧缩过程

单位：元

商业银行	存款减少	贷款减少	派生存款减少	准备金减少
A	10 000	9 000	0	1 000
B	9 000	8 100	9 000	900
C	8 100	7 290	8 100	810
D	7 290	6 561	7 290	729
E	6 561	5 904.9	6 561	656.1
…	…	…	…	…
所有银行合计	100 000	90 000	90 000	10 000

存款货币的紧缩过程为：

$$(-10\,000)+(-9\,000)+(-8\,100)+(-7\,290)+(-6\,561)+\cdots = -10\,000 \times 1/10\%$$
$$= -100\,000(\text{元})$$

因此，存款货币多倍紧缩的原理和多倍扩张的原理完全相同，二者仅是方向不同：在扩张过程中，存款变动的数量为正；在紧缩过程中，存款变动的数量为负。

四、简单乘数模型与存款创造的主要制约因素

通过上面的分析,我们引入了存款乘数这一概念。所谓存款乘数,是指存款总额(即原始存款与派生存款之和)与原始存款的倍数。如果用 K 表示存款乘数,则有:

$$K=\frac{1}{r} \tag{12-6}$$

这一模型也称为简单乘数模型,这一模型中的存款乘数由唯一的一个因素决定,即中央银行所规定的法定存款准备金率。简单乘数模型表明,商业银行存款创造的能力与法定存款准备金率成反比,即提高法定存款准备金率,将降低商业银行的存款创造能力;反之,降低法定存款准备金率,将提高商业银行的存款创造能力。正因为如此,中央银行可以通过调节法定存款准备金率来调控货币供应量。

在上述的存款货币的多倍扩张与紧缩的例子中,为了说明存款创造的基本原理和基本过程,我们做了一系列的假设,简化了制约存款创造的若干因素。但是,在现实的经济运行中,存款乘数的决定却要复杂得多,它要受到以下诸多因素的制约。

(一)超额准备金率

前面讨论中假设商业银行并不持有超额存款准备金,而在实际经营中,为了保持流动性,商业银行实际持有的准备金总是大于法定存款准备金,即持有超额准备金。超额准备金同活期存款之比用超额准备金率来表示。这部分超额准备金在存款创造中所起的作用与法定存款准备金完全相同,即不再参与存款货币的创造。另外,商业银行的贷款与投资也将在一定程度上有赖于社会对其资金的需求。如果缺乏这种需求,商业银行也只能持有超额准备金。

(二)现金漏损率

前面讨论中假设客户收入的一切款项全部存入银行,不提取现金。在实际生活中,流通中的现金(通货)是货币总量的一部分,它是一切货币形态的基础,即使在现代信用货币制度下,现金也仍然没有排除在货币的范围之外,人们也仍然因各种原因而必须持有一部分现金。特别是在信用制度不够发达的经济中,持有现金更是一种普遍的现象。在现代货币供给理论中,社会公众持有这一现象称为"现金漏损"。现金漏损率是指客户从银行提取的现金与存款总额之比。现金漏损意味着一部分现金流出银行体系,不再参与存款货币的创造,银行存款货币创造的能力也就降低了。

(三)定期存款比率

前面讨论中假设商业银行只有活期存款而没有定期存款也是不切实际的。实际上,商业银行的活期存款只是其存款中的一种。随着活期存款的增加,人们往往会把其中的一部分转化为定期存款。这是因为,在一般情况下,人们持有活期存款没有收益或只有很少的收益,而相比之下,持有定期存款将可获得较多的收益。由于定期存款并不创造存款货币,而且定期存款与活期存款又往往有着不同的法定准备金率要求,因此,活期存款向定期存款转化或者定期存款向活期存款转化,都将影响存款货币的创造倍数。

第三节 货币供给的模型分析

一、基础货币

当代货币供给模型的核心思想是,一国在某一时点上的货币供给量等于基础货币与货币乘数的乘积。

基础货币(base money)由社会公众所持有的现金(通货)和商业银行的准备金构成,它是商业银行存款创造的基础,因此,基础货币又称为高能货币、强力货币或货币基数。其中,商业银行的准备金包括两部分:法定准备金和超额准备金。因此,就其存在形式来看,基础货币包括三部分:流通于银行体系之外为社会公众所持有的现金、银行的库存现金及其在中央银行的存款准备金。如果以 B 代表基础货币,C 代表流通中的现金,R 代表商业银行的存款准备金,则三者之间的关系可表示为:

$$B = C + R \tag{12-7}$$

货币乘数(money multiplier)是用以说明货币供给量对基础货币的倍数关系的一种系数。货币乘数是决定货币供给的另一个重要因素。在基础货币一定时,货币乘数的变动将引起货币供给的变动。一般来说,基础货币是中央银行能够加以直接控制的,而货币乘数则是中央银行所不能完全控制的。所以,在现代货币供给理论中,人们往往较多地致力于对货币乘数及其决定因素的研究。在这些研究中所形成的各种货币供给模型,实际上是货币乘数模型。

二、乔顿货币乘数模型

在简单乘数模型中,我们做了一系列的假设,简化了制约存款创造的若干因素。但是,在现实的经济运行中,存款乘数的决定却要复杂得多。在简单乘数模型以及其他经济学家的货币乘数模型的基础上,美国经济学家乔顿于1996年导出了一个考虑各种实际因素的、比较简洁明了的货币乘数模型。此后,乔顿模型得到大多数经济学家的认可,并被众多国内外的《金融学》教科书所采用。因此,该模型被看作货币供给决定机制的一般模型。下面,我们来介绍这一模型。

乔顿货币乘数模型考察的是狭义货币 M_1,狭义货币 M_1 等于社会公众所持有的现金 C 加上商业银行的活期存款 D,即:

$$M_1 = C + D \tag{12-8}$$

而根据现代货币供给理论,货币供给等于基础货币与货币乘数之积。

$$M_1 = B \times m_1 \tag{12-9}$$

其中,B 代表基础货币,m_1 代表与狭义货币 M_1 对应的货币乘数。对公式(12-9)进行简单变形可得:

$$m_1 = \frac{M_1}{B} \tag{12-10}$$

将 $M_1 = C + D$,$B = C + R$ 代入公式(12-10)得:

$$m_1 = \frac{M_1}{B} = \frac{D+C}{R+C} \tag{12-11}$$

由于银行准备金包括三部分:活期存款准备金、定期存款准备金和超额准备金。故公式(12-11)又可变为:

$$m_1 = \frac{D+C}{R+C} = \frac{D+C}{r_d \times D + r_t \times T + E + C} \tag{12-12}$$

公式(12-12)中, r_d 为活期存款准备金率, r_t 为定期存款准备金率, T 为商业银行吸收的定期存款, E 为商业银行持有的超额准备金。

将公式(12-12)的分子和分母同除以 D 得:

$$m_1 = \frac{\frac{D}{D}+\frac{C}{D}}{r_d \times \frac{D}{D} + r_t \times \frac{T}{D} + \frac{E}{D} + \frac{C}{D}} \tag{12-13}$$

为简化分析,令 $k=\frac{C}{D}$,表示通货比率;$t=\frac{T}{D}$,表示定期存款比率;$e=\frac{E}{D}$,表示超额准备金比率。则公式(12-10)可变为:

$$m_1 = \frac{\frac{D}{D}+\frac{C}{D}}{r_d \times \frac{D}{D} + r_t \times \frac{T}{D} + \frac{E}{D} + \frac{C}{D}} = \frac{1+k}{r_d + r_t \times t + e + k} \tag{12-14}$$

$$M_1 = B \times m_1 = B \times \frac{1+k}{r_d + r_t \times t + e + k} \tag{12-15}$$

这就是乔顿在考察狭义货币时的货币乘数模型。

由于货币乘数 m_1 大于1,我们可以通过图12-1来形象地描述基础货币 B 与货币供给量 M_1 之间的关系。

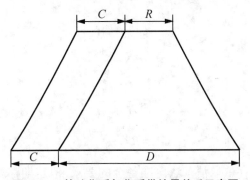

图 12-1 基础货币与货币供给量关系示意图

从图12-1可以看出,基础货币虽然由社会公众所持有的现金 C 和银行的存款准备金 R 这两者构成,但在货币乘数中的作用并不一样。现金 C 虽然是创造存款货币不可或缺的根据,但它本身的量,中央银行发行多少就是多少,不可能有倍数的增加。那么,能够引起货币供应量数倍扩张的只有存款准备金。也即货币供给量之所以和基础货币之间有倍数(乘数)

的关系,主要是由于银行存款准备金的多倍存款创造作用。

三、乔顿货币乘数模型的扩展与修正

以乔顿货币乘数模型为基础,我们可以很方便地考察其他各种情况下的货币乘数的决定。下面对其进行具体分析。

(一) 将货币定义扩展为 M_2 的乘数模型

如上所述,乔顿货币乘数模型将货币定义为 M_1,即只有商业银行的活期存款和通货才是货币,而商业银行的定期存款和储蓄存款(通常以 T 表示)则不是货币。现在,我们将货币定义扩展为 M_2($M_2=D+C+T$),并以 m_2 表示相应的货币乘数,则:

$$m_2 = \frac{D+C+T}{R+C} = \frac{1+k+t}{r_d+r_t \times t+e+k} \tag{12-16}$$

所以:

$$M_2 = B \times m_2 = B \times \frac{1+k+t}{r_d+r_t \times t+e+k} \tag{12-17}$$

由此可见,与 m_1 相比,m_2 只是在分子上加了一个 t,其他各项都相同。但是,货币乘数公式的分子上有没有这个 t 是大不相同的。例如,当市场利率上升时,人们往往将一部分活期存款转化为定期存款,从而引起 t 上升。而 t 上升无疑将使 M_1 减少,而使 M_2 增加。对此,我们将在本章的第四节加以比较具体的分析。

(二) 取消定期存款法定准备金要求的乘数模型

以前,中央银行对活期存款和定期存款都有法定准备金比率的规定,但是,一旦中央银行取消了对定期存款的法定准备金要求(很多国家早已如此),则上述乔顿模型就必须进行必要的修正,以使理论与实际更好地结合。

定期存款取消法定准备金要求后,原来决定货币乘数的 r_t 就等于零。于是 M_1 和 M_2 就必须分别做出如下修改:

$$m_1 = \frac{1+k}{r_d+e+k} \tag{12-18}$$

$$M_1 = B \times \frac{1+k}{r_d+e+k} \tag{12-19}$$

$$m_2 = \frac{1+k+t}{r_d+e+k} \tag{12-20}$$

$$M_2 = B \times \frac{1+k+t}{r_d+e+k} \tag{12-21}$$

由此可见,即使定期存款取消了法定准备金的要求,但定期存款本身,特别是定期存款比率 t 对货币供给仍是有影响的。从公式(12-21)来看,这种影响是很明显的。也就是说,定期存款比率对 M_2 有着直接和正向的影响。至于定期存款对 M_1 是否也有影响,我们虽然不能从公式(12-19)中直观地看出,但这种影响实际上也是客观存在的。例如,人们将活期存款转化为定期存款(即定期存款比率 t 上升),则因活期存款是 M_1 的一部分,而定期存款却不是,所以,这种转化无疑将使 M_1 减少。

（三）用于其他各种特殊情况的分析

乔顿货币乘数模型可以方便地用于其他各种特殊情况的分析。比如，当我们假设不存在超额准备金时，则狭义货币乘数 m_1 和广义货币乘数 m_2 分别变为：

$$m_1 = \frac{1+k}{r_d + r_t \times t + k} \tag{12-22}$$

$$m_2 = \frac{1+k+t}{r_d + r_t \times t + k} \tag{12-23}$$

进一步假设没有现金漏损，则公式（12-22）和（12-23）分别变为：

$$m_1 = \frac{1}{r_d + r_t \times t} \tag{12-24}$$

$$m_2 = \frac{1+t}{r_d + r_t \times t} \tag{12-25}$$

再进一步假设商业银行没有定期存款，则公式（12-24）和（12-25）变为：

$$m_1 = m_2 = \frac{1}{r_d} \tag{12-26}$$

那么这又回到简单乘数模型的公式了，这也进一步说明了乔顿货币乘数模型应用性广的原因。

第四节　货币供给的决定因素

货币供给模型表明，一个社会一定时期的货币供给量主要取决于两个因素：基础货币和货币乘数。下面主要分析这两个因素是如何决定货币供给的。

一、基础货币

（一）基础货币的内涵

在现代货币供给理论中，基础货币是一个十分重要的概念。对于这一概念，我们可分别从基础货币的来源和运用两个方面来加以理解。从基础货币的来源来看，它是指中央银行的负债，即由中央银行投放并为中央银行所直接控制的那部分货币，是整个货币供给量的一部分。从基础货币的运用来看，它由两个部分构成：一是商业银行的存款准备金（包括商业银行的库存现金以及商业银行在中央银行的准备金存款）；二是流通于银行体系之外而为社会公众所持有的现金，即通常所谓的"通货"。

当今世界各国几乎无一例外地实行部分准备金制度。在这种制度下，商业银行的准备金是创造存款的基础，它的增加或减少必然引起货币供给量的成倍扩张或收缩。正因为商业银行的准备金在货币供给的决定与变动中具有如此特殊的作用，它才被人们称为基础货币、高功能货币或强力货币。至于流通于银行体系之外而为社会公众持有的通货，实际上是一种潜在的准备金，也就是说，一旦这些通货被其持有人存入银行，就可以作为商业银行的准备金而成为创造存款货币的基础。所以，这些通货也被称为基础货币。

（二）基础货币的决定因素

基础货币包括流通中的现金和银行准备金两部分，这两部分都是中央银行的负债，因此，要分析基础货币的决定因素，其源头应该追溯到中央银行的资产负债表。由于各个国家的金融制度、信用方式等方面存在差异，因而各国中央银行资产负债表中的项目多寡以及包括的内容颇不一致。这里仅就中央银行最主要的资产负债项目概括成表12-9，旨在概略表明其业务基本关系。

表12-9　简化的中央银行资产负债表

资　产	负　债
A_1：国外资产	L_1：现金（包括通货和库存现金）
A_2：商业银行贷款	L_2：商业银行存款
A_3：政府债券和财政借款	L_3：财政性存款
A_4：外汇、黄金储备	L_4：对外负债
A_5：其他资产	L_5：其他负债
合　计	合　计

表12-9是一张简化的中央银行资产负债表，该表可以用来讨论决定基础货币的因素。根据基础货币的定义，基础货币在中央银行资产负债表中应包括两项：现金L_1和商业银行存款L_2。根据资产等于负债的会计原则，有：

$$B = L_1 + L_2 = (A_1 + A_2 + A_3 + A_4 + A_5) - (L_3 + L_4 + L_5) \tag{12-27}$$

由此可见，基础货币的决定因素至少有八个，五个为中央银行的资产项目，三个为中央银行的负债项目。等式也表明，在其他条件不变的情况下，中央银行资产增加多少就会引起基础货币增加多少；相反，中央银行负债的增加则会引起基础货币的等额减少。它们之间的具体关系如表12-10所示。

表12-10　中央银行资产和负债项目变动对基础货币的影响

	资产或负债变动方向	基础货币的变动方向
A_1：国外资产	↑（↓）	↑（↓）
A_2：商业银行贷款	↑（↓）	↑（↓）
A_3：政府债券和财政借款	↑（↓）	↑（↓）
A_4：外汇、黄金储备	↑（↓）	↑（↓）
A_5：其他资产	↑（↓）	↑（↓）
L_3：财政性存款	↑（↓）	↓（↑）
L_4：对外负债	↑（↓）	↓（↑）
L_5：其他负债	↑（↓）	↓（↑）

显然，中央银行通过调整其资产项目或负债项目就能够控制基础货币，进而控制货币供给。中央银行调整其资产或负债最常用的手段就是所谓"三大法宝"，即法定存款准备金政

策、再贴现政策和公开市场业务。本书第十四章将专门讨论货币政策工具。

那么,中央银行是否能够完全控制基础货币呢?仔细分析各因素可以发现,中央银行并不能完全自由地控制影响基础货币的八大因素。例如,在中央银行对商业银行的贷款上,虽然中央银行可以通过调整再贷款率和再贴现率来影响对商业银行的放贷规模,但值得注意的是,在整个再贷款和再贴现的过程中,中央银行始终处于被动的地位,是否申请贷款的主动权掌握在商业银行手中,特别是在商业银行有多个融资渠道的时候更是如此。又如,在财政借款方面,中央银行的作用也是有限的,特别是在中央银行独立性不强时,情况更是如此,严重时甚至中央银行本身都沦为第二财政。在黄金、外汇储备等方面,中央银行对它们的调控必须受制于汇率政策、进出口贸易、国际金融制度等诸多因素。因此,中央银行对基础货币的控制并不是完全的,而只是一定程度上的。

二、货币乘数

(一)货币乘数的内涵

货币乘数也称为货币扩张系数,是用以说明货币供给量与基础货币之间的倍数关系的一种系数。例如,在某一时点上,如果基础货币为1亿个单位,而货币供给量为3亿个单位,或者在某一时期中,基础货币增加1亿个单位能导致货币供给量增加3亿个单位,则我们就可以说货币乘数为3。

在基础货币一定的条件下,货币乘数就决定了货币供给量。货币乘数越大,则货币供给量越多;反之,货币乘数越小,则货币供给量也就越少。所以,货币乘数是决定货币供给量的另一个重要的甚至是更为关键的因素。但是,与基础货币不同,货币乘数并不是一个外生变量,因为决定货币乘数的大部分因素都不取决于中央银行的行为,而是取决于商业银行或社会公众的行为。

(二)货币乘数的决定因素

根据乔顿的货币乘数模型,货币乘数主要取决于以下五大因素:活期存款的法定准备金率r_d、定期存款的法定准备金率r_t、定期存款比率t、通货比率k以及银行超额准备金率e。下面将对这些影响因素进行一一分析。

1. 法定存款准备金率(r_d和r_t)

法定存款准备金率是指中央银行所规定的,商业银行等其他存款类金融机构必须保有的存款准备金对其存款负债总额的比率。法定存款准备金率包括活期存款的法定准备金率r_d和定期存款的法定准备金率r_t两种,由于定期存款较活期存款相对稳定,因此,一般来说,定期存款的法定准备金比率较活期存款的法定准备金比率低。

由货币乘数公式(12-14)和(12-16)可知,r_d和r_t这两个变量都只是出现在分母中,因此,它们的变动都将对货币乘数产生负的影响。即在其他因素不变的前提下,如果中央银行提高法定存款准备金率,则货币乘数将变小;反之,货币乘数将变大。这是因为,中央银行提高法定存款准备金率后,商业银行为了满足新的准备金率要求,不得不减少贷款或投资,在必要时还须收回贷款或出售证券,以补足法定准备金要求,这样,商业银行只能创造较少的存款,甚至引起存款货币的成倍紧缩,货币乘数因此将变小;反之亦然。

法定存款准备金的变动主要取决于中央银行对当前宏观经济形势的判断。当中央银行认为目前经济过热,出现比较严重的通货膨胀时,中央银行将通过提高法定存款准备金率以紧缩信用;反之,当中央银行认为目前经济萧条或发展缓慢时,中央银行将通过降低法定存款准备金率以扩张信用。

2. 定期存款比率(t)

定期存款比率是指商业银行的定期存款对活期存款的比率。对公式(12-14)及(12-16)的货币乘数公式 m_1 和 m_2 分别求对 t 的导数可得:

$$\frac{\partial m_1}{\partial t}=-\frac{r_t \times (1+k)}{(r_d+r_t \times t+e+k)^2} \qquad (12-28)$$

$$\frac{\partial m_2}{\partial t}=\frac{(r_d+r_t \times t+e+k)-r_t \times (1+k+t)}{(r_d+r_t \times t+e+k)^2}$$

$$=\frac{(r_d-r_t)+e+k(1-r_t)}{(r_d+r_t \times t+e+k)^2} \qquad (12-29)$$

显然,公式(12-28)的值为负数,即货币乘数 m_1 与定期存款比率 t 是负相关的,在其他因素不变的情况下,定期存款比率 t 的变动将引起货币乘数 m_1 的反方向变动。不过,货币乘数 m_2 与定期存款比率 t 的关系则有点复杂,不能直接看出公式(12-29)是大于零还小于零。但是,一般来说,活期存款的法定准备金率大于定期存款的法定准备金率,又因为在部分准备金制度下,定期存款的法定准备金率总是小于1,因此,公式(12-29)的值为正数。这表明,货币乘数 m_2 与定期存款比率 t 正相关,即在其他因素不变的情况下,定期存款比率 t 的变动将引起货币乘数 m_2 的同方向变动。

为什么会出现这一相互矛盾的结论呢?这要从货币层次的划分角度考虑,当货币被定义为 M_1 时,由于货币 M_1 仅包括现金和活期存款两部分,定期存款本身不是货币,因此,定期存款比率 t 的上升往往意味着更多的活期存款转化为定期存款,意味着货币 M_1 的减少,从而货币乘数 m_1 也较小。而当货币被定义为 M_2 时,货币 M_2 中包括现金、活期存款和定期存款。由于定期存款的法定准备金率往往小于活期存款的法定准备金率,更多的活期存款转化为定期存款,意味着商业银行能用于放贷的资金更多,存款创造能力增强,从而货币乘数 m_2 也较大。

定期存款比率 t 的变动主要取决于社会公众的资产选择行为。影响这种资产选择行为,从而影响定期存款比率的因素主要有三个:(1)定期存款利率。定期存款的利率决定着人们持有定期存款所能取得的收益。因此,在其他情况不变的条件下,若定期存款利率上升,则 t 上升;反之,则 t 下降。(2)其他金融资产的收益。其他金融资产的收益是人们持有定期存款的机会成本。因此,若其他金融资产的收益率提高,则持有定期存款的机会成本增加,t 下降;反之,则 t 上升。(3)收入或财富的变动。收入或财富的增加往往引起各种资产持有额的同时增加,但各种资产的增加幅度却未必相同。仅以定期存款和活期存款这两种资产而言,随着收入或财富的增加,定期存款的增加幅度一般要大于活期存款的增加幅度。所以,收入或财富的变动一般引起 t 的同方向变动。

3. 通货比率(k)

通货比率是指社会公众持有的现金对商业银行活期存款的比率。对公式(12-14)及(12-16)的货币乘数公式 m_1 和 m_2 分别求对 k 的导数可得:

$$\frac{\partial m_1}{\partial k} = \frac{(r_d + r_t \times t + e + k) - (1+k)}{(r_d + r_t \times t + e + k)^2} = \frac{(r_d + r_t \times t + e) - 1}{(r_d + r_t \times t + e + k)^2} \quad (12-30)$$

$$\frac{\partial m_2}{\partial k} = \frac{(r_d + r_t \times t + e + k) - (1 + k + t)}{(r_d + r_t \times t + e + k)^2} = \frac{(r_d + e - 1) + t(r_t - 1)}{(r_d + r_t \times t + e + k)^2} \quad (12-31)$$

根据 r_d、r_t、t 及 e 这几个变量的定义可知,在一般情况下,这几个变量的值都远小于1,在公式(12-30)中,有$(r_d + r_t \times t + e) < 1$,因此$\frac{\partial m_1}{\partial k} < 0$,所以货币乘数 m_1 与通货比率 k 负相关。再看公式(12-31),在一般情况下,有$(r_d + e - 1) < 0$,$(r_t - 1) < 0$,因此$\frac{\partial m_2}{\partial k} < 0$。

所以,货币乘数 m_1 和 m_2 都与通货比率 k 负相关,即在其他因素不变的情况下,通货比率 k 的变动将引起货币乘数 m_1 和 m_2 的反方向变动。这是因为,在基础货币一定的情况下,通货比率 k 越大,表明社会公众从银行提取的现金越多,银行用于贷款或投资的货币越少,存款创造的能力削弱,从而造成货币乘数和货币供给量下降。反之,如果人们把现金这一潜在的准备金存入银行,从而使通货比率 k 下降,银行用于贷款或投资的货币增加,存款创造的能力增强,从而造成货币乘数和货币供给量提高。

通货比率 k 的变动也主要取决于社会公众的资产选择行为。影响人们的资产选择行为从而影响通货比率的因素主要有如下几个:(1)总财富。一般来说,随着财富的增加,人们持有的通货增加,但另一方面,人们的活期存款也会增加。因此,财富增加使 k 变大还是变小将取决于这两种资产的财富弹性。如果通货的财富弹性大于活期存款的财富弹性,则随着财富的增加,k 将增大;反之,则随着财富的增加,k 将变小。一般情况下,第二种情况是比较符合现实的。(2)其他金融资产的收益率。通货是人们持有的各种金融资产中的一种。但是,持有通货是没有任何收益的,而除了通货以外的其他各种金融资产一般都具有一定的收益。这就说明,除通货以外的其他各种金融资产的收益就是人们持有通货的机会成本。所以,其他金融资产的收益率上升,人们将减少通货的持有量而相应地增加其他金融资产的持有量,使得 k 下降;反之,k 提高。(3)金融创新。随着金融创新的发展,k 将呈下降的趋势。虽然与其他资产相比,通货具有最高的流动性和安全性,因此,作为交易媒介,通货具有一定的不可替代性,但这种不可替代性现在越来越受到金融创新的影响。一方面,金融创新可以降低通货的相对优越性。因为随着信息技术的发展,层出不穷的金融创新产品或者带来流动性增大,或者带来安全性提高,或者二者兼而有之。另一方面,金融创新通过提供新的金融资产形式,拓宽了人们资产选择的范围,从而带来对通货的替代。

4. 超额准备金率(e)

超额准备金率是指商业银行保有的超额准备金(即实际保有的准备金总额减去法定准备金所得的余额)对活期存款的比率。

由货币乘数公式(12-14)和(12-16)可知,超额准备金率 e 这个变量只是出现在分母中,因此,它的变动将对货币乘数产生负的影响。即在其他因素不变的前提下,商业银行超额准备金率增加,存款创造的能力削弱,货币乘数将变小;相反,商业银行超额准备金率下降,存款创造的能力增强,货币乘数将变大。

超额准备金率 e 的变动主要取决于商业银行的经营决策行为。影响商业银行的经营决策行为的因素主要有以下几个:(1)市场利率。市场利率决定着商业银行贷款和投资的收益水平,从而也反映着商业银行持有超额准备金的机会成本。因此,若市场利率上升,则商业银行将减少超额准备金而相应地增加贷款或投资以获得较多的收益,于是,e 下降;反之,若市场利率下降,则 e 上升。(2)借入资金的难易程度及资金成本的高低。如果商业银行在急需资金时能较容易地从金融市场或中央银行借入资金,且资金成本较低,则商业银行可减少超额准备金,从而使 e 下降;反之,e 提高。(3)社会对资金的需求程度。商业银行贷款或投资的规模归根结底要受到经济社会对资金需求程度的制约。如果社会对资金的需求较大,借款者也愿意支付较高的利率,则商业银行将增加贷款或投资,从而相应地减少超额准备金,e 下降;反之,如果社会对资金缺乏需求,则即使商业银行希望减少超额准备金以增加贷款或投资,也将因需求缺乏而被迫将资金闲置于银行,从而形成超额准备金,使 e 上升。(4)中央银行的货币政策意向。在其他变量相对不变的情况下,如果中央银行实施紧缩性政策,则商业银行将保留较多的超额准备金,使得 e 较高;相反,如果中央银行实施扩张性政策,则商业银行将保留较少的超额准备金,使得 e 较低。

三、货币供给的决定

通过以上分析可知,一个社会一定时期的货币供给量主要取决于两个因素:基础货币和货币乘数。进一步地,货币供给量是由中央银行、商业银行及社会公众这三个经济主体的行为共同决定的。中央银行可以通过开展公开市场业务和调整再贴现政策影响基础货币,通过制定法定存款准备金率影响货币乘数;商业银行可以开展再贴现活动影响基础货币,通过调整超额准备金率影响货币乘数;社会公众可以通过持有通货和存款种类选择影响货币乘数。

中央银行、商业银行及社会公众这三大经济主体对货币供给的决定机制可用图 12-2 来简单地加以概括。

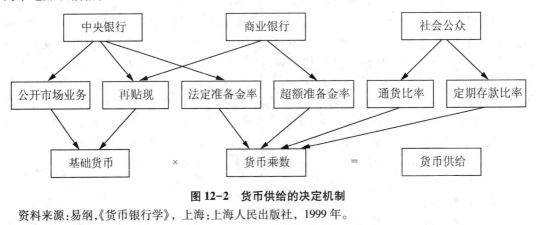

图 12-2　货币供给的决定机制

资料来源:易纲,《货币银行学》,上海:上海人民出版社,1999 年。

专栏 12-1

基础货币供应寻找外汇占款替代渠道

央行的基础货币发行渠道往往包括:在二级市场上购买国债、向金融机构发放再贷款、购买黄金增加黄金储备以及外部盈余创造外汇占款,而外部盈余创造外汇占款则是中国创造基础货币的最主要形式,从而积累了巨量的外汇储备。

不过,外汇占款作为基础货币投放的主要渠道的状况正在发生改变,从2012年开始,因内外部环境的变化,外汇占款增速就开始出现下降趋势,外汇占款在货币创造中的地位逐渐下降。有分析认为,未来数年年增基础货币将达到2万亿至3万亿元,外汇占款已经难以满足基础货币投放需求。也有分析人士表示,对于央行而言,新增外汇占款的下降为央行灵活运用多种货币政策工具提供了更多空间,原因在于外汇占款减少,央行货币政策受到的掣肘就少,可用的货币政策工具也会更多。

央行行长周小川今年4月份在博鳌论坛上就曾表示,要完善人民币汇率形成机制,加大市场决定汇率的力度,逐步退出常态式的外汇干预。海通证券分析表示,从近两个月外汇占款数据的表现来看,央行的确在兑现退出外汇干预的承诺,也可以预见到未来外汇占款低增或成为新常态。民生证券研究院副院长管清友则认为,5月央行口径外汇占款仅增长3.61亿元,几近于零增长,这意味着央行正在退出外汇市场的常态干预,将货币政策主动权掌握在自己手中。央行正致力于货币政策主动有为,利用定向宽松货币政策将稳增长和调结构进行到底。

至于后期的货币政策,央行货币政策委员会第二季度例会称,继续实施稳健的货币政策,灵活运用多种货币政策工具,保持适度流动性,实现货币信贷及社会融资规模合理增长。央行在今年一季度的货币政策执行报告中就表示,将灵活运用公开市场操作、存款准备金率、再贷款、再贴现、常备借贷便利、短期流动性调节等工具。

事实上,在货币政策的选择上,央行已经发生了改变。今年4月份以来,国务院陆续出台多项微刺激举措,央行也陆续出台定向降准、再贷款等工具,而未来还有望推出抵押补充贷款(PSL),以补充或者替代再贷款,降低实体经济的融资成本。此前,在2013年,央行在调节市场流动性方面先后创设了短期流动性调节工具(SLO)和常设借贷便利(SLF),以进一步增强央行流动性管理的灵活性和主动性。民生证券还认为,外汇占款收缩提高了央行货币政策主动性。从货币当局的资产负债表看,基础货币投放渠道由外汇资产的变动转变为央行对政府以及其他存款性公司的债权的变动。

资料来源:第一财经网,2014年7月8日。

本章小结

1. 货币供给是指一定时期内一国银行系统向经济中投入或抽离货币的行为过程。一般认为,货币层次可划分为:狭义货币(M_1)、广义货币(M_2)、更广义货币(M_3)以及最广义货币(M_4)。

2. 存款货币的多倍扩张或多倍紧缩实际上就是指派生存款的多倍创造或多倍消失。它们的基本原理和过程完全相同,二者仅仅是方向不同:在扩张过程中,存款变动的数量为正;在紧缩过程中,存款变动的数量为负。

3. 乔顿货币乘数模型是货币供给决定的一般模型。根据该模型,货币供给决定于基础货币、活期存款的法定准备金率、定期存款的法定准备金率、定期存款比率、通货比率和超额准备金率。

4. 一个社会一定时期的货币供给量主要取决于两个因素：基础货币和货币乘数。进一步地，货币供给量是由中央银行、商业银行及社会公众这三个经济主体的行为共同决定的。

本章重要概念

货币供给　流动性　狭义货币　广义货币　原始存款　派生存款　存款准备金　存款准备金率　存款创造　现金漏损率　基础货币　货币乘数

复习思考题

一、选择题

1. 商业银行的准备金是指(　　)。
   A. 银行的拨备
   B. 发行在外的现金加上商业银行在中央银行的存款
   C. 公众手持现金加上商业银行在中央银行的存款
   D. 商业银行的库存现金加上商业银行在中央银行的存款

2. 下列导致基础货币增加的行为有(　　)。
   A. 降低再贴现率　　　　　　　　　　B. 提高法定存款准备金率
   C. 政府增税　　　　　　　　　　　　D. 央行在公开市场上进行正回购

3. 一般情况下，通货比率越高，则货币乘数将(　　)。
   A. 越大　　　　　B. 越小　　　　　C. 不变　　　　　D. 不一定

4. 通货比率的变动主要取决于(　　)的行为。
   A. 中央银行　　　B. 非银行金融机构　C. 商业银行　　　D. 社会公众

5. 超额准备金率的变动主要取决于(　　)的行为。
   A. 中央银行　　　B. 社会公众　　　C. 商业银行　　　D. 都不是

6. 下列(　　)是中央银行调控货币乘数进而调控货币供给的办法。
   A. 再贴现率　　　　　　　　　　　　B. 法定准备金率
   C. 超额准备金率　　　　　　　　　　D. 存贷款基准利率

7. 如果中央银行宣布对商业银行存于中央银行的存款准备金支付利息，则这项政策将会使得(　　)。
   A. 基础货币增加、货币供给增加　　　B. 基础货币减少、货币供给减少
   C. 基础货币增加、货币供给减少　　　D. 基础货币减少、货币供给增加

8. 若将100元人民币存入商业银行的储蓄存款账户，会导致(　　)。
   A. M_1 和 M_2 都增加　　　　　　B. M_1 和 M_2 都不变
   C. M_1 增加，M_2 不变　　　　　D. M_1 减少，M_2 不变

9. 如果某人将手中的国库券换成现金，则(　　)。
   A. M_1 增加，M_2 不变　　　　　B. M_1 不变，M_2 增加
   C. M_1 和 M_2 都不变　　　　　　D. M_1 和 M_2 都增加

10. 法定存款准备金率变动直接影响的是(　　)。

A. 商业银行的超额准备金　　B. 流通于银行体系之外的现金
C. 短期利率　　D. 商业银行吸收的活期存款

二、简答题

1. 我国目前的货币层次是如何划分的？
2. 请根据乔顿模型分析货币乘数的决定因素。
3. 中央银行是如何影响基础货币的？
4. 何谓通货比率？它主要取决于哪些因素？
5. 何谓超额准备金率？它主要取决于哪些因素？
6. 试用图形来说明货币供给的决定机制。

三、计算题

1. 假设一国狭义货币供应量 M_1 为 120 000 亿元，中央银行的法定活期存款准备金率和定期存款准备金率分别为 5% 及 4%。据测算，流通中的现金的漏损率为 20%，商业银行的超额准备金率为 3%，定期存款比率为 50%。请问：

（1）该国的狭义货币乘数是多少？

（2）该国银行体系共有多少准备金？

2. 假设法定存款准备金率为 7%，现金余额为 2 000 亿元，超额准备金率为 3%，漏损率为 20%，请问：

（1）总准备金是多少？（不考虑法定定期存款准备金）

（2）货币供应量是多少？

（3）若提高法定存款准备金率 1 个百分点，准备金将怎样变动？

四、论述题

如果甲银行获得了 10 000 元现金存款，已知法定存款准备金率为 20%，试说明存款货币多倍扩张与多倍紧缩的过程与结果。

第十三章

通货膨胀与通货紧缩

> 历史上,货币一直这样困扰着人们:要么很多却不可靠,要么可靠但又稀缺,二者必居其一。
>
> ——J. K. 加尔布雷斯

学习目标

通过本章的学习,你将能够:
- 掌握通货膨胀的含义、类型及衡量;
- 理解通货膨胀的成因;
- 掌握通货膨胀的社会经济效应及其治理;
- 理解通货紧缩的含义、社会经济效应及治理。

引导案例

3月CPI下跌意味中国通货膨胀保持温和

国家统计局2014年4月11日公布,3月全国居民消费价格总水平(CPI)同比上涨2.4%。由于这一数字略低于此前各方广泛预测的2.5%,而且环比还下降了0.5%,市场普遍认为,至少在二季度,通货膨胀将难以构成对经济的威胁。进一步说,全年物价上涨幅度也很可能保持温和。

国家统计局城市司高级统计师余秋梅解读称,春节过后气温回升,蔬菜、水果等鲜活食品价格下降较多,是3月CPI环比下降的主要原因。从发布的环比数据看,肉禽、蛋、水产品、鲜菜和鲜果价格环比均有所下降,合计影响CPI环比下降约0.55个百分点。从同比数据看,食品价格上涨4.1%,影响CPI上涨约1.35个百分点,占CPI总涨幅近六成,是同比上涨的主要因素。食品中,蔬菜、水果和奶类价格同比分别上涨12.9%、17.3%和11.3%,牛肉、羊肉和水产品价格涨幅均超过7%,合计影响CPI上涨约1.23个百分点。非食品中,居住、娱乐教育文化用品及服务、衣着价格同比分别上涨2.5%、2.1%和2.3%,合计影响占CPI总涨幅的38.3%。

交通银行金融研究中心高级宏观分析师唐建伟分析认为,3月当月CPI翘尾因素为1.3,比上月升0.9个百分点;新涨价因素为1.1,比上月回落0.5个百分点;二者叠加起来导致3月CPI同比净增加0.4个百分点,所以实际上是翘尾因素推升3月了CPI同比涨幅。从CPI环比变动看,在阳春三月气温回升,蔬菜、鲜果等鲜活食品供应充足的背景下,3月CPI食品细项中的肉禽、蛋、水产品、鲜菜和鲜果价格环比均有回落,合计影响CPI环比下降约0.55个百分点。其中,猪肉价格环比更是深度下探-7.1%,环比跌幅创下一年来的新低。3月猪肉价格环比回落及新涨价因素持续走弱,预示未来物价变动将相对温和。

资料来源:中研网,2014年4月12日。

第一节 通货膨胀概述

一、通货膨胀的含义

一般认为,通货膨胀(inflation)是指一定时期内一般物价水平的持续上涨现象。在理解这一定义时,必须注意以下几个问题:

第一,通货膨胀是指"一般物价水平"的上涨。"一般物价水平"是指全社会所有商品和劳务的平均价格水平。局部的或个别的商品和劳务的价格上涨不能被视为发生了通货膨胀。

第二,通货膨胀是指物价水平的"持续上涨"。"持续上涨"强调通货膨胀并非偶然的价格波动,季节性、暂时性或偶然性的物价上涨并不能被视为通货膨胀,只有持续的价格水平上涨才能被视为通货膨胀。

第三,通货膨胀与纸币流通相联系。在金属货币制度下,由于多余的货币会自动退出流通,发挥价值贮藏手段的职能,因而可以自动调节流通中的货币供应量,一般不会发生持续的物价水平上涨的现象。

二、通货膨胀的类型

依据不同的标准,可以将通货膨胀分为不同的类型。常见的分类如表13-1所示。

表 13-1 通货膨胀的分类

分类标准	类　　型
价格上涨速度	温和的通货膨胀
	严重的通货膨胀
	恶性的通货膨胀
市场机制作用	公开型通货膨胀
	隐蔽性通货膨胀
通货膨胀预期	预期通货膨胀
	非预期通货膨胀
通货膨胀成因	需求拉上型通货膨胀
	成本推进型通货膨胀
	供求混合型通货膨胀
	结构型通货膨胀

（一）按照价格上涨速度划分

1. 温和的通货膨胀

温和的通货膨胀又称为爬行的通货膨胀（creeping inflation），是指每年的物价上涨幅度在10%以内的通货膨胀。一些经济学家认为，如果每年的物价上涨幅度在3%以下，不能认为是发生了通货膨胀，只有当物价上涨率超过了3%时，才构成温和的通货膨胀。他们进而认为，实施适当的通货膨胀，将物价上涨控制在1%—2%，至多5%，能像润滑油一样刺激经济的发展，并且基本不影响人们的生活水平，这就是所谓的"润滑油政策"。

2. 严重的通货膨胀

严重的通货膨胀（galloping inflation）是指物价的上涨速度达到两位数的通货膨胀（年通货膨胀率为10%—99%）。它是一种不稳定的、迅速恶化的、加速的通货膨胀。这种通货膨胀发生时，人们对本国货币失去信心，开始抢购商品、挤提存款或寻找其他保值方式，这是一种比较危险的通货膨胀。

3. 恶性的通货膨胀

恶性的通货膨胀（hyper inflation），是指物价上涨速度超过了三位数的通货膨胀（年通货膨胀率超过100%）。这种通货膨胀发生时，政府不可避免地失去对货币的控制，其结果是社会物价持续飞速上涨、货币大幅贬值、人们对本国货币彻底失去信心。它常常由于战争、经济危机、政治动荡等引起，如不尽快加以控制，常常会导致货币制度乃至国家政权的崩溃。

专栏 13-1

最经典的通货膨胀

最引人注目的通货膨胀是第一次世界大战结束后发生在德国的恶性通货膨胀。1919年1月到1923年12月，德国的物价指数由262上升为126 160 000 000 000，上升了4 815亿倍，被称为"最经典的通货膨胀"。通过观察这一"最经典的通货膨胀"，我们可以洞悉现代通货膨胀的机理与危害。

我们来看这几个场景：

场景一：有位先生走进了咖啡馆，花 8 000 马克买了一杯咖啡，当他喝完这杯咖啡，却发现，原来同样的一杯咖啡，此时已经涨到 10 000 马克。

场景二：一个美国人去德国旅游，他来到银行，想把一张 5 美元的钞票兑换成马克。可银行职员说："我们没有这么多钱，您能不能只换 2 美元?"美国人看看背后的长队，只好同意了。

场景三：另一个美国人，在离开德国之前，给了他的德国导游 1 美元小费。这个德国人居然拿着这 1 美元，成立了一个家族基金，掌管这笔款项。

场景四：有家大工厂发工资了。只见火车拉来了一车的钞票，火车还没停稳，就开始向焦急等候在铁路旁的工人们，大捆大捆地扔钱。

场景五：一个德国妇人要做饭，做饭要买燃料，德国妇人打算拿着钱去买燃料，后来这个妇人又想了，我根本不用去买燃料，我直接把买燃料的钱放炉子里面烧都够把饭做熟了。

场景六：一个老人想买一盒鸡蛋，却数不清价格标签上的零。卖鸡蛋的小贩说，你数数有多少个鸡蛋就行了。

……

资料来源：比尔李、向咏怡，《大滞胀——下一步：通缩? 通胀? 或者滞胀》。北京：北京邮电大学出版社，2014 年。

（二）按照市场机制作用划分

1. 公开型通货膨胀

公开型通货膨胀(open inflation)是指在物价可以自由浮动的条件下，可完全通过一般物价水平上升的形式而表现出来的通货膨胀。

2. 隐蔽性通货膨胀

又称为抑制型通货膨胀(repressed inflation)，是指在物价水平受抑制的条件下，不以物价水平的上升而以商品短缺的形式表现出来的通货膨胀。在存在隐蔽性通货膨胀的条件下，官方的价格往往与自由市场价格或黑市价格存在较大的差距，人们往往必须支付许多额外的成本，例如排队等候的成本、各种票证的成本，甚至行贿的成本，才能以官方的价格买到一定数量的商品。

（三）按照社会公众对通货膨胀的预期划分

1. 预期通货膨胀

预期的通货膨胀(anticipated inflation)是指社会公众预期到通货膨胀将要发生，并根据预期到的通货膨胀率提前采取相应行为的通货膨胀，如要求相应提高工资或过度购买商品。

2. 非预期通货膨胀

非预期的通货膨胀(unanticipated inflation)是指没有被社会公众预期到的通货膨胀，即物价水平上升的幅度超出了人们的预料，或者人们根本没有想到价格的上涨问题。

将通货膨胀划分为预期的通货膨胀和非预期的通货膨胀的意义在于,两种性质的通货膨胀对于产出的影响是不一样的。预期的通货膨胀不能推动产出的增加,而非预期的通货膨胀则能推动产出的增加。

(四)按照通货膨胀的成因划分

1. 需求拉上型通货膨胀

需求拉上型通货膨胀(demand-pull inflation)是指由于总需求超过了总供给而引起的一般物价水平持续上涨的现象。

2. 成本推进型通货膨胀

成本推进型通货膨胀(cost-pull inflation)是指由于生产成本提高而引起的一般物价水平持续上涨的现象。

3. 供求混合型通货膨胀

供求混合型通货膨胀(mixed inflation)的论点是将供求两方面的因素综合起来,认为通货膨胀是由需求拉上和成本推进二者共同作用而引发的一般物价水平持续上涨的现象。

4. 结构型通货膨胀

结构型通货膨胀(structural inflation)是指在没有需求拉上和成本推进的情况下,只是由于经济结构因素的变动而引起的通货膨胀。

三、通货膨胀的度量

判断经济生活中是否发生了通货膨胀以及通货膨胀的程度如何,实际上使用的是物价指数这一指标。目前,世界上大多数国家采用以下几种物价指数来度量通货膨胀。

(一)消费者物价指数

消费者物价指数(consumer price index,CPI)亦称为零售物价指数,该指数是根据家庭消费的代表性商品和劳务的价格变动状况而编制的。它主要反映了与人们生活直接相关的食品、衣服、住房、交通、医疗保健、教育、娱乐等商品和劳务价格的变动。它与社会公众的生活密切相关,因而在许多国家都深受关注,并被广泛使用。该指标的优点是资料容易收集,公布次数较频繁,能够较为迅速地反映公众生活费用的变化。但它的缺点是包括的范围较窄,不能反映各种资本品和中间产品的价格变动情况。所以仅用消费者物价指数度量通货膨胀就具有一定的局限性,需要结合其他指标一起使用。我国1990—2013年的CPI指数如图13-1所示。

(二)生产者物价指数

生产者物价指数(producer price index,PPI)又称为批发物价指数,该指数是根据企业所购买商品的价格变化状况编制的。它反映了包括原材料、中间产品及最终产品在内的各种商品批发价格的变动,为企业所广泛关注。由于生产者物价指数反映了企业经营成本的变动,而企业经营成本的变动最终往往要在消费品的零售价格中反映出来,所以生产者物价指数在一定程度上预示着消费者物价指数的变化。但缺点是该指数没有将各种劳务价格的变化包括在内,因而不能用以反映整个物价的变动情况。在用生产者物价指数来判断总供给与总需求的对比关系时,可能会出现信号失真的现象。我国1990—2013年的PPI指数如图13-2所示。

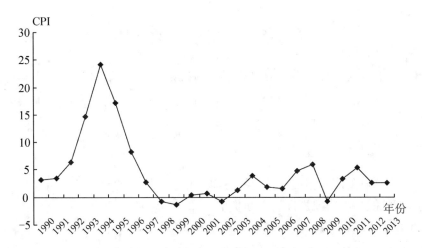

图 13-1　1990—2013 年我国的 CPI 指数

资料来源：国家统计局网站，2014 年。

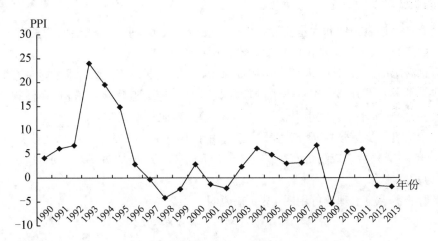

图 13-2　1990—2013 年我国的 PPI 指数

资料来源：国家统计局网站，2014 年。

(三) GDP 平减指数

GDP 平减指数(GDP deflator)是按当年价格计算的国内生产总值与按基期价格计算的国内生产总值的比率。其计算公式为：

$$\text{GDP 平减指数} = \frac{\text{按当年价格计算的 GDP}}{\text{按基期价格计算的 GDP}} \times 100\%$$

GDP 平减指数涵盖了 GDP 的所有部分(消费、投资、政府支出和净出口)而非某些特定商品的价格变化，能够较为全面地反映一般物价水平的变动情况。但是编制该指数所需资料的收集有一定难度，一般一年只能公布一次，因而不能及时反映物价的变动趋势。

第二节　通货膨胀的成因

通货膨胀是指一定时间内一般物价水平的持续上涨现象，它的发生离不开货币供应量的扩大，无论何时何地都是一种货币现象。但其最终的形成有各种各样的促成因素。根据不同的主导因素，大致可以分为以下四种类型。

一、需求拉上型通货膨胀

需求拉上型通货膨胀是指由于社会的总需求超过了社会的总供给而引起的一般物价水平持续上涨的现象，主要有凯恩斯主义和货币主义两种解释。

（一）凯恩斯主义的解释

凯恩斯认为，一般物价水平的上升是由于总需求的过度增加所造成的，但是总需求的增加却并不一定导致通货膨胀。凯恩斯将经济划分为充分就业和非充分就业两种不同的状态。

当经济处于严重失业和大量资源闲置的非充分就业状态时，总供给的增长潜力很大，如果总需求增加，将只会带来产出的增加而不会引起物价的上涨。

随着总需求的继续扩张，人口失业和资源闲置现象逐步消失，总需求的进一步扩张将导致产出和物价同时上升。此时总需求的增加具有了一定的通货膨胀效应，在使得产出增加的同时，也使得物价水平开始上升。这一情形称为"半通货膨胀"。

当总需求进一步扩张到充分就业阶段时，由于不存在人口失业且资源已被充分利用，此时，总需求的增加只会造成物价水平的上升，而不能带来产出的进一步增加，这一情形称为"真正的通货膨胀"。

凯恩斯的需求拉上理论可用图13-3来说明。

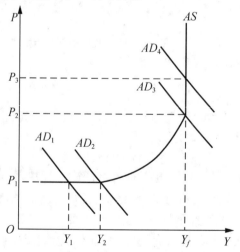

图 13-3　需求拉上型通货膨胀

图 13-3 中,横轴代表产出水平 Y,纵轴代表价格水平 P,AD_1、AD_2、AD_3 和 AD_4 代表不同价格水平的总需求曲线,AS 为总供给曲线,Y_f 为充分就业时的产出水平。当总需求曲线由 AD_1 向右移到 AD_2 时,产出从 Y_1 增加到 Y_2,而物价水平维持在 P_1,并没有发生改变;当总需求曲线由 AD_2 向右移到 AD_3 时,产出从 Y_2 增加到充分就业产出 Y_f,并且物价也从 P_1 上升到了 P_2;当总需求曲线由 AD_3 继续移动到 AD_4 时,由于经济已达到充分就业状态,因此产出不再增加,总需求的增加只会带来物价的上升,物价水平从 P_2 上升到了 P_3,此时表现为真正的通货膨胀。

(二)货币主义的解释

以弗里德曼为代表的货币主义学派,在传统的货币数量论的基础上,建立了现代货币数量理论来解释通货膨胀现象。货币主义学派认为,通货膨胀主要是一种货币现象。如果货币数量与产量按同一比率增长,就不会引起通货膨胀。但当货币数量的增长率超过了产量的增长率时,就一定会造成通货膨胀。特别是当经济达到充分就业后,由于产量不能进一步上升,此时,货币数量的增长将引起物价水平的同比例上升。

二、成本推进型通货膨胀

与需求拉上型通货膨胀相反,成本推进型通货膨胀主要从总供给或成本方面解释通货膨胀的生成机理。该理论认为,成本推进型通货膨胀是指在总需求不变的情况下,由于生产要素价格(工资、利润、租金、利息等)上涨而引起的一般物价水平持续上涨的现象。

成本推进型通货膨胀可以用图 13-4 来说明。

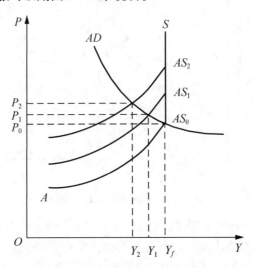

图 13-4 成本推进型通货膨胀

图 13-4 中,横轴代表产出水平 Y,纵轴代表价格水平 P,AS 为充分就业时的总供给曲线,AS_0、AS_1 和 AS_2 代表不同成本水平的总供给曲线,Y_f 为充分就业时的产出水平,AD 代表总需求曲线。在总需求不变的条件下,随着生产成本的提高,总供给曲线由 AS_0 向左上方移至 AS_1,再由 AS_1 移至 AS_2。相应的,价格水平由 P_0 上升至 P_1,再上升到 P_2;而产出水平由 Y_f 减少至 Y_1,再由 Y_1 减少至 Y_2。因此,生产成本的提高,将导致通货膨胀的发生。

根据成本推进论的观点,导致生产成本提高的原因主要有工资推动型通货膨胀和利润推动型通货膨胀。工资推动型通货膨胀是指现代社会中强大的工会组织不断通过谈判等手段要求厂商提高工资,当工资的增长率超过了劳动生产率的增长时,厂商的实际生产成本上升,为了维持盈利水平,厂商必须提高产品价格,从而导致物价上涨,而物价的上涨又反过来推动工会要求提高工资,再度引发物价的上涨,从而形成工资-物价的螺旋式上升。利润推动型通货膨胀是指垄断性企业为了追求更大的利润,依靠其垄断地位提高其垄断商品的价格,造成经济体中其他厂商的生产成本增加,从而引发物价上涨的现象。

三、供求混合型通货膨胀

需求拉上型通货膨胀和成本推进型通货膨胀分别从总需求与总供给的角度探讨了通货膨胀的成因。然而在现实生活中,却很难区分通货膨胀到底是由需求拉上还是成本推进引起的。针对这种情况,一些西方学者提出了供求混合型通货膨胀的观点。

供求混合型通货膨胀的论点是将供求两方面的因素综合起来,认为通货膨胀是由需求拉上和成本推进共同作用而引发的一般物价水平持续上涨的现象。

供求混合型通货膨胀可以用图13-5来说明。

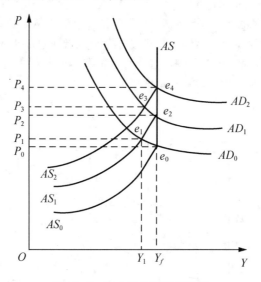

图13-5 供求混合型通货膨胀

图13-5中,横轴代表产出水平Y,纵轴代表价格水平P,Y_f为充分就业时的产出水平,AS为总供给曲线,AD为总需求曲线。假定最初由于生产领域的某些原因引起成本上升,总供给曲线由AS_0向左上方移动到AS_1,AS_1与最初的总需求曲线AD_0交于e_1,价格水平由P_0上升至P_1,同时产出由Y_f降至Y_1。为了阻止产出的减少和失业率的增加,政府必然会采取扩张性的财政政策和货币政策,从而扩大总需求。总需求曲线由原来的AD_0上升到AD_1,这样就使原本由成本推进的价格上升进一步发展到需求拉上的价格上升,价格由P_1上升到P_2,AS_1与AD_1相交于e_2,产出由Y_1恢复到了充分就业产出Y_f。需求拉上的价格上升又会进一步提高企业成本,导致供给曲线由AS_1向左上方移动到AS_2,与AD_1相交于e_3,与其相对应的价格上升到P_3,同时产出下降。这样的过程不断持续下去,就会表现出一种总供给曲线与

总需求曲线相互推进的机制,短期的均衡点则不断变化,价格呈"螺旋式"的持续上升过程。

四、结构型通货膨胀

结构型通货膨胀是指在没有需求拉上和成本推进的情况下,只是由于经济结构因素的变动而引起的通货膨胀。结构性通货膨胀又可分为以下几种:

(一)需求移动型通货膨胀

1959年美国经济学家舒尔茨提出了需求移动型通货膨胀理论。该理论认为,由于社会对产品和服务的需求并不是一成不变的,在总需求不变的情况下,一部分需求会转移到其他生产部门,而劳动力和生产要素却不能及时转移。这时,需求增加的部门的工资和产品价格上涨,而需求减少的部门的工资和产品价格却未必相应下降,结果导致整个社会物价总水平的上升。

(二)部门差异型通货膨胀

该理论的基本观点是,各部门间劳动生产率增长速度的差异会引起整体物价水平的上升。其基本逻辑是,一国经济可根据劳动生产率增长速度的差异而划分为不同的部门:生产率增长较快的先进部门与生产率增长较慢的落后部门。如果不同部门内的货币工资增长率都与本部门的劳动生产率增长速度相一致,则价格水平便可以维持在原有的水平上。但是落后部门的工人往往要求与先进部门的货币工资率看齐,因为如果不这样的话,他们的相对工资就要下降,而这显然是他们所不愿意的。由于这一压力,货币工资的整体水平便与先进部门的劳动生产率同比例增长。其结果是落后部门的生产成本上升,进而造成物价整体水平的上升。

(三)小国开放型通货膨胀

该理论认为,开放型小国是一个纯粹的价格接受者,其国内的通货膨胀率在很大程度上取决于世界通货膨胀水平。小国的经济可分为两个部门:一个是开放经济部门,即产品与世界市场有直接联系的部门,如制造业、工业等。另一个是非开放经济部门,即产品与世界市场没有直接联系的部门,如服务业、建筑业等。一般而言,小国开放经济部门的价格由国际市场决定,当国际市场价格上涨时,开放经济部门的产品价格随之上涨,结果也会使开放经济部门的工资相应上涨。一旦开放经济部门的工资上涨,非开放经济部门也必然受影响而相应地提高工资,结果是非开放经济部门的生产成本上升,产品价格上涨,这样就导致小国的全面物价上涨,通货膨胀发生。

专栏13-2

衣食住行成本多高?物价温和上涨可期

物价与百姓的日常生活息息相关。在人民网与清华大学合作进行的2014年两会热点线下调查中,稳定物价排在了最受关注社会话题的第二位。

李克强总理在今年的政府工作报告中提出,2014年把居民消费价格涨幅控制在3.5%左右。李克强总理表示,我国保持物价总水平基本稳定具备许多有利条件,但今年推动价格上涨的因素不少,不能掉以轻心,必须做好物价调控,切实防止对群众生活造成大的影响。

综合分析,今年推动物价上涨的因素主要有:经济增速维持回升态势,需求扩张对物价产生上拉作用;劳动力、土地等要素成本刚性上升将对物价上涨形成推力;肉价震荡回升和菜价季节性波动将使物价上涨压力有所增加;全球经济复苏有加快趋势,国际上一些大宗商品价格可能会反弹,需要关注输入性的通胀压力。

今年物价走势究竟如何?对于稳定物价又可以采取哪些措施?一般认为,今年物价温和上涨,为改革创造良好环境;政府可以通过调整产业结构稳定物价。

资料来源:人民网,2014年3月7日。

第三节 通货膨胀的社会经济效应及其治理

一、通货膨胀的社会经济效应

通货膨胀之所以受到人们极大的关注,是因为它对一国的社会经济可产生多方面的影响,这里仅选择几个比较重要的方面进行介绍。

(一)通货膨胀的经济增长效应

关于通货膨胀对经济增长的影响,经济学界存在激烈的争论,主要观点大致可分为以下三类:促进论、促退论和中性论。

1. 促进论

持这种观点的人认为,通货膨胀可以促进经济的增长。这种观点的基本理论依据是凯恩斯的有效需求不足理论。该观点认为,当经济长期处于有效需求不足、经济增长率低于潜在的经济增长率时,政府可以通过实施通货膨胀政策,实行财政赤字、扩大货币发行、增加政府投资等手段以刺激有效需求,从而促进经济增长。

2. 促退论

持这种观点的人认为,通货膨胀并不能促进经济增长,相反会降低经济运行效率,阻碍经济增长。该观点认为:(1)通货膨胀会造成价格信号失真,导致资源配置失调,经济效益降低,使经济处于不稳定状态。(2)通货膨胀会使银行的实际利率低于名义利率,企业借款成本降低,因而极易诱发过度的资金需求,这将迫使货币当局加强信贷管理,从而削弱金融体系的运营效率。(3)通货膨胀会使生产性投资的风险和经营成本加大,使投资不如投机、生产囤积的现象普遍出现,结果,生产领域中部分资本流向非生产领域,服务于投机活动,生产资本减少,经济衰退。

3. 中性论

持这种观点的人认为,通货膨胀与经济增长之间不存在必然的联系和内在的因果关系。货币是中性的,从长期来看,决定经济发展的是实际因素(如劳动、资本、自然资源等),而不是价格水平,通货膨胀仅仅是一种货币现象,长期内只会引起绝对价格水平的变化,而不会影响实体经济。

(二)通货膨胀的收入再分配效应

由于社会各阶层的收入来源很不相同,物价水平上涨对实际收入水平的影响也是不同的:有些人的实际收入水平会下降,而有些人的实际收入水平会上升。这种由物价上涨造成的实际收入水平的变化就是通货膨胀的收入再分配效应。具体来说,体现在以下几个方面:

1. 实际财富持有者受益,而货币财富持有者受损

实际财富包括不动产、贵金属、珠宝、古董、艺术品等,在通货膨胀期间,它们的持有者会因价格的更快上涨而获利。货币财富包括现金、银行存款、债券等,它们的持有者会因货币的贬值而受损。

2. 浮动收入者受益,而固定收入者受损

固定收入者一般是指工薪阶层、公共部门雇员以及那些领取救济金和退休金的人等,除此之外的人,一般属于浮动收入者。通货膨胀时期,浮动收入阶层因工资上涨,其生活水平一般不会受到太大的冲击,甚至会受益,如企业主会因工资调整的滞后使得利润大幅增加。而固定收入阶层的实际收入水平会因通货膨胀率的上升而下降,生活水平必然降低。

3. 政府受益,而社会公众受损

通货膨胀期间,政府是最大的受益者。通货膨胀的直接表现就是货币供应太多,而货币供应是由政府通过中央银行来控制的,过多的货币供应使得社会公众手中持有的货币贬值,这实质上是政府对货币持有人的一种隐性征税,即通货膨胀税。同时,在累进所得税制度下,名义收入的增长使纳税人所适用的边际税率提高,应纳税额的增长高于名义收入的增长,社会公众的实际收入水平下降。

(三)通货膨胀的就业效应

在通货膨胀与就业之间关系的研究上,菲利普斯曲线比较有代表性。菲利普斯通过对英国 1861—1958 年近一百年的统计资料的分析,发现在失业率与货币工资上升率之间存在一种比较稳定的此消彼长的替代关系,即失业率较低时,货币工资上涨较快;而失业率较高时,货币工资上涨较慢。这种替代关系可以用一条向右下方倾斜的菲利普斯曲线表示,如图 13-6 所示。

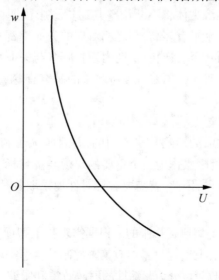

图 13-6 菲利普斯曲线

图 13-6 中,向右下方倾斜的曲线为失业率与货币工资变动率之间的反向关系,横轴 U 代表失业率,纵轴 w 代表货币工资变动率。

由于价格上涨率与工资提高之间存在紧密的相关关系,1960 年,美国经济学家萨缪尔森、索洛等人将原来的菲利普斯曲线转化成了描绘通货膨胀率与失业率之间替代关系的曲线,如图 13-7 所示。

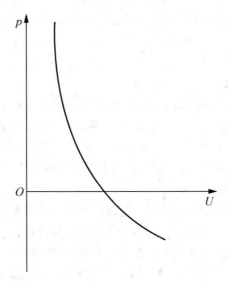

图 13-7 修正后的菲利普斯曲线

图 13-7 中,横轴 U 代表失业率,纵轴 $p(\Delta P/P)$ 代表通货膨胀率。图中曲线向右下方倾斜,表明通货膨胀率与失业率之间的反向关系,即通货膨胀率越高,失业率就越低;而通货膨胀率越低,失业率就越高。这条修改了的曲线后来成为真正意义上的菲利普斯曲线。

20 世纪 60 年代中期以后,由于资本主义经济的现实与菲利普斯曲线理论日趋背离,该曲线受到尖锐的批判。1967 年,弗里德曼和费尔普斯发表他们对稳定的菲利普斯曲线的质疑。他们指出,在长期内,经济主体将不断调整其通货膨胀预期,使之与实际的通货膨胀率相一致,这样,无论通货膨胀水平有多高,与之相对应的失业率都只是自然失业率。这样,长期的菲利普斯曲线是垂直的甚至会逆转,长期内通货膨胀与失业率之间不存在替代关系,还有可能恶化失业。这一结论对于一国宏观经济政策的制定有着重要的意义。

二、通货膨胀的治理

通货膨胀对社会经济生活的影响是多方面的,并且弊大于利。鉴于通货膨胀的不利影响和后果,各国都把治理通货膨胀作为一个重要的宏观经济目标。但是,由于通货膨胀的发生是一个极其错综复杂的现象,因此,就需要有针对性地采取各种措施加以综合治理。

(一) 需求政策

这一政策是针对需求拉上型通货膨胀的。根据需求拉上型通货膨胀理论,通货膨胀是由总需求超过总供给而引起的,因此,通过紧缩政策来控制社会总需求是各国治理通货膨胀的重要手段。对于总需求的紧缩政策可分为紧缩性的财政政策和紧缩性的货币政策。紧缩性的财政政策可以通过减少财政支出、增加税收等手段来抑制私人部门膨胀的需求。紧缩性的货币政策则是缩减流通中的货币数量,控制货币供应量的过快增长,从而遏制膨胀的总需求。

（二）收入政策

收入政策也称为工资物价管制政策,是指政府对工资和物价进行管制,以破解工资-物价螺旋上升的一种措施。该政策主要是针对成本推进型通货膨胀的。在具体执行中,通常采取以综合性目标为指导、以税收工具为调控手段的方式。如果企业的工资和商品价格增长率维持在政府制定的目标范围内,则以减税作为奖励;否则就以增加税收作为惩罚。在战争时期、恶性通货膨胀时期等比较极端的情况下,政府也会采取颁布法令的形式对工资和物价实行管制,硬性规定工资和物价的上涨幅度,甚至暂时将工资和物价冻结在某一既定水平上。例如,尼克松总统在应对第一次石油危机引发的通货膨胀中,曾经采取过全国性工资物价冻结的方式试图强制性消除通货膨胀。

（三）供给政策

供给政策是指以刺激生产的方法增加供给,同时压缩总需求来抑制通货膨胀的政策,推行这种政策的学派被称为供给学派。该政策认为,为了治理通货膨胀,政府应该:一是采取减税的方法以促进生产、刺激投资、增加供给;二是减少政府对企业不必要的管制,让企业更好地扩大商品供给;三是削减政府开支以降低总需求;四是控制货币的增长,以稳定物价,保证人们对于储蓄的信心。

（四）结构调整政策

对于那些结构性通货膨胀,则应进行相应的结构调整,以理顺需求和供给的总体结构,使之重新实现基本平衡。结构调整政策具体包括结构调整的财政政策和结构调整的货币政策。

结构调整的财政政策主要包括税收结构政策和公共支出结构政策。前者指在税收总量不变的前提下,调节各种税率及施行范围。后者指在财政支出总量不变的前提下,调节政府支出项目及其数额。结构调整的货币政策包括利率结构调整和信贷结构调整。主要是通过各种利差的调整及各种信贷数额和变动来影响存贷结构与总额,以进一步提高资金使用效率。

第四节　通货紧缩

自20世纪30年代经济大萧条期间发生过灾难性的通货紧缩之后,全球总的趋势是物价水平逐年上涨,在长达60年的时间里,几乎没有出现过通货紧缩,这在历史上是十分罕见的。然而,20世纪90年代以来,许多国家如日本、瑞典、新加坡、阿根廷、中国等,都不同程度地再现了通货紧缩现象。人们这才相信,通货紧缩并没有绝迹,并且很有可能在特定的情况下再次成为世界经济进一步发展的主要障碍。

一、通货紧缩的含义

通货紧缩(deflation)是一个与通货膨胀相对应的概念,都是一种失衡的货币现象。一般认为,通货紧缩是指一定时期内一般物价水平的持续下降现象。

在通货紧缩的定义中,除了以一般物价水平作为单一要素的评判标准外,也有学者主张"双要素"或者"三要素"的定义。双要素论认为,通货紧缩包括物价水平和货币供应量二者的同时持续下降。三要素论认为,通货紧缩包括物价水平、货币供应量和经济增长率三者的同时持续下降。相比较而言,单要素的定义抓住了通货紧缩所反映的经济现象的最基本、最显著的特征,最具代表性。根据这个定义,个别商品和劳务由于供大于求或技术进步、市场开放、生产效率提高、成本降低等原因而导致的价格下跌,不是通货紧缩;由于消费者偏好变化、季节性因素等引起的商品和劳务价格的暂时的或偶然的下跌,也不是通货紧缩。

二、通货紧缩的社会经济效应

通货紧缩的危害很容易被人忽视,因为从表面上看,一般物价水平的持续下降会给消费者带来一定的好处,在低利率和低物价的情况下,人们的购买力会有所提高。但是,通货紧缩的历史教训是深刻的,这就是20世纪30年代的全球经济大萧条。通货紧缩一旦形成,如果不能及时处理好,可能会给社会经济带来一系列负面影响。

(一)经济衰退效应

通货紧缩常常与经济衰退相伴随,因而常常被称为经济衰退的加速器。

通货紧缩导致的经济衰退效应主要表现在三方面:首先,物价的持续下跌意味着人们的购买力增强,促使人们更多储蓄而不是消费,私人消费受到抑制。消费者的延迟消费使得商品价格进一步下跌,从而抑制生产,形成恶性循环。其次,物价的持续下跌会使得企业利润减少,这将严重打击生产者的积极性,使生产者减少生产甚至停产,结果经济增长受到抑制。最后,物价的持续下跌相对提高了实际利率,这将有利于债权人而不利于债务人。由于债务人大多是生产者和投资者,债务负担的加重无疑会影响他们的生产和投资活动,从而给经济增长带来负面影响。

(二)财富缩水效应

一般而言,社会财富是居民个人财富、企业财富和政府财富的总和。

通货紧缩发生时,全社会总体物价水平下降,企业的产品价格自然也随之下降,企业的利润随之减少。而且,企业为了维持生产周转不得不增加负债,负债率的提高进一步使得企业资产的价格下降。企业资产价格的下降意味着企业净值的下降,财富减少。

在通货紧缩的条件下,由于企业盈利减少,致使其减少生产规模和投资规模,进而造成失业增加。劳动力市场供大于求的状况将使工人的工资降低,居民个人财富减少。即使工资不降低,失业人数的增加也会使居民总体的收入减少、财富缩水。

此外,在通货紧缩时期,由于大量企业倒闭和工人失业,政府的负担加重,财政赤字会出现显著增长。

(三)财富分配效应

通货紧缩时期,物价的持续下跌相对提高了实际利率。在这种情况下,债务人实际偿还的金额增加,债务人的还款负担加重;同时,为了保持生产或生活的正常运转,债务人不得不借入新的债务,由此陷入债务泥潭,形成"债务越还越多"的悖论。这种现象导致了社会财富从债务人向债权人转移的财富分配效应。

（四）失业效应

通货紧缩导致失业率上升是显而易见的。物价的持续下跌引起企业利润减少、投资和生产积极性降低，失业人数自然会增加。

三、通货紧缩的治理

从各国的普遍经验来看，一旦经济出现通货紧缩的现象，政府往往会采取以下主要对策：

（一）扩张性的货币政策

货币紧缩主要是由于各种原因使得货币供应量减少并造成支出减少所引起的，为了抑制通货紧缩，就需要采取扩张性的货币政策以恢复社会总需求。具体措施包括：中央银行通过降低法定存款准备金率和再贴现率，在公开市场买入政府债券等方式增加社会的货币供应量；通过降低基准利率以减少商业银行的借贷成本和降低市场利率，进一步刺激总需求；通过放宽对商业银行再贷款的各种限制，鼓励商业银行对工商企业和消费者发放贷款。

（二）扩张性的财政政策

在通货紧缩已经形成后，仅靠货币政策刺激总需求收效并不一定显著，往往还需要其他政策特别是扩张性财政政策的配合。具体措施包括：削减税收以增加企业和个人的可支配收入，从而鼓励其对投资和消费的需求；增加财政支出、增加赤字规模，以扩大社会总需求；完善各种社会保障体系，以减少社会公众对未来预期的不确定性和增加消费。

（三）其他政策

1. 货币贬值

当扩张性货币政策和财政政策的效果都不明显时，实行灵活的汇率政策也是许多国家治理通货紧缩的措施之一。通常采用的办法是使本国货币对外贬值，从而提高本国商品在国际市场上的竞争力，以刺激国内需求的增长和使物价回到合理的水平。不过，该政策是以牺牲贸易伙伴国的利益为代价的，容易引起贸易纠纷，一旦贸易伙伴国采取了报复性的贬值措施，则本国的货币贬值政策就不会收到预期的效果。

2. 推行信贷担保制度

在通货紧缩时期，银行出于对资产安全性的考虑往往不愿意发放新贷款，从而进一步削弱了企业的投资需求。针对这一情况，政府可以设立专门的机构为符合条件的投资项目或企业提供担保，这一方面消除了银行的后顾之忧，另一方面也有利于引导资金流向和解决通货紧缩的难题。

本章小结

1. 通货膨胀是指一定时期内一般物价水平的持续上涨现象。大多数国家采用以下几种物价指数来度量通货膨胀：消费者物价指数、生产者物价指数、GDP平减指数。

2. 通货膨胀无论何时何地都是一种货币现象。根据不同的主导因素，大致可以分为需求拉上型通货膨胀、成本推进型通货膨胀、供求混合型通货膨胀和结构型通货膨胀。

3. 通货膨胀对一国的社会经济可产生多方面的影响,如经济增长、收入再分配、就业等。通货膨胀对社会经济生活的影响弊大于利,通常采取的治理措施有:需求政策、收入政策、供给政策、结构调整政策等。

4. 通货紧缩是指一定时期内一般物价水平的持续下降现象。通货紧缩可能会给社会经济带来一系列负面影响,如经济衰退、财富缩水、失业增加等。通常采取的治理措施有扩张性的货币政策、扩张性的财政政策以及其他政策。

本章重要概念

通货膨胀　CPI　PPI　GDP 平减指数　需求拉上型通货膨胀　成本推进型通货膨胀　供求混合型通货膨胀　结构型通货膨胀　菲利普斯曲线　通货紧缩

复习思考题

一、选择题

1. 通货膨胀的度量指标中,消费者物价指数的优点是(　　)。
  A. 容易获取,公布及时
  B. 反映了企业经营成本的变动
  C. 能较为全面地反映总体价格水平的变化趋势
  D. 能较为灵敏地反映企业生产成本的变动趋势

2. 根据货币主义的需求拉上理论,产生通货膨胀的原因是(　　)。
  A. 有效需求不足　　　　　　　　B. 有效供给不足
  C. 货币供给太多　　　　　　　　D. 货币需求不足

3. 下列(　　)不属于紧缩性财政政策。
  A. 削减政府支出　　　　　　　　B. 减少公共事业投资
  C. 增加税收　　　　　　　　　　D. 制定物价和工资管制政策

4. 通货膨胀对策中,冻结工资和物价属于(　　)。
  A. 控制需求　　　　　　　　　　B. 改善供给
  C. 收入指数化政策　　　　　　　D. 紧缩性财政政策

5. 根据凯恩斯的需求拉上理论,产生"真正的通货膨胀"的前提条件是(　　)。
  A. 经济未达到充分就业水平　　　B. 经济达到充分就业水平
  C. 利率水平非常低　　　　　　　D. 利率水平非常高

6. 在充分就业的情况下,下列(　　)最可能导致通货膨胀。
  A. 进口增加　　　　　　　　　　B. 工资不变但劳动生产率提高
  C. 出口减少　　　　　　　　　　D. 政府支出不变但税收减少

7. 凯恩斯认为,通货紧缩产生于(　　)。
  A. 经济周期　　B. 有效需求不足　　C. 过度负债　　D. 货币因素

8. 通货膨胀对策中,通过公开市场业务出售政府债券属于(　　)。

A. 控制需求 B. 改善供给
C. 收入指数化政策 D. 紧缩性财政政策

9. 下列( )不属于通货紧缩三要素定义。
A. 物价水平持续下降 B. 货币供应量持续下降
C. 社会总需求下降 D. 经济衰退

10. 价格水平下降和上升20%将导致实际货币存量( )。
A. 下降和上升20% B. 上升和下降20%
C. 上升25%和下降16.7% D. 不变

二、简答题

1. 通货膨胀的衡量指标有哪些?
2. 通货膨胀的成因有哪些?
3. 通货膨胀有哪些社会经济后果?
4. 治理通货膨胀的措施有哪些?
5. 通货紧缩对社会经济有何危害?
6. 治理通货紧缩的措施有哪些?

三、计算题

若价格水平在1984年为107.9,1985年为111.5,1986年为114.5。试问1985年和1986年通货膨胀率各为多少?如果人们以前两年通货膨胀率的平均值作为第三年通货膨胀率的预期值,计算1987年的预期通货膨胀率。如果1987年的名义利率为6%,计算该年的实际利率。

四、案例分析题

9月流动性过剩状况严峻 货币政策进一步紧缩

央行昨天发布的三季度货币信贷数据显示,9月份流动性过剩状况依然严峻,今年1—9月累计净投放现金1958亿元,同比多投放302亿元。同时,新增贷款速度依然偏快,经济形势不容乐观。央行的数据显示,广义货币供应量(M_2)余额已连续3月高出16%的警戒线2个百分点以上。9月末,M_2余额为39.31万亿元,同比增长18.45%,增幅比上季度末高1.39个百分点,比上月末高0.36个百分点,并成为继7月份之后全年的次高点。

业内人士分析说,流动性过剩的格局没有发生根本变化,未来货币供应总量偏多,通胀压力比较大。中央财经大学银行业研究中心主任郭田勇在接受采访时指出,流动性过剩的主要原因仍然是由于国际收支双顺差格局导致的外汇储备增长迅猛,因此导致国内货币供应量增长偏快。郭田勇认为,从经济运行情况看,流动性过剩这种状况是长期性的,从货币供应量增长来看,对未来通胀压力比较大,调控还会进一步以紧缩为主。

此外,数据显示,狭义货币供应量(M_1)余额为14.26万亿元,同比增长22.07%,增幅比上季度末高1.15个百分点,比上月末低0.7个百分点,但仍然较高。充分显示了即期的需求增长偏快。郭田勇解释说:"从投资这一块看比较热,存款活期化倾向比较严重,跟资产价格,尤其是股市和房地产,高企有关系,因为相对来说,M_1与总需求的关系更为直接。"

资料来源:中国证券网,2007年10月13日。

案例问题:

(1) 什么是流动性过剩?

(2) 你认为我国当时流动性过剩的根源是什么?

(3) 可以从哪些方面解决当时的流动性过剩问题?

第十四章

货币政策

> 那次(1929年)经济大萧条像大多数其他严重的失业问题一样,是由政府管理不当造成的,而不是由于私有经济固有的不稳定性引发的。
>
> ——米尔顿·弗里德曼

学习目标

通过本章的学习,你将能够:
- 理解货币政策的含义及目标;
- 掌握货币政策工具的作用及特点;
- 理解货币政策传导机制理论的主要内容;
- 了解我国货币政策的实践。

引导案例

次贷危机以来的货币政策

货币政策是当代各国政府干预和调节宏观经济运行最主要的政策之一,也是对市场经济影响力最大、影响面最广的经济政策,因而成为各个经济主体和新闻媒体最关注的焦点。2007年美国爆发次贷危机,并迅速传染到英国、日本、欧洲国家以及其他发达国家,同时也波及中国等发展中国家,最终演变为全球性金融危机,冲击全球实体经济,引起全球经济增长速度放缓。为了应对危机,美国、英国等其他各国央行根据不同的理念和情况实施了不同的货币政策,如降低利率、向金融市场注入流动性等,中国也适时将货币政策从

"从紧"调整为"适度宽松",并出台了包括 4 万亿投资计划在内的一揽子经济刺激计划,这些货币政策对于各国经济抵御国际金融危机的冲击、走向复苏发挥了重要作用。

资料来源:根据相关资料整理。

第一节 货币政策及其目标

一、货币政策的含义及类型

(一)货币政策的含义

货币政策(monetary policy)是指中央银行为实现既定的宏观经济目标,运用各种工具调节货币供应量和利率所采取的方针及措施的总和。货币政策是一国政府保持经济平稳较快发展的重要调控手段,货币政策的实行是否有效,对经济实体是至关重要的。

货币政策有三大构成要素:货币政策工具、货币政策中间目标、货币政策最终目标。它们三者之间的关系是,货币政策工具作用于货币政策中间目标,通过货币政策中间目标去实现货币政策的最终目标。

(二)货币政策的类型

根据其对宏观经济的最终作用方向,大致可将货币政策划分为以下三种类型。

1. 扩张性货币政策

扩张性货币政策(expansionary monetary policy)是通过提高货币供应增长速度来刺激总需求的增长,以达到充分就业或经济增长等目的的一种货币政策,通常在经济萧条时实行。在这种政策下,取得信贷较为容易,利率降低,银行贷款和民间投资活跃。一般来说,当经济体出现生产能力闲置、资源未充分利用、失业率较高等现象时,就表明社会总需求出现不足,此时应采取扩张性货币政策。

2. 紧缩性货币政策

紧缩性货币政策(tight monetary policy)是通过降低货币供应增长速度来降低总需求水平,促进总需求与总供给的平衡,以达到稳定物价、抑制经济过快增长等目的的一种货币政策,通常在经济过热、通货膨胀严重时实行。在这种政策下,取得信贷较为困难,利率上升,民间投资热情降低。一般来说,当社会总需求过大,超过了经济本身的供给能力时,会导致过多的货币追逐过少的商品和服务,从而发生较为严重的通货膨胀。在这种情况下,中央银行应实行紧缩性货币政策,减少货币供应量,抑制总需求,以稳定物价。

3. 均衡性货币政策

均衡性货币政策(balanced monetary policy)是指在社会总需求与总供给基本平衡的前提下,中央银行控制货币供应增长速度,使其与经济增长相适应的一种货币政策。均衡是指货币供应量大体上等于货币的实际需求量,即在较长时间内保持合理、适度的货币供应,以满足国民经济平稳、较快发展的需要。

> **专栏 14-1**
>
> ### 美国量化宽松货币政策及对我国金融稳定的影响
>
> 为应对 2008 年国际金融危机,刺激经济增长,美国先后推出多轮量化宽松货币政策,其实施和退出都对全球金融体系产生重要影响,对我国经济金融的影响也不容忽视。
>
> 美国量化宽松货币政策的主要内容如下:第一轮量化宽松政策(QE1)推出于次贷危机发生初期。2008 年 11 月 25 日,美联储首次宣布将购买机构债券和抵押贷款支持债券(MBS),标志着首轮量化宽松政策的开始,2010 年 3 月第一轮量化宽松结束。期间,美联储购买了 1.25 万亿美元 MBS、3 000 亿美元的美国国债和 1 750 亿美元的机构债券,累计达 1.725 万亿美元。第二轮量化宽松政策(QE2)推出于美国经济复苏过程中的回调期。2010 年第三季度,美国 GDP 增速已连续三个季度下降,失业率连续数月保持在 9.5%左右,且欧债危机影响不断蔓延。美联储启动第二轮量化宽松计划,在 2010 年 11 月至 2011 年 6 月期间,每月购买 750 亿美元的长期美国国债,购买总金额达 6 000 亿美元。"扭转操作"(Operation Twist)政策推出于美国经济复苏乏力期。美联储自 2012 年 9 月 14 日起,每月购买 400 亿美元 MBS,不设定购买结束时间,且执行卖出较短期限国债、买入较长期限国债的"扭转操作",货币政策进入"无限量"宽松时代。第三轮量化宽松政策(QE3)推出于美国"财政悬崖"期。美联储自 2012 年 12 月起,每月购买 450 亿美元国债,替代 2012 年 12 月底到期的"扭转操作",加上每月 400 亿美元的 MBS,美联储每月资产购买额达到 850 亿美元。
>
> 美国量化宽松货币政策加大了我国跨境资本流入趋势。一是刺激境外资本流入我国境内,境内企业从香港股市和债券市场的融资也大幅增加。二是量化宽松政策直接降低联邦基金利率,使得我国境内外利差大幅升高,增强了跨境资本套取利差的动机。三是美国流动性增加,促使美元贬值、人民币升值,也增强了跨境资金通过汇率进行套利的可能。四是美国量化宽松政策通过增强经济复苏预期,降低了投资者的风险厌恶程度,促使资金从风险较低的发达经济体资产转移至风险较高的新兴经济体资产。
>
> 资料来源:中国人民银行,《中国金融稳定报告 2014》。

二、货币政策最终目标

货币政策最终目标是指中央银行等政策制定者实施货币政策后所希望达到的长期、稳定的政策结果。作为国家宏观调控的重要手段,货币政策的最终目标应能符合国家的发展方向,应能配合国家其他经济政策目标,还应符合国内外的现实经济环境。由于各国面临的经济问题和发展挑战各有不同,各国的货币政策目标也不尽相同。

(一)货币政策最终目标的内容

一般说来,货币政策所要达到的最终目标大致有四个:稳定物价、充分就业、经济增长和国际收支平衡。

1. 稳定物价

稳定物价一般是指通过实行适当的货币政策,保持一般物价水平的相对稳定,以避免出现通货膨胀或通货紧缩。在货币政策的实践中,中央银行将在通货膨胀时期实行相对紧缩的货币政策以减少货币流通量,从而遏止通货膨胀;而在通货紧缩时期实行相对宽松的货币政策以适当增加货币流通量,从而抑制通货紧缩。近一个世纪以来,通货膨胀或通货紧缩造成的物价波动是各国经济生活中最常见的严重问题。因此,稳定物价往往成为各国货币政策追求的首要目标,任何国家都试图将物价波动限制在最小的幅度内,以便与其他经济目标相协调。

2. 充分就业

作为宏观经济政策的基本目标之一,充分就业是指劳动力的就业状况,指有能力并愿意参加工作的人都能在较合理的条件下随时找到适当的工作。经济学中的充分就业不等于社会劳动力的100%就业,因为有两种形式的失业是不可避免的,应排除在外:一是摩擦性失业(frictional unemployment),即因短期劳动力供求失调或季节性原因而造成的失业;二是自愿失业(voluntary unemployment),即因工人不愿接受现行的工资水平而造成的失业。在经济学上通常以"失业率"来考察社会就业状况。过高的失业率会带来巨大的社会问题,严重时甚至会引致社会动荡和政治骚乱。因此,任何一国的宏观经济政策都将降低失业率作为自身的一项重要政策目标。根据西方主要国家近二十年来的经验,失业率若控制在4%左右,即可视为充分就业。

3. 经济增长

保持经济的增长是各国政府追求的最终目标,因此,作为宏观经济政策组成部分的货币政策,自然要将它作为一项重要的调节目标。在一般情况下,货币政策可以通过增加货币供应量和降低利率保持较高的投资率,为经济运行创造良好的货币环境,达到促进经济增长的目的。

目前世界各国由于所处的发展阶段和面临的发展条件不同,在经济增长理想速度的选择上存在较大的差异。例如,美国以GDP年增长率达到1%—4%为经济增长目标,而我国最近十年GDP的年均增长率超过了9%,中央银行和其他宏观经济调控部门则在较长时期内将年增长率8%视为其实施调控的门槛值。

4. 国际收支平衡

国际收支平衡是指一国对其他国家的全部货币收入与货币支出保持基本平衡。所以,略有顺差或略有逆差也可看作实现了国际收支平衡。巨额的国际收支逆差可能导致外汇市场波动,资本大量外流,外汇储备急剧下降,外债大幅增加,并导致严重的货币金融危机。而长期巨额国际收支顺差,往往使大量外汇储备闲置,不得不购买大量外汇而增发本国货币,可能导致或加剧国内通货膨胀。一般说来,逆差的危害比顺差大。

(二)货币政策最终目标之间的关系

执行货币政策的理想结果是这四大目标同时实现,但是,理论分析和政策实践都表明,货币政策诸目标之间的关系是比较复杂的,有的在一定程度上具有一致性,如充分就业与经济增长,充分就业可以促进经济增长,经济增长反过来又有助于充分就业;而有的目标则存在矛盾和冲突,不能同时兼顾。这些矛盾主要表现为:

1. 稳定物价与经济增长之间的矛盾

一般来说,当经济主体的投资热情高涨,从而经济增长率较高时,往往伴随着一般物价水平的上涨,从而通货膨胀率也较高。在这种情况下,中央银行为达到稳定物价的目标而实行紧缩的货币政策。结果,在通货膨胀率下降的同时,经济增长率通常也随之下降。正因为稳定物价与经济增长之间存在这样的关系,所以,在理论界就有人主张通过适度的通货膨胀来刺激经济的增长。

当然,对这两个目标的矛盾性,理论界也存在不同的看法。有人认为,稳定物价是经济增长的前提,只有物价稳定,才能使整个经济正常运行,从而维持经济的长期增长;而经济增长则是物价稳定的物质基础,从这个角度看,二者存在统一性。

2. 稳定物价与充分就业之间的矛盾

这一矛盾可用传统的菲利普斯曲线来加以说明。所谓"菲利普斯曲线",是用于反映通货膨胀与失业率之间此增彼减的交替关系的一种曲线。根据这一曲线,在物价稳定(即通货膨胀率较低)时,失业率较高;而当失业率较低时,通货膨胀率较高(如图14-1所示)。于是,在通货膨胀时,中央银行为达到稳定物价的目标,必须实行紧缩性货币政策以降低通货膨胀率。但是,这一紧缩性货币政策的实行却使失业率提高,从而不利于达到充分就业这一货币政策目标。反之,在失业率较高的时期,中央银行为达到充分就业的目标,必须实行扩张性货币政策以降低失业率。但是,这一扩张性货币政策的实行往往使通货膨胀率相应提高。

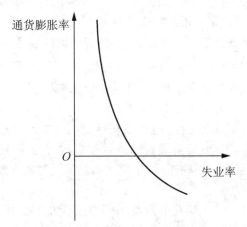

图14-1 传统的菲利普斯曲线

因此,稳定物价与充分就业是相互矛盾的,很难做到同时实现,中央银行只能根据当时的社会经济条件,寻求稳定物价与失业率之间某一适当的组合点。

3. 稳定物价与国际收支平衡之间的矛盾

一般来说,只有在各国都维持基本相同的物价稳定水平,并且贸易形态和进出口商品结构都不变的条件下,稳定物价才能与国际收支平衡同时存在。但事实上这是不可能的。若其他国家发生通货膨胀,本国物价稳定,表明本国物价相对较低,会造成本国出口增加,进口减少,国际收支发生顺差;若本国发生通货膨胀,其他国家物价稳定,表明本国物价相对较高,在一定时期内购买外国商品便宜,会导致本国出口减少,进口增加,国际收支恶化,产生逆差。

4. 经济增长与国际收支平衡之间的矛盾

经济增长与国际收支平衡之间之所以会出现矛盾,是因为随着经济增长,就业人数增加,收入水平提高,对进口商品的需求通常也会增加,从而使进口贸易增长得更快,出现贸易逆差。为了平衡国际收支,消除贸易逆差,中央银行需要紧缩信用,减少货币供给,以抑制国内的有效需求,但是生产规模也会相应缩减,从而导致经济增长速度放缓。因此,经济增长与国际收支平衡二者之间也相互矛盾,难以兼得。

正因为货币政策各目标之间虽有统一性,但更多地表现为矛盾性,所以货币政策几乎不可能同时实现这些目标,于是就出现了货币政策目标的选择问题。在理论上主要有主张以稳定币值为唯一目标的"单一目标论";主张同时追求稳定币值和经济增长的"双重目标论";主张总体上兼顾各个目标,而不同时期确定各目标的主次地位和先后顺序的"多重目标论"。各国由于经济发展水平和经济结构的差异,在货币政策目标的选择上存在较大不同,例如发展中国家多以促进经济增长为首选目标,而开放经济型小国通常将国际收支平衡放在首要地位;此外,即使同一国家在不同时期也有不同的选择。

三、货币政策中间目标

货币政策中间目标是指受货币政策工具作用并且能够影响货币政策最终目标的、具有传递性的金融变量指标。由于货币政策最终目标是中央银行难以直接实现的结果,中央银行在货币政策的操作中必须选择某些与最终目标关系密切、可以直接影响并在短期内可度量的金融指标作为实现最终目标的中间性指标,通过对这些指标的控制和调节最终实现政策目标。因此,中间目标就成了货币政策作用过程中一个十分重要的环节,对它们的选择是否正确以及选择后能否达到预期调节效果,关系到货币政策最终目标能否实现。

(一)中间目标的选择标准

作为货币政策中间目标的金融变量,应满足四个基本标准:

1. 可测性

可测性是指中央银行所选的金融变量,必须具有明确的计量标准、合理的测度手段,以便中央银行能够迅速而准确地收集有关指标的数据资料,并进行定量分析和科学预测。这样,当货币政策在实施过程中脱离轨道时,中央银行就能及时捕捉到它所发出的信号。

2. 可控性

可控性是指这些金融变量一旦发生偏差,中央银行就能够运用各种货币政策工具,对其进行有效的控制和调节。只有中央银行能够较为有效控制地金融变量,才有可能借以贯彻自身的货币政策意图,并随时根据政策实施的状况和效果加以微调。

3. 相关性

相关性是指所选金融变量与货币政策最终目标之间必须有密切的、稳定的关系,中央银行通过控制和调节这些指标,可促使最终目标的实现,也就是说,所选指标必须能对最终目标产生可预计的影响,且两者的相关程度越高越好。

4. 抗干扰性

抗干扰性是指这些金融变量应能够比较准确地反映货币政策的实施效果,较不会受到外部因素的干扰。通过对这些金融变量的分析,应能较准确地判断和把握货币政策的方向及力度是否恰当。

此外,在选择中间目标时还需注意以下几点:一是中间目标不是一成不变的,应根据不同的市场环境进行及时调整。二是特定的货币政策中间目标的选择及其运用方式,在很大程度上取决于不同国家的经济金融制度和背景。三是即使是大致相同的货币政策中间目标,也会因不同国家的经济金融环境不同而有所差别。

(二) 中间目标的分类

根据对货币政策工具反应的先后和作用于最终目标的远近,中间目标可分为两类:一类是中介指标,受中央银行的控制力较弱,离最终目标较近;另一类是操作指标,受中央银行的控制力较强,离最终目标较远。

1. 中介指标

中介指标指受操作指标的直接影响,同时又与最终目标变量如价格、就业、产出等有密切联系的金融变量指标。

中央银行在明确货币政策最终目标后,必须选定合适的中介指标来观察其作用效果。这是因为货币政策通常作用时间较长,如果中央银行等到最终目标发生变化以后再来判断货币政策的效果,可能已经为时太晚,无法挽回决策失误带来的损失。为了及时准确地检测和控制货币政策的力度及效果,中央银行需要在货币政策工具和最终目标之间选定一个或几个变量作为监测指标,这些指标既能被中央银行较为准确地控制,又能较好地预示最终目标可能发生的变动。目前通用的中介指标主要有两个:货币供应量和利率。在一定条件下,信贷规模和汇率也被作为中介指标使用过。

2. 操作指标

实际上货币政策工具并不能直接作用于中介指标,中央银行还需要选定一些既能被货币政策工具直接作用,又能在短期内影响中介指标的变量作为操作指标。这些变量对货币政策工具的变动反应较为灵敏,是政策工具操作直接引起变动的指标,也是在中央银行体系内首先变动的指标。设定合适的操作指标有利于中央银行及时跟踪货币政策的实施效果。

操作指标能够被中央银行直接控制,因而在货币政策执行中发挥着重要的作用。操作指标大致可分为两类:一类是短期利率,如银行拆借利率等。短期利率由货币市场上的资金供求关系决定,具有直接可测性,中央银行可通过公开市场业务、再贴现率等政策工具对之加以控制和影响。另一类是与基础货币相联系的指标,如存款准备金总额、中央银行货币等。这些指标反映着商业银行及整个金融体系创造信用、创造货币的能力,中央银行可对之进行直接监测和控制,通过对基础货币的操纵改变社会的货币供应总量。

综合以上几方面内容,我们可以看到,货币政策目标并非一个单一的指标,而是一个体系。这个体系是由最终目标、中介指标和操作指标三者共同构成的。从图14-2货币政策的目标体系可以看出,货币政策工具经过操作指标和中介指标到达最终目标,是一个逐次传递的过程。对中央银行而言,这些目标的操纵性从强到弱;而从经济分析的角度看,则其宏观性逐渐增强。

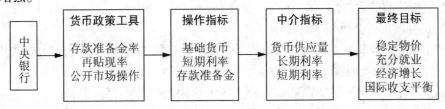

图14-2 货币政策的目标体系

资料来源:张亦春、许文彬,《金融学》,北京:高等教育出版社,2011年。

第二节 货币政策工具

实施货币政策的目的,在于通过控制和调节货币供应量来影响整个国民经济,以实现货币政策目标。要实现货币政策目标,就需要运用各种货币政策工具。所谓货币政策工具(instrument of monetary policy),是指中央银行为实现货币政策目标而使用的各种操纵经济变量的政策手段。根据各种货币政策工具的基本性质以及它们在货币政策实践中的运用情况,货币政策工具大致可分为三大类:一般性货币政策工具、选择性货币政策工具和其他货币政策工具。

一、一般性货币政策工具

一般性货币政策工具是指各国中央银行普遍运用或经常运用的货币政策工具,即法定存款准备金政策、再贴现政策和公开市场业务,这三大传统的货币政策工具有时也称为中央银行的"三大法宝",主要用于调节货币总量。

(一)法定存款准备金政策

1. 法定存款准备金政策的含义

存款准备金是商业银行为应付客户提取存款和资金清算而准备的货币资金,准备金占存款总额的比例就是存款准备金率。存款准备金分为法定存款准备金和超额存款准备金两部分。法定存款准备金是商业银行按中央银行规定的比例上缴的部分;超额准备金是指准备金总额减去法定存款准备金的剩余部分。所谓法定存款准备金政策,是指中央银行在法律赋予的权力范围内,通过调整商业银行缴存中央银行的存款准备金比率,控制其信用创造能力,间接地调节货币供应量的一种货币政策工具。

2. 法定存款准备金政策的作用过程

中央银行调整法定存款准备金率主要通过以下两个途径发挥作用:一方面,通过影响商业银行的超额准备金余额从而调控其信用规模。如中央银行提高法定存款准备金率,则商业银行缴存中央银行的法定存款准备金就会增加,在其他条件一定的情况下,用于发放贷款的超额准备金就会减少,从而促使商业银行收缩信贷规模,货币供应量减少。反之,则会促使商业银行扩大信贷规模,货币供应量增加。另一方面,通过影响货币乘数从而影响商业银行的信用创造能力。由于法定存款准备金率与商业银行的货币乘数成反比,因此,当中央银行提高法定存款准备金率时,将会引起货币乘数的下降,从而大大降低商业银行存款货币创造的能力,进而引起货币供应量的倍数收缩;反之,则会提高商业银行存款货币创造的能力,引起货币供应量的倍数增加。

3. 法定存款准备金政策的特点

法定存款准备金政策通常被认为是货币政策最猛烈的工具之一。因为法定存款准备金率是通过货币乘数来影响货币供给量的,即使法定存款准备金率调整的幅度很小,也会引起货币供应量的巨大波动。尽管商业银行由于各种原因持有超额存款准备金,而法定存款准备金的调整会增减相应的超额准备金,对商业银行创造派生存款的能力有很强的作用力。因此,这个工具的优点主要在于作用力大,主动性强,见效快。

但法定存款准备金政策也存在明显的局限性:第一,由于法定存款准备金率调整的效果过于强烈,其调整对整个经济和社会心理预期都会产生显著的影响,不宜作为中央银行调控货币供应量的日常性工具。第二,为了体现中央银行的中立性和公正性,各国的法定存款准备金率对各类存款机构都一样,但调整时对各类存款机构的影响却不同,因而不易把握货币政策的操作力度与效果。第三,调整法定存款准备金率对商业银行的经营管理干扰较大,增加了银行流动性风险和管理的难度,当对法定准备金存款不付息时,还会降低银行的盈利,削弱其在金融领域的竞争力。正因为如此,20世纪90年代以后,存款准备金政策在西方国家的信用调节功能日益减弱,目前主要发达国家的存款准备金率已基本降为零,大部分国家放弃使用法定存款准备金率作为货币政策工具。

4. 我国的法定存款准备金制度

中国人民银行自1984年专门行使中央银行职能后,就开始实行存款准备金制度,这一制度在我国货币政策的实施过程中发挥了积极的作用,在实际运用中有几个特点:

(1)调整频繁。如1985年,为克服法定存款准备金率过高带来的不利影响,央行将其统一调整为10%;1987年,为紧缩银根、抑制通货膨胀,从10%上调为12%;1988年,又进一步上调为13%;1998年3月21日,为对付通货紧缩,将法定存款准备金率从13%下调到8%;1999年11月21日,进一步下调到6%;2003年9月21日,针对经济过热的苗头,将法定存款准备金率由6%调高至7%;2007年1月至2008年6月,为应对通货膨胀,中央银行在一年半的时间里连续15次调高存款准备金率至17.50%,连创1985年以来的历史最高水平;2008年9月,鉴于次贷危机对我国经济的严重影响日益凸显,中央银行转而采取了降低存款准备金率的政策。

(2)有同有异。一方面,不区分存款种类,也没有规模差异,无论是活期或定期,不管存款数量多少,都实行统一的法定存款准备金率。另一方面,对不同金融机构或地区差别对待。例如,从2004年起对不同金融机构实行差别存款准备金制度,对资本充足率低于规定要求的存款机构提高0.5个百分点;又如,2008年9月对一般地区的中小金融机构下调准备金1个百分点,而对汶川地震灾区则下调2个百分点,在某种程度上克服了其不利作用。

(3)对存款准备金付息。我国从1984年起就一直对法定准备金和超额准备金存款支付利息。准备金存款利率也在不断调整,总体上略低于中央银行一年期贷款利率;1998年以前和2003年以后法定准备金与超额准备金的存款利率不同,体现了中央银行的政策导向,成为中央银行利率体系中的一个工具。

(二)再贴现政策

1. 再贴现政策的含义

再贴现是指商业银行等金融机构将通过贴现业务获得的票据再卖给中央银行的行为。中央银行在确定其票据合格的前提下,根据当时的再贴现率,从票据金额中扣除再贴现利息后,将余额付给商业银行等金融机构。所谓再贴现政策(rediscount policy),是指中央银行通过制定和调整再贴现率来影响市场利率与投资成本,从而调节货币供应量的一种货币政策工具。

再贴现政策是国外央行最早使用的货币政策工具。早在1873年,英国就用其调节货币信用。美国的贴现率制度始于20世纪30年代,1946年美国《就业法》确定了统一的官方贴现率（再贴现率），以便于谋求政策目标的实现。德国的再贴现起源于帝国银行的前身普鲁士银行时期，至今，再贴现仍是德意志联邦银行重要的货币政策工具，再贴现贷款约占其中央银行总贷款的1/3。20世纪70年代初，日本银行开始较频繁地调整官方贴现率即再贴现率，以调节社会信贷总量。在第二次世界大战以后的经济重建过程中，日本银行的再贴现政策对日本经济的恢复和发展产生了积极的作用，它不仅对办理贴现的银行提供了优惠的资金来源和流动性，而且对于出口导向型企业的发展与经济结构的重建都有十分重要的作用。

2. 再贴现政策的作用过程

再贴现政策的作用在于，中央银行通过调整再贴现率来影响商业银行向中央银行的融资成本，以影响其借款意愿，进而达到扩张或紧缩信用的目的。一般而言，当中央银行提高再贴现率时，商业银行向中央银行进行再贴现的资金成本上升，于是减少了向中央银行的再贴现，此时如果商业银行的资金不足，就只能收缩对客户的贷款规模，或者提高对客户的贷款利率，从而带动整个市场利率的上涨，起到紧缩信用的作用。相反，当中央银行降低再贴现率时，商业银行向中央银行进行再贴现的资金成本降低，这会刺激其向中央银行借款的积极性，商业银行的资金充裕，会扩大对客户的贷款规模，降低贷款利率，进而实现信用扩张、货币供应量增加的政策目标。

3. 再贴现政策的特点

再贴现政策的优点主要体现在：第一，作用较为温和。再贴现政策是通过影响金融机构的借贷成本来间接地调节货币供应量，其作用过程是渐进的，不像法定存款准备金政策那样猛烈。第二，强烈的告示效应。再贴现率的变动向社会公众明确告示了中央银行的政策意图。如再贴现率提高表明中央银行判断市场存在过热现象，因此有紧缩意图；反之，则有扩张意向，这对短期市场利率常有导向作用。第三，具有结构调节效应。中央银行通过规定再贴现票据的种类和审查再贴现申请时的一些限制条件，可以设定资金流向，对不同用途的信贷加以支持或限制，从而使得货币供给结构与国家的经济政策导向相符合，达到调整国家产业结构的目的。

再贴现政策的局限性在于：第一，缺乏主动性。商业银行是否愿意到中央银行申请再贴现，或再贴现多少，取决于商业银行。如果商业银行可以通过其他渠道融资而不依赖中央银行，则再贴现政策的效果势必大打折扣。第二，缺乏弹性和灵活性。若再贴现率频繁调整，则会引起市场利率的经常性波动，使商业银行和社会公众无所适从，增加人们对未来预期的不确定性，甚至引起经济活动的混乱。

4. 我国再贴现政策概况

自1986年中国人民银行在上海等中心城市开始试办再贴现业务以来，再贴现业务经历了试点、推广到规范发展的过程。再贴现作为中央银行的重要货币政策工具，在完善货币政策传导机制、促进信贷结构调整、引导扩大中小企业融资、推动票据市场发展等方面发挥了重要作用。

1986年，针对当时经济运行中企业之间严重的货款拖欠问题，中国人民银行下发了《中国人民银行再贴现试行办法》，决定在北京、上海等十个城市对专业银行试办再贴现业务。这是自中国人民银行独立行使中央银行职能以来，首次进行的再贴现实践。

1994年下半年,为解决一些重点行业的企业货款拖欠、资金周转困难和部分农副产品调销不畅的状况,中国人民银行对"五行业、四品种"领域专门安排100亿元再贴现限额,推动上述领域商业汇票业务的发展。再贴现作为选择性货币政策工具为支持国家重点行业和农业生产开始发挥作用。

1995年年末,中国人民银行规范再贴现业务操作,开始把再贴现作为货币政策工具体系的组成部分,并注重通过再贴现传递货币政策信号。中国人民银行初步建立了较为完整的再贴现操作体系。

1998年以来,为适应金融宏观调控由直接调控转向间接调控,加强再贴现传导货币政策的效果、规范票据市场的发展,中国人民银行出台了一系列完善商业汇票和再贴现管理的政策。如改革再贴现、贴现利率生成机制;扩大再贴现的对象和范围;等等。

2008年以来,为有效发挥再贴现促进结构调整、引导资金流向的作用,中国人民银行进一步完善再贴现管理:适当增加再贴现转授权窗口;适当扩大再贴现的对象和机构范围;推广使用商业承兑汇票,促进商业信用票据化;通过票据选择明确再贴现支持的重点。

(三) 公开市场业务

1. 公开市场业务的含义

公开市场业务(open market operation)是指中央银行在金融市场上公开买卖有价证券(主要是政府债券)用以调控货币供应量的一种货币政策工具。

公开市场业务最早为19世纪英格兰银行所采用,当时,英格兰银行只是为了维持国库券的价格而进行国库券的买卖。后来,公开市场业务又被其用来辅助再贴现政策。1913年,美国也采用这一方法来维持财政收支平衡。20世纪30年代大危机之后,美国联邦储备委员会意外地发现,公开市场业务可以极大地影响信用条件,于是,公开市场业务就成为中央银行调控货币供应量和利率的主要工具。

2. 公开市场业务的作用过程

目前,各国中央银行从事公开市场业务主要是买卖政府债券。一般情况下,当经济停滞或衰退时,中央银行就在公开市场上买进有价证券,向社会投放一笔基础货币,这些基础货币流入商业银行,使银行体系的准备金增加,这就刺激银行增加贷款,引起信用扩张和货币供应量的成倍增加。相反,当经济发展过热或发生严重通货膨胀时,中央银行就在公开市场上卖出有价证券,回笼基础货币,商业银行准备金减少,从而减少贷款,引起信用规模和货币供应量成倍收缩。另外,中央银行在金融市场上买卖有价证券还会对市场利率产生影响:中央银行买进证券时,造成市场上对有价证券的需求增加,证券价格上涨,收益率下降,这将导致货币市场上的短期利率降低;中央银行卖出证券时,引起市场上对有价证券需求的减少,证券价格下跌,收益率上升,这将导致货币市场上短期利率升高。

3. 公开市场业务的特点

公开市场业务的优点主要体现在:第一,主动性。在公开市场业务中,中央银行处于主动的地位,它买进或卖出有价证券的规模完全由它自主决定,这显然是再贴现政策所不能做到的。第二,灵活性。中央银行既可以通过大量地买进或卖出有价证券对基础货币实行较大规模的调节,也可以通过少量地买进或卖出有价证券对基础货币实行"微调"。第三,可逆转性。可逆转性是指中央银行可根据经济金融形势的变化和政策目标的调整而随时做出逆向的操作。例如,当中央银行发现由于过多地买进了有价证券而引起货币供应量的过快增长时,它可通过反向的操作(即卖出有价证券)来加以矫正。第四,告示效应。中央银行在金融市场上公开买卖证券,其操作的方向和力度代表了货币政策的取向,给商业银行和社会公众以明确的信号,可以影响他们的预期和经济行为。

公开市场业务虽然能够有效地发挥作用,但必须具备以下三个条件才能顺利实施:第一,中央银行必须具有强大的、足以干预和控制整个金融市场的资金实力。第二,要有发达和完善的金融市场,证券种类齐全,并且达到一定的规模。第三,该国的金融体系和金融市场应当全面独立于其他国家的金融体系与金融市场。显然,缺乏这些条件的国家,其公开市场业务的效果难免要大打折扣。

4. 我国公开市场业务概况

在多数发达国家,公开市场业务是中央银行吞吐基础货币、调节市场流动性的主要货币政策工具,中央银行通过与市场交易对手进行有价证券和外汇交易,实现货币政策调控目标。我国公开市场业务包括人民币操作和外汇操作两部分。外汇公开市场操作于1994年3月启动,人民币公开市场操作于1998年5月26日恢复交易,规模逐步扩大。1999年以来,公开市场操作发展较快,目前已成为中国人民银行货币政策日常操作的主要工具之一,对于调节银行体系流动性水平、引导货币市场利率走势、促进货币供应量合理增长发挥了积极的作用。

中国人民银行从1998年开始建立公开市场业务一级交易商制度,选择了一批能够承担大额债券交易的商业银行作为公开市场业务的交易对象。近年来,公开市场业务一级交易商制度不断完善,先后建立了一级交易商考评调整机制、信息报告制度等相关管理制度,一级交易商的机构类别也从商业银行扩展至证券公司等其他金融机构。

从交易品种看,中国人民银行公开市场业务债券交易主要包括回购交易、现券交易和发行中央银行票据。其中,回购交易分为正回购和逆回购两种,正回购为中国人民银行向一级交易商卖出有价证券,并约定在未来特定日期买回有价证券的交易行为,正回购为央行从市场收回流动性的操作,正回购到期则为央行向市场投放流动性的操作;逆回购为中国人民银行向一级交易商购买有价证券,并约定在未来特定日期将有价证券卖给一级交易商的交易行为,逆回购为央行向市场上投放流动性的操作,逆回购到期则为央行从市场收回流动性的操作。现券交易分为现券买断和现券卖断两种,前者为央行直接从二级市场买入债券,一次性地投放基础货币;后者为央行直接卖出持有债券,一次性地回笼基础货币。中央银行票据即中国人民银行发行的短期债券,央行通过发行央行票据可以回笼基础货币,央行票据到期则体现为投放基础货币。

二、选择性货币政策工具

传统的三大货币政策工具都属于对货币供应总量的调节,以影响整个宏观经济。在这些一般性货币政策工具之外,还有可选择地采取对某些特殊领域的信用加以调节和影响的措施。较常用的主要有以下几类:

(一)证券市场信用控制

证券市场信用控制是指中央银行对使用贷款进行证券交易的活动加以控制的一种措

施,其操作着眼点在于规定贷款额占证券交易额的百分比(即证券保证金比率),以限制和调控对证券市场的放款规模。中央银行对保证金比率的调整,不是为了直接干预证券价格,而是为了防止过度的证券信用,保证金融市场的稳定,同时可限制大量资金流入证券市场,确保较多的资金能够用于生产和流通等实体经济领域。

(二) 不动产信用控制

不动产信用控制指中央银行对金融机构在房地产放款方面的限制性措施,包括对房地产贷款规定最高限额、最长期限及首次付款和分期还款的最低金额等,以抑制房地产投机和泡沫。例如,我国自 2009 年以来就频繁使用这项政策,通过提高首付款比例的方式来调控房地产价格水平。

(三) 消费信用控制

消费信用控制是中央银行对消费者购买房地产以外的各种耐用消费品所发生的信用规模、期限等的限制性措施。它包括规定分期付款中首次付款的最低金额、分期付款的最长期限、适用于分期付款的耐用消费品的种类等。

(四) 优惠利率

优惠利率是中央银行对国家重点发展的经济部门或产业(如出口行业、农业等)所采用的鼓励性措施。优惠利率不只是在大多数发展中国家被采用,在发达国家也被普遍采用。

三、其他货币政策工具

其他货币政策工具主要有直接信用控制和间接信用控制两大类。

(一) 直接信用控制

直接信用控制(direct credit control)是以行政命令或其他方式,直接对金融机构尤其是商业银行的信用活动进行控制,这类手段的运用需要金融监管来进行配合。直接信用控制的手段一般都是根据不同情况有选择地使用,主要手段有以下几类:

1. 规定利率限额

此类政策主要是规定贷款利率下限和存款利率上限。这是最常见的手段之一,其目的是防止商业银行为谋求高利而进行风险存贷或过度竞争。如美国在 1980 年以前曾长期实行的"Q 条例",该条例规定,商业银行对活期存款不支付利息,对定期存款和储蓄存款支付的利率不得高于规定的最高利率水平。很多发展中国家如中国也长期实施过这一手段。但随着各国相继实行利率市场化改革,这种货币政策工具已很少被运用。

2. 采用信用配额

信用配额是指中央银行根据金融市场的资金供求状况及客观经济形势的需要,权衡轻重缓急,对商业银行的信用规模加以合理分配和必要限制。在大多数发展中国家,由于其资金的严重供不应求,信用配额是一种较为常见的直接信用控制。

3. 规定流动性比率

流动性比率是商业银行持有的流动性资产在总资产中所占的比率。中央银行对这一比率加以规定,主要是为了限制商业银行的信用扩张能力,保障商业银行的稳健经营。一般来说,流动性比率与收益成反比。为保持中央银行规定的流动性比率,商业银行必须相应采取缩减长期放款、扩大短期放款、增加应付提现的流动性资产等措施。

4. 直接干预

此类政策主要包括中央银行直接对商业银行的信贷业务、放款范围等加以干预,如对业务经营不当的商业银行拒绝提供再贴现或实行高于一般利率的惩罚性利率,对银行吸收存款的范围加以干涉等。

(二) 间接信用控制

间接信用控制(indirect credit control)是指中央银行通过道义劝告、窗口指导等办法来间接影响商业银行等金融机构行为的做法。道义劝告(moral suasion)一般包括情况通报、书面文件、指示、与负责人面谈意向等。窗口指导(window guidance)是中央银行在其与商业银行的往来中,对商业银行的季度贷款额度附加规定,否则中央银行便削减甚至停止向商业银行提供再贷款。虽然道义劝告和窗口指导均无法律效力,但中央银行的政策目的与商业银行的经营发展总体上是一致的,且商业银行对中央银行有依赖性,所以在实际中这种做法的作用还是很大的。第二次世界大战后日本曾把窗口指导作为主要的政策工具来使用。在发达国家,道义劝告的作用也很明显。间接信用控制比较灵活,且在感情上易为商业银行所接受。但其要真正起作用,前提条件是中央银行必须在金融体系中拥有较高的地位、较强的威望以及足够的控制信用活动的法律效力和手段。

第三节 货币政策传导机制

货币政策传导机制是指中央银行运用货币政策工具作用于操作指标,进而影响中介指标,最终实现既定政策目标的传导途径与作用机理。由于不同政策工具对操作指标的影响不一,操作指标与中介指标和最终目标之间的关系非常复杂,传导过程本身又无法直接观察到,学者们对传导过程只能进行理论分析,不同的分析就形成了不同的传导机制理论。

一、货币政策传导机制理论

(一) 凯恩斯学派的货币政策传导机制

凯恩斯学派的货币政策传导机制理论主要来源于凯恩斯于 1936 年出版的《就业、利息和货币通论》一书。根据凯恩斯的分析,货币供应量(M)的增加或减少将引起利率(i)的下降或上升,进而引起投资(I)的增加或减少,投资的增加或减少又将通过乘数作用引起支出和收入(Y)的同方向变化。则在中央银行实行扩张性货币政策时,凯恩斯学派的货币政策传导过程为:

$$M\uparrow \to i\downarrow \to I\uparrow \to Y\uparrow$$

据此,传导效果主要取决于三个参数的影响:第一,货币需求对利率的敏感性,它决定了货币供给的变动能够在多大程度上影响利率;第二,私人投资对利率的敏感性,它决定了利率的变动对私人投资的影响;第三,投资乘数,它决定了私人投资的变动能够在多大程度上影响国民收入。可见,凯恩斯学派非常重视利率在货币政策传导过程中的作用。

(二) 货币学派的货币政策传导机制

与凯恩斯学派不同,以弗里德曼为代表的货币学派认为,利率在货币政策传导机制中不起重要作用,他们强调的是货币供应量在整个传导过程中对总支出和总收入的直接作用。如果中央银行采取扩张性的货币政策,使得货币供给量增加,会带来总支出水平(E)的增加,进而拉动总产出的增加。这一传导过程为:

$$M\uparrow \to E\uparrow \to Y\uparrow$$

根据货币学派的理论,货币需求具有内在的稳定性,当作为外生变量的货币供给改变(比如增加)时,由于货币需求并未改变,公众手中持有的货币量就会超过他们所愿意持有的货币量,从而必然增加支出。支出转化为投资,公众把超过意愿持有的货币或用于购买金融资产,或用于购买非金融资产,直至人力资本的投资,从而打破了原有的资产组合,引起资产结构调整,并同时影响各种资产的相对收益率和价格。若投资于金融资产偏多,就会使得金融资产价格上涨,收益率相对下降,从而刺激了非金融资产投资(如产业投资)的增加,这样一来既促进了产出的增加,也导致了产品价格的上升。

总之,根据货币学派的分析,由于货币供应量作用于支出,导致资产结构的调整,并最终引起价格水平和总产出的变动。

(三)托宾的 q 理论

耶鲁大学的詹姆斯·托宾认为,凯恩斯提出的投资传导机制只是一种局部均衡分析,而一般均衡分析还需考虑商品市场和货币市场的相互关系。托宾沿着一般均衡分析的思路扩展了凯恩斯的模型,提出一个关于货币政策变化通过影响股票价格,进而影响投资支出的理论,该理论被称为 q 理论。q 是指一个比值,它是企业的市场价值与企业的资产重置成本之比,用公式表示为:

$$q = \frac{\text{企业市值}}{\text{企业资产重置成本}}$$

托宾认为,q 和投资支出之间是正相关关系。q 的高低反映了企业的投资愿望,企业的投资决策取决于 q 值是否大于1。如果 q 值大于1,意味着企业的市值高于其资产重置成本,相对于企业的市值而言,新的厂房和设备的投资比较便宜,因而企业可通过发行股票获得价格相对低廉的投资品,从而增加投资和总需求。反之,如果 q 值小于1,则企业的市值低于其资产重置成本,企业就不会购买新的资本品。如果在此时企业仍希望获得资本品,它可以以较低的价格购买其他企业来获得这些企业已有的资本品。投资支出即新资本品的购买就会减少。因此,q 值是决定新投资的主要因素。

货币政策主要通过托宾 q 来影响投资,进而影响总产出。一个扩张性的货币政策将导致货币供给量增加,人们发现手中的货币比他们希望持有的多,就会按照自己的偏好安排其金融资产,其中一部分货币必然会流向股票市场,引起股票价格的上涨,q 值相应上升,企业投资支出增加,从而刺激生产增长。这一传导过程为:

$$M\uparrow \to \text{股票价格}\uparrow \to q\uparrow \to I\uparrow \to Y\uparrow$$

(四)货币政策的信贷传导渠道

1992年,伯南克和布林德提出,在信息不对称的条件下,作为金融中介机构的银行具有特殊的地位。银行在评估和筛选借款申请者、监督贷款运用等方面具有专业技术和专业知识,因此,它们可以向那些难以在公开市场上取得资金的借款人提供贷款服务。于是,如果中央银行实行紧缩性的货币政策,商业银行将会因准备金(R)减少而减少贷款(L),而那些

依赖于银行贷款支持的企业和个人就将因资金来源减少和资金成本上升而减少投资支出,从而导致总产出下降。这一传导过程为:

$$M\downarrow \rightarrow R\downarrow \rightarrow L\downarrow \rightarrow I\downarrow \rightarrow Y\downarrow$$

银行贷款的供给对不同企业有着不同的影响。一般来说,中小企业的资金来源主要依赖于银行贷款,所以,通过银行信贷渠道传导的货币政策对中小企业的投资支出有着较大的影响。而这种政策对大型企业的投资支出可能只有较小的影响,因为大型企业可以通过发行股票、债券或商业票据来取得资金,从而受到银行信贷供给影响的可能性不大。当然,大型企业能否通过发行股票、债券或商业票据筹得足够的资金,还取决于这些企业所处的金融环境,如这些企业所在国家的资本市场和货币市场的发达与完善程度等。

(五)货币政策的消费传导机制

尽管经济学家大多较为关心投资的变动,但消费的影响也是不可忽视的。毕竟,消费支出是国民支出中最重要的部分,因而消费也可能在货币政策传导机制中扮演重要角色。

1. 通过耐用消费品支出的传导

货币政策通过耐用消费品支出的传导是指货币政策通过引起利率的变动来影响消费者对耐用消费品支出的决策,进而实现扩总需求的效果。耐用消费品支出主要指消费者对汽车、家用电器及其他耐用消费品的支出。耐用消费品的支出常常是通过借贷的方式来筹措的。扩张性货币政策降低利率,从而会降低这方面支出的筹资成本,因而对耐用消费品的购买和需求将会更为踊跃,社会总需求的增大最终拉动国民经济增长。这一传导过程为:

$$M\uparrow \rightarrow i\downarrow \rightarrow 耐用消费品支出\uparrow \rightarrow C\uparrow \rightarrow Y\uparrow$$

2. 财富效应传导理论

货币政策的财富效应指货币政策通过货币供给的增加影响股票价格,使公众持有的以股票市值计算的个人财富发生变动,从而影响其消费支出的效应。莫迪利安尼最早利用其消费生命周期理论对货币政策引起的这种消费支出增加进行了研究。在莫迪利安尼的理论中,消费者是按照时间均匀安排他们的消费的,因此消费数量取决于消费者的毕生财富,而不取决于消费者的当期收入。消费者毕生财富的一个重要组成部分是金融资产,而股票又往往是金融资产的主要组成部分。因此,当实施扩张性的货币政策时,货币供应量增加,致使股票价格上升,金融资产的市场价值上升,消费者的毕生财富也增加,进而消费增加,拉动国民经济增长。这一传导过程为:

$$M\uparrow \rightarrow 股票价格\uparrow \rightarrow 金融资产市值\uparrow \rightarrow 毕生财富\uparrow \rightarrow C\uparrow \rightarrow Y\uparrow$$

这一理论在现实中得到了较好的验证。20世纪90年代后期,"新经济"奇迹导致美国股市持续走高,美国公众持有的金融资产市场价值也不断上升,这对同期美国的消费支出增加和经济稳定增长起到了重要作用。需要说明的是,财富效应中影响消费者支出的是"毕生财富"。所以,只有股市持续较长时间的上涨才会增加消费者的整体的"毕生财富",这时才具有财富效应,股市短时间的暴涨暴跌不具有财富效应。

(六)货币政策的国际贸易传导渠道

货币政策的国际贸易传导渠道是指货币政策的变动通过影响货币供给量影响国内利率,利率的变化又引起汇率的变动,进而对净出口产生影响的过程。

扩张性的货币政策会导致本国货币供给增加,利率下降。此时,投资者持有的本国银行存款的利息收益下降,他们会将本国货币兑换成外国货币,以获得外国较高的利息收入。当众多投资者在外汇市场抛出本国货币、买进外国货币时,汇率上升,本币贬值。本币贬值将有利于扩大本国出口、减少本国进口,从而净出口(NX)增加。因此,货币供给的增加可以通过净出口的增加拉动总产出的增加。这一传导过程为:

$$M\uparrow \to i\downarrow \to 汇率\uparrow \to NX\uparrow \to Y\uparrow$$

以上我们依次考察了货币对总需求中投资、消费以及净出口三个部分的影响。这些分析表明,货币政策是通过纷繁复杂的经济金融渠道作用于实体经济的。但是,即便某一种传导机制在某个领域能够非常有效地解释货币政策发生作用的过程,也不可能完整地解释货币政策的所有传导途径。因此,上述几种货币政策传导机制只是货币政策影响总需求的部分途径而不是全部。

二、货币政策的有效性

货币政策的有效性是指货币政策作用于经济活动产生的实际结果与货币政策预期目标的偏离程度。如果偏离程度小,实际结果接近于预期目标,则货币政策是有效的,而若实际结果大大偏离于预期目标,则货币政策是无效的。影响货币政策有效性的主要因素包括以下几个方面。

(一) 货币政策时滞

所谓货币政策时滞,是指从中央银行了解现实需要,到制定相应政策,再到政策发生作用所必须经过的一段时间。货币政策时滞由两部分组成:内部时滞和外部时滞。

1. 内部时滞

内部时滞(inside lag)是指从经济形势发生变化需要制定政策加以矫正,到中央银行实际采取行动的时间。内部时滞又可分为两个阶段:认识时滞和行动时滞。认识时滞是指从经济形势发生变化需要中央银行调整货币政策,到它认识到这种需要的时间;行动时滞则是指从中央银行认识到需要采取行动到实际采取行动所需经历的时间。

内部时滞的长短主要取决于中央银行对经济形势发展变化的预见能力、反应灵敏度、制定政策的效率、行动的决心与速度等,一般比较短,也容易缩短。只要中央银行对经济活动的动态能随时、准确地掌握,并对今后一段时期的发展趋势做出正确的预测,中央银行对经济形势的变化就能迅速做出反应,并采取相应的措施,从而可以大大缩短内部时滞。

2. 外部时滞

外部时滞(outside lag)又称为影响时滞,是指从中央银行采取货币政策措施到对经济活动产生影响、取得效果所需经历的时间。这也是作为货币政策调控对象的市场主体对中央银行实施货币政策的反应过程。一般来说,外部时滞所需的时间较长,中央银行采取货币政策措施后,不会立即引起最终目标的变化,它需要经由影响中间目标的变化,通过货币政策传导机制再影响社会各经济单位的行为,最后影响到货币政策的最终目标,这个过程需要时间。

外部时滞的长短主要取决于客观的经济金融条件,中央银行很难加以控制,内部时滞则可以通过中央银行的效率提高而缩短,所以研究货币政策的外部时滞更加重要。一般而言,货币政策时滞更多的是指外部时滞。西方学者的研究表明,在市场经济国家,货币政策的外部时滞一般在半年到一年半。在我国,由于金融体制和传导机制有着不同的特点,货币政策的外部时滞较短,为2—3个月。

(二)货币流通速度

影响货币政策有效性的另一个重要因素是货币流通速度。如果货币流通速度不稳定、难以预测,则货币政策的有效性就会被削弱,并且可能成为影响经济稳定的根源。这是因为,社会总需求从流量上看,表现为一定时期的货币支出总量,它等于货币供给量与货币流通速度的乘积。如果货币流通速度是一个难以预测的波动不定的量,那么,即使中央银行能够完全按照预定的目标调节货币供给量,也很难使总需求达到预期的目标,这时货币政策就难以达到预期的效果。

(三)经济主体预期

经济主体预期也是影响货币政策有效性的一个重要因素,因为经济主体的合理预期会削弱甚至抵消货币政策的效果。当一项货币政策措施出台时,企业、个人等经济主体会迅速根据所获得的各种信息预测政策的后果,并很快作出反应和对策。中央银行推出的政策面对经济主体广泛采取的抵消对策时,很可能无效。例如,政府拟采取长期扩张性政策,人们会通过各种信息预期社会总需求增加、物价上涨,在这种情况下,工人会通过工会与雇主谈判,要求提高工资;企业预期工资成本的增大而不愿扩大投资。最后结果可能只有物价上涨而没有产出增加。

(四)其他经济政治因素

其他经济政治因素主要包括:第一,宏观经济条件的变化。一项既定条件的货币政策出台后,要保持一定的稳定性和持续性,不能朝令夕改。在这段时间内,如果经济出现某些始料不及的情况,而货币政策又难以做出相应的调整时,就可能出现货币政策有效性下降甚至失效的情况。第二,既得利益者的政治压力。货币政策的实施,可能会影响到一些阶层、集团、部门或地方的既得利益,这些主体会作出强烈反应,形成压力,迫使货币政策调整。第三,世界上其他国家货币政策的调整可能会形成对本国的冲击。

第四节 我国货币政策的实践

1983年9月17日,国务院做出《关于中国人民银行专门行使中央银行职能的决定》,规定中国人民银行专门行使中央银行职能,不再办理工商信贷和储蓄业务。中国人民银行专门行使中央银行职能后,使用过不同类型的货币政策进行宏观调控,积累了丰富的实践经验。自1985年以来,中国人民银行先后实施了以下货币政策。

一、1985—1992年"松紧交替"的货币政策

1985—1992年,中国经济经历了由波峰到谷底,再从谷底至波峰的几次大大小小的波动,期间经历过经济"过热"和生产"滑坡",通货膨胀和市场"疲软"。中国人民银行通过货币政策的不断调整,促进波动中的经济逐步走向平稳。这一期间的货币政策分别是:1985年实行"紧缩银根"的货币政策;1986年实行"稳中求松"的货币政策;1987年实行"紧中有活"

的货币政策;1988年实行"从松到紧"的货币政策;1989年实行"紧缩银根"的货币政策;1990年实行"适时调节"的货币政策;1991年实行"优化信贷结构、盘活资金存量"的货币政策;1992年实行"从严控制货币、信贷总量、加强调控力度"的货币政策。

二、1993—1996年"适度从紧"的货币政策

从1993年开始,我国经济出现过热现象,开始采取"适度从紧"的货币政策。"适度从紧"的货币政策的基本思想不在于迅速制止通货膨胀,更不在于刺激经济的高速增长,而是旨在抵御经济波动,即实现并维持经济的稳定增长。从这一经济目的出发,"适度从紧"的货币政策在处理稳定物价与经济增长的关系上,主张以稳定为主、兼顾增长。"适度从紧"的货币政策自1993年贯彻和实施以来,获得了巨大的成功,在处理20%以上的严重通货膨胀问题的同时,有效地防止了经济滑坡现象,并于"九五"开局实现了经济的"软着陆"。

三、1997—2006年"稳健"的货币政策

1997年亚洲金融危机之后,为应对当时的严峻经济形势,中国开始实行"稳健"的货币政策。"稳健"的货币政策不是纯粹的理论概念,其具体内容是,适当增加货币供应量,把握好金融调控力度,保持人民币币值稳定。稳健的货币政策同时也包括了防止通货紧缩和通货膨胀两个方面的要求,坚持稳定压倒一切的原则,并根据经济形势的变化运用各种措施。所谓"稳健"的货币政策,在不同时期可以有不同的解读方向。1996—2002年,我国面临通货紧缩压力,货币政策趋向是增加货币供应量。中国人民银行先后8次降息,一年期存款利率水平由10.98%降至1.98%,下降了80%以上;法定存款准备金率由8%降至6%,并直接用资金支持商业银行扩大信贷,以刺激内需和经济发展。2003—2006年,为控制经济增长过快,"稳健"的货币政策内涵开始发生变化,适当紧缩银根,又多次上调存款准备金率和利率。

四、2007年—2008年9月"从紧"的货币政策

2006—2007年,我国经济出现了加快增长的趋势。与此同时,经济领域的结构矛盾也开始凸显,出现了物价上涨过快、货币信贷投放过多、资产价格上升幅度过大等一系列现象。"流动性过剩"成为人们指责货币供给过多的代名词。为此,中国人民银行在2007年一年中,10次上调法定存款准备金率,6次上调存贷款基准利率,并于2007年12月中央经济工作会议明确提出,实施"从紧"的货币政策,把防止经济增长由偏快转为过热,防止价格由结构性上涨演变为明显的通货膨胀作为宏观调控的首要任务。"从紧"的货币政策一直持续到2008年9月美国次贷危机全面爆发前。在此期间,中国金融机构的一年期存款基准利率最高上调为7.47%(2007年12月21日)。

五、2008年9月—2010年12月"适度宽松"的货币政策

在金融危机肆虐、各国经济衰退、国内经济明显趋冷的现实下,我国政府于2008年11月9日宣布,将把经济增长重点从出口转向内需,并计划到2010年年底投资4万亿元(约5 860亿美元)用于基础设施建设、农业补贴、廉租房、医疗、社会福利等方面。其中还包括呼唤已久的增值税改革,相当于向企业少征税约1 200亿元,并鼓励企业更新设备。国务院常务会议还提前公布了当前宏观政策的调整,即财政政策要从年初的"稳健"调整为"积极",

货币政策从"从紧"调整为"适度宽松"。实践证明,包括4万亿投资计划在内的一揽子经济刺激措施为我国经济抵御国际金融危机的冲击发挥了重要作用,助我国经济实现"V"形反转,保增长、扩内需、调结构、促改革、惠民生取得重大成就。

六、2010年12月以后"稳健"的货币政策

2010年,4万亿投资计划已经到了实施的最后一年。但由于一些投资项目还在进行中,投资效果尚待巩固,财政政策没有与货币政策一起"双退出"。我国经济回落的风险仍然存在,尤其外部环境变化的背景之下,内部经济复苏还有一定的不稳定性,需要总体积极的经济政策,而在货币政策转向的背景下,需要积极财政政策对冲货币政策转向的压力。实施"稳健"的货币政策是因为现阶段物价水平上升,通货膨胀压力较大,为了抑制通货膨胀而紧缩流通中的货币量,进而导致投资减少,来控制总需求。为此,2010年12月3日,中共中央政治局召开会议提出,2011年中国开始实施"积极"的财政政策和"稳健"的货币政策,增强宏观调控的针对性、灵活性、有效性。

2012年以来,中国继续实施实施"稳健"的货币政策,保持政策的稳定性和连续性,着力提高调控的前瞻性、针对性和协同性,大力推动金融改革,加快金融创新,维护金融稳定。

本章小结

1. 货币政策是指中央银行为实现既定的宏观经济目标,运用各种工具调节货币供应量和利率所采取的方针和措施的总和。最终目标分为稳定物价、充分就业、经济增长和国际收支平衡。中间目标分为中介指标和操作指标。

2. 货币政策工具是指中央银行为实现货币政策目标而使用的各种操纵经济变量的政策手段。一般性货币政策工具包括法定存款准备金政策、再贴现政策和公开市场业务,这三大传统的货币政策工具有时也称为中央银行的"三大法宝",主要用于调节货币总量。

3. 货币政策传导机制是指中央银行运用货币政策工具作用于操作指标,进而影响中介指标,最终实现既定政策目标的传导途径与作用机理。主要有凯恩斯学派和货币学派的货币政策传导机制等。

4. 1983年9月17日,国务院规定中国人民银行专门行使中央银行职能,不再办理工商信贷和储蓄业务。中国人民银行专门行使中央银行职能后,使用过不同类型的货币政策进行宏观调控,积累了丰富的实践经验。

本章重要概念

货币政策　中介指标　操作指标　货币政策工具　法定存款准备金政策　再贴现政策　公开市场业务　货币政策传导机制　托宾q

复习思考题

一、选择题

1. 货币政策四大目标之间存在矛盾,要想同时实现是很困难的,但其中(　　)是一致的。

A. 充分就业与经济增长　　　　　　B. 经济增长与国际收支平衡
C. 物价稳定与经济增长　　　　　　D. 物价稳定与经济增长
2. 目前,西方各国运用的比较多而且十分灵活有效的货币政策工具为(　　)。
A. 法定存款准备金　　　　　　　　B. 再贴现政策
C. 公开市场业务　　　　　　　　　D. 窗口指导
3. 中央银行在公开市场上大量抛售有价证券,意味着货币政策(　　)。
A. 放松　　　　B. 收紧　　　　C. 不变　　　　D. 不一定
4. 下列反映中央银行实施紧缩性货币政策意图的是(　　)。
A. 增加再贴现业务　　　　　　　　B. 在公开市场中购买大量国债
C. 增加对金融机构的负债　　　　　D. 在公开市场购买大量外汇
5. 以下各项中不是通过直接影响基础货币变动实现调控的货币政策工具是(　　)。
A. 法定存款准备金政策　　　　　　B. 公开市场业务
C. 再贴现政策　　　　　　　　　　D. 都不是
6. 中央银行间接信用指导的方法有(　　)。
A. 信用配额　　　　　　　　　　　B. 存贷款最高利率限制
C. 窗口指导　　　　　　　　　　　D. 直接干预
7. 凯恩斯强调(　　)在货币政策传导机制中的作用。
A. 短期利率　　　B. 现金货币　　　C. 存款货币　　　D. 远期利率
8. 下列(　　)不是货币政策的最终目标。
A. 充分就业　　　B. 经济增长　　　C. 物价稳定　　　D. 国际收支顺差
9. 下列货币政策操作中,引起货币供应量增加的是(　　)。
A. 提高法定存款准备率　　　　　　B. 提高再贴现率
C. 降低再贴现率　　　　　　　　　D. 中央银行卖出债券
10. 最具有强制性的货币政策工具是(　　)。
A. 法定存款准备金率　　　　　　　B. 再贴现率
C. 公开市场业务　　　　　　　　　D. 窗口指导

二、简答题

1. 简述货币政策最终目标的统一性和矛盾性。
2. 货币政策中间目标的选择标准有哪几个?
3. 简述法定存款准备金政策的作用过程及特点。
4. 简述再贴现政策的作用过程及特点。
5. 简述公开市场业务的作用过程及特点。
6. 货币政策传导机制理论主要有哪些?

三、论述题

试述近年来我国货币政策实践的主要内容。

第五篇 金融发展

第十五章

金融发展与金融创新

中文里"crisis"一词用了"危机"两个字,"危"代表危险,"机"代表机会。在危机之中,要警惕危险,也要认准机会。

——约翰·肯尼迪

学习目标

通过本章的学习,你将能够:
- 掌握金融发展的含义及衡量指标;
- 理解金融压抑的政策原因及负面效应;
- 理解金融自由化改革的核心内容及经济效应;
- 理解金融创新的主要理论、历史演进及影响。

引导案例

金融自由化改革的"双刃剑"效应

20世纪70年代以来,发展中国家先后推行了以金融自由化为目标的金融体制改革。同时,发达国家也相继放松金融管制,一场全球范围内的金融自由化运动迅速扩展。金融自由化运动解除了束缚在金融业身上的各种陈规,金融业获得了长足的进步,也极大地推动了经济的增长。但从世界一些国家实施金融自由化的经验和教训看,即使是内容大体相同的改革,发达国家和欠发达国家实施的效果也不同;即使同为经济发展水平相近的发展中国家,其改革的经济社会后果也往往存在相当大的差异,某些发展中国家的金融自由化还出现了许多问题。而且,自20世纪80年代至今,金融危机频繁爆发,先后发生了拉美债务危机、墨西哥金融危机、东南亚金融危机、美国次贷危机等。金融自由化带给我们最重要的启示是:金融自由化是一把"双刃剑",我们应该趋利避害。

资料来源:根据相关资料整理。

第一节 金融发展

一、金融发展的含义

对于金融发展(financial development)的定义,人们一般都沿用戈德史密斯的解释,即金融发展是指金融结构的变化。金融结构包括金融工具的结构和金融机构的结构两个方面;不同类型的金融工具与金融机构组合在一起,就构成不同特征的金融结构。一般而言,金融工具的数量、种类、先进程度以及金融机构的数量、种类、效率等的组合,就形成了发展程度高低不同的金融结构。一国金融工具与金融机构的种类和数量越多,运行与交易的效率越高,金融发展的程度也就越高。

二、金融发展的衡量指标

根据金融发展的定义衡量金融发展的程度,实际上是衡量金融结构的状态。一般而言,衡量金融发展的指标可以分为两类:一是金融发展的内部结构指标;二是金融发展与经济增长的相互关系指标。

(一)金融发展的内部结构指标

金融发展的内部结构指标主要有以下几种:

(1)主要金融资产(如短期债券、长期债券、股票等)占全部金融资产的比重;

(2)金融机构发行的金融工具与非金融机构发行的金融工具的比率,该比率是衡量金融机构化程度的尺度;

(3)在非金融机构发行的主要金融工具中,由金融机构持有的份额,该比率可用以进一步衡量金融机构化程度的指标;

(4)主要金融机构(如中央银行、商业银行、储蓄机构及保险组织)的相对规模;

(5)各类金融机构的资产分别占全部金融机构资产的比率,该比率称为"分层率",用以衡量金融机构间的相关程度;

(6)主要非金融部门的内源融资(如公司本身的资本积累)和外源融资(主要指通过金融渠道的资本融入)的对比;

(7)外源融资中,国内部门(主要是国内金融机构)和外国贷款人在各类债券和股票中的相对规模,等等。

(二)金融发展与经济增长的相互关系指标

1. 金融相关率

金融相关率(financial interrelation ratio)是指某一时期一国全部金融资产的价值与该国

经济活动总量的比值。金融资产包括：非金融部门发行的金融工具（股票、债券及各种信贷凭证）；金融部门，即中央银行、商业银行、清算机构、保险组织和二级金融交易中介发行的金融工具（通货与活期存款、居民储蓄、保险单等），以及国外部门发行的金融工具等。在实际统计时，常用国民生产总值或国内生产总值来表示经济活动的总量。该指标由于简单、适用、合理而被广泛使用。

2. 货币化率

货币化率（monetization rate）是指一国通过货币进行交换的商品与服务的价值占国民生产总值的比重，也就是一国的货币化程度。随着商品经济的发展，使用货币作为商品与服务交换媒介的范围越来越广，这一现象就是社会的货币化程度不断提高。货币化率是一个反映金融发展程度的重要指标，但在使用这一指标时，要注意使用的是哪个层次的货币统计量。此外，由于在现实经济中通过货币进行的商品和服务交易往往很难统计，因此，一般都以货币供给量与国内生产总值的比重来间接表示货币化程度。

三、金融发展与经济发展的互动

金融发展与经济发展的关系需要从以下两方面去辩证地把握：

（一）金融是经济发展的结果

1. 金融是商品经济发展的产物

金融是商品生产与交换发展的必然产物，并且随着商品经济的发展而发展。货币作为最基本的金融工具，是在以交换为基本关系的商品经济中，为了体现平等独立的商品生产者之间的等价交换原则、降低物物交换的巨大交易成本而出现的。

2. 商品经济发展的不同阶段对金融需求的不同，决定了金融发展的结构和规模

经济发展的不同阶段，对金融的需求是不同的，由此决定了金融发展在一个阶段的结构与规模。在经济发展的低级阶段，只有简单的金融需要，金融活动也只能解决货币流通、资金融通、支付结算等简单的功能，金融机构的经营范围狭窄，金融工具的种类很少，金融发展处于初级阶段。当经济发展进入发达阶段后，会有很多的金融需求产生，金融机构会通过各种金融创新产品满足日益增长的市场需求，此时，金融机构经营范围扩大，金融市场总体规模增长。在金融发展的这个阶段，市场风险增加，也对金融当局的宏观调控体系和监管体系提出新的要求，金融发展也进入高级阶段。

（二）金融发展推动了经济发展

金融随着经济的发展而发展，反过来也对经济的增长起到重要的推动作用。金融发展对经济增长的促进作用主要表现在以下几点：

1. 储蓄动员与投资转化功能

储蓄动员就是将分散的剩余资本通过储蓄集聚起来，形成比较大的资本，然后转化为投资。金融发展创造了各种各样的金融工具，"使得家庭和其他经济单位从他们自己的储蓄和投资之间不可解开的魔咒中解放出来。如果没有金融工具，每个单位的储蓄就必须等于投资。金融工具一旦存在，一个单位的投资就可以大于或小于其储蓄，这就是货币金融工具的魅力所在，因为未投资于本单位的储蓄现在也能取得收益，这就为以积累无盈利的货币为形

式来进行的储蓄提供了一种激励机制。"①小额的投资者通过持有这些分散化的证券来进行储蓄,创造证券的公司则有效地将小额资金转换为大额的资本,实现有效率的投资。

2. 信息生产与资源配置功能

储蓄向投资的转化还需要解决信息的问题。资金盈余者和资金短缺者之间的信息不对称使得储蓄向投资的直接转化不可能实现,但是,金融中介的出现解决了这个问题,它们在专业人才、信息渠道、评价分析等方面具有优势,能够为投资者提供咨询信息以节省信息成本,这样就有利于实现社会经济资源的合理配置和使用效率的提高。

3. 风险管理功能

在风险厌恶的世界里,投资者可能不愿意将自己的资产投放在不具有流动性的领域里,因为可能在该项目投资产生回报之前,他将会需要动用自己的资产。但是,金融市场和金融中介的出现却能够增强资产的流动性,这不仅消除了投资者和储蓄者的流动性风险,而且大大便利了高收益项目的长期性融资需求。例如,资本市场的发展降低了流动性风险,通过便利交易,股票市场降低了流动性的风险,股票的持有者在需要流动性的时候可以随时将持有的股票在市场上变现,而公司则可以获得永久使用的资本。

4. 公司治理功能

现代企业的基本特点之一是企业的所有者股东和企业的经营者经理人之间的分离。由于信息不对称,经理人可能会为自己的目标而损害股东的利益,所以必须对经理人的活动进行监督,以保证所有者收益的最大化。金融体系具有实施公司治理的功能,通过股票市场等金融制度安排能形成适当的激励机制,监督和激励公司经理以股东利益最大化为经营目标,"大股东用手投票,小股东用脚投票",就是股票市场实施公司治理的形象概括。

专栏 15-1

中国的高货币化之谜

中国改革开放三十多年来,随着经济总量的增长,经济活动对货币和相关交易工具的依赖越来越重,货币化进程加速,导致金融资产规模在经济总资产中的比重上升。常用的衡量金融深化的指标就是 M_2/GDP,即广义货币(M_2)与国内生产总值(GDP)的比值。

根据国际货币基金组织 2012 年公布的数据,2011 年 M_2/GDP 的比值,美国为 0.83,日本为 2.40,英国为 1.36,卢森堡为 4.86,巴西为 0.39,俄罗斯为 0.45,与此同时,各国 M_2/GDP 的走势也存在相当大的差别。比如,美国货币化走势是曲折向下,日本则为直线向上,巴西、俄罗斯这些新兴经济体虽然总体趋势向上,但不如中国货币化率走势陡峭。数据显示,中国的 M_2/GDP 从 1978 年的 0.32 增长到 2011 年的 1.80,在 33 年间扩大了近 6 倍。

渣打银行最新研究报告也表明,目前,在全球广义货币的存量和增量方面,中国均居世界首位。据测算,2011 年中国新增 M_2 的规模全球占比达 52%,这样的增长规模和态势在世界各国经济发展史上的确是少有的。事实上,随着改革开放的深入和市场化程度的提高,我国货币需求水平不断上升,表现为货币供应量的增长速度平均高于经济增长速度,导致 M_2/GDP 不断上升。

---

① 雷蒙德·戈德史密斯.金融结构与经济发展[M].上海:三联书店,1994:392.

中国市场经济进程有其特殊的背景,在渐进改革的市场化进程中,政府通过政策推动甚至主动参与,将自然资源、劳动力、资金、技术、管理等资源和要素不断推向市场,使得各类资源持续货币化。由于中国货币供给的内生性,由此带来大量的基础货币投放,通过货币乘数的放大从而拉动较强的货币供给。

不过,经济货币化进程绝非货币化率畸高的全部答案。入世以来,中国出口高增长以及累计的外汇储备已经严重改变了我国货币创造的机制和供给结构。在1994年外汇管理体制改革以前,中国基本上通过国内信贷来投放基础货币,外汇占款仅占很小的一部分,约为26.4%。然而,随着外汇储备的持续增长以及央行实施的"冲销干预"政策,使得中国外汇占款大幅飙升,从2002年年末到2011年,外汇占款由2.21万亿元增加到25.52万亿元,增长为原来的11.5倍。外汇占款增量占中央银行基础货币增量的比例也越来越高,2005年突破100%,达到110%,随后几年持续上升,2009年更是达到134%,因此中国货币创造属于"被动式创造"。

再者,从中国社会融资模式看,过度依赖银行体系,间接融资市场效率低、金融投资渠道匮乏使得存款储蓄居高不下,从而导致广义货币的沉淀和货币的体外循环。

可见,人们所质疑的所谓的"超额货币供给"并非宏观经济矛盾的源头,而恰恰是中国结构性失衡的结果。就货币论货币永远走不出货币的迷局,必须"跳出货币看货币",淡化政府主导的市场化资源配置模式,改变对投资的过度依赖,促进金融领域全方位变革,只有通过深层次改革才能破解中国经济的"高货币化之谜"。

资料来源:大公网,2012年11月29日。

第二节 金融压抑

针对发展中国家金融市场普遍落后的状态,不少发展经济学家努力研究导致这种落后的原因以及摆脱落后的对策。美国经济学家麦金农、肖等人在这方面取得了重大进展,他们系统地研究了发展中国家金融市场和经济发展的关系,提出了金融压抑(financial repression)和金融自由化(financial liberalization)的理论。

一、发展中国家金融体制的一般特征

罗纳德·麦金农在《经济发展中的货币与资本》、爱德华·肖在《经济发展中的金融深化》著作中,将发展中国家金融体制的一般特征概况为以下五个方面:

(一)货币化程度低

在发展中国家,由于市场的分割性,商品交易的范围和规模都受到许多限制。在整个经济中,货币经济所占的比重较小,相反,自给自足的非货币经济所占比重较大。因此,相对于发达国家而言,发展中国家的货币化程度低,货币在整个经济中所起的作用受到限制。这种经济的效率十分低下,并使调整货币供给量指标和利率指标的作用受到限制。

(二)金融体系的"二元结构"

发展中国家的二元经济结构决定了其金融体系的二元性特征,即以现代化方式经营的

大银行、其他金融机构以及外资金融机构集中于经济和交通发达的大城市;而诸如钱庄、当铺等传统的金融机构主要分布在经济相对落后的小城镇和广大农村地区。

(三)金融机构单一

在发展中国家,商业银行在金融活动中居于绝对主导地位,非银行金融机构则极不发达;金融机构的专业化程度较低,金融效率低下,而发达国家的金融机构体系却错综复杂,功能全面。

(四)金融市场不发达

发展中国家由于经济落后,货币化程度低,严重限制了金融市场的发展。主要表现为:直接融资市场极其落后,并且主要是作为政府融资的工具而存在;企业的资金来源主要靠自我积累和银行贷款。

(五)政府对金融业的严格管制

发展中国家政府通常对金融业实行严格的干预和管制,并将其作为实施发展战略的一种重要手段。发展中国家政府不仅对专业银行和商业银行的业务活动进行强制性干预,而且对利率、汇率等金融资产价格也实行严格的管制,致使其价格扭曲,无法反映资源的相对稀缺性,具体表现是压低实际利率,高估本国的币值。

二、金融压抑的政策原因

麦金农和肖认为,发展中国家压抑性的金融政策主要体现在以下几个方面:

(一)人为压低实际利率

为了降低公共部门的融资成本,阻止私有部门同公共部门竞争资金,发展中国家通常以设定存款利率上限的方式来压低利率水平。同时,由于发展中国家政府常常不得不依靠通货膨胀来弥补巨大的财政赤字,通货膨胀率往往居高不下。结果是实际利率通常很低,有时甚至是负数。这就严重脱离了发展中国家资金稀缺从而必然要求利率偏高的现实。过低的实际利率使得持有货币的实际收益十分低下,从而降低了人们对实际货币的需求,金融资产的实际规模也就难以扩大。

(二)存在信贷配给的现象

由于利率低下带来的储蓄低下和投资膨胀,发展中国家通常面临巨大的资金短缺。面对这种情形,政府往往实行选择性的信贷配给政策,引导资金流向政府偏好的部门和产业。而这些为政府所偏好的企业和项目,大多是享有特权的国有企业和具有官方背景的私有企业,由此导致的直接后果是资金分配效率十分低下。

(三)对金融机构实施严格的控制

这些控制措施包括:对金融机构要求很高的法定准备金和流动性,以便于政府有效地集中资金;严格限制某些类型的金融机构的发展;严格限制金融机构的资金流向;实施金融机构的国有化;等等。这一系列金融控制措施的直接后果是:金融机构成本高昂、效率低下;金融机构种类单一、专业化程度低。

(四)人为地高估本币汇率

发展中国家的汇率往往是由政府控制的,政府为了降低进口商品的成本,往往人为地高估本币汇率。过高的本币汇率不仅使发展中国家本来就十分低下的产品国际竞争力更弱，而且使进口需求高涨。其结果是，发展中国家的外汇短缺现象更为严重，从而促使其不得不实行全面的外汇管制。

三、金融压抑的负面效应

由于金融发展与经济发展的密切联系，发展中国家的金融压抑政策必然会对经济发展产生较大的负面效应，主要表现为以下四方面：

（一）负储蓄效应

许多发展中国家都存在市场分割和经济的货币化程度低，金融工具品种单一、数量偏少等问题，加之经常性的通货膨胀以及僵化的官定利率导致实际利率偏低，给储蓄者造成损失，于是人们不愿以货币的形式进行储蓄，而往往以实物资产的形式储藏财富，从而使得储蓄率低下。

（二）负投资效应

由于经济发展较为落后，发展中国家大多实施"赶超战略"，在实施金融压抑政策的条件下，其投资的重点往往是耗费巨额资金的重工业，这无形中限制了其向传统部门的投资，特别是阻碍了农业和轻工业的正常发展，从而使得本国不得不增加对粮食和原材料的进口。由于技术条件的限制，资金密集型的产业并不能带来较高的效率，从而形成投资资金的浪费；与此同时，传统部门的投资受到限制，又进一步影响了这些国家出口的增长，导致经济发展缺乏必要的动力。

（三）负收入效应

公众持有的实际货币余额越多，储蓄和投资就越多，而投资的增加又会带来生产的增长与收入的提高。但是，许多发展中国家的情况却恰恰相反。在金融压抑的政策下，由于通货膨胀削减了公众持有货币的实际价值，人们的储蓄倾向降低，储蓄下降使得可用于投资的资金也就相应减少，国民收入的增长受到影响，而这反过来又制约了储蓄与投资的增长，从而形成了一个恶性循环。

（四）负就业效应

在金融压抑的政策下，传统部门与小规模生产受到限制，其发展缺乏必要的资金与技术投入，劳动密集型产业得不到发展，大量乡村劳动力不得不迁移到城市寻找工作。而"赶超战略"的规划者们常常忽视了本国人口众多的国情，热衷于建立资本密集型企业，这些对企业劳动力的吸引又十分有限，整个社会失业现象普遍；伴随着生产发展与技术进步，失业现象将会更加普遍，社会成员间的贫富分化也进一步加剧。

第三节 金融自由化

麦金农和肖认为，金融压抑政策所带来的金融萎缩严重制约了发展中国家的经济增长，使得发展中国家陷入了金融萎缩和经济萎缩的恶性循环。他们认为，要打破这一循环，关键在于放弃金融压抑政策，转而实施金融自由化政策，以此促进金融部门自身的发展，进而促进经济增长。

金融自由化也称为金融深化(financial deepening)，是金融压抑的对立面。金融自由化主张改革金融制度，改革政府对金融的过分干预，放松对金融机构和金融市场的限制，增强国内的筹资功能以改变对外资的过度依赖，放松对利率和汇率的管制使之市场化，从而使利率和汇率能反映资金的供求状况，促进国内储蓄率的提高，最终达到抑制通货膨胀、刺激经济增长的目的。

一、金融自由化改革的核心内容

金融自由化改革的核心内容主要有以下几方面：

（一）放松利率管制

由政府维持的官定利率人为造成资金供求的均衡价格与官定价格之间存在巨大差异。由于官定利率大大低于潜在起作用的供求均衡利率，因此，在信贷分配上出现大量的官商勾结、以权谋私等问题。为了消除这一弊病，不少发展中国家解除了对利率的管制，更多的国家则是对利率采取了较为灵活的管理方式。

（二）缩小指导性信贷计划

在实施金融自由化之前，许多发展中国家的政府都对信贷分配实施指导性计划管理；在政府影响力较强的国家中，这些所谓的指导性信贷计划实际上起着指令性计划的作用。这种对金融活动的人为干预，效果大都很差。正因为这一点，许多发展中国家在20世纪70年代中期缩减了指导性信贷计划的实施范围，而阿根廷、智利和乌拉圭三国完全取消了指导性信贷计划。

（三）减少金融机构审批限制，促进金融同业竞争

在发展中国家，一方面是金融机构数量不足，另一方面是存在本国和外国银行登记注册中的各种障碍。不允许自由进入金融行业，势必造成金融垄断，金融垄断派生的不合理信贷分配和僵化的利率必然造成金融运行的低效率。许多发展中国家的政府认识到了这一点，从而将降低进入金融行业的门槛作为金融改革的一个重要内容，以促进同业竞争。

（四）发行直接融资工具，活跃证券市场

在放开利率管制、鼓励金融机构间竞争的同时，实行金融自由化的国家无不积极鼓励发展证券市场。具体内容是，增加可流通金融工具的发行数量，培育证券一级市场和二级市场，完善有关的证券管理法规，适时对外开放证券市场。

（五）放松对汇率和资本流动的限制

相对于其他金融自由化措施，汇率和资本账户的放开进度要缓慢得多。由于发展中国家的管制汇率往往高估本国货币，一旦放开，可能出现本币的大幅贬值。这对于进口依赖较强的国家会产生严重的通货膨胀。因此，不少国家对汇率的放松持相对谨慎的态度。一般采取分阶段、逐步放开的方法。

二、金融自由化改革的经济效应

肖认为，以取消利率和汇率管制为主的金融自由化政策具有一系列的正效应：

（一）储蓄效应

取消利率管制后,随着实际收益率(实际利率)的上升,以及金融资产的多元化,私人部门储蓄的积极性提高,将使国内私人储蓄率上升。国内利率高于国际金融市场利率,在放松资本管制的条件下,还会吸引大量的外资流入,使国外部门的储蓄增加。

（二）投资效应

取消利率管制后,利率将作为一种有效的相对价格引导资源的配置。随着储蓄效应和金融中介的发展,投资规模和投资效率都将提高。一方面,金融中介的发展使得企业能够在更大范围内更方便地筹资;另一方面,金融自由化后,政府对资金的行政性分配减少,信贷资金更多地流向高收益的投资项目,使社会的投资效率得以提高。

（三）就业效应

落后经济中的失业,在某种程度上是金融压抑的结果。金融压抑所导致的低利率使得储蓄水平低下,从而无法为生产提供足够的资金。更为糟糕的是,由于利率的人为压低,这些和劳动力相比本来就十分稀缺的资金往往又被大量投资于资本密集型产业,从而使失业状况更为严重。而金融自由化则有助于缓解这一状况。

（四）收入效应

金融自由化及其相关的政策,有助于促进收入分配的平等。金融自由化可以通过提高就业而增加工资收入的份额;可以减少拥有特权的少数进口商、银行借款者和资源消费者的垄断收入。此外,金融自由化带来的资本积累还有助于改变落后经济中普遍存在的以压低农产品价格的形式进行的对农民的变相剥夺。在许多发展中国家,这种剥夺往往是积累工业化所需资本的重要方式。

（五）以市场代替了官僚机构

金融自由化能减少因政府干预所带来的效率损失和经济腐败。在被压抑的经济中,政策策略的特征就是干预主义。由于货币变量难以控制,因而价格控制就显得相当重要;由于汇率高估,因而要实行复杂的关税制度、进口许可证制度以及对出口进行不同的补贴;由于储蓄缺乏,贷款就要逐项配给。这些繁杂的信贷和外汇的配给政策与管理措施一方面造成效率低下,另一方面为政府实权部门的贪污腐败创造了条件,而取消各项管制的金融自由化政策则有利于铲除腐败的部分根源。

三、金融自由化与中国的金融改革

进入21世纪以来,随着经济全球化和市场化改革的进一步深入发展,我国全方位、多层次、宽领域的对外开放格局逐步形成,中国的金融改革取得重要进展。

（一）加大金融业改革开放的步伐

2001年12月11日,中国正式加入世界贸易组织。根据中国加入世贸组织的承诺,境内的银行业、保险业、证券业、信托业等金融业逐步实现基本对外开放。在五年过渡期内,逐次开放外资银行人民币业务的地域限制和客户对象限制,并于2006年12月11日起向在中国注册的外资法人银行全面开放人民币业务,实施与中资银行完全统一的监管标准,对外资银行全面实行国民待遇。此外,创造性地提出运用国家外汇储备注资大型商业银行,设计了核销已实际损失掉的资本金、剥离处置不良资产、外汇储备注资、境内外发行上市的"四部曲"方案,稳步推进大型商业银行股份制改革,成功实现在上海和中国香港地区两地上市;以及分设中国国家开发银行、中国进出口银行、中国农业发展银行三大政策性金融机构和允许外资金融机构进入等。

(二) 加快培育和发展金融市场

债券市场、股票市场、保险市场以及真正意义上的同业拆借市场等货币市场从无到有、从小到大、从极为幼稚向比较成熟的阶段发展。《金融业发展和改革"十二五"规划》进一步提出,逐步形成层次合理、功能互补的金融市场体系,更好地为实体经济发展服务。

(三) 进一步推行利率市场化改革

按照"放得开、形得成、调得了"的原则,稳步推进利率市场化改革。目前,全面实现了货币市场和债券市场利率的市场化,放开了贷款利率管制和存款利率下限,存款利率上限实行浮动区间管理。构建了以上海银行间市场拆放利率与国债收益率曲线为核心的基准利率体系。通过改革再贷款利率形成机制、存款准备金利率制度以及完善公开市场操作体系等,利率调控由过去单一依靠存贷款利率转变为调整存贷款基准利率与引导市场利率并重,货币政策调控逐步由数量型调控向价格型调控转变。

(四) 逐渐实行灵活的汇率制度

2005年7月21日,中国人民银行改革人民币汇率形成机制,人民币汇率不再单一钉住美元,开始实行以市场供求为基础、参考一揽子货币进行调节、有管理的浮动汇率制度,将人民币对美元汇率调整为1美元兑8.11元。中国人民银行将根据市场发育状况和经济金融形势,适时调整汇率浮动区间。同时,中国人民银行负责根据国内外经济金融形势,以市场供求为基础,参考篮子货币汇率变动,对人民币汇率进行管理和调节,维护人民币汇率的正常浮动,保持人民币汇率在合理、均衡水平上的基本稳定,促进国际收支基本平衡,维护宏观经济和金融市场的稳定。

(五) 主动加快外汇管理方式转变

主动加快外汇管理方式转变,改进"宽进严出"的管理模式,实行资金流入流出均衡管理,促进国际收支基本平衡。推进经常项目外汇账户改革,简化服务贸易外汇管理,稳步推进人民币资本项目可兑换,促进贸易投资便利化。实行合格境内机构投资者(QDII)、合格境外机构投资者(QFII)和人民币合格境外机构投资者(RQFII)制度,促进证券投资资金双向流动。建立完善国际收支风险预警系统,制定应对跨境资金异常流出和流入的政策预案,有效防范跨境资金流动冲击。

(六) 逐步推进资本账户开放

目前,中国境内的资本账户实行的是一种"名紧而实松"的管制,即尽管在名义上对资本账户中的许多子项目仍然保持较为严格的管制,但在实践中,资本账户下的大部分子项目已有相当程度的开放。截至2011年年底,在国际货币基金组织(IMF)规定的资本账户管制7大类40细项中,中国基本可兑换项目达到14项,占35%,主要为资本和货币市场工具、信贷工具交易等;部分可兑换项目达到22项,占55%,主要为资本和货币市场工具、个人资本交易等;完全不可兑换项目仅为4项,占10%,主要是非居民参与国内货币市场、基金信托市场以及买卖衍生金融工具;完全可兑换项目为0项。

(七)完善金融宏观调控机制

目前我国已经形成了由中国人民银行、中国银监会、中国证监会、中国保监会组成的"一行三会"的监管格局;更多地运用间接货币政策工具调节金融变量;着力构建现代规范的金融监管体系,监管职能逐步完善。

(八)加快金融立法建设进程

近年来,随着《中央银行法》《商业银行法》《银行业监督管理法》《票据法》《保险法》等一系列金融法律法规的颁布实施,金融监管有了规范的法律保障。其中,被称为"中国版巴塞尔协议"的《商业银行资本管理办法(试行)》的发布标志着我国的金融监管逐渐走向完善。

不可否认,我国渐进式的金融自由化改革对推进金融深化和促进经济增长起到了重要的作用。但值得注意的是,在我国金融自由化进程中,大量不同程度的金融风险明显存在,并随着金融结构变迁而不断积累,成为我国金融发展与金融稳定的隐患。例如,过快放松金融业务管制容易引起金融动荡,金融市场准入步伐过快容易引起银行业过度竞争,资本账户的管制漏洞会给国际游资投机套利创造机会,以及金融自由化使传统金融监管政策失灵从而影响金融稳定,等等。

第四节 金 融 创 新

金融创新始于20世纪60年代初,70年代全面展开,形成金融创新浪潮,成为国际金融领域的显著特征。金融创新不仅对金融业务本身产生了巨大影响,而且还对整个社会经济产生了深刻的影响。

一、金融创新的含义

金融创新(financial innovation)是近几十年来世界金融业发展的趋势之一。熊彼特在《经济发展理论》一书中对创新所下的定义是:"创新是指新的生产函数的建立,也就是企业对生产要素实行新的组合,它包含五种形式:(1)新产品的出现;(2)新生产方法和技术的运用;(3)新市场的开拓;(4)新原材料供应来源的发现;(5)新企业管理方法或组织形式的推广。"金融创新则是以上思想在金融领域的延伸。阿诺德·希尔金认为,创新总的来说是指所有种类新的发展,金融创新则指改变了的金融结构的金融工具的引入和运用。可以看出,这个定义主要说明了金融创新的关键是各种金融工具的创新。大卫·里维林指出,金融创新是指各种金融工具的运用,新的金融市场及提供金融服务方式的发展。显然,这个定义包含更多的内容,指出金融创新主要包括金融工具的创新、市场的创新和服务的创新。

通常认为,金融创新有广义和狭义之分,广义的金融创新是指金融工具、金融机构、金融市场、金融制度等的创新,而狭义的金融创新仅指金融工具的创新。

二、金融创新的理论

20世纪60年代以来,西方发达国家金融领域发生了巨大的变化,创新活动层出不穷,西方经济学家将熊彼特的创新理论引入金融领域,并从不同角度探求金融创新的动因,由此形成了许多不同的金融创新理论。

(一) 约束诱导理论

这一理论的代表人物是西尔伯,他主要从供给角度来探讨金融创新,认为金融创新是微观组织为了寻求最大的利润,减轻外部对其产生的金融抑制而采取的"自卫"行为。西尔伯认为,这些金融抑制主要来自两个方面:其一是外部约束,主要是政府制定的经济制度和市场对企业最优化的约束,政府制定的经济制度对金融企业经营范围和行为有直接的限制作用,而市场是通过提供不同的金融参数来间接影响企业的经营目标和行为,以达到限制的作用。其二是内部约束,即金融企业制定的利润目标、增长率目标、流动性比率、资产运用比率等,企业通过这些指标来约束自己的行为。一般情况下,企业为了实现这些指标需要克服现实中存在的限制,并产生了对创新的需求。当两方面的金融抑制特别是外部金融抑制制约金融机构获得利润最大化时,金融机构就会发明新的金融工具、服务品种和管理方法来摆脱内部与外部的制约,以增强其竞争能力。

(二) 规避管制理论

这一理论的代表人物是凯恩,他认为"规避"就是金融机构采取各种措施回避各种规章制度的限制。凯恩认为,金融创新主要是由于金融机构为了获取利润而规避政府的管制所引起的。各种形式的政府管理与控制实质上等于隐含的税收,阻碍金融企业从事已有的盈利活动和利用管制以外的盈利机会,因此金融机构会通过创新来逃避政府的管制。当金融创新危及金融稳定时,政府和金融当局又会加强管制,而管制又会刺激用于规避的金融工具的"替代品"不断产生,这样管制又导致新一轮的金融创新。金融创新的过程就是"管制—创新—再管制—再创新"这样一个创新和管制不断交替的过程,也是金融机构和政府之间自由与管制的动态博弈过程。

(三) 制度改革理论

这一理论的代表人物是诺斯、戴维斯、塞拉等。这种理论认为,金融创新作为经济制度的组成部分,应该是一种与经济制度互为影响、互为因果的制度改革。根据这种观点,金融领域内发生的任何因制度改革而引起的变动都可视为金融创新。例如,在计划经济下,由于严格的计划管理,使得金融创新无法顺利进行,金融创新的规模、范围和种类都很少;而在完全自由的市场经济制度下,金融创新很容易进行,但创新的内容却要少很多,这是因为金融管制这一引发金融创新的动因不存在了,就不可能也没有必要产生为了规避管制而进行的金融创新。因此,他们提出全方位的金融创新只能在受管制的市场经济制度下出现。

(四) 交易成本理论

这一理论的代表人物是希克斯和涅汉斯。这一理论的基本命题是"金融创新的支配因素是降低交易成本"。他们认为,降低交易成本是金融创新的首要动机,交易成本的高低决定金融业务和金融工具是否具有实际意义,金融创新实质上是对科技进步导致交易成本降低的反应。他们把交易成本和货币需求与金融创新联系起来考虑,认为交易成本是作用于货币需求的一项重要因素,不同的需求产生对不同类型的金融工具的要求,交易成本高低使经济个体对需求预期发生变化;交易成本降低的发展趋势是使货币向更为高级的形式演变和发展,产生新的交换媒介、新的金融工具;不断降低交易成本就会刺激金融创新,改善金融服务。

（五）财富增长理论

这一理论的代表人物是格林和海伍德。他们认为,经济的高速发展带来的财富增长是金融创新的主要原因。因为财富的增长加大了人们对金融资产和金融交易的需求,引发了金融创新以满足日益增长的金融需求。这一理论实际上是从需求角度研究金融创新的成因,有其片面性。首先,金融创新需要一定的条件,即金融管制上的放松,否则就会严重抑制需求产生的金融创新;其次,该理论忽视了供给因素,事实上,只有需求而缺乏供给动力的金融创新是难以推广和持久的。

（六）货币促成理论

这一理论的代表人物是弗里德曼。这种理论认为,金融创新的出现,主要是由于货币方面因素的变化所引起的。如20世纪70年代,布雷顿森林体系解体,以美元为中心的固定汇率制度被放弃,取而代之的是浮动汇率制度。在浮动汇率制度下,各国金融管理当局放松金融监管,利率和汇率的波动风险加大,通货膨胀现象也越来越严重。在这种背景下,国际金融市场上的汇率风险、利率风险、通货膨胀风险非常严重,经济主体对金融创新的需求增加,如这一时期出现的可转让支付命令账户(NOW)、浮动利率票据、浮动利率债券、利率期货、外汇期货等金融工具的出现,都是金融创新的产物。

（七）技术推进型理论

这一理论的代表人物是韩农和麦道威。这种理论认为,新技术的出现是促成金融创新的主要原因,特别是电脑和现代通信设备的新发明在金融业的应用,是促成金融创新的重大因素。他们在1984年发表的《市场集中与技术在银行业的推广》一文中,通过实证研究,发现20世纪70年代美国银行业新技术的采取和扩散与市场结构的变化密切相关,从而认为新技术的采用是导致金融创新的主要因素。

三、西方发达国家金融创新的历史演进

西方发达国家金融创新的历史演进,可大致分为以下五个阶段:

（一）20世纪60年代的金融创新:规避管制

20世纪60年代,各国经济处于战后恢复增长阶段,各工业国经济增长迅速,国际资本流动加快,这对它们遵守以布雷顿森林体系为主的固定汇率制度提出了挑战。各国金融管理当局为了实现对布雷顿森林体系中的承诺,纷纷对外汇市场进行干预,制定了各种能对资本实行控制的管制制度。严格的金融管制阻碍了金融机构利润目标的实现,使得大量以规避管制为目的的金融创新产品得以涌现。这一时期金融创新的具体内容如表15-1所示。

表15-1 20世纪60年代的主要金融创新

创新时间	创新内容	创新目的	创新者
1958年	欧洲债券	突破管制	国际银行机构
1959年	欧洲美元	突破管制	国际银行机构

续表

创新时间	创新内容	创新目的	创新者
20世纪60年代初	可转换债券	转嫁风险	美国
	自动转账	突破管制	英国
1960年	可赎回债券	增强流动性	英国
1961年	大额可转让定期存款	增强流动性	英国
	负债管理	创造信用	英国
20世纪60年代末	混合账户	突破管制	英国

资料来源：根据相关资料整理。

能较好地解释这一时期金融创新的主要理论有约束诱导理论、规避管制理论等。

（二）20世纪70年代的金融创新：转嫁风险

20世纪70年代，布雷顿森林体系崩溃，以美元为中心的固定汇率制度被放弃，取而代之的是浮动汇率制度。各国金融管理当局相继放松监管，国际金融市场上汇率和利率波动剧烈，而且出现了严重的通货膨胀。因而这个阶段出现的金融创新主要以降低和规避金融市场上的汇率、利率和通胀风险为根本目的。这一时期金融创新的具体内容如表15-2所示。

表15-2　20世纪70年代的主要金融创新

创新时间	创新内容	创新目的	创新者
1970年	浮动利率票据	转嫁利率风险	国际银行机构
	联邦住宅抵押贷款	转嫁信用风险	美国
1972年	外汇期货	转嫁汇率风险	美国
1973年	外汇远期	转嫁信用、利率风险	国际银行机构
1974年	浮动利率债券	转嫁利率风险	美国
1975年	与物价指数挂钩公债	转嫁通胀风险	美国
	利率期货	转嫁利率风险	美国
20世纪70年代末期	资本适宜度管理	防范经营风险	美国

资料来源：根据相关资料整理。

能较好地解释这一时期金融创新的主要理论有货币促成理论、技术推进理论等。

（三）20世纪80年代的金融创新：防范风险

20世纪70年代发生的石油危机引发了80年代发展中国家的债务危机，金融市场上风险加重，各国的金融管理当局都把改变银行信贷质量恶化作为当务之急，出现了金融自由化浪潮。美国和西欧国家相继取消存款利率的限制，积极推动金融机构业务多元化，放弃对本国金融市场的管制，允许资本在国内外资本市场自由流动，国际金融市场一体化趋势逐渐加强。这个阶段出现的金融创新要求既能规避汇率和利率风险，又能防范市场风险和信用风险，而且大多以银行表外业务形式出现。这一时期金融创新的具体内容如表15-3所示。

表 15-3 20 世纪 80 年代的主要金融创新

创新时间	创新内容	创新目的	创新者
1980 年	债务保证债券	防范信用风险	瑞士
	货币互换	防范汇率风险	美国
1981 年	利率互换	防范利率风险	美国
	票据发行便利	转嫁利率风险	美国
1982 年	期权交易	防范市场风险	美国
	期指交易	防范市场风险	美国
	可调利率优先股	防范市场风险	美国
1983 年	动产抵押债券	防范信用风险	美国

资料来源：根据相关资料整理。

能较好地解释这一时期金融创新的主要理论有约束诱导理论、规避管制理论、技术推进理论、制度改革理论等。

（四）20 世纪 90 年代的金融创新：综合化经营

进入 20 世纪 90 年代以后，在世界经济发展方向呈区域化、集团化和国际金融市场全球一体化的趋势下，金融创新是以金融自由化改革推动为特征，金融创新产品在更加激励的竞争环境中持续发展，金融创新的市场规模不断扩大。

其主要内容有：(1) 80 年代金融创新产品的进一步推广和运用。具有代表性的金融创新产品是金融产品的组合创新、金融产品与非金融产品的组合创新以及银证、银保、银证保业务资产证券化。(2) 制度改革带来的金融创新成为主流。世界各国特别是发达国家积极顺应世界经济金融发展趋势的客观要求，大胆进行金融制度改革，放松金融管制以产生更多新的金融产品来应对全球化的竞争，从而对金融创新起到了推动作用。(3) 网上银行业务发展迅速。计算机技术、通信技术，特别是网络技术在这一时期的迅猛发展和广泛应用，使得技术因素不仅成为金融创新的手段，而且成为金融创新的强大动力，网上银行的产生与发展，在金融创新产品的推出与进一步发展中起到重要作用。

能较好地解释这一时期金融创新的主要理论有制度改革、技术推进等。

（五）21 世纪的金融创新：衍生性和复杂性

进入 21 世纪，金融创新的脚步依然充满活力，到美国次贷危机爆发前，西方的金融创新主要呈以下特征：(1) 创新方式以衍生性为主，原发性为辅。"20 世纪最重要的金融成果——金融工程"得到广泛应用，基础性金融工具如基金、各类期权、互换等被大量挖掘。近年来的主要金融创新是利用金融工程技术对各类基础性金融工具进行组合，从而形成新的衍生金融产品。(2) 金融产品复杂性增加，风险和不确定性加大。由于技术进步和金融工程的广泛应用，一些复杂金融工具的开发进程大大加快。在 2007 年爆发的金融危机中，由于许多金融产品过于复杂，很多机构及投资者对产品的定价及风险控制无法深入了解，而是完全依赖产品的信用评级来进行投资决策，结果偏高的信用评级导致了投资者的非理性追捧和风险的累积，最终带来了危机的发生。(3) 信用衍生产品大量出现，成为市场的重要组成部分。近几年来，由于信用衍生产品可以用来分散信用风险、增强资产流动性、提高金融市场效率等,得到迅速发展,越来越多的机构参与信用衍生产品市场,而过度参与合成以 CDO 和 CDs 为主的信用衍生品市场,正是全球金融危机爆发的最直接的原因。

能较好地解释这一时期金融创新的主要理论有技术推进、需求推动、制度改革等。

四、金融创新的影响

金融创新好比一把"双刃剑",既有积极的一面,也有消极的一面。但是从整体看,金融创新的影响是利大于弊的。

(一) 金融创新的正面效应

1. 金融创新提高了金融机构的运作效率

首先,金融创新通过大量提供具有特定内涵与特性的金融工具、金融服务、交易方式或融资技术等成果,从数量和质量两方面同时提高了需求者的满足程度,增加了金融商品和服务的效用,从而增强了金融机构的基本功能,提高了金融机构的运作效率。其次,提高了支付清算能力和速度。把电子计算机引入支付清算系统后,金融机构的支付清算能力和效率上了一个新台阶,提高了资金周转速度和使用效率,节约了大量流通费用。最后,大幅度增加了金融机构的资产和盈利率。现代金融创新涌现出来的大量新工具、新技术、新交易和新服务,使金融机构积聚资金的能力大大增强,信用创造的功能得到发挥,使金融机构拥有的资金流量和资产存量急速增长,由此提高了金融机构经营活动的规模报酬,降低了成本,加之经营管理上的创新,金融机构的盈利能力大为增强。

2. 金融创新促进了金融市场的发展

金融创新使金融工具、金融业务和金融服务方式更加多样化与灵活化,不断满足人们日益增多的对金融资产的不同需求。金融工具的创新种类不断增加,既有基础金融工具与衍生金融工具的组合,如外汇期货、股票期权、债券期货等,也有衍生金融工具之间的搭配,如期货期权、互换期权等由两种衍生工具组合而成的衍生工具。金融创新后的金融市场使市场上广大的投资者提高了持有金融资产的实际收益,增加了金融资产的安全性和流动性,也享受到了完善的金融服务和诸多金融便利。从 20 世纪 60 年代开始,随着各国金融管制的放松以及金融创新的发展,金融市场通过全球化发展逐步联结起来,形成一个无区域、无时间界限和统一的全球金融市场。金融创新加速了国际资本的流动,促进了国际资本市场规模迅速扩大,使其一体化程度加深。有些金融工具或衍生金融工具市场的交易,本身就要以多个国家的金融市场为基础,是一种跨市场的国际性金融交易,如货币互换、利率互换等。

3. 金融创新推动了金融制度的改革

金融创新使在实行专业化金融制度下的一些金融机构的业务进一步交叉,传统的金融专业分工界限已进一步缩小,甚至有些模糊。在金融不断创新的条件下,出现了新的金融机构与组织,出现了各种各样非常活跃的市场互助基金组织、金融期货市场等。金融创新使直接融资和间接融资、货币市场和资本市场的界限变得越来越让人分不清。例如,有一种到期可自动转换的债券,按转换前的期限划分应该属于货币市场融资活动,考虑到转换期似乎又属于资本市场融资行为。总之,金融创新导致融资制度产生变化,使原本清晰的融资制度变得难以分辨。

(二) 金融创新的负面效应

1. 金融创新加大了金融风险

金融创新具有转移和分散风险的功能,即金融机构通过各种创新工具或创新工具的多元化资产组合,把部分风险转移给交易的另一方,降低了自身的金融风险,但从整个金融领域来说,金融创新只是将风险从风险厌恶者转移给了风险偏好者,以新的方式重新组合,金融体系总的风险并未因此而减少。而且随着金融创新活动中大量衍生产品的出现,又会出现许多新的、更加复杂的金融风险。

金融创新加大了金融业的表外业务风险和系统风险。随着金融业表外业务的快速发展,金融业的表外业务风险随时都可能转化成现实的风险。如贷款承诺、借款担保、备用信用证等表外业务,由于授信额度的扩大和条件的降低,都使得银行承担了很大的潜在风险,这些潜在风险一旦转变成现实的风险,将给金融机构造成巨大损失。

金融创新引致的国际间资本流动和金融市场一体化,使不同国家的金融机构之间、金融市场之间的相互联系和依存度大大增强,一旦某一国家的一个环节出现问题,便会累及其他国家或整个国际金融业,形成"多米诺骨牌效应",酿成全球性金融危机。例如,1994年墨西哥金融危机不仅影响了拉美国家,对其他地区的国家也有不同程度的影响;1997年泰国金融危机不仅引发了东南亚金融危机,而且引起了欧美金融市场的动荡;最明显的例子无疑是美国发生的次贷危机,它导致了2008年全球金融危机。

2. 金融创新降低了金融监管的有效性

金融创新的发展促进了国内金融市场与国际金融市场互相融合,国内金融机构大量参与国际金融市场的金融交易活动,商业银行等金融机构为了逃避管制,增强竞争力,大量增加金融衍生工具交易和其他表外业务的交易,加大了金融监管的难度。金融监管部门主要通过审核金融机构的财务报表来发现问题,对金融机构进行监管,但金融创新工具多以表外业务进行,并不反映在财务报表中,这就使得金融监管当局很难对金融机构的经营和财务状况进行评估与监控。虽然近年来监管部门对表外业务的管理有所加强,但由于金融衍生产品交易的即时性和复杂性,再加上对表外业务缺乏统一公认的会计标准,即使定期检查金融机构头寸,也难以对表外业务的风险程度做出准确、客观的评价。

3. 金融创新加大了金融市场上的过度投机

20世纪80年代以来,金融衍生产品的创新如雨后春笋般纷纷涌现。各种衍生品虽有套期保值和规避风险的作用,如金融期货、金融期权、金融互换等,但它们只是以新的组合方式将风险重新分配,金融体系总的风险并没有因此减少。由于这些金融创新工具具有很强的杠杆效应和投机性,只要交易者交付少量的保证金就可以进行相当于保证金十倍甚至几十倍的资产交易,所以越来越多的交易者不是运用它来保值避险,而是利用其杠杆效应以小博大,赚取投机利润。但金融衍生品的潜在风险和潜在收益不像常规金融业务那样容易把握,一旦交易者对未来行情判断失误或是缺乏严格完善的风险管理措施,就会损失惨重。此外,规模庞大的资金脱离了现实的社会生产,滞留在金融衍生市场,大大增加了经济运行中的虚拟因素,使社会的虚拟资本规模不断放大,投机色彩过浓导致虚拟经济过度膨胀,金融泡沫增加,从而增加了发生金融危机的可能性。

4. 金融创新削弱了货币政策的有效性

金融创新改变了货币的结构和内涵,使传统的货币政策调控对象越来越不适应金融环境的变化。人们以货币形式保有资产的欲望下降,货币和其他金融资产之间存在的替代性给中央银行对货币需求进行准确判断增加了难度,从而使货币政策目标的实现难度加大。此外,金融创新后,货币定义不修改则不足以反映货币供应量的真实情况,修改太多则会削弱公众对货币政策的信心,这就使货币政策的制定更加困难。

金融创新的发展促进了资本的国际流动,资本的国际流动在一定程度上加大了货币政策运用的难度。当一国需要通过提高或降低利率来实施紧缩性或扩张性货币政策时,国际金融市场上的流动资金就会闻风而动,在短时间内大量流入或流出该国,从而部分抵消了该国货币政策的实施效果。

本章小结

1. 金融发展是指金融结构的变化。金融结构包括金融工具的结构和金融机构的结构两个方面;不同类型的金融工具与金融机构组合在一起,就构成不同特征的金融结构。

2. 发展中国家金融压抑的政策原因主要有:人为压低实际利率、存在信贷配给的现象、对金融机构实施严格的控制等。其负面效应有:负储蓄效应、负投资效应、负收入效应、负就业效应等。

3. 金融自由化也称为金融深化,是金融压抑的对立面,以取消利率和汇率管制为主的金融自由化政策具有一系列的正效应,如储蓄效应、投资效应、就业效应、收入效应等。

4. 金融创新的理论有约束诱导理论、规避管制理论、制度改革理论、交易成本理论等。金融创新在促进金融深化、推动经济发展的同时,也加大了金融机构和金融市场的风险,使金融监管的难度加大。

本章重要概念

金融发展　金融相关率　货币化率　金融压抑　金融深化　金融自由化　金融创新　约束诱导理论　规避管制理论　交易成本理论　财富增长理论

复习思考题

一、选择题

1. 经济发展对金融发展起(　　)作用。
   A. 一定的　　　　B. 决定性　　　　C. 不确定　　　　D. 推动
2. 金融发展是指(　　)。
   A. 金融机构数量增加　　　　　　　B. 金融工具多样化
   C. 金融效率提高　　　　　　　　　D. 金融结构变化
3. 金融压抑论与金融深化论解释的是(　　)。
   A. 金融发展与经济发展的关系　　　B. 金融发展与金融政策的关系
   C. 金融政策与金融发展的关系　　　D. 金融政策与经济发展的关系
4. (　　)是金融衍生产品中相对简单的一种,交易双方约定在未来特定日期按既定的价格购买或出售某项资产。

A. 金融期货合约 B. 金融期权合约
C. 金融远期合约 D. 金融互换协议

5. 希克斯和涅汉斯认为金融创新的支配因素是(　　)。
   A. 制度变革　　 B. 规避管制　　 C. 市场竞争　　 D. 降低交易成本

6. 诺斯等学者认为,金融创新就是(　　)。
   A. 规避管制 B. 制度变革
   C. 降低交易成本 D. 寻求利润的最大化

7. 金融抑制的最主要表现是(　　)。
   A. 对资金的价格—利率进行管制 B. 对货币的价格—汇率进行管制
   C. 市场准入放松 D. 资本流动性加强

8. 货币化率是社会的货币化程度,它是指(　　)。
   A. 金融资产总额占实物资产总额的比重
   B. 一定经济范围内通过货币进行商品与服务交换的价值占 GNP 的比重
   C. 一定时期内社会金融活动总量与经济活动总量的比值
   D. 各经济部门拥有的金融资产与负债的总额

9. 20 世纪 60 年代以来,商业银行在资产、负债、中间业务等方面都有所创新,下列(　　)不属于负债创新。
   A. NOW 账户　　 B. ATS 账户　　 C. CDs 账户　　 D. 票据便利发行

10. 金融创新对金融发展和经济发展的作用(　　)。
    A. 利小于弊　　 B. 利弊均衡　　 C. 有利无弊　　 D. 利大于弊

二、简答题

1. 如何理解金融发展与经济发展的互动关系?
2. 发展中国家金融体制的一般特征有哪些?
3. 发展中国家金融压抑的政策原因有哪些?
4. 金融自由化改革的核心内容是什么?它有哪些经济效应?
5. 金融创新的理论有哪些?各种理论的主要观点是什么?
6. 简述西方发达国家金融创新的历史演进。
7. 如何理解金融创新的正、负面效应?

三、论述题

在我国今后的金融改革中,如何处理好事关全局的利率改革、汇率改革、资本市场的开放以及对外资金融机构的准入和监管等问题?

第十六章

金融监管

大萧条对1930年至1980年整整半个世纪的美国思想和政策产生了重大影响,对这种影响的重要性无论怎样强调都是不会过分的。

——赫伯特·斯坦

学习目标

通过本章的学习,你将能够:
- 理解金融监管的含义、要素以及必要性;
- 了解国内外主要的金融监管体制;
- 掌握银行业、证券业、保险业监管的主要内容;
- 了解一系列巴塞尔协议的主要内容。

引导案例

创新与监管的平衡

在今年两会上,互联网金融成为热门话题。国务院总理李克强在《政府工作报告》中指出,要促进互联网金融健康发展,完善金融监管协调机制,这既是对互联网金融持续创新发展的有力支持,也标志着互联网金融已加入中国经济金融发展体系中,开始影响未来中国的金融格局。

互联网金融不仅以其普惠、方便、快捷的特点,点燃了民众被压抑多年的对创新金融服务的极大需求,而且由于具有资源开放、成本集约化、选择市场化、渠道自由化、用户行为化等特点,也对传统银行业务带来一定冲击,同时亦给传统金融机构及新兴金融机构带来巨大的机遇和挑战。

创新是一把"双刃剑",没有利益制衡和外部有效监管的金融创新会扭曲市场,累积并放大风险。美国次贷危机恶化,进而演变为国际金融危机之后,业界与学者努力在金融创新与监管的关系中探寻其成因及经验教训。人们在反思中大都将过度的金融创新与宽松放任的监管置于罪魁祸首的位置,金融创新一度备受诟病,广遭质疑。互联网金融创新在推动金融业快速发展的同时,也因规避监管甚至千方百计绕过监管的漏洞,或是由于监管不到位、不给力,甚至放松监管而给金融改革与发展带来巨大风险。

美国次贷危机引发的国际金融危机警示我们:创新尚需适度,必须与市场的接受程度和管理层的监管能力相适应。对金融创新与监管关系的把握与平衡,正如在一场精彩愉悦的足球比赛中,不仅需要优秀的球员或球星,同样需要一流的裁判,才能使得比赛攻防转换节奏流畅,激烈对抗竞争有序,观者兴奋怡然。

资料来源:《人民日报》,2014年4月17日。

第一节　金融监管概述

一、金融监管的含义

金融监管(financial supervision)是金融监督管理的简称。金融监管有狭义和广义之分,狭义的金融监管是指金融主管当局依据国家法律和法规的授权对金融业(包括金融机构以及它们在金融市场上的业务活动)实施监督、约束、管制,使它们依法稳健运行的行为总称。广义的金融监管除主管当局的监管之外,还包括行业自律组织的监管、金融机构的内部控制、社会中介组织的监管等。

二、金融监管的要素

为进一步加深对金融监管的认识,需要深入了解金融监管的要素。一般而言,金融监管由金融监管的主体、客体、目标和手段等四大要素构成。

(一)金融监管主体

金融监管的主体主要是政府以及政府授权的公共机构,有时还包括行业内普遍认可的非官方民间机构(如各种行业自律组织)。早期各国金融监管的主体大多是中央银行;20世纪60—70年代金融监管主体出现分散化、多元化的走势,诞生了专门监管银行业、证券业、保险业的机构;20世纪末21世纪初,英国、日本等国的金融监管主体又有了统一的趋势,但全球的总体趋势是中央银行逐渐丧失金融监管的权力,仅承担金融宏观调控的职能,金融监管职能主要由中央银行以外的专门监管机构执行。

(二)金融监管客体

金融监管客体,即金融监管的对象,一般分为银行机构、非银行金融机构和金融市场三类。早期的监管对象主要集中在商业银行,但随着非银行金融机构的发展,监管主体加强了对非银行金融机构的监管。如果是实行混合经营的金融体制,那么同一个监管主体监管的对象是所有金融机构,如英国金融服务局负责对银行、保险以及证券期货业的监管。如果是分业经营的金融体制,那么监管主体是分离的,监管对象也是分开的,例如我国目前实行分业经营体制,监管的对象也分为银行、证券公司和保险公司。

(三)金融监管目标

金融监管的目标是监管行为取得的最终效果或达到的最终目标,是实现金融有效监管的前提和监管当局采取监管行动的依据。金融监管目标可分为一般目标和具体目标。一般目标是监管者通过对金融业的监管所要达到的一个总体目标,一般有四点:一是确保金融稳定安全,防范金融风险;二是保护金融消费者权益;三是增进金融体系的效率;四是规范金融机构的行为,促进公平竞争。由于历史、经济、文化背景和发展的情况不同,使得各国的具体监管目标不同,但基本内容都包括金融业竞争、安全和发展。

(四)金融监管手段

金融监管手段是对金融机构及其金融行为的干预和规范。因此,金融监管手段根据其干预和规范的效力分为法律手段与行政手段。在一个法制社会里,最基本的手段是法律手段。例如,各国差不多都从法律上规定各种不同金融机构的最低资本要求;美国在1980年以前的法律规定支票存款不能支付利息等;我国于2003年12月通过了《中华人民共和国银行业监督管理法》,以法律的形式明确中国银行业监管的目标和原则,确定银行业监管机构的法定地位和职责,加强和完善监管手段等。但是,仅仅依靠法律手段是不够的。因为法律只能对大的框架进行规定而无法详细规定各种细节,而金融市场随时都在变化之中,特别是在市场机制发挥作用有限的市场,配之以必要的行政手段和稽核检查手段就更能够做到对金融机构的行为进行比较及时的干预和调节。

三、金融监管的必要性

(一)外部性

外部性是指一种产品或劳务的社会收益(或成本)与私人收益(或成本)之间不一致的现象。金融业是一个高风险行业,具有显著的外部性的特征。一家金融机构的问题很容易传染到其他金融机构乃至整个金融体系,局部金融风险容易转化为系统性金融风险,甚至引发全面的金融危机,产生"多米诺骨牌效应"。金融的风险与危机会通过货币信用紧缩破坏经济增长的基础,导致经济危机会超越国界影响其他国家,进而引发区域性甚至全球性的金融与经济动荡。如由美国2007年次贷危机引发的全球金融危机,给全球经济带来巨大冲击。金融业的负外部性,并不能通过市场机制的自发作用得以完全消除。为此,需要市场之外的力量来进行纠正,这为金融监管提供了较为充分的依据。

(二)脆弱性

商业银行面临的流动性风险及其资产负债结构的特点,使其具有很高的脆弱性。银行最基本的功能就是吸收短期的、流动性强的小额存款,并发放长期的、流动性弱的大额贷款,银行由于承担着资产转换功能而面临存款人"挤兑"的风险;由于银行将大部分存款转换为长期的、流动性差的、收益率更高的贷款，只持有少部分流动性强的储备资产以满足存款人的日常提款需求，当存款人提取存款的数量超过了银行持有的储备资产时，银行被迫折价将流动性差的长期贷款变现。由于贷款的清算价值要小于活期存款的价值，而且存款人提取存款按照"先来先服务"的原则，后来的存款人有可能由于银行卖了资产而产生损失。因此，某些对银行的不利信息（真实的或虚假的）有可能引起存款人的恐慌，每个人都试图抢在别的存款人之前提取自己的存款，这就是典型的"挤兑"现象，即使财务状况良好的银行也会由于存款人的挤兑而破产。个人的理性行为会引发群体的非理性行为，会对整个银行业造成连锁反应，对整个金融系统带来巨大的冲击。

此外，商业银行的高负债经营特点也使其具有很高的脆弱性。商业银行的自有资本只占其资金来源的很小比例，其净值越小，其错误决策可能招致的损失也就越小，因而银行从事高风险贷款的可能性也就越大。

（三）信息不对称

信息不对称是指相互影响的交易人之间的信息，由于种种因素的制约而导致分布不均的状况。信息的不对称分布将引发市场主体的逆向选择和道德风险，进而导致市场失灵。而且由于金融市场和商品市场上交易对象的差异，在金融市场上存在更为严重的信息不对称现象，这些大量存在的信息不对称现象，将会使金融行业更易发生逆向选择行为和道德风险行为，从而损害投资者以及整个社会的利益。

商业银行的逆向选择行为，主要表现为在金融市场上质量低于平均水平的商业银行排挤质量高于平均水平的商业银行而进行金融产品交易。逆向选择的结果就是金融市场上很少出现平均质量较高的商业银行，愿意与投资者进行交易的商业银行就只剩下低于平均质量的商业银行，即所谓的"次品车问题"。商业银行的道德风险行为，主要表现为商业银行在获得资金后将资金投资于成功概率小，但一旦成功商业银行将获得巨大收益的投资项目，即商业银行从事高风险的投机活动。为提高金融市场的交易量及运作效率，就需要合理的金融监管，以规范与约束信息优势方，并保护储户和投资者的利益。

因此，由于金融业具有严重的外部性、脆弱性、信息不对称等特征，需要金融监管的存在，以确保金融安全，防范金融风险。

第二节 金融监管体制

一、金融监管体制概述

（一）金融监管体制的含义

金融监管体制（financial supervision system）是指金融监管的制度安排，包括金融监管当局对金融机构和金融市场施加影响的机制以及监管体系的组织结构。由于各国历史文化传统、法律、政治体制、经济发展水平等方面的差异，各国金融监管机构的设置也存在较大差异。

（二）金融监管体制的类型

根据监管主体的多少，各国的金融监管体制大致可以划分为单一监管体制和多头监管体制,如表 16-1 所示。

表 16-1　世界主要国家的金融监管体制

金融监管体制		代表国家
单一监管体制		英国、澳大利亚、比利时、卢森堡等
多头监管体制	分权多头式监管体制	美国、加拿大等
	集权多头式监管体制	日本、德国、法国、中国等

1. 单一监管体制

这是由一家金融监管机关对金融业实施高度集中监管的体制。目前,实行单一监管体制的发达市场经济国家主要有英国、澳大利亚、比利时、卢森堡、新西兰、奥地利、意大利、瑞典、瑞士等国。此外,大多数发展中国家,如巴西、埃及、泰国、印度、菲律宾等国,也实行这一监管体制。

单一体制的监管机关通常是各国的中央银行,也有另设独立监管机关的。监管职责是归中央银行还是归单设的独立机构,并非确定不变的。以英国为例,1979 年的银行法赋予英格兰银行金融监管的职权;1997 年,则赋予刚成立的英国金融服务局(FSA)金融监管的职权。

2. 多头监管体制

多头监管体制是根据从事金融业务的不同机构主体及其业务范围的不同,由不同的监管机构分别实施监管的体制。而根据监管权限在中央和地方的不同,又可将其区分为分权多头式监管体制和集权多头式监管体制两种。

实行分权多头式监管体制的国家一般为联邦制国家。其主要特征表现为:不仅不同的金融机构或金融业务由不同的监管机关来实施监管,而且联邦和州都有权对相应的金融机构实施监管。美国和加拿大是实行这一监管体制的代表。

实行集权多头式监管体制的国家,对不同金融机构或金融业务的监管,由不同的监管机关来实施,但监管权限集中于中央政府。日本和德国是采用这一监管体制的典型代表,法国、新西兰等国也采用这一监管体制。

二、部分发达国家的金融监管体制

(一) 美国的金融监管体制

1. 次贷危机前美国的监管体制

美国的金融监管由多个部门承担,属于典型的分权多头式监管体制。

以 1864 年国民银行制度确立为标志,美国建立了财政部货币总监局,设立了存款准备金制度,结束了以州为单位的单线监管状态,开始了联邦和州的二元监管历史。1913 年,美国国会通过了《联邦储备法案》,建立了美国联邦储备体系,终结了美国没有中央银行、货币供应混乱的局面,成为近代金融监管的开端。1929—1933 年的经济危机,催生了美国《1933 年银行法》,该法案又被称为《格拉斯-斯蒂格尔法》,法案禁止金融业混业经营,在银行业和证券业之间设立一道防火墙,相应地,金融监管也采取分业监管的体制。

1999年,美国通过《金融服务现代化法案》,结束了银行、证券和保险分业经营的限制,确立了美国金融业混业经营的制度框架。美国金融监管机构为此进行了调整:由美联储(FRS)作为混业监管的上级机构,对金融控股公司实行统一监管;货币监理署(OCC)、联邦存款保险公司(FDIC)等监管机构对商业银行进行专业化监管;州保险监管者对保险业进行监管;美国证券交易委员会(SEC)对证券业进行监管。这样,美国形成了美联储综合监管和其他监管机构专业监管相结合的伞形监管体系,具体情形如图16-1所示。

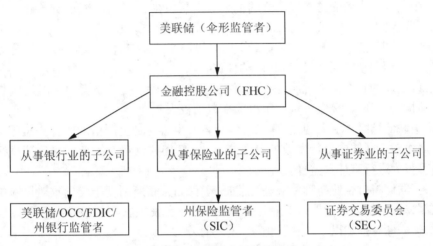

图16-1 美国的伞形监管体系

2. 次贷危机以来美国的监管体制改革

次贷危机暴露出了美国金融监管体制存在的问题,美国监管当局不得不对其监管理念及监管模式做出反思和改革。

2009年6月17日,奥巴马政府正式公布全面金融监管改革方案,从金融机构监管、金融市场监管、消费者权益保护、危机处理、国际合作等方面构筑安全防线,期望以此恢复对美国金融体系的信心。

2009年12月11日,众议院以223票赞成、202票反对的结果通过了金融监管改革法案。根据该法案,美国金融监管体系将全面重塑,美联储将成为"超级监管者",全面加强对大型金融机构的监管。同时,新设消费者金融保护局,赋予其超越目前监管机构的权力。

2010年5月20日,参议院以59票赞成、39票反对的结果通过了金融监管改革法案。与众议院版本相比,参议院版本法案在监管措施方面更为严厉。两院需协商出统一文本后各自重新进行投票表决。

2010年6月30日,众议院以237票赞成、192票反对的结果通过了两院统一版本的金融监管改革法案。

2010年7月15日,参议院以60票赞成、39票反对的结果通过了最终版本金融监管改革法案,为该法案最终成为法律清除了最后障碍。

2010年7月21日,美国总统奥巴马正式签署了名为《华尔街改革与消费者保护法》的法案。新法案被认为是"大萧条"以来最严厉的金融改革法案,其主要内容如下:

第一,成立金融稳定监管委员会,负责监测和处理威胁国家金融稳定的系统性风险。委员会有权认定哪些金融机构可能对市场产生系统性冲击,从而在资本金和流动性方面对这些机构提出更加严格的监管要求。

第二,在美国联邦储备委员会下设立新的消费者金融保护局,对提供信用卡、抵押贷款和其他贷款等消费者金融产品及服务的金融机构实施监管。

第三,将之前缺乏监管的场外衍生品市场纳入监管视野。大部分衍生品须在交易所内通过第三方清算进行交易。

第四,限制银行自营交易及高风险的衍生品交易。在自营交易方面,允许银行投资对冲基金和私募股权,但资金规模不得高于自身一级资本的3%。在衍生品交易方面,要求金融机构将农产品掉期、能源掉期、多数金属掉期等风险最大的衍生品交易业务拆分到附属公司,但自身可保留利率掉期、外汇掉期、金银掉期等业务。

第五,设立新的破产清算机制,由联邦储蓄保险公司负责,责令大型金融机构提前做出自己的风险拨备,以防止金融机构倒闭再度拖累纳税人救助。

第六,美联储被赋予更大的监管职责,但其自身也将受到更严格的监督。美国国会下属政府问责局将对美联储向银行发放的紧急贷款、低息贷款以及为执行利率政策进行的公开市场交易等行为进行审计和监督。

第七,美联储将对企业高管薪酬进行监督,确保高管薪酬制度不会导致对风险的过度追求。美联储将提供纲领性指导而非制定具体规则,一旦发现薪酬制度导致企业过度追求高风险业务,美联储有权加以干预和阻止。

(二)英国的金融监管体制

1. 次贷危机前英国的监管体制

英国传统上是自律监管的国家,1979年之前并无正式的金融监管体制,对银行及非银行金融机构并无法定审批要求。1979年与1987年,英国两次颁布银行法,赋予并完善了英格兰银行金融监管的职权。1997年英国金融服务局成立之前,英格兰银行与证券和投资委员会、个人投资局、贸易和工业部的保险董事会、房屋互助协会委员会等九家监管机构共同对金融活动进行监管,是一种集中的分业监管框架。

1997年,英国政府将英格兰银行等不同监管与自律机构的监管职能合并,成立了一个新的超级金融监管机构——金融服务局。2000年6月,英国通过《金融服务和市场法》,从法律上确认了上述金融监管体制的改变。根据该法,金融服务局作为英国整个金融业唯一的监管机关,负责对各种银行、保险公司、证券与期货交易机构、投资基金管理机构等金融机构和金融活动的监管,成为世界上监管范围最广泛的金融管理者,意味着英国成为世界上单一监管体制的典范。英国金融服务局的设立,意味着金融监管职能与中央银行的分离。1998年后,日本、韩国、澳大利亚等国也进行了类似的改革。

2. 次贷危机以来英国的监管体制改革

美国次贷危机爆发后,其影响很快波及英国。为此,英国议会和政府出台了一系列法案推进金融监管体制改革。

2009年2月,英国议会通过《2009银行法》,主要内容有:明确规定英格兰银行作为中央银行在金融稳定中的法定职责和所处的核心地位,授权英格兰银行在危机时可以作出必要的反应,提出建立银行业的特别决议机制,成立金融稳定委员会,强化相关的金融稳定政策工具和相关部门的权限,完善金融赔偿服务计划。

2009年7月,布朗政府发布了名为《改革金融市场》的白皮书,其目的是将《2009银行法》中规定的原则具体化,同时扭转本届政府在应对金融危机时给公众造成的不良影响。该法案明确将设立金融稳定理事会,增强金融服务管理局的治理安排和法律框架,增强金融服务赔偿计划的作用,培育富有竞争的金融市场,更好地为消费者服务。

2010年7月,英国财政部发布了名为《金融监管的新方法:判断、焦点及稳定性》的白皮书。主要内容包括:撤销英国金融服务局,在英国中央银行英格兰银行下新设审慎监管局(Prudential Regulatory Authority,PRA),负责对存款类机构、投资银行、保险公司等金融机构进行审慎监管;设立金融政策委员会(Financial Policy Committee,FPC),增强宏观审慎层面的沟通协调,强化应对系统性风险能力。

2011年6月16日,英国财政部发布了名为《新的金融监管措施:改革蓝图》的白皮书,全面阐述了政府的监管改革设想。白皮书认为,英国在"三方"监管体系下,由英格兰银行、金融服务管理局及英国财政部三个管理当局对金融稳定共同负责,但这一体系被证明在很多重要方面是不成功的,因此提出了以确保"金融体系的长期稳定和可持续性"为目标的改革设想。具体来说,英格兰银行下新设金融政策委员会(FPC),作为宏观审慎监管机构,负责监控和应对系统性风险;新设审慎监管局(PRA),作为英格兰银行的子公司,负责对各类金融机构进行审慎监管;新设金融行为监管局(FCA),负责监管各类金融机构的业务行为,促进金融市场竞争,保护消费者。改革后的英格兰银行集货币政策制定与执行、宏观审慎监管与微观审慎监管于一身。新的英国金融监管体系框架的结构如图16-2所示。

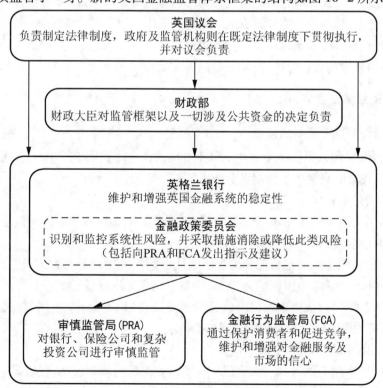

图16-2 "白皮书"构建的英国金融监管新体系

资料来源:英国财政部,《新的金融监管措施:改革蓝图》白皮书,2011年。

(三) 日本的金融监管体制

1. 次贷危机前日本的监管体制

在 1998 年之前,日本由大藏省和日本银行长期共同行使金融监管权。1998 年 4 月 1 日生效的《日本银行法》,是日本金融改革重心转向监管体制的重要标志。1998 年 6 月 22 日,日本正式成立了单一的金融监管机构——日本金融监督厅,原由大藏省行使的民间金融机构监督与检查职能、证券交易监督职能移交给金融监督厅。2000 年 7 月,在金融监督厅的基础上成立金融厅;2001 年 1 月,进一步将金融厅升格为内阁府的外设局,全面负责金融监管工作。财务府(原大藏省)仅保留与金融厅一起对存款保险机构的协同监管权,以及参与金融机构破产处置和危机处理的制度性决策。日本银行作为日本的中央银行,根据《日本银行法》的规定,拥有对所有在日本银行开设账户、与日本银行存在交易的金融机构进行检查的权力。当然,这种检查主要着眼于金融机构的流动性,目的是执行货币政策,同时还有义务向金融厅提示检查结果。

2. 次贷危机以来日本的监管体制改革

次贷危机爆发后,与欧美国家加强金融管制不同,日本金融改革延续了自由化和综合经营的发展方向,并加快了金融监管改革的步伐。由于次贷危机对日本的影响有限,日本金融监管改革和应对举措的主要目标在于防止外部风险内部化,确保金融体系的稳定。短期应对举措主要集中于两个方面:一是制定对金融机构进行财政注资的计划,以确保其资本充足率达到安全标准;二是强化对银行的借贷行为的监督检查,以确保其能够正常履行金融中介功能。中期举措上,日本监管当局采取的主要措施集中在以下四个方面:一是加强金融机构证券化资产的信息披露;二是逐步将信用评级机构纳入监管范围;三是成立专门工作组监控大型金融集团的跨境和跨行业风险;四是提高保险公司的偿付能力标准。

三、我国的金融监管体制

(一) 我国金融监管体制的演进

1984 年开始,中国人民银行专司中央银行的职能,自此我国有了真正意义上的金融监管。大体上讲,我国的金融监管体制可分为以下三个阶段。

1. 统一监管阶段(1984—1992)

这一阶段,中国人民银行作为全能的金融监管机构,对金融业采取统一监管的模式。

2. "一行两会"阶段(1992—2003)

1992 年 10 月,国务院决定将证券监管职能从中国人民银行分离出来,成立中国证券监督管理委员会(以下简称"中国证监会"),依法对全国证券市场进行统一监管。

1998 年 11 月 18 日,成立中国保险监督管理委员会(以下简称"中国保监会"),原由中国人民银行行使的保险监管权交由中国保监会行使。

3. "一行三会"阶段(2003 年至今)

2003 年 3 月,十届全国人大一次会议审批了国务院机构改革议案,授权成立了中国银行业监督管理委员会(以下简称"中国银监会")。至此,由中国人民银行、中国银监会、中国证监会和中国保监会组成的"一行三会"监管格局正式形成。

（二）我国金融监管体制的组成

我国当前的金融监管体制属于集权多头式监管体制。

1. 中国人民银行

在现行的"一行三会"金融监管体制下，中国人民银行居于比较超脱的地位。在金融监管方面，目前的中国人民银行能够发挥不同于过去的重要作用，并被国务院赋予维护金融稳定、反洗钱、征信管理等和监管有关的重要职能。

2. 中国银监会

2003年4月28日，中国银监会正式挂牌。中国银监会在31个省、自治区、直辖市和深圳、厦门、大连、宁波、青岛5个计划单列市设立了36个银行监管局。中国银监会根据国务院授权，统一监督管理银行、金融资产管理公司、信托投资公司及其他存款类金融机构，维护银行业的合法、稳健运行。

中国银监会的主要职能有：制定有关银行业金融机构监管的规章制度和办法；审批银行业金融机构的设立、变更、终止以及业务范围；对银行业金融机构实行现场和非现场的监管，依法对违法违规行为的查处；审查银行业金融机构高级管理人员任职资格；负责统一编制全国银行数据、报表并予以公布；会同有关部门提出存款类金融机构紧急风险处置意见和建议；负责国有重点银行业金融机构监事会的日常管理工作等；承办国务院交办的其他事项。

3. 中国证监会

1992年10月，国务院证券委员会和中国证券会宣告成立，标志着中国证券市场统一监管体制开始形成。1998年4月，根据国务院机构改革方案，决定将国务院证券委员会与中国证监会合并组成国务院直属正部级事业单位：中国证监会。中国证监会依照法律、法规和国务院授权，统一监督管理全国证券期货市场，维护证券期货市场秩序，保障其合法运行。

中国证监会的主要职能有：制定有关证券市场监督管理的规章和规则，并依法行使审批或者核准权；依法对证券的发行、交易、登记、托管和结算进行监督管理；依法对证券发行人、上市公司、证券交易所、证券公司、证券登记结算机构、证券投资基金管理机构、证券投资咨询机构、资信评估机构以及从事证券业务的律师事务所、会计师事务所、资产评估机构的证券业务活动，进行监督管理；依法制定从事证券业务人员的资格标准和行为准则，并监督实施；依法监督检查证券发行和交易的信息公开情况；依法对证券业协会的活动进行指导和监督；依法对违反证券市场监督管理法律、行政法规的行为进行查处；法律法规规定的其他职责。

4. 中国保监会

中国保监会成立于1998年11月18日，是国务院直属正部级事业单位。中国保监会依照法律、法规和国务院授权，统一监督和管理全国保险市场，维护保险业的合法、稳健运行。

中国保监会的主要职能有：拟定保险业发展的方针政策，制定行业发展战略和规划，起草保险业监管的法律、法规，制定业内规章；审批保险公司及其分支机构、保险集团公司、保险控股公司的设立、合并、分立、变更、解散，参与和组织保险公司的破产、清算；审查、认定各类保险机构高级管理人员的任职资格，制定保险从业人员的基本资格标准；审批关系社会公众利益的保险险种、依法实行强制保险的险种和新开发的人寿保险险种等的保险条款和保险费率，对其他保险险种的保险条款和保险费率实施备案管理；依法监管保险公司的偿付能力和市场行为,监管保险保证金,监管保险公司的资金运用;依法对保险机构和保险从业人员的不正当竞争等违法、违规行为以及对非保险机构经营或变相经营保险业务进行调查和处罚;制定保险行业信息化标准,建立保险风险评价、预警和监控体系,跟踪分析、监测、预测保险市场运行状况等。

第三节 金融监管的内容

金融监管的内容主要包括银行业监管、证券业监管、保险业监管等。

一、银行业监管

银行作为公众存款机构和存款货币创造机构,在社会经济运行中具有特殊重要的作用与地位,因而也成为金融监管的重点。各国监管机构对银行业的监管主要集中在市场准入监管、日常经营监管以及市场退出监管三方面。

(一) 市场准入监管

市场准入是监管的首要环节,把好市场准入关是保障银行业稳健运行和整个金融体系安全的重要基础。各国对商业银行市场准入的监管主要包括以下三方面:

1. 最低注册资本要求

由于商业银行在一国经济中的特殊地位及其独特的负债经营方式,所以审批设立新的商业银行必须达到法定的最低资本额,以保护存款人的利益和维持整个金融体系的稳定。例如,美国将国民银行注册资本的最低限额定为100万美元,英国银行的最低资本为500万英镑,日本商业银行的最低开业资本为10亿日元,新加坡设立银行的最低实缴资本为300万新加坡元。我国《商业银行法》规定:设立全国性商业银行的注册资本最低限额为10亿元人民币,设立城市商业银行的注册资本最低限额为1亿元人民币,设立农村商业银行的注册资本最低限额为5 000万元人民币。

2. 高级管理人员要求

银行的高级管理人员对银行的重要性不言而喻,如果高级管理人员选择不当,可能会造成银行亏损甚至破产倒闭。巴塞尔委员会的《有效银行监管核心原则》认为,对银行董事会成员和高级管理人员任职资格的审查是银行发照标准的重要环节。银行监管当局应当掌握银行推举的每一名董事和高级管理人员的能力、品行、资历等必要信息,以分析其个人和整个管理层的银行业从业经验、其他行业的经验、人品及相关技能。我国的《商业银行法》《银行业监督管理法》等法规都明确规定,商业银行的高级管理人员必须符合一定的条件,才能够在金融机构任职。

3. 银行业竞争状况和经济发展需要

对于基本符合条件的申请人,银行监管当局在进行审批时还要考虑当前银行业的市场竞争状况,当审批机关认为市场的竞争程度已经无法容纳时,新银行就很难被批准。各国对竞争的态度差别很大。美国崇尚自由竞争,对新银行的审批较为宽松,而日本对新银行的审批要求就严格得多。目前,我国的金融体系尚未完善,处于发展改革的过程中。所以,银监会在批准设立新的商业银行时,要符合金融业发展的政策和方向,符合商业银行合理布局、公平竞争的原则,审慎批准商业银行的设立申请。

(二) 日常经营监管

各国监管机构对银行业的日常经营监管主要包括以下方面的内容:

1. 资本充足率监管

资本充足率(capital adequacy ratio,CAR)是指银行资本对加权风险资产的比例,各国监管当局一般都有对商业银行资本充足率的监管,目的是监测银行抵御风险的能力。商业银行只有保持充足的资本才能提高在各种金融或经济压力状态下吸收损失的能力,从而降低金融部门对实体经济的溢出效应。

2. 流动性监管

流动性是指银行具有随时以适当的价格取得可用资金,随时满足存款人提取存款和满足客户合理的贷款及其他融资需求的能力。金融监管当局之所以对银行资产的流动性比较重视,是因为如果银行出现流动性不足,轻则影响银行盈利,重则引起声誉危机,引发挤兑风险,导致金融动荡。流动性风险是商业银行所面临的重要风险之一,2008年金融危机的爆发进一步凸显了银行维持适度流动性水平的重要性。

3. 贷款集中度监管

贷款集中度主要由个别大额贷款与银行资本的比例来衡量。历史经验表明,贷款过分集中于某个借款人是世界上大多数银行倒闭的主要原因。有鉴于此,各国监管当局都对银行的贷款集中程度施加限制,目的是避免风险过于集中。同时,由于银行对关系借款人发放贷款时容易降低标准,对关系借款人的过度贷款会让银行承受巨大的风险,所以监管当局也要就银行对关系借款人的贷款加以限制。比如,我国要求商业银行对同一借款人的贷款余额与商业银行资本余额的比例不得超过10%。

4. 准备金管理

商业银行的存款准备金不仅是保持商业银行足够清偿能力的必要条件,也是中央银行操作存款准备金工具实施货币政策的基础。因此,对商业银行的监管必须考虑准备金因素。监管当局的任务主要是确保银行及时足额地提取法定存款准备金,提取和保留必要的超额准备金。目前,我国大型金融机构的法定存款准备金率是20%,中小型金融机构的法定存款准备金率是16.5%。

5. 信息披露监管

信息披露制度要求商业银行必须及时向社会公众或利益相关者发布其经营活动和财务状况的有关信息。商业银行适度的信息披露有助于确保银行稳健经营,限制其过度的冒险行为,它也是提高市场效率和保护投资者利益的有效监管工具之一。

(三) 市场退出监管

当商业银行可能或已经发生信用危机、严重影响存款人利益时,监管当局将对商业银行做出退出市场的处理。为了保证其退出市场的平稳性和最大限度保护存款人利益,监管当局主要对商业银行的接管、终止、清算、解散等做出具体规定,并进行全过程监管。监管内容大体包括三个方面:一是对金融机构分立、合并、变更、解散的监管;二是对金融机构的破产倒闭监管;三是对违规者的终止经营监管。

> **专栏 16-1**

影子银行的发展及其监管

　　2008年国际金融危机发生后,国际组织、各国政府和学术界开始广泛使用"影子银行"这一概念。但由于各国金融体系和监管框架存在巨大差异,影子银行目前尚无统一的定义,纽约联邦储备银行和金融稳定理事会(FSB)的概念较有代表性。纽约联邦储备银行将影子银行定义为从事期限、信用及流动性转换,但不能获得中央银行流动性支持或公共部门信贷担保的信用中介,包括财务公司、资产支持商业票据发行方、有限目的财务公司、结构化投资实体、信用对冲基金、货币市场共同基金、融券机构、政府特许机构等。FSB将"影子银行"广义地描述为"由正规银行体系之外的机构和业务构成的信用中介体系",狭义的影子银行则是指"正规银行体系之外,可能因期限/流动性转换、杠杆和有缺陷的信用转换而引发系统性风险和存在监管套利等问题的机构和业务构成的信用中介体系",主要集中在货币市场基金、资产证券化、融资融券、回购交易等领域。

　　影子银行的产生和发展是金融市场自身不断演化的结果,在一定程度上改变了融资过度依赖银行体系的情况,满足了实体经济的部分融资需求,丰富和拓宽了居民与企业的投资渠道。影子银行的活动还提高了整个金融市场的流动性和活跃程度,有利于提升金融市场价格发现功能,提高投融资效率。

　　影子银行如果缺乏有效监管,将隐藏较大风险。一是降低宏观调控和金融管理的有效性;二是向正规金融体系传递风险;三是冲击正规金融机构经营;四是部分影子银行管理不规范,容易出现超范围经营等问题。对于影子银行发展过程中的问题和潜在风险,要合理界定监管的范围和力度,加强监测统计,防范区域性和系统性金融风险。

　　资料来源:中国人民银行,《中国金融稳定报告2013》。

二、证券业监管

　　证券市场内在的投机性和高风险特征,使得证券市场自身不能自发实现高效、平稳、有序运行,因而特别需要加强监管。各国对证券业的监管主要体现在证券机构监管、证券市场监管以及上市公司监管三方面。

(一)证券机构监管

　　证券机构属于特许经营行业,只有经证券监督机构审查批准,由工商部门注册的合法证券公司才能从事证券承销、经纪等业务。对证券机构的监管主要有政府层面的集中监管、自律组织对证券业的自我监管以及证券经营机构的内部监管三个层次。

　　1. 政府对证券机构的监管

　　在我国,由中国证监会统一负责证券公司设立、变更、终止事项的审批,依法履行对证券公司的监督职能。其监管内容包括:对证券经营机构设立、变更和终止的监管,其法律依据主要包括《公司法》《证券法》和《证券公司监督管理条例》等;对证券从业人员的管理,其法律依据主要有《证券从业人员资格管理办法》,其第二章专门对证券从业人员管理进行了具体规定;对证券经营机构的日常监管和检查,其法律依据主要有《证券公司监督管理条件》等。

2. 证券交易所对会员公司的监管

由于证券交易所是上市证券集中交易的场所,容易及时发现问题,能够对整个交易活动进行全面的实时监控,所以证券交易所的一线监管是其他任何机构不能替代的。我国《证券交易所管理办法》《上海证券交易所章程》《上海证券交易所会员管理规则》等对会员的准入条件、会员的权利义务、会员在交易所从事的业务、交易所对会员的监督做出一系列规定,如会籍管理、日常管理、对会员证券交易行为的实时监控、对会员的违规处分等。

3. 证券业协会的自律监管

证券业协会是证券行业的自律组织,证券业协会的自律,主要是根据国家有关的证券法律、法规、方针、政策等,依照章程和行业自律规则对会员机构实行行业内部的自律,监督会员遵守法规,维护证券业的整体形象,保护会员合法权益,监督检查会员遵纪守法情况,对会员违反协会章程和行业自律规则的行为进行处分。我国《证券法》规定,证券业协会是证券业的自律组织,是社会团体法人,证券公司应当加入证券业协会,证券业协会的权力机构为由全体会员组成的成员大会。

4. 证券机构内部监管

证券经营机构内部控制制度是证券公司防范风险的"第一道防线"。我国《证券法》对证券公司建立内部控制制度、财务风险指标管理做出了一系列的相关规定。

(二) 证券市场监管

证券市场监管主要包括证券欺诈、操纵市场以及内幕交易三方面。

1. 证券欺诈

证券欺诈行为是指以获取非法利益为目的,违反证券管理法规,在证券发行、交易及相关活动中从事欺诈客户、虚假陈述等行为。对证券欺诈行为的监管主要包括禁止任何单位或个人在证券发行、交易及相关活动中欺诈客户;证券经营机构、证券登记或清算机构、其他各类从事证券业的机构有欺诈行为的,将根据不同情况,限制或者暂停证券业务及其他处罚;因欺诈行为给投资者造成损失的,应当依法承担赔偿责任。

2. 操纵市场

操纵市场行为是指某一组织或个人以获取利益或者减少损失为目的,利用其资金、信息等优势,或者滥用职权,影响证券市场价格,制造证券市场假象,诱导或者致投资者在不了解事实真相的情况下做出证券投资决定,扰乱证券市场秩序的行为。对操纵市场行为的监管包括事前监管和事后监管。事前监管是指在发生操纵行为前,证券管理机构采取必要手段以防止损失发生。事后监管是指证券管理机构对市场操纵行为者的处理及操纵者对受损当事人的损害赔偿。

3. 内幕交易

证券内幕交易又称为证券知情者交易,是指公司董事、监事、经理、职员、主要股东、证券市场内部人员或市场管理人员等,以获取利益或减少损失为目的,利用其地位、职务等便利条件,获取发行人未公开的、可以影响证券价格的重要信息,进行有价证券交易或泄露该信息的行为。对内幕交易的监管包括界定内幕交易的行为主体、内幕信息、内幕交易的行为方式、内幕交易的法律责任等。

(三) 上市公司监管

上市公司的监管着眼于实现两个基本目标,即提高上市公司运作效率和运作质量,充分保护投资者利益。为了实现这两个目标,对上市公司的监管主要集中在信息披露制度和公司治理两个方面。

1. 信息披露制度

信息披露制度是上市公司监管的核心内容,也是证券市场监管赖以保护市场公平原则的基础。上市公司的信息披露制度包括证券发行信息披露和上市后的持续披露两方面。证券发行信息披露制度要求发行人通过招股说明书等信息披露文件,公开公司的经营业绩、财务状况及股票发行的有关资料。股票上市后,上市公司有持续披露信息的义务,信息持续披露文件包括定期报告和临时报告。定期报告有年度报告、中期报告和季度报告,主要内容包括期内公司经营情况、账务状况等,是投资者进行投资分析的主要依据。临时报告包括重大事件公告、股东持股变更公告等可能对公司股票价格产生重大影响的事件。

2. 公司治理

对上市公司的监管,除了有关定期和临时信息披露的内容之外,还包括上市公司自身运作规范与否的监管,内容包括:董事会是否正确履行职责,是否存在内幕交易和关联交易,募股资金是否正确使用,大股东的信息披露是否规范等。公司治理结构包括公司经理层、董事会、股东和其他利益相关者之间的一整套关系。良好的治理结构可以激励董事会和经理层去实现那些符合公司与股东利益的奋斗目标,也可以提供有效的监督,从而激励企业更有效地利用资源。

三、保险业监管

保险业监管是指监管当局通过法律和行政的手段对保险机构与保险市场进行的监督管理,以确保保险市场规范运作和保险人的稳健经营,保护被保险人利益,促进保险业健康有序发展的整个过程。

(一) 对保险业监管的必要性

在当前社会实践中,世界各国政府都对保险业实行不同程度的监管,主要是由于以下三方面的原因:

1. 保险经营具有社会公益性

保险业是经营风险的特殊行业,承担着风险的集中和损失分担功能。保险经营的大部分资金是通过收取保费而获得的,在保险合同期满之前并不为保险人所有。由于风险遍及各种行业、千家万户,保险业也就具有广泛的社会性,为社会全体公众服务,成为社会的稳定器。保险业的经营直接影响着广大社会公众的利益和社会的稳定。

2. 保险交易存在信息不对称性

保险业是一个技术含量较高、专业性较强的行业,信息不对称问题较为突出。保险合同是格式合同,保险产品定价和保险合同内容往往由保险企业单方面拟定,被保险人对保险费率、保险责任等重要事项并不完全了解。因此,如果缺乏外部监管,保险企业可能利用信息优势从事损害被保险人利益的行为。

3. 保险发展存在市场失灵

现代经济学认为,只有完全竞争的市场才能使社会资源的配置达到最优状态,但现实的市场并不能严格符合完全竞争市场的假设条件,从而导致市场失灵。与其他市场类似,保险市场也存在上述市场失灵问题:现实的保险市场通常是垄断竞争型市场,保险企业财务状况、社会保险需求状态等信息透明度并不高。因此,保险市场需要政府的监管,以最大限度地消除市场失灵问题。

(二) 保险市场的监管机构

在世界各国,保险监管职能主要是由政府依法设立的保险监管机构行使。保险公司也会在政府支持下,成立行业协会、同业公会等组织,协调行业内部关系,进行自我约束和自我管理。在各国保险市场上,保险行业的自律组织——行业协会因其特殊的协调功能而在监管中发挥着重要的作用。

第四节 银行监管的国际合作:巴塞尔协议

第二次世界大战后,尤其是进入 20 世纪 60 和 70 年代,金融业国际化有了飞速发展。在银行机构国际化和金融风险国际化的背景下,任何一国的监管机构都无法对银行机构所面临的风险进行全面的监管。因而,金融业国际化客观上要求推动银行监管的国际合作。对当代全球金融监管影响最大的国际组织是巴塞尔委员会,它主导银行业监管的国际合作。

一、巴塞尔委员会

20 世纪 70 年代以来,经济全球化和金融国际化的程度不断加深,金融创新日趋活跃。各国在放松国内金融管制的同时,也面临对国际银行业进行监管的需要和挑战。1974 年,德国赫斯塔特银行和美国富兰克林国民银行的相继倒闭最终使得银行监管的国际合作从理论层面上升到了实践层面。1974 年年底,十国集团(包括美国、英国、法国、德国、意大利、日本、荷兰、加拿大、比利时、瑞典)中央银行行长在瑞士巴塞尔成立巴塞尔银行监管委员会(以下简称"巴塞尔委员会")。巴塞尔委员会自成立以来,陆续制定和颁布了一系列关于国际银行监管的文件,确立和阐述了有关银行监管的原则、规则、标准与建议,构成了所谓的巴塞尔协议。从发展历史来看,巴塞尔协议是一个动态的、不断自我修正的过程,从 1975 年 9 月发布的第一个巴塞尔文件《对银行国外机构监管的报告》诞生至今,巴塞尔协议经历了三个重要阶段:《巴塞尔协议Ⅰ》→《巴塞尔协议Ⅱ》→《巴塞尔协议Ⅲ》,每一次演进都是根据当时的国际经济金融环境背景对前一次《协议》的补充和修订。在这三个阶段的历史演进过程中,《巴塞尔协议》的内容不断更新、方法不断改进、思想不断成熟,特别是自本次危机以来,巴塞尔委员会颁布和出台了一系列关于银行资本、流动性等多方面的国际银行监管改革的原则和建议,已经成为国际银行监管的公认标准。

二、《巴塞尔协议Ⅰ》

鉴于 20 世纪 80 年代初发生的国际债务危机给银行业带来的巨大损失,以及由于各国银行资本要求不统一所造成的不公平竞争,1988 年 7 月,巴塞尔委员会发布了《关于统一国际银行资本衡量和资本标准的协议》,也就是人们经常提到的《巴塞尔协议》,现在亦称为《巴塞尔协议Ⅰ》。

《巴塞尔协议Ⅰ》的基本内容由四个部分组成:资本的组成、加权风险资产、最低资本充足率、过渡期和实施安排。根据该协议的规定,商业银行的资本分为核心资本和附属资本两大类;最低资本充足率应不低于8%,其中核心资本主要包括股本和公开准备金,是银行资本最重要的组成部分,所占比重应不低于4%,附属资本包括未公开的准备金、资产重估准备金、普通准备金等。

银行资产和表外业务根据其信贷风险的大小,分为四个不同的风险档次,每个档次的风险权重各不相同。最低一类的资产风险权数为零,包括无违约风险的项目,如银行准备金和政府债券;第二类低风险资产的权数为20%,包括低违约风险资产,如银行同业存款、有足额抵押的债券和政府机构发行的证券;第三类风险资产的权数为50%,包括市政债券和居民抵押贷款;最后一类风险资产的权数最大,为100%,包括其他各类证券(如商业票据)、贷款(如商业地产和房地产建筑贷款)和混合资产(如银行楼宇、计算机和其他财产)。对表外业务则以同样的方法进行分类、信用评估并确定相应的风险权数,进而并入表内项目之中。一旦所有的银行资产和表外项目都进行了风险分类,并标明了风险的权数,就可以加总计算出银行"经风险调整后的资产总额"。

$$银行的资本充足率 = \frac{总资本要求}{总加权风险资产} \geq 8\%$$

《巴塞尔协议Ⅰ》建立了一套完整的、国际通用的、以加权方式衡量表内与表外风险的资本充足率标准,有助于银行更为全面有效地管理风险。

三、《巴塞尔协议Ⅱ》

1997年亚洲金融危机的爆发以及危机的蔓延所引起的金融动荡,使得各国金融监管当局和国际银行业普遍感到,金融业存在的问题不仅是信用风险、市场风险等单一风险的问题,而是由信用风险、市场风险、操作风险等其他风险互相交织、共同作用造成的,应尽快重新修订现行的国际金融监管标准,使之更完善,更有透明度,以强化国际银行系统的稳定性,加强金融监管的国际合作,消除因各国监管标准不同而产生的不平等竞争。在这种背景下,巴塞尔委员会在总结以往工作经验的基础上,对过去十年来《协议》的实施效果进行了充分调研,于1998年开始着手制订新《协议》,以全面替代1988年的资本协议《巴塞尔协议Ⅰ》。

1999年6月,巴塞尔委员会公布了《〈新资本协议〉征求意见稿》(第一次征求意见稿)。然后,经过2001年、2003年多次征求意见和修订后,十国集团的中央银行行长和银行监管负责人于2004年6月26日举行会议,一致同意公布《资本计量和资本标准的国际协议:修订框架》,它也就是人们经常提到的《新资本协议》,现在亦称为《巴塞尔协议Ⅱ》。《巴塞尔协议Ⅱ》在《巴塞尔协议Ⅰ》的基础上,增加了监督检查和市场纪律来对银行风险进行监管,构建了银行监管的三大支柱。

(一)第一大支柱——最低资本要求

《巴塞尔协议Ⅱ》继承了《巴塞尔协议Ⅰ》以资本充足率为核心的监管思路,并将最低资本要求视为最重要的支柱。《巴塞尔协议Ⅱ》的最低资本要求是建立在《巴塞尔协议Ⅰ》的基础上,仍然包括三大核心内容:资本的定义、风险头寸的计量及风险程度决定的最低资本要求。其中,就资本的定义和8%的最低资本充足率而言,委员会仍旧维持旧协议的规则不变,但就风险头寸的计量,主要变化在于提出了更精确和全面的评估信用风险、市场风险及操作风险的方案。

(二)第二大支柱——监督检查

监管当局的监督检查是《巴塞尔协议Ⅱ》的重要组成部分,其目的是确保各家银行建立起合理有效的内部评估程序,用于评估其面临的风险状况,并以此为基础对其资本是否充足做出评估。监管当局要对银行的风险管理和化解状况、不同风险之间相互关系的处理情况、所处市场的性质、收益的有效性和可靠性等因素进行监督检查,以全面评估银行的资本是否充足。

(三)第三大支柱——市场纪律

《巴塞尔协议Ⅱ》第一次引入了市场纪律,与第二支柱共同作为第一支柱的补充,以此来强化资本监管的有效性。市场纪律的核心是信息披露。市场约束的有效性,直接取决于信息披露制度的健全程度;只有建立健全的银行业信息披露制度,各市场参与者才可能全面估计银行的风险管理状况和清偿能力。为了提高市场纪律的有效性,巴塞尔委员会致力于提出标准统一的信息披露框架。

《巴塞尔协议Ⅱ》的三大支柱互为补充,构成有机的整体,将能更加全面地评估银行风险,以保证银行资本充足性能对银行业务发展和资产负债结构变化引起的风险程度有足够的敏感性。

《巴塞尔协议Ⅱ》的三大支柱可用图16-3来表示。

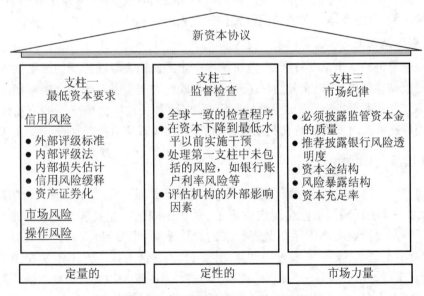

图16-3 《巴塞尔协议Ⅱ》的三大支柱

四、《巴塞尔协议Ⅲ》

鉴于2007年以来国际金融危机所暴露出来的全球金融体系和金融监管过程的重大制

度性缺陷,2010年12月16日,巴塞尔委员会正式发布了两份文件:《巴塞尔协议Ⅲ:更具稳健性的银行和银行体系的全球监管框架》和《巴塞尔协议Ⅲ:流动性风险计量、标准和监测的国际框架》,统一简称为《巴塞尔协议Ⅲ》。《巴塞尔协议Ⅲ》对此前的《巴塞尔协议Ⅱ》的主要缺陷进行了全面的修订,它标志着国际金融监管改革进入了一个新阶段。《巴塞尔协议Ⅲ》的修订内容主要体现在以下四个方面:

(一)更加强调资本吸收损失的能力

《巴塞尔协议Ⅲ》大幅提高了对高质量的核心一级资本(包括普通股和留存收益)的最低要求,核心一级资本最低要求将从现在的2%提升至4.5%;同时要求银行在达到最低核心一级资本4.5%的基础上,需进一步分别满足2.5%的储备资本和0—2.5%的逆周期资本要求。

(二)引入标杆率监管要求

此次危机中,许多银行的资本充足率达到了8%的监管指标,却仍然深受金融危机的影响甚至破产,显示了资本充足率监管的缺陷。为此,《巴塞尔协议Ⅲ》引入了杠杆率指标作为资本充足率的有效补充。杠杆率指标采用简单的表内外资产加总之和代替风险加权资产衡量资本充足程度,有利于防范风险加权资产计算过程的模型风险。

(三)构建宏观审慎监管框架

此次危机证明,银行业监管不应局限于单个银行稳定的微观审慎监管,而应该更加注重整个银行业体系稳定的宏观审慎监管。《巴塞尔协议Ⅲ》提出了宏观审慎性监管理念,并提出了相应的监管措施,以实现对整个金融体系风险状况的有效监控,从而更好地防范和化解金融系统性风险,这主要体现在逆周期监管和加强系统重要性银行的监管两方面。

(四)引入新的流动性监管标准

此次金融危机的一个重要特征是,危机情况下金融机构及金融市场的流动性迅速枯竭,引发系统的流动性危机,危机充分凸显了充足的流动性对于金融机构和金融市场的重要性。为此,《巴塞尔协议Ⅲ》引入了新的流动性监管标准,更加关注压力情形下的流动性管理,以便于监管当局能够及时发现银行在流动性方面的问题,采取应对措施,防范流动性危机。

五、中国版《巴塞尔协议Ⅲ》

为推动中国银行业实施国际新监管标准,增强银行体系稳定性和国内银行的国际竞争力,2011年4月27日,中国银监会制定发布了《关于中国银行业实施新监管标准的指导意见》,确定了我国银行业实施国际新监管标准的总体原则、主要目标、过渡期安排和工作要求,推出了资本充足率、拨备率、杠杆率和流动性四大监管新工具。2011年8月,中国银监会公布了《商业银行资本管理办法(征求意见稿)》,进一步明确了相关监管指标的监管标准。

2012年6月7日,中国银监会发布了《商业银行资本管理办法(试行)》,定于2013年1月1日起施行。《商业银行资本管理办法(试行)》确立了商业银行资本管理的总则、资本充足率计算和监管要求、资本定义、信用风险和市场风险以及操作风险的加权资产计量、内部资本充足评估程序、监管检查、信息披露等内容,它标志着中国版《巴塞尔协议Ⅲ》的正式落地。中国版《巴塞尔协议Ⅲ》充分借鉴了国际金融危机的经验教训和国际金融监管改革的成果,并认真汲取我国银行业改革与监管的实践经验,既保持与国际标准的基本一致性(比如,除核心一级资本充足率要求为5%,略高于国际规定的最低标准4.5%外,其余监管要求与《巴塞尔协议Ⅲ》基本一致),又充分考虑中国银行业的实际情况(比如,对国内银行已发行的不合格资本工具给予10年过渡期,并允许银行将超额贷款损失准备计入银行资本计算等),将国际标准与中国国情相结合,实现了国际准则的中国化。

本章小结

1. 金融监管是金融监督管理的简称。金融监管由金融监管的主体、客体、目标和手段四大要素构成。由于金融业具有严重的外部性、脆弱性、信息不对称等特征,需要金融监管的存在,以确保金融稳定安全,防范金融风险。

2. 金融监管体制是指金融监管的制度安排,包括金融监管当局对金融机构和金融市场施加影响的机制以及监管体系的组织结构。根据监管主体的多少,各国的金融监管体制大致可以划分为单一监管体制和多头监管体制。

3. 金融监管的内容包括银行业监管、证券业监管和保险业监管。对银行业的监管有市场准入监管、日常经营监管、市场退出监管等。对证券业的监管有证券机构监管、证券市场监管以及上市公司监管三方面。

4. 对当代全球金融监管影响最大的国际组织是巴塞尔委员会,它主导银行业监管的国际合作。巴塞尔协议经历了三个重要阶段:《巴塞尔协议Ⅰ》→《巴塞尔协议Ⅱ》→《巴塞尔协议Ⅲ》,每一次的演进都是根据当时的国际经济金融环境背景对前一次协议的补充和修订。

本章重要概念

金融监管　外部性　脆弱性　信息不对称　金融监管体制　银行业监管　证券业监管　保险业监管　资本充足率　流动性　巴塞尔委员会　巴塞尔协议

复习思考题

一、选择题

1. 金融风险是由于各种(　　)因素的影响,从而发生损失的可能性。
   A. 确定性　　　　B. 不确定性　　　C. 稳定性　　　　D. 不稳定性
2. 在市场准入过程中,监管当局应对银行机构(　　)的任职资格进行审查。
   A. 董事会　　　　B. 理事会　　　　C. 高级管理人员　D. 监事会
3. 2003年,随着(　　)的成立,银行、证券、保险——中国金融业"分业经营,分业监管"的框架将最终完成。
   A. 银监会　　　　B. 保监会　　　　C. 证监会　　　　D. 中国人民银行
4. 1988年7月巴塞尔银行监管委员会发布的《巴塞尔协议》,其内容就是确定了监管银行(　　)的可行的统一标准。
   A. 存款　　　　　B. 贷款　　　　　C. 资产　　　　　D. 资本

5. 我国规定银行对最大一家客户贷款总额与资本净额之比不得高于(　　)。
   A. 10%　　　　　　B. 20%　　　　　　C. 30%　　　　　　D. 5%
6. 下列不属于《巴塞尔协议Ⅱ》三大支柱的是(　　)。
   A. 最低资本要求　　　　　　　　　　B. 监管当局的监督检查
   C. 银行治理结构　　　　　　　　　　D. 市场约束

二、简答题

1. 金融监管的要素有哪些？
2. 金融监管的必要性是什么？
3. 简述我国"一行三会"的金融监管体制。
4. 银行业监管的主要内容有哪些？
5. 证券业监管的主要内容有哪些？
6. 《巴塞尔协议Ⅱ》的三大支柱是什么？
7. 《巴塞尔协议Ⅲ》的修订内容主要体现在哪些方面？

三、论述题

从《巴塞尔协议Ⅰ》到《巴塞尔协议Ⅱ》，再到《巴塞尔协议Ⅲ》，说明在国际金融监管中发生了哪些变化？这些变化产生的背景是什么？

参考文献

[1] 卜亚. 激励相容:银行业金融创新监管机构构建[M]. 上海:上海交通大学出版社,2013.
[2] 卜志村. 金融学[M]. 北京:人民出版社,2009.
[3] 曹龙骐. 金融学[M]. 北京:高等教育出版社,2013.
[4] 戴国强. 货币金融学[M]. 上海:上海财经大学出版社,2013.
[5] 丁志国. 金融学[M]. 北京:机械工业出版社,2011.
[6] 弗雷德里克·米什金. 货币金融学[M]. 北京:中国人民大学出版社,2009.
[7] 黄达. 金融学(第二版)[M]. 北京:中国人民大学出版社,2009.
[8] 黄达. 金融学(第三版)[M]. 北京:中国人民大学出版社,2012.
[9] 胡乃红. 《货币金融学》习题集[M]. 上海:上海财经大学出版社,2014.
[10] 胡援成. 货币银行学[M]. 北京:中国财政经济出版社,2011.
[11] 霍文文. 证券投资学[M]. 北京:高等教育出版社,2008.
[12] 李怀珍. 有效银行监管方式研究与实践[M]. 北京:中国金融出版社,2007.
[13] 李健. 金融学[M]. 北京:高等教育出版社,2010.
[14] 林俊国. 金融学[M]. 厦门:厦门大学出版社,2009.
[15] 骆志芳,许世琴. 金融学[M]. 北京:科学出版社,2013.
[16] 裴平等. 国际金融学[M]. 南京:南京大学出版社,2006.
[17] 秦宛顺等. 金融监管的收益成本分析[J]. 金融研究,1999,(1).
[18] 圣才学习网. 米什金《货币金融学》笔记和课后习题详解[M]. 北京:中国石化出版社,2010.
[19] 万解秋. 货币银行学通论(第二版)[M]. 上海:复旦大学出版社,2005.
[20] 王爱俭,牛凯龙. 次贷危机与日本金融监管改革实践与启示[J]. 国际金融研究,2010,(1).
[21] 王晓东,张兴东. 货币银行学[M]. 北京:清华大学出版社,2013.
[22] 吴少新. 货币金融学[M]. 北京:中国金融出版社,2011.
[23] 吴晓求. 证券投资学[M]. 北京:中国人民大学出版社,2014.
[24] 严存保,石全虎等. 金融学[M]. 北京:中国金融出版社,2011.
[25] 杨秀萍. 货币金融学[M]. 北京:科学出版社,2012.
[26] 阮加. 金融学[M]. 北京:清华大学出版社,2013.
[27] 张强等. 金融学[M]. 北京:高等教育出版社,2007.
[28] 张亦春,许文彬. 金融学[M]. 北京:高等教育出版社,2011.
[29] 中国银行业从业人员资格认证办公室. 2013年银行从业资格考试教材五册[M]. 北京:中国金融出版社,2013.
[30] 朱新蓉. 货币金融学[M]. 北京:中国金融出版社,2010.
[31] 庄毓敏. 商业银行业务与经营[M]. 北京:中国人民大学出版社,2013.
[32] 翔高教育金融学教学研究中心. 金融学综合复习指南[M]. 北京:中国石化出版社,2013.

教师反馈及教辅申请表

北京大学出版社本着"教材优先、学术为本"的出版宗旨,竭诚为广大高等院校师生服务。为更有针对性地提供服务,请您认真填写以下表格并经系主任签字盖章后寄回,我们将按照您填写的联系方式免费向您提供相应教辅资料,以及在本书内容更新后及时与您联系邮寄样书等事宜。

书名		书号	978-7-301-	作者	
您的姓名				职称职务	
校/院/系					
您所讲授的课程名称					
每学期学生人数	_____人_____年级			学时	
您准备何时用此书授课					
您的联系地址					
邮政编码			联系电话(必填)		
E-mail(必填)			QQ		
您对本书的建议:			系主任签字 盖章		

我们的联系方式:

北京大学出版社经济与管理图书事业部

北京市海淀区成府路 205 号,100871

联 系 人:徐 冰

电　　话:010-62767312 / 62757146

传　　真:010-62556201

电子邮件:em_pup@126.com em@pup.cn

Q　　Q:5520 63295

新浪微博:@北京大学出版社经管图书

网　　址:http://www.pup.cn